한국사찰연기설화의 연구

김승호 지음

동국대학교출판부

| 머리말 |

　필자가 사찰연기설화에 대한 관심을 지닌 지 어언간 10여 년이 지났다. 승전연구를 위해 불교문헌을 뒤적이던 때라고 생각되는데 여러 유형의 설화 중에서도 사찰연기설화의 비중이 유달리 높다는 점에서 쉽게 눈길을 놓을 수 없었던 것이다. 그 뒤 성소 만들기의 전략적 담론으로 풀이한 글을 비롯해 다수의 사찰설화 관련 논문을 통해 『삼국유사』 소재 사찰연기에 비장된 주제의식 및 그 미학적 특성을 밝혀내고자 궁리해온 편이다. 『삼국유사』는 들여다볼수록 사찰연기설화의 서사문학적 수준을 확인시켜주는 불이(不二)의 자료로서 그 가치가 드러나게 되었으며 많지 않은 대로 기왕의 사찰연기설화 연구가 왜 『삼국유사』에 쏠려있는지에 대한 의문도 풀리게 되었다.
　하지만 사찰연기설화의 연구가 『삼국유사』에 매달리는 식으로 진행된 점은 반성해야 할 때가 되지 않았나 싶다. 유사 소재 사찰연기설화의 대부분이 창사담(創寺談) 위주로 짜여져 있는 데다 원 설화의 온전한 이기임을 확신할 수 없는 마당에 그에 대한 경사는 도리어 사찰연기설화 일반의 특성을 놓치는 결과를 낳을 수 있기 때문이다. 이 점에서 본고는 각종 불교문헌에 산재하는 설화 자료를 가능한 넓게 섭렵하여 사찰연기설화의 미학적 성격, 담당층의 사고, 사상적 체계 등을 살펴보기로 하고 1장에서는 한국 사찰연기설화의 이해편으로 할애(割愛)하는 한편, 2장에서는 사찰연기 각 편이나 특정 찬자를 통해 이 설화의 서사미학과 의의를 밝히는데 주력했다.

'연기(緣起)'란 수식어에 의미를 부여한다면 사찰연기설화는 사찰을 서사의 축으로 하고 그것의 기원과 존속, 그리고 쇠망의 과정을 순환론적 관점에서 담아내는 이야기가 된다. 창사・중창・폐사의 계기적 흐름에 따라 사찰연기설화의 하위 갈래 역시 창사연기・중창연기・폐사연기로 담론적 경계를 지어보는 것은 이 담론의 본질에 보다 수월히 접근할 수 있는 근거로 삼을 만하다. 사찰연기설화라는 말과 구분 없이 쓰여온 창사연기설화는 신화처럼 신성한 기원 만들기에 골몰함으로써 또 다른 신앙적 텍스트 구실을 하기도 하는데 풍수도참・고승숭배・본지수적・산악숭배 등의 다양한 사상과 의식이 강하게 배어 있다는 특징을 지니고 있다. 반면에 문헌 대신 민중들의 입을 통해 전승된 폐사연기설화는 창사담을 비웃기라도 하듯 승단과 승려를 여지없이 공박, 희화하며 폐사의 원인을 제 나름으로 풀이하는데 큰 관심을 보인다. 폐사연기에 나타난 반불(反佛)・반승(反僧)적 시각과 희화적 전개는 창사연기설화의 개념과 상충되는 게 사실이나 그것 역시 민중들 사이에 전승된 사찰 쇠망의 진단이자 내력임을 감안한다면 사찰연기설화의 하위갈래로 포섭하여 마땅한 것이다. 중창연기설화까지 포괄할 때 진정한 의미의 사찰연기설화의 총체적 윤곽이 밝혀질 터인데 여건상 이 부분은 다음의 과제로 넘기지 않을 수 없게 되었다.

불교문학 연구서를 또 한 권 보태면서 인연의 끈을 새삼 서늘하게 실감한다. 처음 연구과제로 불교문학을 무심히 택한 것이 그 연구의 울에서 쉽사리 발을 뺄 수 없게 된 것을 두고 하는 말이다. 그에 별다른 후회는 없다 해도 제대로 한 것 없이 어정대기만 한 듯 싶어 얼굴이 달아오른다. 하지만 미적거리면서라도 오던 길을 계속 갈 수 밖에 없다고 스스로에게 되뇌일 뿐 다른 방도가 없다. 끝으로 교정보느라 애쓴 김미숙 조교와 정갈하게 한 권의 책으로 펴내 준 동국대출판부 직원 여러분에게 감사의 말을 전한다.

2005년 10월 저자 김 승 호

차 례

제1부 사찰연기설화의 총체적 조망

1. 문제제기와 연구방향__9
2. 문헌자료와 논의범주__20
3. 하위 갈래와 미학적 성격__40
4. 창사연기설화(創寺緣起說話) ― 성스러운 기원 찾기, 혹은 만들기__47
   - 4.1. 『삼국유사』 소재 창사설화의 성현(聖顯) 방식__49
   - 4.2. 사찰문헌설화의 사회적 의미와 전개방식__63
     - 4.2.1. 사찰의 사회 문화적 의미__64
     - 4.2.2 사찰문헌설화의 내용구성과 그 의미__81
   - 4.3. 사찰문헌설화의 담당층과 서사의식__113
     - 4.3.1. 불승(佛僧)의 경우__115
     - 4.3.2. 호불유자(好佛儒者)의 경우__131
   - 4.4. 창사연기설화에 나타난 사상적 기저__148
     - 4.4.1. 풍수(風水) 사상__149
     - 4.4.2. 본지수적(本地垂迹) 사상__159
     - 4.4.3. 고승숭배(高僧崇拜) 사상__168
     - 4.4.4. 산악숭배(山岳崇拜) 사상__175
     - 4.4.5. 용신(龍神)사상__181

5. 폐사연기설화(廢寺緣起說話), 쇠망의 희화적 진단__186
   5.1. 민중의 의식세계와 현실반영 양상__188
   5.2. 빈대절터 유형의 자료범위와 출현배경__195
   5.3. 빈대의 상징과 그 의미__204
   5.4. 유형적 갈래와 서사원리__212

제 2 부 사찰연기설화의 각론적 접근

1. 사찰(寺刹) 문헌설화에 나타난 소설담론적 성격__227
2. 해인사유진팔만대장경개간인유(海印寺留鎭八萬大藏經開刊因由)를 통해 본 불교전기소설(佛敎傳奇小說)의 기원과 전개__261
3. 사찰연기설화의 소설적 조명 — 소위 「붕학동지전(朋學同知傳)」과 「보덕각씨전(普德閣氏傳)」을 중심으로__296
4. 사찰(寺刹) 사적(事蹟)의 설화 수용 양상과 그 의미 — 성소적(聖所的) 형상화를 중심으로__329
5. 설화, 역사, 그 경계 넘나들며 글쓰기 — 민지(閔漬) 산문(散文)의 불교설화 수용을 중심으로__354
6. 조선후기 사찰문헌설화 연구 — 정암사(淨巖寺) 연기설화를 중심으로__388
7. 갑사(甲寺) 연기설화에 나타난 의미와 특징__429

참고문헌__449
색   인__459

제 1 부

사찰연기설화의 총체적 조망

1. 문제제기와 연구방향

　사찰연기설화는 사찰을 대상으로 그에 얽힌 창사 중건 폐사 혹은 고승·보살·부처 등 불교적 인간을 등장시켜 불교적 세계관을 드러내는 불교설화의 한 하위갈래에 속하는 이야기이다. '사찰', '연기', '설화'라는 세 용어가 합성된 이 말은 우선 '사찰'과 '연기설화'로 의미적 층위를 구분해서 생각할 수 있다. 사찰이란 원래 인도에서는 samgharama라 한 이 말이 중국에 와 '승가람마(僧伽藍摩)'로 표기되다가 후에 '가람(伽藍)'이란 말로 축약되었는데, 의미대로 한다면 '중원(衆園)'이란 말과 일맥상통한다. 하지만 불교사의 전개에서 본다면 사찰은 꽤 후대에 성립된 것으로 보는 것이 일반적이다. 원래 불교수행자들은 무소유를 이상으로 삼고 있었을 뿐더러 원시경전의 언급과 같이 승려란 '집 없는 사람', '산에 머무는 사람들'이었으므로 굳이 일정한 건물의 필요성을 그리 느끼지 못했던 사정과 무관한 것이 아니다. 하지만 교단의 형성과 더불어 수행자들이 공동체(共通體)를 형성하게되면서 堂宇의 필요성을 점차 절감하는 시기에 접어든다. 보다 체계적인 수행과 사중들의 회합(會合) 및 수행처로서, 그리고 각종 불구(佛具)를 내장하기 위한 공간의 필요성이 절실해지면서 사찰은 삼보(三寶)에 못지않은 불가의 핵심적 장소로 그 외연적 의미를 점점 확장시켜 나간 것으로 볼 수 있는 것이다.

사찰을 단순하게 비와 바람 등을 막고 불구를 보전할 물리적 공간으로 인식할 수도 있으나 서사 담론 속에서의 사찰은 문화 종교적 공간으로서 한결 광범위한 의미역을 확보해왔으며 설화담론에서는 물론 후자의 의미를 지향하고 있는 것이다. 불타의 가르침, 경전적 세계를 고창하고 그 성스러움을 수수하며 영역을 넓혀 대중적 감화를 공유하고 후대에 신앙을 매개하는 종교적 공간으로 새롭게 인식되어 나가면서 이에 대한 담론적 반응, 즉 불교적 공간으로서 사찰의 역사와 영험성을 조명하는 일은 또 하나의 불사가 되다시피 유구한 전통으로 자리잡아온 것이다.

사찰연기설화에 대한 논의를 시작하는 출발점에서 그 의도성이 분명하게 확인되는 것은 아니나 장구한 시간 속에서 사찰의 흥망성쇠의 역사를 유기적이고 순환적 관점에서 사부대중, 민중들에게 전승되거나 혹은 식자층이 문자로 갈무리해 놓은 담론 정도로 전제하고자 한다. 이렇다면 이 설화군(說話群)이 불교설화나 사찰설화라는 말로는 개념적 테두리가 선명하게 드러난다고 하기 어렵다.[1] 그 점에서 사찰연기설화라는 말이 일층 타당해 보이는 것이

---

1) '緣起'에 대한 풀이는 아주 다양하지만 사찰연기설화 속의 '연기'는 불교에서 말하는 근본적이고 핵심적인 용어로 통하는 바 인연생기의 준말, 곧 緣이 되어서 結果를 일으킨다는 일반적 의미나 '機緣說起', 즉 중생의 지혜로 이해할 수 있는 정도로 설법하는 것을 가리키지는 않는다. 오히려 본고에서 수용하는 '연기'는 "사찰설화를 보다 명징하게 구획해주는 말로써 사원 등을 건설하기까지의 과정에 이른 유래와 부처님 고승들의 영험"(운허·용하, 『불교사전』, 동국역경원, 1961, 583면)을 뜻한다고 할 수 있다. 그저 '사찰설화'라고도 할 수 있으나 '사찰연기설화'로 지칭할 때 사찰관련 설화의 개념적 테두리

다. 출처가 분명하지 않은 채로 오랫동안 관용적으로 사용되어 왔다는 점,2) 그리고 설화내용이나 구성에 의거할 때 현재 사찰연기설화라는 말처럼 양식적 의미를 가장 잘 포괄하는 것이 없다는 점도 필자가 이 용어를 핵심어로 채택하게 된 까닭이 된다.

연기는 중생의 지혜로 이해할 수 있는 정도의 이야기를 지칭하기도 하므로 설화 그 자체를 의미하는 용어도 될 수 있거니와 사찰연기설화란 말 역시 사원의 자초지종, 그 공간에 투입되는 부처, 보살, 고승, 중생들의 삶에 대한 이야기로 자연스럽게 범위가 좁혀진다. 하지만 사찰의 유래라는 테두리에도 불구하고 불교적 인간의 성스러운 자취를 밝혀주며 한편으로 중생을 제도하며 나아가 이야기 자체가 갖는 흥미마저도 제공해주는 이야기로서 그 뜻을 광의적으로 수용할 여지는 얼마든지 있는 것이다.

그렇다면 왜 사찰연기설화가 절실하게 논의의 대상으로 될 수밖에 없는가. 차순이 바뀌었는지 모르겠으나 필자가 이후 방향을 잃지 않고 그 본질에 접근한 쪽으로 다가가기 위해서 이에 대해 잠깐이나마 설명이 뒤따라야 한다고 본다. 불교문학 중에서도 그나마 설화영역은 어떤 부분보다 연구의 진척이 이루어져 있다고 말할 수 있다. 불교설화의 유형적 분류, 경전소재설화의 대비적

및 그 담론적 본질이 한결 명징하게 드러난다고 할 것이다.
2) 현재로서는 崔南善이 이 용어를 처음 사용하고 있는 것으로 보이는데 (『啓明』제18집, 계명부락부, 1927) 정확한 확인이 필요할 것 같다. '사원'이나 '절'도 '사찰'이란 말과 의미상 차이가 없으나 일제시대 이후 가장 널리 관용적으로 사용되었던 것이 '사찰'인만큼 학술용어로서도 이를 취택하는 것이 적절하다고 본다.

고찰, 소설의 원류로서 불교설화가 갖는 의미 등에 걸쳐 적지 않은 성과가 집적된 터이다. 하지만 불교문학에 대한 연구 인력이 많지 않은데다 자료의 빈약함은 불교문학연구의 심층적 연구를 가로막는 큰 장애물로 지적되어 왔다. 기왕의 연구조차도 미시적 연구는 미미할 뿐이고 널리 알려진 자료를 바탕으로 한 시론적 연구에서 크게 벗어나지 못한 것이 대부분이었으니 사찰연기설화로 폭을 좁혀볼 때는 더할 나위가 없다.[3]

---

3) 최근까지 이루어진 사찰연기설화에 대한 연구업적으로는 田英鎭,「삼국유사」소재 연기설화의 연구」, 단대 박사논문 1990. 李殷相,「吾魚說話의 유형」,『노산문학선』, 탐구신서 120. 1964. 金煐泰,「미륵사창건연기설화고」,『마한 백제문화』창간호, 원광대학교 마한 백제문화연구소. 1975. 洪石彰,「미륵사지의 연기설화」,『마한 백제문화』창간호, 원광대 1975. 林哲鎬,「신라창사연기설화고」,『세림』4호. 1976. 최진원,「사찰연기설화와 선풍」,『진단학보』42집. 1977. 차용주,「金現感虎의 비교연구」,『청주여사대논문집』7집,1978. 洪順錫,「한국 불사연기설화 연구」, 단국대 석사논문. 1980. 김영만,「金現感虎說話에 나타난 불교사상고」,『국어국문학』제 18·19집 부산대학교 국어국문학과. 1982. 이영자,「『삼국유사』에 나타난 사찰연기설화연구」, 숭전대학교대학원 석사학위논문. 1982. 金容德,「청평사연기설화고」,『한양어문학』6. 1988. 李胤錫,「조신설화의 문헌학적 가치에 관한 소고」,『한국전통문화연구』제4집. 효성여대부설 한국전통문화연구소. 1988. 김金承鎬,「聖所만들기와 설화의 구조」,『삼국유사의 현장적 연구』, 신라문화선양회. 1990. 진영미,『황룡사구층탑 창건설화의 구조와 의미』, 벽사 이우성선생정년퇴직기념 국어국문학논총 동간행위원회. 1990. 李秀子,「祇林寺 연기설화의 설화적 성격과 의의」,『한국서사문학사의 연구』, 사재동박사화갑기념논총간행회, 중앙문화사. 1995. 辛鍾遠,「청평사 상사뱀 전설의 역사성과 설화성」,『강원불교사연구』, 소화. 1996. 등을 꼽을 수 있다.

그러나 앞서 지적한 것처럼 이중에서 하지만 이수자, 김용덕, 신종원

불교서사문학을 소설(小說)과 전기(傳記) 등으로 그 하위적 갈래를 분화시켜 본다면 설화는 다시 영험(靈驗), 고승(高僧), 각성(覺醒), 회향(回向) 등으로 내용에 따라 갈래를 세분화시킬 수가 있다.4) 그러므로 서사적 초점을 사찰연기설화로 국한시킬 때는 상당한 정도의 의의를 수반한다는 전제를 갖고 있는 것이라고 할 것이다. 모든 대상이 연구적 가치를 함의한다고 할 수 있더라도 위에서 말한 것처럼 불교문학에 대한 연구가 그 영성함을 면치 못하는 작금의 현실에서는 당연히 연구적 가치와 의미를 풍성하게 지닌 것 위주로 연구하는 것이 이치에 맞는 일이 아닐 수 없

의 논문을 제외하고서는 『삼국유사』 소재 창사연기설화이 연구적 대상이 되고 있을 뿐더러 창사담 위주로 논의가 치우쳐 있는 것으로 나타나고 있다. 『삼국유사』의 사찰연기설화를 연구하는 것은 소중한 일이지만 대상을 한정시킴으로써 나타날 부작용도 없지 않다는 것이 필자의 생각이다. 따라서 본고에서는 『삼국유사』 소재 사찰연기설화는 물론 여기서 더 나아가 사찰문헌, 유자들의 기문, 구비자료까지 포괄하여 논의대상으로 넓히고 창건담에 그치던 연구적 관행을 넘어 폐사담까지 주목함으로써 사찰연기설화가 지닌 전체상을 드러내 보이는 데 초점을 두고자 한다.

4) 불교설화의 유형적 가름은 연구자에 따라 그 편차가 매우 심하다. 三國遺事 所載 설화를 바탕으로 한 분류이긴 하지만 張德順의 說話 분류(『국문학통론』, 신구문화사, 1960, 430-447면)는 불교설화의 내용적 특성을 간취하는데 도움을 주는 최초의 시도라고 할 수 있다. 그는 신화, 전설, 민간설화와 더불어 敎緣起傳說이라는 하위 항목을 설정하고 그 하위 항목으로 1)寺院緣起傳說, 2)高僧 異僧 聖徒傳說, 3)聖體 聖具傳說로 나누어 놓고 있다. 이야기 조건으로서 背景, 人物, 神物 등을 중시하여 이를 갈래적 잣대로 응용한 것이라 하겠는데 사원연기전설 이외의 항목을 지나치게 많이 나열하다보니 정작 사찰연기설화에 들어갈 각 편이 다른 항목에 귀속되는 결과가 나타났다.

다. 필자가 사찰연기설화를 논의의 대상으로 삼은 동기를 보다 구체적으로 밝힌다면 다음과 같다.

첫째 사찰연기설화는 불교문학의 속성을 절실하고 압축성 있게 표징(標徵)한 담론으로서 그 나름으로 불교적 세계관과 주제정신을 농진하게 함축하고 있는 담론이다. 이미 연기(緣起)라는 수식이 갖는 의미를 다져보았으나 이 유형은 사찰이란 건축물을 유기적이고 순환적 시각으로 응시한다는 전제에서 출발하여 먼저 단초를 제시하고 그로 촉발된 사건 상황을 찬찬히 응시하여 결과가 왜 그렇게 나타났는지 일련의 과정을 해명해주는 데 목적을 두고 있다. 그것은 역사 사실에 대한 조응이나 인간의 욕망, 운명에 대한 보편적 해석을 넘어 불교적 시각으로 바라본 인간의 삶 그리고 깨달음에 관한 이야기라는 이중적 지향성 위에 구축되는 담론이다.

둘째로 불교서사문학 중 그 대상 범위가 다른 어떤 것에 비해서 무척 광범위하다는 점을 외면하기 어렵다. 어떤 사찰이든 불확실한 채로 기원을 멀고도 아득한 시기로 설정하는 것이 일반적이다. 하지만 신앙의 집합처로서 사찰은 전승담의 현장이면서 동시에 이야기의 산파지(産婆地)이자 그 전파의 기점이 되기에 오랜 연륜을 지닌 사찰이라면 얼마나 풍족한 이야기를 예비하고 있을지 상상하기란 어렵지가 않다. 수많은 사찰이 지어지고 불교신앙의 역사가 두터워지면서 사찰 중심의 연기(緣起)가 늘어났으며 한 대상에 대해 거듭 파생담이 부연되어 거대한 담론적 타래를 형성하게 되었다. 천 기백 년의 불교역사를 지닌 만큼 수많은 사찰이 명멸하는 가운데 풍성한 담론의 생산적 기반이 마련되었다고 보는 것은 지극히 자연스럽다. 따라서 이 담론은 어떤 불교서사물보다 거대한 군락을 형성하며 불교적 주제를 현시해주는 제재로서, 혹은 초시대적 내구성을 강하게 갖춘 이야기로 인정받아 온 터이다.

결국 불교문학 자체에 대한 소홀한 관심과 연구라는 아주 일반적 문제뿐만 아니라 불교사상적 세계관을 서사문학적으로 훌륭하게 변주하고 있다는 점, 여기에 초기 서사문학의 전개양상마저 간접적으로 투과해준다는 점 등을 상기한다면 왜 사찰연기설화를 연구적 대상으로 삼고자 하는지 더 이상의 변이 필요치 않을 것으로 본다.

위에서 제시한 연구 대상적 의의를 띠고 있음에도 불구하고 실제 의도대로 연구를 이어가기 위해서는 거듭 연구 방법적 고민이 필요하다. 무엇보다 사찰연기설화가 내용적으로는 신앙적(信仰的), 전교적(傳敎的) 의미를 아울러 함축하고 있다는 점을 주목해야 한다. 종교적 담론으로서 성격이 짙은 만큼이나 불교적 종지 포교를 위한 당의적(糖衣的) 요소를 분명하게 직시할 수 있어야 한다는 말이다. 자연적으로 발생, 전파된 설화 일반의 경우와 발생적 기저를 동일시 할 수 없다는 점은 무엇보다 사찰연기설화를 규명하는데 있어 조심스러운 접근이 필요하다는 것을 우선적으로 암시해준다. 불교 신앙적 시각에서 볼 때 사찰연기설화는 부처의 권화응현(勸化應現) 그리고 불교적 인간들의 각성(覺醒)에 이르는 궤적이 무엇보다 중시되는데 이 같은 내용은 결코 훼손해서는 안 되며 가능하다면 신성담론으로 갈무리되어야 한다는 의식이 강하게 지배하고 있는 것이다. 사찰연기설화는 서사담론이면서 동시에 포교, 종지의 전파라는 목적성 위에 놓여있는 이야기라는 점을 직시하는 것이야말로 이 담론의 특성에 접근하는 전제로 삼아야 할 것으로 생각한다.

불교적 서사물에 해당되는 것들로는 소설(小說), 전기(傳記), 설화(說話), 기문(記文) 따위를 일반적으로 떠올린다. 소설과 전은 기록을 전제로 하여 식자들에 의해 지어지고 읽힌 것이니 그 수용층 역시 문자의 해득은 물론 불교사상에 대해 나름의 식견을 지닌 이들이 주축이 되었을 터이다. 대신 불교설화는 송신자와 수신자가 대부분 문맹층으로 한정될 여지가 상대적으로 높고 별다른 지식이나 교양을 갖추지 못한 사람들이 대부분을 차지할 것으로 유추된다. 그럼에도 불구하고 사찰연기의 창작층이 오로지 민중들로 한정된다고 볼 수 만은 없다. 앞서 제시한 문헌, 기록자료의 주 담당층은 아무래도 사대부, 지식층일 것이며 이들은 자신들의 대불교(對佛敎), 승려(僧侶) 인식뿐만 아니라 민중적 담론을 수용, 반영하는 선에서 찬술에 임했을 것이다. 한문으로 기록된 승전(僧傳), 행장(行狀), 비명(碑銘) 등이 사찰연기설화의 방계적 대상으로 지목될 수 있을 것인데 그 점에서 사찰연기설화를 구비설화로 한정짓고 이것만 주목하여 설화의 특징을 찾아내는 것은 옳지 않을 뿐더러 민중 전승담이라고 해서 불교사상적 취의가 전혀 보이지 않는다고 예단해서 보아서는 곤란할 듯하다. 사찰연기설화는 종교적 담론으로서의 내용을 지닐 뿐만 아니라 서사 미학상으로는 일반 설화와 마찬가지로 민중간 창작 수용된 이야기이기도 하다. 곧 창작의 주체, 소비 그리고 생산물 등 담론의 구성요소(構成要素)를 나누어 본다면 사찰연기설화는 보다 다양한 생산적 조건 위에서 전승되었던 것인데 전달매체로 구분하면 구비(口碑), 문헌(文獻)으로 양분될 것이며 생산의 주체로 따진다면 불교신앙과 지식을 갖춘 승려(僧侶), 사중(寺衆)과 오로지 구비문학적 대상만을 향유할 수 있는 민중층(民衆層)으로 대별지어 생각할 수 있다. 사찰연기설화의 형성요인을 이와 같은 기본적 요건 안에서 파악한다면 이 담론의 성격분석 혹은 서사미학 연구에서 어떤 시각과 태도를 가져야 하는지 판가름이 난다고 생각된다.

  사찰연기는 부처의 가르침 혹은 경전의 재해석을 염두에 둔 담론으로 양분이 가능하다더라도 그렇게 터무니없는 접근이 아니다. 층위가 다양하더라도 결국은 불교적 종지(宗旨)를 바탕에 깔고 이를 비유(比喩) 은유(隱喩)하는 것이 대부분이므로 이야기의 분석과 풀이과정에 있어서도 불교사상에 편승할 때, 해석의 모호함과 난해함을 줄여나갈 수 있다고 본다. 하지만 전제했던 것처럼 이야기의 구조분석 등에 있어서는 일반 설화 담론의 분석적 틀을 원용하더라도 그것이 내재한 특유의 서사미학을 추출해 내는데 별 어려움이 따르지 않을 것이다. 사찰연기설화는 다양한 불교적 인간의 등장, 전기적 공간의 설정, 경전적(經典的) 공간의 투입 등으로 하여 특히 독자의 호기심을 자극하는데 매우 적절한 구성과 구조를 갖추고 있다.

사찰연기설화는 일반 설화와 변별되는 경계를 분명히 지니고 있는 것으로 보인다. 흥미발현의 담론이 아니라 구비역사적 승사(僧史), 사사(寺史)라는 점을 본령으로 삼고 있는 만큼 그에 대한 서사적 수행범위가 적지 않게 도출되는 것이다. 따라서 문학역사의 혼효 부분과 일반설화가 침윤된 부분을 잘 가려낼 때만 설화 역사기물의 특징적 조건을 갖춘 담론으로서 사찰연기설화의 본질에 다가갈 수 있는 조건이 마련된다고 본다. 사대부들까지 나서 민중들 안에서나 향유되는 사찰연기를 기록한 까닭은 공식적이며 목적지향적인 기록이 감당하지 못하는 또 다른 내용적 층위를 확보하고 있다는 믿음 때문이기도 하다. 이점은 역설적이게도 유식자들이 도리어 민중설화에 관심을 갖게 한 동인이 되었다. 대신 민중들은 유식층과 더불어 사찰문헌을 향유할 수 없었던 관계로 구비전승에 의지하고 있는 폐사연기 설화 쪽에 보다 더 관심을 보인 것으로 볼 수 있다.

이제까지의 논의만 두고 보더라도 사찰연기설화가 매우 복합적 요소를 지닌 담론임이 밝혀지는데 서사 미학적 측면에서 설화 일반과 동일한 바탕을 지니고 있다 하더라도 내용적 범주에서는 사찰의 유래와 역사를 표방하고자 하는 기의적(記義的) 목적을 탈피하지 않는 것이다.

  그렇다고 해서 초월적인 허구의 세계만을 드러내는 것이 아니고 오히려 불교의 영험력과 신앙적 이적 따위를 적극 포착하고자 한다. 뿐만 아니라 민중 이외 승려·호불적 유자들이 한문으로 채록하거나 윤문(潤文)한 뒤 등재함으로써 구비설화에 못지 않게 문헌설화 일반의 것과 유사한 특성을 간직하고 있다고도 볼 수 있다. 따라서 이의 연구에 있어 어느 한 편으로서 편협한 시각만을 앞세워서는 소기의 목적에 이를 수 없다는 점을 어렵지 않게 간취(看取)할 수 있다.

  이후 논의에서는 형식미학적 측면에서 이미 그 이론적 토대가 단단하게 마련되었다 할 수 있는 서구의 서사이론을 원용할 것이고 사찰연기의 내용적 측면을 점검하는 자리에 있어서는 불교사(佛敎史), 사상사(思想史) 그리고 사회 역사적 상황에 대응시켜 그를 근거로 사찰연기설화의 당대적 의미와 이면적 주제를 추출해 나가려 한다. 한 가지 방법론을 고수하는 것이 연구방향을 보다 분명히 하고 일관된 논지를 확립하는데 수월한 것은 사실이나 애초 다면체적(多面體的) 성격을 지닌 사찰연기설화를 어느 일방의 관점으로 고정시켜 본다는 것은 무리한 일로 보고 특정 시각에 매여 논의를 펼치는 일은 피하려고 한다. 가령 사찰연기설화가 불교적 담론이니까 무엇보다 불교적 사상과 세계관에 바탕을 두어 풀이해야 한다고 강변할 때 그밖에 이 담론이 내장된 설화의 일반적이고 보편적인 특성은 소거될 터이며 담론의 실상을 찾는다는 애초의 의도는 무망한 것으로 끝날 수 있을 것이다.

이렇게 미학(美學)과 내용·역사(內容·歷史) 등 3가지 요소에 따라 해석의 준거를 달리한다는 것은 곧 이 담론이 가진 복합적 특성을 살리는 일이 될 것으로 믿는다. 그럴 경우 사찰연기설화를 에워싸고 있는 서사 미학적 기능은 물론 그것을 전파 전승시킨 담당층의 세계관, 문학적 인식 등에 걸친 변별적 특성이 드러날 것이라 믿는다. 다양하게 포괄된 담론적 특성의 추출과 그것의 종합적 이해, 그것이야말로 사찰연기설화의 실상을 밝히는 데 선결되어야할 전제가 아닐 수 없다고 본다.

2. 문헌자료와 논의범주

사찰연기설화에 대한 연구가 다른 영역에 비해 연구성과가 비교적 많다 해도 이에 대한 담론적 성격 및 개념화는 그리 만족스럽지 못한 편인데 보다 진지한 검토가 미치기도 전에 용어부터 미리 정착된 느낌이 강하다. 가령 구비적 전승 못지 않게 많은 설화를 등재하고 있는 문헌 중에도 제명(題名)을 성격에 걸맞게 사찰연기설화로 표지하고 있는 문헌은 찾아보기 어렵다. 이는 현재와 같은 갈래적 인식이 없던 과거시기의 기록물이라는 점에서 불가피한 일이라 하겠으나 그렇다 해도 설화가 풍성하게 갈무리되어 있는 이들 자료를 외면한 채 몇몇 자료 소재 불교설화만을 중

핵적(中核的) 과제로 삼으려 들지 않은 연구자들의 안목은 문제가 있다하지 않을 수 없다. 그나마 사찰 문헌설화가 주목의 대상으로 떠오르게 된 것은 『三國遺事』 연구에서 비롯된 것이라고 해도 과언이 아니다. 『삼국유사』에 소재한 이야기 가운데 정토사(淨土寺), 호원사(虎願寺), 미륵사(彌勒寺), 미륵사(洛山寺) 등의 연기설화는 특히 소설담론과 친연적이라는 점 때문에 주목의 대상으로 꼽혀왔던 것이다.5) 하지만 『삼국유사』 소재(所載)의 사찰연기설화라 할지라도 대부분의 각 편은 제대로 연구되지 못한 상황이고 유형 분류의 수준을 넘어서는 본격적 의미의 연구는 찾아보기 어려운 것이 현재까지의 실정이다.

억불숭유의 기치를 내건 조선시대에 들어와서도 각 사찰들에서는 나름의 역사를 기록 정리하는 사업들을 간단없이 진행하여 왔다. 무엇보다 임진왜란(壬辰倭亂)이나 병자호란(丙子胡亂) 등을 겪으면서 자연 사찰의 문헌들이 유실되거나 훼손되는 등 사회외적 환경이 사적 안에 설화의 등재를 부축하였다. 그동안 보존되어 온 사지(寺誌)가 갑작스런 재화로 소실되자 일부 승려와 뜻있는 유자들은 큰 충격을 받았으며 일부는 사지복원에 자발적으로 참여하여 후세에게 사찰의 역사를 전해주려 갖은 노력을 다했다. 경우에 따라서는 전혀 자료가 없는 상황에서 사지(寺誌) 복원을 모색하다보니 구비전승담에 상당 부분 의존하지 않을 수 없는 경우가 적지 않게 발생했다.6) 물론 기록문헌이 없다는 점도 작용했겠

---

5) 權相老, 『朝鮮文學史』, 프린트사, 1947, 165-166.
6) 淸隱知守, 『鳳巖寺事蹟略錄』.

으나 청탁을 받은 유자(儒者), 식자층(識者層) 등도 합리적 사관에 의거한 실증적 증언 대신 설화담론을 기록의 중요한 대상으로 포괄하는 일도 빈번해졌다. 사찰문헌인 만큼 어느 정도는 영험성과 초월성이 허여될 수 있다는 인식이 무엇보다 설화에 적극적 관심을 표명하게 된 원동력으로 작용했을 것이다. 그렇다고 해서 그들의 글쓰기가 영이담 위주로 일관한 것은 아니다. 기록은 문헌의 제목, 서사유형과 무관하게 허구적 이야기와 사실적 이야기가 혼요된 채로 전개되며 기(記), 소(疏), 명(銘), 설(說)에 해당되는 논설류(論說類)가 개재되는가 하면 인정기술식의 보고로 시종한 결과 서사성을 찾아보기 어려운 기록들도 적지 않다. 서사성이 떨어지는 문헌일수록 창건연대, 건립자(建立者), 사지(寺址), 재원조달(財源調達), 공사 중 난관(難關), 불사(佛事) 목록 그리고 장인(匠人)의 기교나 기법에 대한 정보 등은 상세하게 적기되어 있으나 그에 반비례하여 서사적 흥미와 영험적 흔적은 애써 외면해

"嗚呼 寺之創 凡千有餘年 代不乏人 隨廢隨興 去癸未災後 千古人跡跡 都歸於烏有之鄕 而至今叢林中 無一人擔當是事 爲興復之計者 可知其 吾道之無人也 余寓寺日 求諸文獻 而寺無一卷文字 誠亦寒心 謹以掇拾 遺聞如右 若其羅麗兩朝 行幸駐蹕之跡 尤茫然無可攷者 惟御筆一紙 傳之在寺耳"(오! 절이 세워진지는 천여 년이 되고 대대로 사람이 나왔으나 흥폐를 좇아 계미년의 재난 이후 수많은 사람들의 자취는 모두 지워지고 황폐해졌으니 지금 절 안에는 그 일을 담당하여 절을 중흥시키고자 하는 자가 하나도 없으니 가히 寺中의 사람없음을 알만하다. 내가 절에 머무는 동안 문헌을 찾았으나 절 안에는 한 권의 문서도 없으니 참으로 한심하다. 간신히 오른쪽과 같이 전해오는 이야기들을 수습했으나 저 신라 고려 두 왕조의 임금의 자취는 더욱 망연하여 고증할 수 없고 오직 어필 한 장이 절에 전해올 따름이다.)

버리고 마는 경우가 흔하다. 이는 물론 사찰연기설화의 대상에 포함시킬 수가 없을 것이다.

피상적으로 접근할 때 많은 사찰문헌들은 서사성이 높고 이야기적 흥미, 불교적 주제를 수준 높게 형상화 하는데 주의를 기울이고 있지 못한 것으로 보인다. 그 점에서 사찰연기설화의 서사성에 대해 회의하게 만드는 것도 사실이다. 하지만 기본적으로 이 담론은 역사와 허구의 엇섞임으로 지탱되는 것임을 유념할 필요가 있다. 오히려 온전히 설화적 색채만을 간직한 이야기는 상대적으로 드문 것이 자료적 실상이며 신상명세적(身上明細的) 연대기적 기록이 큰 비중을 차지하고 있는 가운데서도 꼼꼼히 읽을 때 설화 부위가 적지 않게 채취되기도 한다. 사적비(事蹟碑), 승전(僧傳), 승비(僧碑) 등은 물론이고 기(記), 론(論), 발(跋), 서(序) 따위로 제명된 것까지 세심히 살펴나갈 필요가 있으며 그럴 경우 의외로 설화적 단위의 서사들이 적지 않게 혼재되어 있음을 깨닫게 될 것이다. 설사 제명(題名)은 설화와 무관해도 또 다른 의미의 연기설화 자료가 되는 셈이다. 이런 넓은 안목으로 접근할 때만 사찰연기의 서사적 속성과 본질이 그나마 간취될 수 있을 것으로 여겨진다.

유구한 불교 역사 속에서 수많은 사찰이 지어지고 혹은 중창(重創), 중건(重建)을 거듭했으며 마침내 폐사(廢寺)에 이른 자취는 건조한 역사적 기술로 혹은 흥망의 순환적 전개에 대응하여 구비설화, 문헌설화로 수용되어 전승의 흐름을 유지해왔다. 그런데 사사(寺史)의 자유로운 내력담이라 할 사찰연기가 범위나 규모가 일정하게 규격화되지 못한 것은 문학 갈래처럼 한정한 시간대에 출현 쇠퇴한 것이 아니라 숱한 시공간을 거치며 초역사적 산물로 수용된 결과가 아닌가 한다. 그 결과 당연히 시대, 찬자 등에 의해 서사적 층위가 크게 벌어질 수밖에 없게 된 것이다.

사찰연기설화의 원형은 역시 구비전승담일 터이다. 근대기 이전까지 의존할 수 있는 자료란 문헌설화일 수밖에 없다 하겠으나 그것조차도 근원은 구비전승에서 시작된 것임을 부정하기 어렵다.

구비문학에 대한 학문적 이해가 조성되기 이전에는 사찰설화가 상대적으로 풍성하게 발화되었으나 시대적 추세에 따라 설화의 전승력을 확인하기 어렵게 된 현재로서는 문서화, 활자화 된 문헌을 통해서나마 과거시기 담론의 원형적 자취를 확인할 수 있을 뿐이다.

하지만 세밀하게 자료를 검색해 나가다 보면 연기설화를 투영해 줄 적지 않은 자료들을 접할 수 있다. 본고에서는 나려(羅麗) 시기는 물론 조선시대 사찰문헌설화 가운데서도 설화성이 감지되는 것이라면 비록 단편적 기록이라도 논의대상으로 적극 활용하고자 하였다.

『삼국유사』 소재 사찰연기설화와 같이 서사성이 높게 나타나는 이야기가 아닐지라도 주제(主題), 형식미학(形式美學), 사상(思想) 등에 걸쳐 부분적으로라도 사찰연기설화의 면모를 지니고 있다면 이를 논의에 포함시켜 사찰연기설화의 전반적 면모를 밝히고자 한 것이다. 본고에서 직접 인용하고 논의자료로 삼은 것을 포함하여 사찰설화에 귀속될 문헌을 먼저 예시해 본다.

	찬술자	문헌명	찬술시기	출처, 인용처
1	李穡	覺庵記	高麗末	穆隱集
2	安軸	看藏庵記	高麗末	
3	崔瀣	頭陀山看藏庵重營記	高麗末	
4	翠岩性愚	葛來塔事蹟	正祖2 高宗戊戌(1778)	
5	景雲以祉	葛來寺重修記	高宗甲戌(1874)	
6	權近	甘露寺重創記	高麗末	陽村集
7	李志賤	岬寺事蹟碑銘	顯宗己亥(1659)	金石總覽下, 908-912
8	金潤煥	岬寺重修記	丁卯仲秋	上同
9	蓮坡陟貞	甲辰庵重修記	正祖21丁巳(1797)	寺刹史料上, 436-438
10	李齊賢	開國寺重修記	高麗末	上同, 14-16
11	李齊賢	重修開國律寺記	高麗末	益齋集
12	金龍船	千佛山開心寺事蹟文	甲申秋	寺刹史料下, 388-420
13	鏡月快守	象王山開心寺大法堂重修記	崇禎後4丁巳	
14	權重冕	開天寺重修上樑文	光武11(1907)	寺刹史料上, 352-354
15	崔尙灝	開花寺誌	乾隆11 丙寅(1746)	上同, 127-128
16	栢摩淸秀	開花寺法堂重建記	建陽2 丁酉(1897)	上同, 369-370
17	鄭泰好	乾鳳寺事蹟	高宗24 丁亥(1887)	上同, 77-87
18	金守溫	見性庵靈應記	朝鮮初	拭扰集, 卷2
19	李穡	巨濟牛頭山見庵禪寺重修記	高麗末	穆隱集
20		見菴寺事蹟	己卯仲春	寺刹史料上, 603-605
21	李奎報	景福寺記	高麗 高宗	東國李相國集
22	李穡	杲庵記	高麗末	穆隱集
23		孤雲寺事蹟		寺刹史料上, 478-479

26 한국사찰연기설화의 연구

	찬술자	문헌명	찬술시기	출처, 인용처
24	嘉善海淸	聖德山觀音寺事蹟	雍正7己丑(1729)	上同, 244-248
25	權應圭	寶陀山觀音寺創建記	戊子10月	上同 下, 190
26	花園居士	天磨山觀音寺重建碑	順治 17(1660)5月	上同, 12-14
27		觀寂寺碑	肅宗18壬申 (1692)	
28		灌燭寺事蹟碑	英祖19 癸亥(1743)	金石總覽 下, 1153-1155
29	安命老	廣德寺事蹟記	崇禎後53 庚申	
30	李時恒	廣法寺事蹟碑	英祖3丁未(1727)	金石總覽 下, 1116-1118
31	鄭彦時	雉岳山九龍寺事蹟	天開甲子後69	寺刹史料下, 30-33
32	金炳地	歸州寺重建記蹟碑	高宗18 辛巳(1881)	金石總覽下, 1324
33	幻庵善欽	極樂殿新建記	乾隆14 己巳(1749)	寺刹史料下, 232-236
34	洪良浩	禁夢庵重修記	正祖19 乙卯(1795)	寺刹史料下, 35-36
35	海眼	金山寺事蹟	仁祖13 乙亥(1635)	
36		金仙寺事蹟記		上同, 161-162
37	金鴻圭	金龍寺事蹟記		上同, 448-449
38		吉祥庵羅漢殿遺跡重修記	乾隆22 丁丑(1757)	上同, 265-267
39		洛山寺事蹟		洛山寺
40	忠峰	來蘇寺獅子庵重創記	咸豊6 丙辰	
41	草摩	來院庵重建記		寺刹史料下,236-238
42		來院庵事蹟	康熙45 丙戌(1706)	上同 上, 17-22
43	吳遂采	楞迦寺事蹟碑	肅宗16 庚午(1690)	金石總覽 下, 995-1000
44	雪巖明眼	大原蘭若創建記	康熙28 己巳 仲夏	寺刹史料上, 610-611
45	金守溫	大圓覺寺碑	成宗2 辛卯	拭疣集 卷2,,東文選
46	鄭龍夏	大寂寺初創記文	乾隆20 乙亥4月	寺刹史料上, 365-366
47	蔡彭胤	大興寺事蹟碑	雍正5 丁未(1727)	上同 上, 308-314
48	白上舍	太白山大興寺初創事蹟	肅宗24 戊寅(1698)	上同 下, 49-51

제1부 사찰연기설화의 총체적 조망 27

	찬술자	문헌명	찬술시기	출처, 인용처
49	退庵應浩	靈鷲山大興寺靑蓮庵法堂移建重創記		上同, 5-7
50	任相元	大興寺事蹟碑	肅宗16 庚午(1690)	上同, 10-12
51		道觀寺重建記	庚申 8月	上同, 302
52	圓應誠泓	道詵庵重創記	崇禎後4 乙酉(1825)	上同, 295-296
53	金守溫	道成庵記		拭疣集, 卷2
54	金世謹	道成庵重修記	壬寅 端陽月夏至日	寺刹史料上, 432-433
55		東海寺記		上同 上, 439-440
56	初月東照	東鶴寺事蹟		
57	楚玖	桐華寺事蹟	英祖8(1732)	
58	李斗采	開雲山桐華寺重創記	雍正2(1724)	寺刹史料上, 290-293
59		萬景庵記	壬子 3月25日	上同 下, 366
60	申昶模	八影山萬景庵重修記	癸卯 春	上同 上, 301-352
61	丁若鏞	挽日庵誌	朝鮮後期	
62		夢月庵初創及四度重營記		上同, 367-368
63	李齊賢	妙蓮寺重興碑	高麗 忠肅王 復位5 丙子(1336)	金石總覽上, 609-610
64	金守溫	妙寂庵重創記	朝鮮初	拭疣集 卷2
65	李穡	無隱庵記	高麗末	穆隱集
66	金富轍	淸平寺文殊寺文殊院記重修碑	泰定4(1327) 3月	益齋亂藁
67	李穡	聖居山文殊寺記		穆隱集
68	晦隱子	鷲嶺山文殊寺重建事蹟	康熙 庚子 季夏	
69	閔黯長孺	美黃寺事蹟碑	肅宗18 壬申(1692)9月	金石總覽 下, 1004-1005
70	趙宗著	白蓮寺事蹟碑	肅宗7 辛酉(1681)	上同, 958-959
71	尹淮	白蓮寺記		
72	鍾峯離幻	雉岳山白蓮寺重創記	萬曆16戊子(1588)	寺刹史料上, 142-146
73	柳方善	白蓮庵記		泰齋集

	찬술자	문헌명	찬술시기	출처, 인용처
74	李穡	長城白巖寺雙溪樓記	高麗末	牧隱集
75	許辰	白龍庵重修記	丁巳6月下澣	寺刹史料下, 368-369
76		新羅含月山祗林寺事蹟	昭和12年(1937)	慶北五本山古今記要
77		白雲巖重修記	道光23癸卯(1843)11月	上同 下, 368-369
78		栢律寺重修記	萬曆36戊申(1608) 正月	上同 上, 420-423
79	李齊賢	白華禪院政堂樓記	高麗末	益齋集
80	宗夏	百興庵重創記	庚戌 暮春	寺刹史料上, 472-473
81	東溪	梵魚寺創建事蹟	康熙 庚辰(1700)	
82	李穀	大都天台山法王寺記	高麗末	稼亭集
83	汝寂慶秀	法住寺來歷		寺刹史料上, 127-128
84	泗溟	寶鏡寺事蹟	朝鮮中期	上同 上, 375-377
85		普光寺事蹟		上同 下, 168-175
86	丞危素	扶餘普光寺重創碑	至正18戊戌(1358) 6月	金石總覽上, 495-498
87	李穀	重興寺華嚴普光寺記	高麗末	稼亭集
88	洪寬海	保國寺祝聖殿創建記	光武7 癸卯(1903)	寺刹史料 上, 155
89		輔國寺重建記	光武18 壬辰(1892)2月	上同 下, 386-387
90	李穡	豊德報法寺記	高麗末	牧隱集
91	碧虛堂 圓照	菩薩寺事蹟碑	英祖 元年 乙巳(1725)	寺刹史料上, 119-120
92	尹深	洛迦山菩薩寺重修碑	肅宗9 癸亥(1683)	金石總覽下, 971-972
93	趙宗著	寶月寺重修碑	肅宗7 辛酉(1681)	上同, 957-958
94		妙香山寶月寺事實記	乾隆51(1786)	寺刹史料下, 266
95		妙香山普賢寺事蹟記	道光19 乙亥(1839)	寺刹史料下, 210-212
96		妙香山普賢寺異蹟		上同, 212-216
97	鏡波禹鴻	五臺山普賢寺事蹟	英祖42 丙戌(1766)	上同, 59-62
98	權喜常	五臺山普賢寺重修記	庚申 2月	上同, 62-63

제1부 사찰연기설화의 총체적 조망 29

	찬술자	문헌명	찬술시기	출처, 인용처
99	聖訓	五臺山普賢寺重修後記蹟	庚申 2月	上同, 63-65
100	金守溫	福泉寺記	天順8(1464)	拭疣集, 卷2
101	柏摩淸秀	福興寺事蹟記	光緖13 丁亥(1887)	寺刹史料下, 323-330
102	金守溫	奉先寺記	朝鮮初	拭疣集, 卷2
103	李萬錫	佛甲寺古蹟記	英祖17 辛酉(1741)	寺刹史料上, 220-228
104	一然	佛國寺事蹟	慶曆6 丙戌(1046)2월	板本
105	活庵東隱	佛國寺古今歷代記	英祖16(1740)	
106		佛歸寺古蹟小志		寺刹史料 下, 47-48
107	柳伯儒	佛影寺記	洪武3 庚戌(1370)	上同, 38-39
108	李文命	佛影寺還生殿記	太宗8 永樂戊子(1408)	上同, 40-41
109		佛護寺 日封庵記	乾隆 赤蛇 孟秋 下弦	上同, 259-260
110	慕軒主人	捨庵事蹟碑	英祖18壬戌(1742)	金石總覽 下, 1149-1150
111	玄本, 朴居勿	三郞寺碑		三國遺事, 卷5, 感通第7, 憬興遇聖
112	崔始榮	頭陀山三和寺古今事蹟	崇禎4 丁未(1847)	
113	洪勉燮	三和寺重修記	崇禎 後 4 戊辰(1856)	
114	雪巖門人	三幕寺事蹟	乾隆 辛卯(1771)	寺刹史料 上, 63-66
115	楓溪居士	上庵寺重修記	正祖19 乙卯(1795)	上同, 147-148
116		上蓮臺庵重修記	聖上卽位 36 屠維大淵獻孟秋	上同, 549-550
117	西岳堂	上雲庵重修記	嘉慶 5 庚申(1800)	上同 下, 153-154
118	金守溫	五臺山上院寺重創記	朝鮮初	拭疣集, 卷2
119	金樂曾	恩津雙溪寺重建碑	英祖15 乙未(1739)	金石總覽 下, 1141-1142
120	普恩探眞	雙峰寺創建碑	崇禎 後 3 丙午	寺刹史料上, 347-351
121	申箕善	西佛庵 重修記	甲午 中元	上同, 300-301

	찬술자	문헌명	찬술시기	출처, 인용처
122	吉仁和	捿雲寺古碑	康熙48 乙丑(1709)	上同 下, 203-204
123	晴月秋演	石南寺來歷	順治 後73(1457)	上同, 615-617
124	민지	石臺庵事蹟記	고려 忠肅王 7庚申(1320)	上同 下, 112-115
125	李穡	寶蓋山石大庵地藏殿記	高麗末	牧隱集
126	休靜	釋王寺記	著雍 錦棚月 下澣	上同 下,.374-376
127	肅宗	釋王寺事蹟碑	肅宗34 戊子(1708)	金石總覽 下, 1053-1054
128	正祖	安邊雲峰山釋王寺碑	正祖14 庚戌(1790)	寺刹史料上, 357-359
129	東岳珠鎰	仙巖寺重修記	同治7 丁卯	上同 上, 492-493
130	蔡彭胤	曹溪山仙巖寺重修碑	肅宗33 丁亥(1707)	金石總覽 上, 1050-1053
131	桂陰浩然	仙巖寺事蹟	康熙43 暮春 下澣	寺刹史料上,281-287
132		禪雲寺事蹟	丁亥 竹秋	
133	凌虛後人	禪雲寺創修勝蹟記	康熙46(1707)	
134	貫海性皓	禪雲寺重新記	康熙37 戊寅(1698)	
135	息影庵	禪源寺毘盧殿丹靑記	高麗末	
136	崔瀣	禪源寺齋僧記	高麗末	
137	權近	長端聖燈庵記	高麗末	陽村集
138	海喆	成佛寺事蹟碑	嘉慶7 壬戌 元年(1802)	金石總覽 下, 1126-1127
139	水月載玄	正方山成佛寺事蹟碑	英祖3 丁未(1727)	上同, 1115-1116
140	金立之	聖住寺事蹟碑	新羅末	
141	李必馨	少林寺事蹟碑	肅宗18壬申(1692)	上同 下, 1001-1002
142	林椿	尙州小林寺重修記	高麗末	商山誌
143	申翊聖	終南山松廣寺開創碑	仁祖14 丙子	金石總覽下, 868-873
144	趙宗著	曹溪山松廣寺嗣院事蹟碑	肅宗4 戊午(1678)	上同, 954-955
145	沈膺泰	松廣寺重創記	崇禎 後4 丙辰	寺刹史料上, 279-281
146	崔詵	大乘禪宗曹溪山修禪寺重創記	太和7(1207)	上同, 274-276

	찬술자	문헌명	찬술시기	출처, 인용처
147	徐命奎	守國寺事蹟碑	英祖14 戊午(1738)	金石總覽 下, 1140-1141
148		修導寺重建記		上同 上, 414-415
149	霜峯淨源	水墮寺事蹟		
150	景岦	水墮寺重修記	哲宗12 辛酉(1861)	寺刹史料下, 122-123
151	尹濟民	五申山水泰寺事蹟碑	肅宗21 乙亥(1695)	金石總覽 下, 1021-1023
152	崔致遠	崇福寺 碑文	新羅 眞聖王	金石總覽上, 120-124
153	李穡	南原勝蓮寺記	高麗末	牧隱集
154	柳善慶	神光寺事蹟碑	肅宗46 庚子(1720)	金石總覽 下, 1088-1091
155		神光寺事蹟記		寺刹史料下, 308-310
156	聖巖	神德庵重新記	乾隆36 辛卯(1771)	上同, 264-265
157		鳳尾山報恩寺重修事蹟記詞	嘉慶5 庚申(1800)	上同 上, 79-81
158	金炳冀	神勒寺重修記	哲宗9 戊午(1858)	上同, 82-84
159	李穀	神福寺重興記	高麗 忠肅王	稼亭集, 金石總覽 上, 620-621
160	趙㬚	神興寺事蹟碑	英祖40 甲申(1764)	上同, 1200-1201
161	李汝澤	心源寺事蹟碑	肅宗35 己丑(1709)	金石總覽 下, 1056-1057
162	擎猷	心源寺事蹟碑	英祖16 庚申(1740)	上同 下, 1144, 寺刹史料 下, 9-10
163	申維翰	心寂庵重修記	辛未	寺刹史料上, 611-613
164	赤城散吏	心寂寺重修記		上同, 613
165		安國寺事蹟碑	康熙50 辛卯(1711)	上同 下, 297-298
166		鳳獜山安國寺事蹟碑	甲午月 仲夏 生魄	上同, 129-131
167	陵坡沙門	安佛寺事蹟	己亥(1719) 端陽月 上浣	上同 下, 349-352
168	金錫胄	安心寺事蹟碑	英祖35 己卯(1759)4月	上同, 156-1196
169	櫟坡含章	養眞庵重創記	道光19 天中節後 1日	上同, 450-451

	찬술자	문헌명	찬술시기	출처, 인용처
170	元有永	養泉寺記	崇禎3 甲子(1804)	上同, 363-364
171	福齋散人	陽和寺古蹟記	雍正8 庚戌(1741)	上同, 133-137
172	荷溪仁注	陽和寺重建記	乾隆16 庚寅(1890)	上同, 145-146
173	方珣	燃燈寺事蹟碑	康熙 39 庚辰(1700)	上同, 310-313
174	靜影行習	燃燈寺事蹟		上同, 313-320
175		演水寺重修記	同治13 5月(1874)	上同, 605-606
176	比丘鳳湖	演水寺重建記	光緖17 7月	上同, 606-607
177	李穀	艷陽寺重興記	至元6(1340)9月 旣望	稼亭集,上同,629-630
178	金守溫	靈鑑庵重創記	朝鮮初	拭疣集, 卷2
179	張之琬	永明寺碑	憲宗12 丙午(1846)	金石總覽 下, 1303-1304
180	蔡彭胤	靈嶽寺重建碑	康熙 43 9月	寺刹史料上, 618-621
181	盧光履	靈源庵重修記	崇禎4 己亥 淸明節	上同, 553-567
182	金儀謙	靈藏寺記	乾隆32 丁亥 初夏	上同, 563-567
183	權寅秉	靈隱寺重修記	咸豊2 流火節	
184	山人慧翰	靈隱寺重修記	咸豊3 癸丑 5月	
185	蓮堂小訾	靈竺庵新建記	道光14 甲午(1834)月吉日	上同 下, 300-302
186		靈鷲寺記		三國遺事 卷5, 避隱朗智乘雲
187		靈通寺碑	肅宗2 丙辰(1676)	金石總覽 下, 947
188	黃景源	麟蹄縣五歲禪院記		江漢集
189		吾魚寺事跡	乾隆39 甲午 6月	寺刹史料上, 444-446
190	包虛偉性	玉水庵事蹟碑銘	道光27 丁未 4月	上同 下, 321
191	鄭夢相	玉泉寺創建記	崇德4 庚辰 後 67 丙戌	上同 上, 586-588
192	李錫茂	玉泉庵重修記	辛未 9月 下澣	上同 下, 129
193		龍門寺創建記		上同 下, 557-560
194	李知命	龍門寺重修記碑	大正2 乙巳(1185)4月	金石總覽上, 408-411

제1부 사찰연기설화의 총체적 조망 33

	찬술자	문헌명	찬술시기	출처, 인용처
195	皇甫倬	尙州龍巖寺記		商山誌
196	朴全之	靈鳳山龍巖寺重創記	高麗末	
197	金谷善淸	龍淵寺事蹟	戊辰 季秋	寺利史料上, 403-406
198	任守幹	龍淵寺重修碑	景宗2 壬寅(1722) 5월	金石總覽 下, 1097-1099
199	金鼎夏	龍雲寺記	庚午 仲秋	寺利史料下, 165-167
200		龍淵寺開創碑	高麗 明宗11 辛丑(1181)	金石總覽上, 565-566
201	釋村慧	龍湫寺事蹟	英祖12 丙辰(1736)	
202	龍岳	德裕山長水寺龍湫庵重修記	嘉慶14 己巳	寺利史料下,528-529
203	伴虛彩軒	虎踞山雲門寺事蹟	康熙57 戊戌 5월	上同, 356-364
204	申維翰	雲水庵記	朝鮮中期	上同, 479-480
205		圓明寺事蹟記		上同 下, 160
206	李鼎年	圓井寺事蹟碑	肅宗39 癸巳(1713) 9월	金石總覽 下, 1079-1080
207	東坡老	圓通庵重修記	道光 丙戌(1826) 11월	寺利史料上, 159-160
208	金守溫	圓通庵重創記	成化 元年 乙酉(1465)	拭尤集, 卷2
209	崔重默	元曉庵重建記	憲宗13 丁未(1847)	寺利史料上, 187-188
210	釋息影庵	月燈寺竹樓竹記	高麗末	東文選
211	李彙晉	月精寺重建事蹟碑	英祖28 壬申(1752) 6월	金石總覽 下, 1170-1171
212	閔漬	金剛山楡岾寺事蹟記	大德 元年 丁酉 11월(1297)	楡岾寺本末寺誌
213	李穡	彌智山潤筆庵記	高麗 禑王 4 戊午(1378) 8월	寺利史料 上, 25-26
214	李穡	妙香山潤筆庵記	高麗末	牧隱集
215	李穡	金剛山潤筆庵記	高麗末	上同
216	山人提珠	隱身庵事蹟	乾隆27 壬午(1762)春	寺利史料上, 530-531
217	知縣怡觀	隱寂寺重修記	咸豊6 丙辰(1856)3월	
218	混虛智照	銀海寺重建記		上同 上, 454-457

	찬술자	문헌명	찬술시기	출처, 인용처
219	李奎報	醫王寺始創阿羅漢殿記	高麗中期	東國李相國集
220	李穡	麟角寺無無堂記	高麗末	牧隱集
221	李穡	瑞興慈悲寺記	高麗末	上同
222		慈雲寺碑	孝宗6 乙未(1655) 5月	金石總覽下, 898-899
223		長安寺來歷		寺刹史料下, 91-92
224	李穀	長安寺 重興碑	忠肅王 元年 乙未(1345)	稼亭集,金石總覽 上, 639-641
225	圓仁(日)	赤山法花院	唐	入唐求法巡禮行記
226		積石寺事蹟碑	肅宗40 甲午(1714)6月	金石總覽 下, 1080-1081
227	李穡	寂幻記	高麗末	牧隱集
228	春坡卓如	定光寺 事蹟實錄	光緖17 辛卯(1891)	寺刹史料下, 330-331
229	金履陽	定光寺 事蹟碑	嘉慶17 壬申(1812) 8月	上同, 347-348
230	翠巖性愚	江原道太白山淨岩寺事蹟	乾隆43 戊戌(1778) 仲春	江原道寺刹誌
231		白巖山淨土寺事蹟	至正 元年 辛巳(1341) 4月	寺刹史料上, 164-171
232	李穡	長城淨土寺記	高麗末	牧隱集
233	五臺山人 亘混	淨趣庵重建記	聖上 卽位35 甲午	寺刹史料上, 607-608
234		再醒庵重修記	光緖17(1891)	寺刹史料下, 365-366
235		盤龍寺曹溪寺事蹟		上同 下, 367
236	林椿	足庵記	高麗末	商山誌
237	中嶽門人 晉札	竹林寺事蹟	戊辰 乾月 上澣	寺刹史料上, 198-200
238	李穡	砥平彌智山竹杖庵重營記	高麗末	牧隱集
239	金守溫	中隱庵記	朝鮮初	拭疣集 卷2
240		持寶寺佛事事蹟記	聖上26 丙戌 上元日	寺刹史料上, 488-489
241	李穡	寶蓋山地藏寺重修記	高麗末	牧隱集

	찬술자	문헌명	찬술시기	출처, 인용처
242		支提山天冠寺事蹟記	順治16 己亥(1659)5月	
243	趙宗著	直指寺事蹟碑	肅宗7 辛酉(1681)7月	金石總覽上, 960-962
244		津寬寺事蹟		寺刹史料上, 109-110
245		眞佛庵重修記		上同上, 412-413
246	李穡	眞宗寺記	高麗末	牧隱集
247		擲盤臺事蹟記		寺刹史料下, 162
248	完山柳生	泉谷寺事蹟碑	肅宗15 己巳(1689)4月	金石總覽下, 993-994
249	釋靜明	長興天冠寺記		
250	柳尙運	天柱寺古蹟碑文	崇禎 紀元57 甲子(1684)	寺刹史料下, 204-206
251	晩歸亭主人 凝窩	靑巖寺重修記	咸豊 甲寅(1854)	上同, 386-387
252		淸蓮庵重創記	乾隆11 丙寅(1746) 仲夏 秋月	上同, 158-159
253	安定羅浚	靑龍寺事蹟碑	肅宗46 庚子(1702)7月	金石總覽 下, 1091-1093
254	虛應普雨	淸平寺重創記		
255		靑鶴寺事蹟		寺刹史料 下, 52-54
256	海鵬敏聞	靑鶴寺創建事蹟	高宗13 丙子(1876)閏5月	上同, 55
257	和月子圓一	七長寺事實記	乾隆20 乙亥(1775)仲春	寺刹史料 上, 67-72
258	應摠	七長寺重建記	光緖4 戊寅(1878) 4月	上同, 72-73
259	徐海曇	通度寺事蹟	1912	
260		通度寺創刱因緖		上同 上, 532-534
261	釋敏悟	通度寺 舍利袈裟事蹟略錄	崇禎7(1642),肅宗31(1705)	
262	鄭東溪	載藥山靈井寺古蹟	康熙16(1677)	上同 上, 591-596
263	李德壽	表忠寺事蹟	英祖18 壬戌(1742)7月	上同, 596-597
264		表訓寺來歷		上同, 95-96

	찬술자	문헌명	찬술시기	출처, 인용처
265	無荷子	鶴林寺事蹟誌	天啓8 4月	上同 下, 273-294
266		海印寺古蹟	天福8 癸卯 高麗 太祖26(943) 10月	上同 上, 493-496
267		海印寺留鎭八萬大藏經開刊因由	天福8 癸卯 高麗 太祖26(943) 10月	上同, 496-499
268	崔致遠	海印寺善安住院壁記	孝恭王4(900)	上同, 12-19
269	上同	伽倻山海印寺結界場記	新羅末	上同,
270	好隱有機	海印寺事蹟碑		上同, 499-500
271	退菴	海印寺失火蹟		海印寺古蹟
272		海印寺事蹟		
273	李基晟	香林寺重修記	崇禎後4 癸丑 4月望	寺刹史料上, 293-295
274		懸燈寺事蹟	英祖48 壬辰(1772)9月 下澣	上同, 32-40
275	周佇	大慈恩玄化寺碑	高麗 顯宗12 辛酉(1021)7月 21日	金石總覽 上, 241-246
276	蔡忠順	大慈恩寺碑陰記	顯宗13 (1022) 秋	上同, 247-252
277	金富軾	惠陰寺新創記		東文選
278	崔冲	弘慶寺碣記	高麗 顯宗17 丙寅(1026) 4月	金石總覽上, 260-262
279		紅蓮庵來歷		寺刹史料下, 72
280	李九峯	花林庵重創記	同治7(1868)秋	上同 上, 614-615
281	雲峰明演	花芳寺寺誌	乾隆37(1772) 暮秋	上同, 582-583
282	中觀鐵面	智異山華嚴寺事蹟	仁祖14 丙子(1636)11月	
283		禾嚴寺蹟		上同 下, 88-89
284	訥菴知白	華藏寺開創記	順治17 庚子(1660)	上同 上, 91-97
285		華藏寺前後重創記		上同, 97-98
286	景雲以祉	華藏庵重修記	光武5 (1901)	上同, 452-453
287	史山以祉	華藏庵重創記	同治6 丁卯(1867)	上同, 451-452

	찬술자	문헌명	찬술시기	출처, 인용처
288	李穡	幻庵記	高麗末	牧隱集
289	江塢	歡喜寺事蹟碑	雍正4 丙午(1726)	寺刹史料下, 372-373
290		皇龍寺記		三國遺事, 卷3, 塔像第4, 皇龍寺丈六
291	金守溫	檜岩寺重創記	朝鮮初	拭疣集 卷2
292	李穡	天寶山檜岩寺修造記	高麗末	牧隱集
293	李東郁	興敎寺事蹟碑	肅宗8 壬戌(1682)9月	金石總覽下, 970-971
294		靈鷲山興國寺事蹟	康熙30(1691) 陽月旣望	寺刹史料上, 228-230
295	李穡	長端興聖寺記	高麗末	牧隱集
296	李穡	豊德興王寺記	高麗末	上同

사지(寺誌) 혹은 사적(事蹟)은 불교 전래 이후 절의 건립과 함께 찬술이 이루어졌을 것으로 보인다. 위 도표를 보면 삼국시대 이래 근세기까지 사지, 사적의 찬술 전통은 끊이지 않고 이어진 것을 알 수 있다.

특히 조선후기 이후에는 사찰의 총집화 작업이 활발히 이루어졌으니 『신증동국여지승람(新增東國輿地勝覽)』(李荇 등), 『가람고(伽藍攷)』(申景濬), 『범우고(梵宇攷)』 등을 우선 꼽을 수가 있는데 이들 중에는 설화적 찬술이 있는가 하면 건조하게 간략한 정보만 적시한 것 등 서사적 층위는 고르지 않으나 전국의 사찰을 총체적으로 망라하고 있다는 데 그 의의가 있다.

식민지 시대 일인들이 주도하여 만든 『조선사찰사료(朝鮮寺刹史料)』, 『조선금석총람(朝鮮金石總覽)』이 근대기의 사지의 보완 자료로 주목되며『한국금석문추보(韓國金石文追補)』(李蘭暎),『한국금석유문(韓國金石遺文)』(黃壽永)『한국금석전문(韓國金石全文)』(許興植) 등 근래 연구자들에 의해 찬집된 금석집(金石集)도 사찰의 연혁 및 설화 확인에 일정한 도움을 준다.

하지만 이들은 사찰지로 활용하는 데는 한계가 분명하다. 그 점에서『한국사찰전서(韓國寺刹全書)』(權相老),『한국불교찬술목록(韓國佛敎撰述目錄) 소재 사지류(寺誌類)』(東國大 佛敎文化院),『고려사원사료집성(高麗寺院史料集成)』(齋藤忠) 등은 앞선 시기의 자료들이 갖는 한계를 보완해 줌과 아울러 사찰연기설화의 소재처와 내용을 추적하는 데 있어 큰 도움을 제공해주는 자료들에 해당한다.

사실 여러 사람들에 의해 이루어진 사적의 총체화(總體化) 작업을 살펴보면 자료가 겹치고 있을뿐더러 서사문학이나 설화 연구적 대상이 될 수 없는 파편적 기록까지 폭넓게 포함하고 있어 활용에 신중을 기하지 않을 수 없다. 도표로 제시한 자료들은 상대적으로 서사성을 갖춘 것들로 판단하여 제시하기는 했으나 설화 혹은 서사물로서 일정한 층위를 유지하고 있는 것들이라고 말하기는 곤란하다 하겠다.

대체로 위 문헌은 삼국시대부터 근대기에 이르는 광범위한 시공 속에 출현한 사찰(寺刹) 기문(記文), 사적(事蹟), 비명(碑銘) 등으로 이루어져 있다. 사찰에 대해서 매우 이른 시기부터 기록이 있었음은『삼국유사』찬술시 신라 사지를 여럿 활용하고 있는 것에서 이미 분명히 밝혀지는데[7] 삼국시대와 고려시대가 호불(好佛)의 시대였던 만큼 이 시기의 자료가 보다 풍성해야 마땅하나 워낙 먼 시간적 격절이 존재하는 만큼 조선중기 이후 17-18세기에 출현한 자료가 큰 비중을 점하는 현상이 나타나고 있는 것을 보게 된다.

역사상 사찰사적, 기문을 가장 많이 남긴 이는 이색(李穡)으로 나타난다. 이외에 나려(羅麗)시대 인물로는 최치원(崔致遠), 김부식(金富軾), 이규보(李奎報), 민지(閔漬), 최해(崔瀣), 이제현(李齊賢), 이색, 이곡(李穀), 권근(權近) 등이 다수의 사적, 사찰기문(寺刹記文)을 남기고 있는데 삼국시대 인물로는 최치원 이외 이렇다 할 인물이 없다.

이에 비해 고려시대는 이색의 예에서 보듯 불교에 관용적인 사회적 분위기에다 개인적으로 호불성향을 지닌 유자들이 많았던 탓에 유자들의 사찰기문(寺刹記文)이 대거 산출되기에 이른다.

조선시대에는 친불적(親佛的親佛的) 유자(儒者)인 김수온(金守溫)을 제외하고 사대부들의 사찰기문 참여가 눈에 띄게 줄어드는 대신 승려층이 직접 사적, 기문을 찬술자로 나서는 일이 빈번해지는 바, 억불숭유 정책이 끼친 영향을 엿볼 수 있다.

어떻게 보든 위 자료들은 설화의 하위적 분류에서 문헌자료들

---

7) 一然은 『三國遺事』를 찬술하면서 적지 않은 삼국시기의 事蹟類를 활용하고 있음을 보게 되는데 자료명을 분명히 적시한 경우만을 들어보면 다음과 같다. 「感恩寺中記」, 「金光寺本記」, 「泉寺記」, 「靈鷲寺記」, 「白月山兩聖成道記」, 「佛國寺寺中記」, 「月精寺所傳古記」, 「皇龍寺記」.

로서 빠뜨릴 수 없겠는데 창사의 역사와 내력을 전하는데 있어 높은 효용성을 발휘할 수 있는 기록물이라는 공통점을 지니고 있다. 하지만 폐사의 전말을 찾고자하는 경우에는 별 도움이 되지 못하는 만큼 다른 자료와 더불어 활용해야만 하는 번거로움이 있다.

전제한 것처럼 본고는 창사이야기 뿐만 아니라 폐사이야기를 사찰연기의 또 다른 축으로 삼아 논의할 작정이다.

그 점에서 장을 달리하여 폐사연기설화의 서사적 면모를 밝혀 나가려 한다. 우선 폐사연기설화의 자료적 목록을 제시한 후 신성담론에 속하는 창사연기설화와 달리 왜 폐사 이야기에서는 민중으로 담당층이 한정되며 끝내 세속적 담론을 벗어나지 못한 채 민담적 경계에 다가서는지를 규명함으로써 사찰연기설화의 서사적 진폭이 얼마나 넓은지를 밝히는 자리로 할애하려고 한다.

생각한 대로 논의가 충족될 때 우리는 한국 사찰연기의 전모에 보다 한 걸음 다가갈 수 있을 것으로 기대한다.

3. 하위 갈래와 미학적 성격

사찰연기설화는 현재적 의미의 용어란 점을 감안하고 이를 활용하고 연구적 대상으로 바라볼 필요가 있다. 실제 구전채록에 설화란 제명(題名)으로 사찰의 창건, 중건, 폐사의 역사를 기록함으로써 그 서사적 몫을 명시하고 있는 경우는 찾아보기 어려운 실정이다.

그런데 승전(僧傳), 비명(碑銘), 기문(記文), 상량문(上樑文), 사비(寺碑) 등으로 題名은 제 각각으로 나타나더라도 설화의 영역에서 서사적 특성을 살펴보아야 할 예는 얼마든지 찾을 수가 있다. 사적의 본질을 말한다면 이야기라는 것, 그것도 일정한 길이로 사찰의 흥망성쇠를 전하는 서사담론에 속한다는 점이다.

사찰연기설화는 문헌과 구비로 나누어지며 양자 사이에는 담당층, 내용적 편차가 매우 크게 나타나는 것으로 되어있다. 문헌설화는 그 담당층이 유식층으로 한정될 것이며 구체적으로는 호불유자, 승려들을 쉽게 연상할 수 있다.

사찰구비설화는 문자 해득력이 없는 민중에 의해 전해진 이야기라고 보면 크게 어긋나지 않는다. 여기서 담당층이 문자(文字) 혹은 구승(口承) 중 어느 것을 택하느냐는 것은 그리 단순하게 여길 문제만은 아니라고 본다.

그것은 전승의 원리 구성방식을 가름하는 결정적 지표로 삼을 수가 있기 때문이다.

이런 형식적 차이뿐만 아니라 그 담당층에 따라 내용적 차이도 적지 않게 나타난다. 사적(事蹟), 사지(寺誌)에 가장 큰 관심을 보이며 직접 그 찬자가 되기도 하는 승려라면 기본적으로 성스러운 역사 중심으로 수습하고 정리한다는 점을 무엇보다 서사의 일차적 대의로 내세우게 된다.

문식 있는 호불유자의 연기문(緣起文)은 신이관(神異觀)을 앞세웠다고 해도 좋을 정도로 사찰의 역사는 불교신앙을 기저로 하여 성스러운 역사로 재편되는 것이 일반적이다. 그 때문에 실증적 안목보다 믿음을 전제로 하여 신성한 과거를 재구하고 있는 신화와 서사지향성이 퍽 흡사해지는 일이 발생한다. 승려와 신자에게 사적은 곧 그들의 신화인 것이다.

유자들에게 사사(寺史)를 의뢰한 것에 대해서는 의아스러움과 함께 무책임한 의존이라는 반발도 따를 만하지만 한층 실증적이며 공식적 태도로 역사를 전수해야 한다는 의무감을 달성하기 위한 바람과 무관하지 않다.

사적의 찬술이 구체적으로 개와(蓋瓦), 단청(丹靑), 개금(改金) 등 사찰건물을 비롯하여 경내의 여러 불사건(佛事件)을 시대 순으로 적기하는 일에 불과한 것이라면 승려가 아닌 유자(儒者)라 해서 찬술의 자격이 미달한다고 말할 수는 없을 것이다. 그런 기록은 주어진 자료에 의해 객관적으로 등재하고 간기(刊記)에 성명을 밝히는 것으로 찬자의 임무는 끝나는 것이기에 오히려 이름 높은 유자에게 기문을 부탁하는 것이 전례가 되다시피 했던 것이다.8)

---

8) 예컨대 이는 李穡이 寺刹記文을 찬술하는 데서 잘 드러난다. 그는 불교기문을 70여 편이나 남김으로써 이 부분에 있어 역대 최대의 작가라고 할 수 있는데, 그가 당시 創寺, 重創건에 대해 높은 식견을 갖춘 인물이어서 청탁이 몰려든 것은 아니다. 당대 정계의 영수요 이름 높은 문장가인 그의 筆名을 빌림으로써 사찰의 영험함을 드러내 보자는 것이 寺衆의 생각이었던 것이다. 공사 분망한 그로서는 청탁 글을 일일이 챙길 수 없어 「四佛山潤筆庵記」에서 보는 것처럼 記

이럴 경우 유자들이 취하고 있는 시각은 유교적 사관(史觀)을 앞세운 탓에 사실에 대한 객관적(客觀的) 보고라는 모습을 띠게 된다. 이점은 이들의 기문이 설화담론으로서 보다 역사기록으로 애초 그 방향이 맞춰져 있음을 말해준다. 물론 유자 중에는 서사적 흥미와 불교 신앙의 상징적(象徵的) 일화(逸話)를 상세히 소개하는 경우가 없는 것은 아니다.

그러나 승려나 민중들이 수용한 다양하고 풍성한 전언을 남긴 데 비해 이들이 남긴 기문은 서사성이 몹시 빈약하다는 것이 대체적인 특징이다.

이제 불교설화의 창작주체이면서 동시에 폭넓은 수용층이라 할 민중을 주목해 보기로 하자. 민중은 무식자가 대부분이므로 구비설화의 가장 중요한 담당층이 된다.

이들 사이에 전해진 이야기는 설화 중에서도 특히 민담적 담론의 성격을 짙게 드러내고 있으며 창사나 중건 등 사찰의 흥성 따위의 역사는 거론하지 않은 채 곧장 폐사 사건이 이들의 입을 통해 널리 퍼지는 일이 적지 않다.

신화같이 신성한 역사 기원에 대한 소원의식(溯源意識)은 찾아보기 힘들고 사실에 대한 구체성을 찾아 나서기보다 역사적 사실을 오히려 우의(寓意), 희화(戱化)하는 것이야말로 민중 이야기에서 목도되는 첫 번째의 속성이라고 말할 수 있는 것이다.

앞으로 귀납적인 논의를 거치다 보면 점차 부각되겠지만 앞서

文을 청하는 측에서 마련한 草稿에다 자신의 감회와 감상을 약간 보태는 식으로 글을 작성하기도 했다.

사찰연기설화를 이루는 중심적인 담당층, 그리고 그들의 서사의 식 및 내용적 편차를 고려한다면 사찰연기설화의 하위적 갈래담과 각각에 내재한 서사적 성격은 아래와 같은 도식으로 가능할 것이다.

	지향점	담당층	친연적 서사물	전승매개체
創寺緣起說話	기원	승려,好佛儒者	신화	문자
重創緣起說話	지속	승려,好佛儒者	역사	문자
廢寺緣起說話	종결	민중	민담	말

설화의 하위갈래에 속하는 신화, 전설, 민담과 사찰연기설화를 대응시켜 보는 것에 대해 의아해 할 수 있을지 모른다. 사찰설화란 특정 사찰에 대한 통사적 이야기를 지향하는 것이므로 당연히 전설의 영역에서 논의되어야지 신화나 민담과 결부시키는 것은 담론의 층위에서 보더라도 격에 어울리지 않는다는 것이다. 필자는 이점을 외면하지 않는다.

그렇더라도 표를 이렇듯 대입시켜 보는 것은 사찰연기는 어떤 하나로 규정지을 수 없을 정도로 편폭이 크고, 특히 창사와 폐사 이야기는 각각 신화와 민담 쪽으로 지나치게 기울어져 있다는 점9)을 도외시하는 한 사찰연기설화가 내재한 특징을 간

---

9) 사찰연기설화는 특정 사찰의 起源에 대한 의문에서 출발하여 그 풀이를 本領으로 삼는 이야기인데 근본에 있어 신화와 그 담론적 성격이 통할 수밖에 없다. 즉 "신화가 주로 목표로 삼는 것은 인간이 성

취하기란 쉬운 일이 아니란 생각이 앞서기 때문이다.

  위에 제시한 도표는 단순하기 이를 데 없으나 본 논의의 골자로 여겨도 무방할 터이다. 이렇듯 표를 작성할 수 있었던 것은 사찰을 생명체적 대상으로 볼 수 있다는 생각에 바탕을 둔 것인데 설화담론 역시 그러한 시각을 고스란히 내재하고 있다는 점을 밝혀 나가는 것이 이후의 과제라 해도 과언이 아니다. 분명 이 연역적(演繹的) 전제는 상당히 많은 논거와 부차적 설명을 필요로 한다.

  하지만 사찰연기설화가 연기관을 벗어나 오로지 자연발생적 설화에 부합하는 이야기이기 전에 사찰의 기원(起源), 지속(持續), 종말(終末)로의 시간적 흐름을 무엇보다 중시하며 전개되는 이야기임을 인식한다면 논의 전이라 해도 이런 시각에 수긍할 수 있으리라 여긴다. 시간의 인과적 흐름에 편승한 순환적 담론으로서 사찰연기설화의 특성을 전제한다면 위와 같이 사찰연기설화의 갈래를 세분화 하는 것은 필요 충분한 가름은 아니더라도 설화담론을 층위화(層位化)하고 내부적 경계를 설정하는데 일정한 근거를

  찰 때문에 상실해버린 原初的 全體性을 회복하는 일이다……신화의 과거는 전체성 그 자체로 현재의 母體가 되는 온전성이다. 신화적 과거는 의심스러운 상황을 더 이상의 의문이 제기되지 않는 상황으로 환원시킴으로써 안정성을 도입한다." (LK 뒤프레, 권수경 옮김, 『종교에서의 상징과 신화』, 서광사, 1996, 175-177면) 이렇게 본다면 사찰연기설화의 출현동인에 대한 더 이상의 의문이나 이의를 제기할 수 없다하겠으며 온전하며 거룩한 역사를 지향하는 사찰연기가 신화와 친연적일 수밖에 없는 지가 드러날 터이다.

지니고 있다고 보는 것이다.

종래 우리가 흔히 말해왔던 사찰연기설화의 전형(典型)은 창사연기설화를 가리켰다고 보아도 크게 지나치지 않을 정도이다. 이같이 인식이 굳어진 것은 사찰연기의 총집체로서『삼국유사』가 있었기 때문이라고 생각된다.『삼국유사』는 알다시피 창건담 위주로 사찰의 역사를 수록했는데 그 이면에는 역사 현실이 큰 영향을 미친 것으로 여겨진다. 곧 거란의 침입 그리고 몽고의 압제에 시달리던 고려 중기 당대적 환경 아래 일연은 불교사(佛敎史)야말로 민족의 자긍심과 자존심을 회복하는 더없는 제재로 파악했으며 그 중에서도 신성한 역사에 속하는 창사담을 우선적으로 수습, 천양하는 데 초점을 맞췄다. 애초 다짐한대로 특히 기이편(記異篇)을 전면에 배치함으로써 목적 달성에 이바지하고자 했는데 창사연기의 수습이 삼국 이래 영광된 불교 역사를 증험하는 것을 넘어 민족적 자긍심을 고취하는데 더없이 적절한 서사적 질료가 될 수 있다고 판단했기 때문이다.

그렇지만 인과적 관념을 대응시킬 때 창사에만 서사적 관심이 증폭되고 연구도 그쪽으로 집중되는 것은 문제가 있다. 이는 무엇보다 풍성하게 남아있는 중건기(重建記) 및 폐사담이 명백히 증거해 주고 있다. 본고에서는 창사담만이 사찰연기설화의 전부인양 바라보는 시각을 우선 지양하고자 한다. 가장 많은 분량을 차지하며 서사수법이 월등히 발현된 것이 대부분 창사설화일지라도 사찰연기설화의 전반적 면모와 실상을 파악하기 위해서는 중건, 폐사담도 아울러 포괄해 볼 필요가 있는 것이다. 하지만 본고에서 중건설화에 대한 논의는 일단 미루고자 한다. 서사적 관점으로 보아 중건담의 특징적 면모를 변별력 있게 추출하기란 쉽지 않은 일이어서 창건설화와 함께 폐사연기설화의 담론적 성격을 규명하는 선의 논의로 한정하려는 것이다. 필자는 창사, 중건, 폐사담 등 순전히 내용적 단층에 의거하여 사찰연기설화의 분류를 시도하였다. 사찰연기설화의 이 같은 갈래화 및 명명(命名)이 사찰연기설화가 간직한 특성과 괴리 없이 부합할지 당장은 속단하기 이르나 사찰연기설화를 구체적으로 갈래 짓고 살피는데 이를 토대로 삼아 논의를 시작하고자 한다. 그러니까 이후 작업은 이에 따라 사찰연기설화의 하위갈래가 갖는 서사적 특성과 변별성을 구체적으로 명시하는 일에 다름 아닌 것이다.

4. 창사연기설화(創寺緣起說話) — 성스러운 기원 찾기, 혹은 만들기

사찰연기는 자연발생적으로 발생한 일반 설화와 달리 비교적 뚜렷한 목적성을 견지하고 있는 전승담론이다. 흥미나 즐거움을 제공하기 위한 성격을 벗어나 그 기저에는 불교라는 종교사상이 깃들어 있는 바, 이를 사중에게 알리고 가르친다는 목적성은 사찰연기설화를 지배하는 가장 큰 속성으로 부상한다. 석가(釋迦) 생존시에는 사찰이며 불상이 존재하지 않다가 석가 열반 후 그

가르침과 유지를 승계하기 위한 상징체로 불상이 조성되고 이를 봉안하기 위한 공간의 필요성이 대두되었을 것으로 추측된다. 이후 점차 사찰은 눈비나 피하고 의식을 해결하기 위한 일상적 세속적 공간의 의미를 넘어 성스런 공간으로 그 의미역을 확장해 나갔던 것이다. 하지만 이는 저절로 되는 일이 아니다. 성스럽고 경외스러운 기원으로 창사역사를 미화하기 위한 작업이 필연적으로 요청됐을 터이고 성현적(聖顯的) 화소(話素)와 상징성(象徵性)을 풍성하게 간직한 창사담을 지어내는 일이 승사(僧史)의 출현과 더불어 큰 과제로 대두되었을 것이다.10) 우리에게 있어 그런 예로 쉽게 지목할 수 있는 것이 바로『삼국유사』소재 사찰설화이다.『삼국유사』소재 창사담은 전형적 성현담으로서 전개상 몇 가지로 서사적 마디가 드러나며 각각의 덩어리들은 나름대로 성현발현의 목적을 증폭시키기 위한 내용적 조건을 비장하고 있는 것으로 보인다. 따라서 사찰연기설화의 전체적 면모가 어떻게

---

10) 라스무센은 聖과 俗에 대한 엘리아데의 견해를 풀이하면서 다음과 같이 말하고 있는데, 이는 聖顯담론의 하나인 사찰연기설화의 출현 동인을 풀이하는 것으로도 수용될 수 있겠다.
"聖은 일상적인 俗된 것의 맥락에서 인식된다. 그리고 이때의 속된 것은 그것이 평소에 가지고 있었던 일상적인 역할과는 분리되어 따로 서게 된다. 왜냐하면 성이 속을 통해 드러나게 되기 때문이다. 이렇게 볼 때 聖의 還元不可能性이라는 엘리아데의 원리는 상상력을 통해 성의 출현에 대한 조건을 재창조하려는 시도로 이끄는 듯 하다. 이는 성의 출현이 지니는 복합성을 변증법적으로 받아들임으로써 가능하다고 결론짓고 있다. 이와 같이 복합성을 인정할 경우 성스러운 현상의 顯顯에 특유한 지향양식을 찾아낼 필요가 생긴다." (라스무센, 장석만 옮김,『상징과 해석』, 서광사, 1991, 56-57면)

모습을 드러내든 삼국유사 소재 설화의 담론적 특성을 살피는 것은 우선적인 과제가 되지 않을 수가 없게 된다.

하지만 이 『삼국유사』의 연구만으로 창사연기설화의 전모가 드러날 것으로 예상하는 일은 지나치게 순박한 발상이다. 특히 승속간(僧俗間)에 다양하게 찬술된 창사관련 문헌설화를 도외시해서는 바랄 만큼의 연구적 성과를 거두기 힘들 것이다.『삼국유사』에 종속된 연구적 풍토를 지양하고 어떤 식으로든 연구적 지평을 달리할 때 사찰연기설화는 오히려 진면목이 드러날 것으로 믿는다.『삼국유사』를 살펴보는 것은 물론『삼국유사』이외 사찰문헌에 상대적으로 더 많은 관심을 기울이고자 하는 것은 기왕의 연구적 전철을 답습하지 않고 사찰연기설화의 서사적 본질에 한 걸음 더 다가가기 위한데 그 뜻이 있다.

4.1.『삼국유사』소재 창사설화의 성현(聖顯) 방식

사찰연기설화는 사찰을 화제의 축으로 삼아 송신(送信)·수신(受信)되는 일련의 이야기를 가리키는 것이므로 서사전개상 맨 먼저 터 잡기 삽화가 이야기에 등장하게 마련이다. 물론 사찰이 아니라 하더라도 건축에서 첫 번째 순서는 터 잡기에서 비롯되는데, 사지는 곧 성소여야 한다는 관념 때문에 사지(寺址)찾기 과정은 각별한 의미를 지닐 수밖에 없는 것이다. 단월(檀越)들의 재정적 지원 혹은 누군가의 재물(財物)보시로 비용을 충당했다는 사단의 소개도 모두 사지(寺址)가 결정되고 난 다음의 일일 뿐이다. 그렇다면 사지 점정(占定)에 있어 서사적 특성은 무엇인가.

창주(創主), 곧 사찰건립의 주체가 자신의 의지에 따라 선별을 즉발적으로 정하는 경우도 있으나 전형적 사례는 오히려 점정(占定)에 다양한 인연과 갈등을 부과하는 식으로 구조화 된다. 터 잡기까지의 신이한 계기, 영험한 조력자가 곧잘 등장하는데 점지과정에는 초월적 존재들이 빈번하게 개입하기 마련이다.11) 창건주는 사찰점지담의 주체라 해도 과언이 아니다. 그는 그 자체로 이미 성현을 품수하고 있는 인간이어야 한다. 그 점에서 성스런 자취를 검증받은 고승대덕으로 창주를 대응시키는 것은 아주 상식선의 전개로 특히 의상(義湘), 원효(元曉) 같은 고승은 창사의

---

11) 영험한 조력자의 개입을 필연적으로 요구하는 것은 거룩한 역사를 만들기 위한 前哨에 속할 터인데 사찰 터는 초역사적인 자리일 뿐더러 믿음의 중심이라는 확신을 심어주기 위한 서사적 전략이라고 말할 수 있다. 엘리아데는 사원의 의미를 이렇게 제시하고 있다. "사원의 우주론적 구조는 새로운 종교적 가치부여의 여지를 남기도 있다. 신들의 집으로서 — 따라서 다른 무엇다도 거룩한 장소로서 — 사원은 계속적으로 세계를 再聖化 하는데 그 이유는 사원이 세계를 대표하고 또 포용하기 때문이다. 궁극에 있어서 세계가 그 모든 부분에 있어 재성화되는 것은 사원의 덕택인 것이다. 세계가 아무리 불순해 지더라도 성전의 거룩함은 그것을 지속적으로 순수하게 해줄 수가 있다". (엘리아데, 이동하 옮김, 『聖과 俗』, 학민사, 1983, 46-47면) 지속적으로 사찰이 세계를 정화시키는 중심으로서 남기 위해서는 창건의 출발 단계에서부터 엄격하고 정결한 기원을 갖추어야 마땅한 일이 아닐 수 없다. 누가 창주로 나서며 어떤 자리에 건물을 짓는지 등등 까다롭게 검증되어야 할 사안이 적지 않고 그것은 설화의 내용적 단위 안에 그대로 포괄되는 것을 보게 된다.

주체로 누구보다 빈번하게 등장한다. 그런데 의상이 낙산사(洛山寺), 범어사(梵魚寺), 부석사(浮石寺), 해인사(海印寺), 원효가 내원암(內院庵), 자재암(自在庵), 척판암(擲板庵), 삼막사(三幕寺) 등을 지었다는 전언을 역사적으로 검증할 수 있느냐는 문제와는 별개의 일이다. 고승의 법력과 신통력, 영험으로 지어졌다는 점을 개입시킬 때 벌써 사찰은 성현을 발하는 공간으로 변할 수 있다고 믿어왔기에 그토록 고승대덕을 창주화(創主化)하는데 적극성을 보인 것뿐이라고 해야할 것이다.

이외에도 창사시점을 가능하면 소원(溯源)시키려는 의도 또한 흔하게 발견할 수 있는 특징이다. 4세기에 이 땅에 불교가 전래되었다는 것이 역사적 사실로 수용되고 있으나 고찰 중에는 이를 일부러 외면하듯이 창사연대를 터무니없이 과거시기로 올려잡는 경우가 비일비재하다. 유점사(楡岾寺) 창사담도 그 중의 하나이다. 이 절은 남방으로부터 흘러들어온 석선(石船)에서 53불(佛)이 강원도 고성 포구에 도착한 뒤 부처들이 산에 올라 명당을 찾아 나섰다는 일종의 노정기(路程記)이자 명칭연기담(名稱緣起談)의 성격을 지닌다. 그런데 사건의 배경시기를 분명히 '신라 남해왕 원년 즉 한 명제 영평 11년'이라고 서두에 밝히고 있어 주목된다. 한데 이는 역사적 실증이 어려운 가상의 설정에 불과하다. 우리는 물론이고 중국에도 불교가 전해지지 않았던 시기인 때문이다. 이렇듯 실제 역사적 시공간과 무관하게 기원을 설정한 까닭은 기원이 앞서면 앞설수록 신성한 기운을 더 높일 수 있다는 전승자들의 의식에서 비롯된 것이다.12) 그러나 창사의 주체, 시공간의 초월적 주입만으로 성현(聖顯)의 기운이 충만하게 간직된다고 보지는 않는다. 그것이 보다 인상 깊은 성소담(聖所談)으로 작용하기 위해서는 갈등(葛藤), 위기(危機), 영험성(靈驗性)을 간직한 사지점정의 내력이 수반되어야 하는 것이다.

『삼국유사』에서는 아무리 과인한 능력을 인증받은 고승대덕이라 할지라도 사지를 점지하는데 있어서는 몹시 미숙한 것으로 그려지는 것이 일반적이다. 사지 점정을 난제로 돌리는 데는 그것이 수백 년 이어갈 터이므로 섣불리 점지될 사안이 아니라는 묵계가 이면에 깔려있기 때문이 아닌가 싶다. 풍수관념(風水觀念)이 서두 부위에 강하게 반영되는 일도 있는데 그것은 우주나무나 성소관념으로 무장된 서사적 시각보다 훨씬 강하게 사중들의 의식세계를 사로잡았던 요소로 보인다. 하지만 성소의 포착은 인간의 의지와 무관하게도 돌발적 사건이나 갑작스럽게 출현한 존재에 의해 이루어지고 있는 것이 『삼국유사』 소재 설화의 전반적인 특징이다. 그것은 누가 무슨 징표를 통해 어떤 곳이 성소인지, 그리고 영원히 이어갈 길지가 될 것인지 가치를 담보하는 중요한 '발견(發見)'으로 이야기된다. 창주가 사찰건립의 의지만 다지고

---

12) 엘리아데의 견해에 의하면 유점사 설화에서 나타나는 사실의 왜곡 이야말로 성현을 드러내기 위한 초역사적이고 탈역사적인 지향성으로 파악된다. "모든 종교적인 형태는 가능한 원형에 가까워지려고 시도한다. 다른 말로 하면 모든 종교적 형태는 가능한 한 그 자신에게서 '역사적인' 부가물이나 침전물을 벗겨내려고 시도한다."(라스무쎈, 상게서, 58면).

있을 뿐 어느 곳이 영험한 터인지 알 수 없어 방황하는 즈음 다음과 같은 다양한 인지적 징표의 출현은 사찰의 건립이란 결정적 계기가 되어준다.

龍 出現	望海寺, 皇龍寺 등
石佛出土	彌勒寺, 天乘寺, 堀佛寺, 堀山寺, 淨土寺
高僧滯在	月精寺 慈藏이 머문 10곳
殉敎 解脫地	刺楸寺, 白月山南寺, 置樓
石鐘出土	弘孝寺
草木發芽	寶天庵, 眞如庵(靑蓮), 淨岩寺(칡), 洛山寺(竹), 吉祥寺(吉祥草), 姿羅寺(姿羅樹), 松花房(松花)
石塔出土	靈塔寺
錫杖落下	佛無寺
瑞雲起	海龍王寺
前世佛國土	東竺寺, 鵲岬寺, 靈鷲寺, 萬魚寺

사람들의 의지와 상관없이 터 점정의 인지태(認知態)는 예측하지 못한 상황에서 현시된다. 이때 특정 장소에서 석불(石佛), 석종(石鐘), 석탑(石塔) 등이 출토된 것을 확인한 이상 이를 도외시할 수 없게 되며 곧장 전세(前世)의 불연지(佛緣地)임을 주지시키는 계기로 작용하게 된다. 이 밖에도 『삼국유사』에는 영초(靈草)가 발아하는 것을 보고 그 자리에 절을 지었다는 사례를 여럿 소개하고 있기도 하다. 이는 앞에서 본대로 과거 불연처(佛

緣處)의 확인방법과는 약간 다른 경우에 해당되는 것이다. 청련(淸漣)이 솟아난 자리에 보천암(寶川庵) 진여암(眞如庵)을 세웠다13)거나 자라수(恣羅樹)가 솟아오른 곳에 자라사(恣羅寺)를 지었다는 것은 쉽게 이해할 수 있겠다. 한편으로는 불교적 상상과 무관해 보이는 대나무, 소나무들이 성소 인지물로 등장하고 있어 흥미를 끌기도 한다.

앞의 것을 전통적 불교의 상징물로 수용된 초목이라 의심할 여지는 없겠으나 그밖에 대나무, 소나무, 길상초(吉祥)草 등도 등장하고 있는 것을 보면 성현, 성소의 상징물이 따로 설정되었던 것은 아님을 알 수 있다 가령 낙산사(洛山寺) 연기설화에 나타나는 소나무, 대나무 인지태를 예로 들어보자. 의상법사(義湘法師)가 당(唐)에서 귀국한 뒤 동해변 어느 굴 안에 관음보살(觀音菩薩)이 응현(應現)한다는 말을 듣고는 직접 확인해 보고자 한 것이 낙산사의 건립으로 이어졌다는 것이다. 그전에 의상은 팔부중(八部衆) 인도에 따라 관음을 친견하는데 그때 관음은 그 자리에서 "좌상의 산꼭대기에 한 쌍의 대나무가 솟아날 것이니 그 땅에 불전을 짓는 것이 옳겠다"는 말을 남긴다. 관음보살의 예시대로 의상은 산꼭대기에 대나무가 발아한 것을 발견했음은 물론 그곳에 절을 지어 관음상을 모시게 된 것이 낙산사의 창건기원14)으로 전한다.

그런데 대나무가 인지태(認知態)로 등장하는 까닭은 연유가

---

13) 一然, 상게서, 第4 塔像, 「五臺山月精寺 五類聖衆」.
14) 一然, 상게서, 第4 塔像, 「洛山二大聖 觀音 正趣 調信」.

있는 것으로 보인다. 인도 마갈라국 가란타 촌에 있던 절 죽림정사(竹林精舍)를 연상해 볼 필요가 있는데 석가가 성도한 뒤에 가란타 장자가 석가에게 귀의하여 죽림원(竹林園)을 바치고 빈바나라 왕 역시 석가와 제자를 위해 그곳에 큰 절을 지은 것과 연관이 있는 상징적 대입일 터이다. 불교 최초의 가람이 이처럼 대나무와 관련됨으로써 낙산사에서 대나무를 통해 사지가 점지된 것이라고 보는 것은 자연스런 연결이다. 위에 열거한 인지소 중 소나무도 대나무와 같이 지조·절개를 상징하는 것으로 이해되었으면서도 한편으로는 불교와 밀접한 인지태이다. 불가에서 중요한 모티브로 삼고 있는 것 중에 쌍림열반(雙林涅槃) 장면이 있다.15) 세상에 왔다가 미혹한 이들에게 불법을 전하고 석가가 열반에 든 자리가 다름 아닌 두 그루의 소나무가 있던 곳이며, 그곳에 불전을 지었다는 내용과 대응되는 것이다. 천지만물이 모두 석가의 열반을 슬퍼했으며 역시 푸른 빛을 잃고 흰 나무로 변해버렸다는 소나무는 영목(靈木)으로서 단순히 유교적이며 일상적인 상징을 벗어나는 것이다. 재매(財買)부인이 죽은 뒤 매년 봄이면 묘 터에 모여 집안잔치를 벌였는데 이때마다 백가지 꽃이 화려하게 피고 송화가 골짝 안 숲을 가득 메웠으므로 골짝 어귀에 암자를 짓고 이름을 송화방(松花房)이라 했음도 주목해야 할 것이다.16)

　석가열반 설화에도 소나무가 신목(神木)으로 등장한다. 그렇지만 송화방(松花房)설화가 그로부터 영향 받았다고 할 수는 없

---

15) 정병삼, 『그림으로 보는 불교이야기』, 풀빛, 2000, 111면.
16) 一然, 상게서 卷1, 「金庾信」.

다. 오히려 우리는 소나무가 우리 문화정서 속에 吉한 나무로 인식되었기에 자연스럽게 설화에 편입되었다고 생각한다.

사찰의 점지에서 매개되는 인지물로서는 약간 이질적으로 보이는 것이 용과 서운(瑞雲)이 아닌가 한다. 그것은 굳이 불교설화가 아니라도 흔히 개입되던 제재라는 점에서 그러하다. 하지만 불교설화 속에서 용은 상상과 흥미의 대상, 친근함의 대상으로만 각인되는 것은 아니다. 이른바 불법의 수호자로서 확실히 새겨지는 반면에 정반대의 기능을 보이기도 한다. 그러나 『삼국유사』에서는 악룡(惡龍) 보다는 선룡(善龍)의 모습으로 형상화된 경우가 훨씬 많다.17)

각 편에 따라서는 처음부터 용을 법신(法身)의 수호자로 보지 않는 경우도 얼마든지 열거된다. 용(龍)은 특히 심술 사나운 훼방꾼이거나 자신의 거주처를 결코 양보하지 않는 고집불통의 존재로 빈번하게 형상화되기도 한다. 여기서 불법의 전파를 의미하는 창사에 양보적이지 않은 것은 여러 해석이 가능하다. 그가 부처의 권능을 알아채지 못하고 있으며 더구나 불법에 무지한 탓에 사찰건립의 주체들과 필연적으로 마찰 내지 갈등을 피하기 어렵다는 점을 일단 생각해 볼 수 있을 것이다.

악룡(惡龍) 퇴치에 이어 그들이 머물던 터에 절을 짓는 일은 상투적 내력담으로 등장하다시피 한다. 불법 수호의 의지가 대단한 용이 출현한 자리에 세워진 절로는 망해사(望海寺)와 황룡사

---

17) 金煐泰,「삼국유사」 소재 불교 용에 대하여」,『삼국유사의 연구』, 1980. 363면.

(皇龍寺) 등이 삼국유사에 전하거니와 용(龍)의 속성을 대비적으로 보여주는 내력담이 소개되고 있다. 그런데 사찰설화의 일반적 속성에 따르면 용은 악한으로 등장한다. 불사 중에서도 대표적 역사인 창사(創寺)에 임해 이물(異物)들이 걸핏하면 출현하여 갖가지 훼방을 놓으며 때로는 고승이나 호불자들이 대응하기 어려울 정도로 극렬한 저항을 보이기까지 한다.

그러나 창사란 거룩한 역사(役事)는 결코 쉽게 부정될 수 없는 법이니 보살(菩薩), 고승(高僧), 이인(異人) 등이 용(龍)의 적대적 행위를 월등한 권능으로 제압함으로써 창주는 애초 결심대로 건사의 위업을 무사히 달성하게 된다. 예화(例話)에 따라서는 강력한 적대자로 날뛰던 악룡(惡龍)이 별 수 없이 패퇴 당했다는 것으로만 마무리짓지 않고 용들이 부처의 가르침을 더없이 숭배하는 시자(侍子)로 돌변했다는 설명을 곁들이는 일도 흔하다. 그렇게 본다면 용은 입체적(立體的) 성격으로 설화에 등장한다고 볼 수 있다. 누구나 불성(佛性)을 지니고 있으되 그 싹을 제대로 틔우지 못하고 있었을 뿐 적절한 인도와 교화가 뒷받침된다면 신실한 불자로 태어날 수 있다는 점을 용 참회담(懺悔談)을 통해 현시해 주고 있다고 할 것이다.

사지(寺址)의 점정(占定) 그 다음에 이어지는 서사단락은 공사와 관련된 여러 사단들이다. 역사적·현실적 기록이라 할 기문(記文)들은 특히 이런 구체적 사실을 비교적 상세하게 적시해놓아 승사(僧史)와 불사(佛史)의 사실적 전거 구실을 감당하고 있다. 누가 사찰건립을 발의했으며, 실질적으로 재원을 조달한 사람은 누구이며, 기술자로 누가 참여했으며, 공기(工期)는 얼마나 걸렸는가 이런 사항도 탈루 없이 적기해 놓는 것이다. 하지만 그런 기록이 역사 사실의 정보라는 측면에서는 더없이 소중하나 서사담론의 충분조건으로서는 오히려 아쉬운 면이 많다. 이런 정보전달의 기문에 비할 때 한층 주목할 것은 정보적 단위의 기록보다 이야기 중심으로 사찰의 역사를 풀어나가는 경우이다. 이는 대체로 순탄한 전개와 사단이 복잡하게 얽혀있는 전개로 구분해서 생각해 볼 수 있다. 『삼국유사』소재 예화(例話)들은 순탄한 진행보다도 재정난(財政難), 갑작스런 변고(變故), 인력(人力)의 부족 때문에 난처한 지경에 빠지는 장애 화소를 복병처럼 개입시키고 있다. 사지점정(占定) 과정에서는 길지(吉地)를 찾을 때까지 창사는 생각할 수 없다는 식으로 이야기가 전개되었다면 이 부분에서는 전혀 엉뚱한 위기적 상황을 개입시켜 공사를 위기에 빠뜨리게 하곤 한다.

그러나 결국 이야기는 신이한 힘에 의해 사찰의 역사는 영구히 지속된다는 점을 주지시키는 쪽으로 선회하는 것이 일반적이다. 설사 창사 혹은 중건 등의 사안을 두고 일사천리로 진행되지는 않더라도 절은 끝내 보이지 않는 존재의 가피(加被)를 입어 바라던 방향으로 일이 진행되더라는 증언을 종결부에 부언하게 마련이다. 흥륜사(興輪寺) 보수(補修) 공사가 그 좋은 예이다. 경덕왕 시절 이 절의 남문과 좌우 곽차(廓遮)가 화재로 소실되었으나 재원이 부족해 차일피일 미루고 있었는데 제석천(帝釋天)이 강림(降臨)하여 열흘 동안 이 절에 머무른 일이 있었다. 그동안 전탑(塼塔), 풀, 나무, 흙, 돌 등 절에 있는 모든 것에서 향기가 진동했으며 오색구름이 절을 뒤덮어 사람들이 경탄하는 것은 물론 시주(施主) 물건이 산같이 쌓였다. 공장이들도 자발적으로 역사(役事)에 참여하니 하루가 안되어 절을 원상 복구시킬 수 있었다.[18]

다음은 황룡사 창건담을 보기로 하자. 황룡사(皇龍寺)의 창건을 위해 백제의 유명한 석공인 아비지(阿非知)가 기술자로 신라에 파견되었다. 계속되는 강행군으로 그가 작업 중 잠깐 눈을 붙이고 있던 중 돌연 조국 백제가 망하게 되는 꿈을 꾸게 된다. 이후 불길한 꿈 때문에 그는 일이 손에 잡히지 않았으며 그 때부터 더 이상 작업을 해나가지 못할 현 편으로 빠져드는데 갑자기 소승과 장사 한 사람이 나타나 거대한 기둥을 세워주고 홀연히 사라지는 것이었다. 석불사(石佛寺) 창건담도 이와 흡사하게 진행된다. 원래 김대성(金大城)이 전생의 부모를 위해 짓기로 작정한 석불사, 곧 석굴암(石窟庵)에 봉안할 석불을 조성하던 차에 그는 본의 아니게 거석을 세 동강내는 실수를 저지른다. 평소 명장(名匠)으로 자자하던 그였기에 그 참담함은 이루 말할 수 없었다. 그

---

18) 一然, 상게서, 第4 塔像, 「興輪寺壁畵普賢」.
 "貞明七年辛巳五月十五日 帝釋降于寺之左經樓 留旬日 殿塔及草樹土石 皆發異香 五雲覆寺 南池魚龍喜躍跳擲 國人聚觀 歎未曾有 玉帛梁稻施積丘山 工匠自來 不日成之 工旣畢"

런데 그가 얼핏 잠이 든 사이에 홀연히 천신(天神)이 나타나서 두 동강난 돌을 감쪽같이 복원시켜 놓고 사라지는 것이었다. 19) 공사 중에 개입된 위기(危機) 화소는 갈등을 촉발하는 요소로 작용한다 하겠는데 설화성이 높은 이야기일수록 이 같은 경향은 두드러진다고 할 수 있겠다. 반면 역사적 기록임을 자처하는 사찰 기문(記文) 가운데에는 설화성 농후한 이야기를 알고 있으면서도 정작 기문에 임해서는 서사적 대상에서 이를 제외하는 일도 잦았던 것으로 유추가 가능하다.

그렇다면 불보살(佛菩薩) 혹은 이인(異人) 등 조력자의 힘을 빌려 위기를 극복하고 사찰이 완성된 후에는 어떤 이야기로 이행될까. 사찰건립을 통해 일단 성소담(聖所談)은 한 매듭을 지은 것이므로 여기서 이야기가 종결되더라도 구조상 어색할 것은 없다. 그러나 이야기에 따라서는 사찰이 과연 명실상부하게 영험함을 현시할 수 있는가 하는 의문을 던진 다음, 절 혹은 절터가 지닌 효험을 입증해 보이는 단계를 주입시키는 데까지 나아간다. 이는 완성된 절이 성소(聖所)임을 보다 분명히 하자는 생각일 터인데 앞서 본 것처럼 불가해한 상황이나 사건을 전제로 누구든 절의 영험함을 믿지 않을 수 없게 하는 것이다. 예컨대 흥륜사(興輪寺), 낙산사(洛山寺), 자추사(恣楸寺), 현등사(懸燈寺) 등의 창사 후일담은 그 적절한 사례가 된다.

---

19) 一然, 상게서, 卷 第5. 「大城孝二世父母 神文王代」.
"將彫石佛也 欲鍊一大石爲龕蓋 石忽三裂 憤恚 而仮寐 夜中天神來降 畢成而還"

흥륜사의 경우 완공된 후 아도화상(阿道和尙)이 설법할 때마다 하늘로부터 절 아래로 천화(天花)가 내렸을 뿐더러 이런 일이 자주 있었다 한다.[20] 낙산사는 원래 의상의 발원으로 지어진 곳으로 널리 알려져 있으나 범일(梵日)과도 인연이 깊은 절이다. 범일이 당(唐)의 개국사(開國寺)에 머물고 있을 때 한쪽 귀가 없는 이승(異僧)에게 신라에 돌아간 후 그 중의 집을 지어주겠다 약속한 적이 있었다. 귀국 후 이를 잊고 있었던 그는 관음(觀音)과 정취(正趣) 두 보살상(菩薩像)을 발견하면서 새삼스럽게 창사 약속을 상기했고 늦게나마 절을 지어 이를 봉안하게 된다. 그런데 이를 봉안한 낙산사에 일백 년 후에 화마가 덮쳐 온 전각이 다 회신되었음에도 관음 정취 두 성인을 모신 불전만은 화재를 면할 수 있었다.[21] 아울러 미천한 지귀(志怪)의 비련담(悲戀談)도 성소가 발하는 영험성을 예증하는 하나의 사례에 속한다. 즉 자신의 처지를 모르고 선덕왕을 몹시 사랑한 지귀(志怪)의 그 사모의 정이 어찌나 강렬하던지 그 가슴에서 불길이 솟구쳐 주위에 있던 탑에 옮겨 붙는 바람에 절 전체가 소진될 위기에 처했던 것이다. 이때 혜공(惠恭)이 새끼로 금당과 좌우 경루 남문의 확서(廓庶) 묶도록 했는데, 기세 있게 타오르던 불길이 새끼로 표시한 공간만은 침범하지 못하더라는 것이다.[22]

---

20) 一然, 상게서, 卷 第3,「阿道基羅」.
21) 一然,『三國遺事』, 卷第3,「洛山二大聖 觀音 正趣 調信」,
    "後百餘年 野火連延到此山 唯二聖殿獨免其災 餘盡煨燼"
22) 一然, 상게서, 권 제4「二惠同塵」.

『삼국유사』 소재 설화를 모두 살피지 않더라도 이제 그에 수용된 설화가 갖는 구성, 내용적 유형을 어느 정도는 헤아릴 수 있게 되었다. 이는 사찰을 생명체적(生命體的)이고 유기적(有機的)인 존재로 파악한 뒤 착공부터 완공에 이르는 서사단위 마다에 성현(聖顯)의 화소(話素)를 부여하는 방식으로 이야기를 펼쳐 나갔다는 점을 알아챌 수가 있다. 서사의 순차는 불보살 혹은 영험적 존재에 의한 절터의 점정(占定), 공사의 착수, 갑작스런 난관 및 그의 극복, 절의 완성 후 이상의 현응을 제시하는 순으로 진행된다고 볼 수 있다. 하지만 『삼국유사』 소재 사찰이야기가 모두 이런 구성적 순차를 고수하는 것은 아니다. 여러 마디 중에서 어느 특정 단위만 제시되는 일도 있으며 아주 단편적 정보를 제시하는 것으로 그치는 예도 있는 것이다. 스스로 답사에 나서는 것을 꺼리지 않을 정도로 채록에 대한 열의가 대단했던 일연은 가능한 한 상세한 시말(始末)을 남기기 위해서 진력했겠는데 『삼국유사』 소재 사찰설화는 위에 제시한 대로 서사적 순차성을 비교적 강하게 유지해나가면서 '사찰의 일생'을 포괄해 주는 쪽으로 이야기를 끌고 가는 것이다.

그러나 『삼국유사』 소재 설화는 신성담의 영역을 결코 벗어나지 않는다는 일종의 한계를 지닌다. 중창(重創)이나 폐사(廢寺)에 이르는, 그야말로 사찰의 영고성쇠(榮枯盛衰)를 순환적으로 보여주지 못하고 있음은 『삼국유사』에 대해 가질 수밖에 없는

"志鬼心火出燎其塔 唯結索處獲免."

일말의 아쉬움이 아닐 수 없다. 그럼에도 불구하고『삼국유사』 소재 사찰연기설화가 당대 어떤 서사물에서도 찾기 어려운 설화적 흥미와 불교적 주제를 수준 높게 심화시키고 있다는 점만은 부정할 수 없을 것이다.『삼국유사』는 불교설화를 총체적으로 포괄하여 보여주는 유일무이한 담론의 총집체일 뿐만 아니라, 좁게는 사찰연기설화의 전형을 마련해놓은 최고의 자료집인 셈이다.

4.2. 사찰문헌설화의 사회적 의미와 전개방식

『삼국유사』는 시대, 공간의 편차를 넘어 다양한 설화를 수습, 총괄한 채록집으로 설화 각편 간에 강한 유사성이 잠재해 있음을 밝혔다. 앞서 사례 중심으로 살폈으나 그렇게 된 까닭은 전승담(傳承談)을 고스란히 채록하는데 머물지 않고 이야기를 어느 정도 매만져 등재했기 때문이 아닌가 유추하게 된다. 설사 정보적 내용은 훼손이 없다 할지라도 서사구조 구성 등 형식미학적 측면에서 일연(一然) 나름의 서사문법이 개재되었음을 증명하는 예들이 곳곳에서 산견된다. 그렇다면『삼국유사』이외에 수록된 사찰연기설화에서의 서사문법은 어떻게 구현될까. 구체적인 논의에 들어가기 전에 우리는 기본적인 가정은 해볼 수 있다고 본다. 즉 어떤 경우에도『삼국유사』에서 보는 것과 같이 서사문법(敍事文法)이 고르게 유지되며 그 높은 서사성을 발휘하는 사찰연기를 접하기는 수월하지 않을 것이라는 점 말이다. 그것은 앞으로 점검할 자료들이 출현시기나 채록, 기록자를 각각 달리 하고 있다는 점을 감안하면 더욱 그러하다. 하지만 서사미학적 관점만을 굳이 강조하지 않는다면 사찰문헌이 지닌 서사적 의의는 여러 가지로 도출될 것이다.

찬술적 편차가 심하기는 하지만 불교역사, 사실의 당대적 증언 기록으로서, 그리고 사찰연기설화에 내장된 여러 사상을 적나라하게 돌아보게 해준다는 점은 이들 사찰문헌에서 발견되는 큰 장점으로 이해해야 할 것이다.

4.2.1. 사찰의 사회 문화적 의미

4.2.1.1. 창사(創寺)의 동인(動因)과 실질적 주체

절은 창주와 그 주변인들의 합작으로 이루어진 일반적 개념의 건축물이 아니다.

절이 불법을 전파하고자 하는 승려들의 공동체적 삶을 영위하기 위한 목적을 넘어서는 의미역을 갖춘 공간으로 이해된다면 그 존재론적 의미에 대해 의문을 품는다는 것은 부질없는 짓이다.

광대무변한 부처의 가르침, 복잡하고 심오한 경전적(經典的) 교리를 떠나 스스로 성불에 이를 수도 있겠으나 신앙인들의 집합 공간으로서 사찰의 매개를 통해 보다 쉽게 불교신앙의 정수를 체득하게 될 것은 자명하다. 사찰 건립은 따라서 거창한 명분이 필요 없거니와 사찰을 성소로 관념하는 의식은 일찍부터 자연스레 자리잡았던 것이다. 하지만 불교 전파를 기저에 둔 사찰건립이란 대의와 달리 개별적 동인은 따로 자리잡고 있었다. 그것은 설화 담론을 통한 전제에 앞선 현실적 조건 상황인 역사적 사실에 해당되는 것인데 이후 다시 부연되는 창건담의 의미를 한결 선명하게 드러낸다는 점에서 주목하지 않을 수가 없다.

사찰을 짓는 일은 서사적 담론에서는 거의 그 구체성이 드러나지 않으나 현실적으로 복잡한 일들이 얼마든지 끼어들게 마련이다. 가장 큰 문제는 역시 재정적인 문제라 하겠으며 시주, 단월(檀越)을 어떻게 확보하느냐는 창사의 여부를 결정짓는 관건이 아닐 수 없다. 그런데 그런 경제적 어려움과 무관하게 지어진 절이 원찰이다. 원찰(願刹)은 왕조의 안녕과 왕권의 강화, 국태민안(國泰民安)의 기원을 위해서 주로 지어졌다. 불교세가 두드러졌던 삼국 고려시대는 물론 억불숭유를 정책적 기치로 내건 조선조에 들어와서도 왕실에서 각처에 원찰을 두는 전통은 결코 사라지지 않았던 것이다.[23] 창건의 직접적 주체는 왕과 공주 등으로 설정되는 경우가 빈번하다. 왕이 주로 치국(治國)과 국가의 안녕 도모라는 정치적 차원으로 접근했다면 공주는 치병에 대한 보답 혹은 갖가지 신비체험을 경험한 끝에 부처의 공덕을 창사를 통해서나마 갚으려 했던 것이다. 왕실의 불교신앙을 대변하며 중심적

---

[23] 「龍門寺記」(撰者不明).
　　"出自上峰之間 回作龍溪之水 下有兩石蜂 屹然相對于左右 自作石門者 號龍角石也 其下五石之陽 有大伽藍 巍然獨存者 曰龍門寺也 創於新羅時 爲國中名刹矣 <u>入我朝爲昭憲王后願刹 崇奉異於他寺</u>."

위치를 차지하는 왕후나 공주들은 역시 설화 속에서도 창사의 실질적 주체가 되고 있다. 예컨대 「해인사유진팔만대장경인유(海印寺留鎭八萬大藏經因由)」에 보면 공주가 열병에 들떠 공수하는 중에 리서(里壻) 이거인(李居仁)을 초청하여 대장경(大藏經) 불사를 청한 것이 대장경 조성의 단초가 되었음을 밝히고 있으며, 홍륜사 연기에서도 창사를 가능하게 한 것은 공주의 발원에 있었다고 유래를 밝히고 있다. 각각의 유래 중 핵심 부분을 발췌하여 제시해 본다.

과연 익년(翌年) 정묘춘(丁卯春) 3월 망일(望日)에 신라 공주 자매가 일시에 두역(痘疫)을 얻어 신음하다가 하루는 부왕(父王)에게 말하길 "원하옵건대 부왕은 급히 대장경(大藏經) 화주(化主)를 불러오소서. 그렇게 하지 않으면 여식들은 죽고 말 것입니다." 이렇게 말하자 부왕은 급히 합천 군수에게 전령하여 거인(居仁)을 불러 서울로 올려보내도록 했다. 거인이 대궐에 이르니 공주가 거인을 보고 기뻐 맞이하여 말하길 "화주여 잘 오셨습니다. 근래 여환(餘患)이나 없으셨습니까. 내가 즉 삼목귀(三目鬼)입니다. 당신과 일찍이 명부(冥府)에서 약속하였기에 찾아왔나이다." 하고 또 공주가 국왕에게 권하여 말하길 "이 사람은 전에 명부로 들어왔더니 명부에서 양계(陽界)로 보낸 것은 오직 경(經)을 새겨 세상에 유전케 하고자 함이었으니 원컨대 대왕은 대단월(大檀越)을 모아 대사를 꾀하시는 것이 어떠하나이까. 이리하면 공주의 병이 나을 뿐 아니라 나라도 영고(永固)하고 대왕도 향수하시리이다." 하니 왕은 곧 허락하였다. 그러나 명왕

(冥王)이 거인으로부터 이별을 고하고 완전한 현신(現身)으로 돌아가 버렸다. 이러하니 곧 공주는 병이 완쾌되고 정신도 본래대로 돌아갔다. 부왕 모후에게 사뢰되 "명부에서도 이처럼 좋은 일을 하거늘 하물며 양계의 나라에서 부모께옵서는 모든 일을 소홀히 마십시오" 하니 왕이 이 말에 탄복하여 허락하셨다.24)

미추왕(味鄒王) 3년(264)에 성국 공주가 병이 있어 무당과 의원의 효험도 없으므로 칙사를 내어 사방으로 의원을 구했다. 법사가 갑자기 대궐로 들어가 드디어 그 병을 고치니 왕은 크게 기뻐하여 그의 소원을 물으매 법사는 대답했다. 빈도(貧道)에게는 아무 구하는 일이 없습니다. 다면 천경사에 절을 세워서 크게 불교를 일으켜서 국가의 복을 바랄 뿐입니다. 왕은 이를 허락하여 공사를 일으키도록 명령하였다.25)

---

24) 『伽倻山海印寺古蹟』,「海印寺留鎭八萬大藏經開刊因由」.
"及丁卯之春三月旣望 新羅國公主姉妹同時行疫 臥痛在床日 父王急詔大藏經化主來 若不爾者 女等從此永訣 王卽宣旨國中陝州太守 已知其事 召居仁傳乘上京都直 赴門下謁者 入通 公主曰 善來化主近無餘患否 我是三目鬼王也 與君有約 故來此也 又語國王曰 此人頃入冥府 冥府勸送陽界刻經流傳者 願國王作大檀越助成大事爲何如 若爾則 非徒公主無患 國祚永固 王亦享壽矣 王拜命曰 可 而後 又與居仁有惜別之態 現身而去焉 公主等還得本心 卽起而拜白於父王母后曰 冥界尙做善事 況陽界仁國乎 父母其毋忽哉 王曰 諾."
25) 一然,상게서 卷3,「阿道基羅」.
"味鄒王 3年 成國公主疾 巫醫不效 勅使四方求醫師 (指阿道) 率然赴闕 其疾遂理 王大悅 問其所須 大王 貧道百無所求 但願創佛寺於天鏡林 大興佛教 奉福邦家爾 王許之."

이밖에 사찰건립에 왕실 밖으로 눈을 돌려보면 고관대작 또한 사찰건립의 주체로 나서는 것을 확인할 수 있다. 김유신(金庾信)은 그런 인물 중의 하나로 그와 관련된 창사담은 아래와 같다.

> 신라 김유신 장군이 백제를 치려고 당나라에 청병(請兵)하였는데 당나라에서는 소정방(蘇定方)을 시켜 배로 군사 12만 명을 거느리고 천방산(千房山) 아래에 정박하게 하였다. 그런데 연기와 안개가 자욱하게 덮여 천지는 캄캄하였다. 김유신이 산신령(山神靈)한테 기도하기를 "만일 활짝 개게 해주시면 마땅히 절 1천채를 세워 부처님을 받들겠습니다." 하니 즉일로 천지가 맑고 밝았다. 그리하여 산에 올라 두루 살펴보니 지세가 너무 편착하여 절 천 채를 도저히 세울 수 없으므로 다만 돌 1천 개를 배치하여 절의 형태만 만들고 절 한 채를 세워 천방사(千房寺)라 부르다가 후에 선림(禪林)이라 고쳐 불렀다.26)

> 속설에 신라의 김유신이 고구려와 백제를 치려고 신검을 얻어 월생산(月生山)의 석굴 속에 숨어들어가 신술(神術)을 수련(修鍊)하느라고 칼로 큰 돌을 벤 것이 산더미같이 쌓였는데 그 돌이 아직도 남아있다. 그 아래에 절을 짓고 이름을 단석사(斷石寺)라고 하였다.27)

스승의 문인(門人)으로는 안혜(安惠) 등 4대덕(大德)이 있

---

26) 李膺挺,「千房寺重修記」.
27)『東國輿地勝覽』卷21,「月城佛宇條」. 東京雜記, 大嶺志.

는데 서로 주지를 이어가면서 선풍(禪風)을 내외에 떨쳤다. 또한 신라시대 장상(將相)인 김유신 김술종(金述宗) 등이 모두 외호(外護)하는 단월(檀越)의 주인이 되었다. 이런 까닭에 사대덕(四大德)의 영골(靈骨)이 모두 이 절의 남쪽 봉우리에 안치되었고 인하여 금강동(金剛洞) 사성봉(四聖峰) 조사암(祖師巖) 등의 이름이 붙었다.28)

위에서 보는 것처럼 김유신 스스로가 창주(創主)로 나서는가 하면 한편으로는 전투(戰鬪)에서의 승리와 공훈으로 국가에서 그를 기려 원찰을 지어준 예도 있었다. 실제 호불자로 불사에 전념한 것으로 나타나지만 그는 누구보다 창사적 주체로서 불교문헌에 빈번히 나타나고 있는 것이다. 구비전승은 기록과 달리 당대를 넘어 용이하게 기억되는 인물 사건 중심으로 전개될 수 밖에 없는 속성을 지녔다고 본다면, 김유신이 당대 담론의 중심적 인물을 넘어 후대까지 전승력을 상실하지 않을뿐더러 인물전승에서 선호도가 높았던 연유는 비교적 자명하게 파악된다. 주로 역사인물로서 널리 알려진 인물을 주동인물로 택하는 전승담의 속성상 그런 결과가 나온 것이다. 신라시기 인물 중 김유신, 최치원(崔致遠), 솔거(率居), 김생(金生) 등이 사실 불승(佛僧)이 아니었음에도 사찰 관련 설화에 자주 등장하는 것도 이런 구비적 속성과 무관하지 않다. 신라 배경의 많은 설화가 신라가 삼국을 통일하게 된 결정적 요인으로 김유신(金庾信)을 꼽고 있기는 하지만 그 혼

---

28) 香遠潤草, 『慶州府東嶺鳳棲山遠願寺事蹟』.

자의 힘으로만 통일의 위업이 달성된 것은 아니라는 현실적 시각도 설화에는 반영되고 있다. 호국영령과 김유신 선대의 음조(陰助), 그리고 불교적 믿음을 국가방위와 직결시켜 생각하는 호국불교(護國佛敎) 신앙 등이 김유신에게 힘을 보태준 것이 아닐 수 없다. 그중에서도 특히 그에게 끊임없이 용기를 불어넣고 대업을 수행하게 한 힘의 원천은 불교적 신앙심에 있었던 것으로 보인다. 따라서 김유신이 직접 지원하든 나라에서 그 위업을 기려 세워준 것이든 가장 의미있는 일이란 창사 이외 더 이상 적절한 소재도 찾기 어렵다. 김유신 관련 창사담에서 흥미롭게 지적되는 바는 공사 장애(障碍) 등 갈등과 마찰이 보이지 않는다는 점이었다. 사회 정치적으로 상당한 위치에 있던 인물이 창사의 주체가 되는 경우 사실 건사(建寺)에서 큰 장애를 떠올리기는 어려울 터인데 삼국통일의 위업을 달성한 김유신을 누구보다 창사주체로서 적절했다고 판단한 것이다.

　신라의 호국불교 정신을 굳이 거론하지 않더라도 삼국시대 각 왕실에서는 신불(信佛)의 열기가 매우 뜨거웠다 하겠는데 이는 사찰창건에 가장 큰 원동력이 되었다는 점을 지적하지 않을 수 없다. 왕실과 불교와의 돈독한 결연은 그대로 고려시대에도 간단없이 계승되었던 것이다. 고려시대 창사설화에는 왕건(王建)이 어떤 인물보다 자주 등장한다. 훈요십조(訓要十條)에서 그는 신라말의 실정을 들어 사찰이 무분별하게 건립된 것이 나라의 힘을 약화시킨 것으로 꼽고 있으나, 한편으로는 후삼국(後三國)의 극심한 혼란상을 가라앉히고 고려 개국의 기틀을 다지기까지 불력(佛力)이 크게 기여했음을 인정하며 사찰건립에 후원자임을 자처하고 있기도 하다. 그와 인연을 맺은 사찰만 보더라도 흥룡사(興龍寺)[29], 용암사(龍巖寺)[30], 개태사(開泰寺)[31], 용문사(龍門寺)[32], 용수사(龍壽寺)[33]가 있다. 태조 왕건은 삼국 패권시 주둔, 순행(巡幸)했던 곳, 그리고 승전(勝戰) 터에다 절을 짓는데 어떤 왕보다 적극성을 보였다. 따라서 왕건의 호불적 자취는 『삼국유사』에서도 쉽게 찾아볼 수 있다.[34]

삼국 이래 고려시대에 이르도록 왕실 내 신불(信佛)의 열기와 함께 재정적 후원에 따라 전국 각처에 수많은 사찰이 건립되었으므로 왕실의 인물들이 설화에 편입되는 것은 당연한 귀결이며, 그것의 설화적 투영 역시 필연적일 수 밖에 없었던 것으로 보여진다. 그렇다면 왕실 밖에서는 창사를 어떻게 도모했는가. 기실 이 부분에 대해 궁금증이 적지 않은데 고려시기 출현한 사찰기문들은 무명승(無名僧)이나 호불자(好佛者)들 사이에서도 창사의 기운이 매우 팽배해 있었음을 증명해주고 있다.

 "이 절이 우리 산소의 지역 안에 있으니 어찌 헐어서 새로 세

---

[29] 『東國輿地勝覽』 권35, 「羅州 佛宇條」.
[30] 『東國輿地勝覽』 卷28, 「尙州 佛宇條」.
[31] 『東國輿地勝覽』 卷18, 「連山佛宇條」.
[32] 『朝鮮金石總覽』 上卷, 「重修龍門寺記」.
[33] 崔詵, 「龍壽寺記」.
[34] 一然, 상게서 卷4, 「寶壤梨木條」.

우고 또 당(堂)을 만들어서 우리 영밀공(英密公)의 화상을 걸어두고 제사 지내 공을 갚으며 불교를 배우는 이로 하여금 복을 비는 여가에 무량광(無量光)을 불러서 명복에 도움이 되게 하지 않으리오" 하였다. 진종사(眞宗師)를 다시 일으킨 까닭인데 시중공의 평시의 뜻이기도 하다.35)

"이곳은 네가 총각 때에 놀던 땅인데 성한 풀만이 자라던 곳이다. 네 늙은 아버지는 집에 있는 것을 모두 다, 심지어는 옷가지, 수건 하나까지도 희사하여 위로는 임금을 위하고 복을 빌며 아래로는 너를 위하여 복을 빌었더니 이제는 당당하게 큰 절이 되었다" 하였는데 그로부터 지금까지 거의 20년이 흘렀건만 그 말씀이 아직도 귀에 들리는 것 같아서 하루라도 감히 잊지 못하였노라. 아 슬픈 일이다.36)

고려시대에 들어와서는 호불적(好佛的) 사부대중이 재원을 털어 절을 짓는가 하면 두 번째 예에서 보듯 아예 출가를 단행하여 여생을 불사공덕에 전념하는 유자까지 나타나게 된다. 창사에 있어 보다 극적이고 감동적 설화는 왕족(王族)이나 고관대작(高官

---

35) 李穡,「眞宗寺記」.
  "矧玆寺 在吾塋域之中 盖一撤而新之 且堂之以垂我英密公之畵像 以祀以報 俾學佛者 祝釐之餘 呼無量光 以資冥福乎 此眞宗寺之 所以興復 而侍中公平昔之志也."
36) 李穀,「大元高麗國廣州神福禪寺重修記」.
  "是汝丱角所遊地而鞠爲茂草者也 翁嬋家之有 雖衣巾盡捨之 上爲君王祝釐 下與汝乞福 堂堂乎一大佛利也 自爾迄今幾二十年 言猶在耳 不敢一日之忘 嗚呼."

大爵)이 아니라 하잘 것 없는 민중들이 창주로 나서는 때일 듯하다. 쉽게 생각하더라도 설사 깊은 신앙심에 의지해서 불사를 시작한다 하더라도 그들이 순탄하게 공사를 끝내고 성소로서의 효험성을 체험하기까지는 적지 않은 시련과 고초가 따를 것으로 보인다. 왕륜사(王輪寺)의 불상을 주조하기 위해 사방으로 동냥을 다녔으나 여의치 않자 스스로 분신(焚身)을 택하기에 이른 거빈(巨貧)의 유언은 범속한 인물이 불사를 이루기가 얼마나 험난한 일인지를 명징하게 보여준다. 거빈은 그를 보조(補助)하는 교광(皎光)에게 다음과 같이 말했던 것이다.

> 일이 나의 뜻대로 되지 않는 것이 너무 많다. 나는 더구나 나이도 늙었으니 일을 마칠 수 없을 것이다. 마땅히 개골산(皆骨山)에 들어가 스스로 분신하여 죽어야겠다. 너는 나의 사리(舍利)를 거두어서 그것을 가지고 사람들에게 시주하기를 권유한다면 즐겨 시주하지 않는 이가 없을 것이다. 그렇게 한 뒤에라야 일이 성취될 수 있을 것이다.[37]

결과적으로 사건은 거빈이 예상했던 대로 진행되어 갔다. 그가 분신한 뒤 교광은 거빈의 유지대로 스승의 뼈를 거두어 상자에 담아 짊어지고 서울로 올라와 스승의 분신 자진(自盡)을 널리 퍼뜨리자 사람들이 헤아릴 수 없이 몰려와 다투어 시주를 바친 것

---

37) 李奎報,「王輪寺丈六金像靈驗收拾記」.
 "事有不稱吾意者 多矣가 加之年亦老矣 必不能卒事 當入皆骨山自焚而死 汝可拾吾舍利 持以勸人 則無有不樂施者 夫然後事可辦矣"

이다. 이 사건은 죽음 이상 재원(財源)마련 방식이 달리 없다는 점을 극명하게 보여주고 있다. 아울러 불사를 위해 목숨까지 바쳐야 할 정도로 고려시대조차 재력과 권세와 거리가 있는 사람들로서 불사를 행하기가 어려웠다는 당대 사정을 반영하고 있다. 나려(羅麗)시기 사람들에게 사찰은 승속(僧俗)간을 불문하고 어떠한 고난과 궁핍함이 닥치더라도 간단없이 가꾸고 지켜가야 할 공간으로 인식되어 왔다 하겠다. 거빈(巨貧)처럼 자력갱생의 의지를 고수하며 목숨마저 바친 경우도 있으나 설화에서는 오히려 조력자나 영험한 존재가 출몰하여 발원의 뜻을 실현하는 것이 한층 일반적인 것으로 생각된다.

용문사(龍門寺) 창건시 일어난 일을 보면 이러하다. 간신히 절터만 확인하고 이제 땅을 다져 축대를 쌓을 때 재정이 바닥나는 바람에 다음 공사(工事)가 막막한 지경에 처했다. 그런데 홀연히 옛날 들보 위에서 은병(銀甁) 하나를 발견하게 되었다. 16량(兩)에 달하는 이 은병의 습득으로 곡물을 사서 공장이들의 일당으로 충당할 수 있었으며 무사히 불사를 마칠 수가 있었다.[38] 재정적인 어려움 말고도 노역(勞役)의 괴로움을 덜어 준 아래의 사건 또한 불사를 위해 진력하는 사부대중을 갸륵하게 여긴 불보살의 영험한 힘이 아니고는 상상하기 어려운 일이다.

    1973년 계속된 불사로 요사를 신축하던 일꾼들이 7월 어느 날 마당 쪽에 쌓여있던 400여 장의 블럭이 밤새 불사를 진

---

38) 『朝鮮金石總覽』 上卷, 「龍門寺重修記」.

행중인 요사(寮舍) 신축장(新築場)으로 모두 옮겨져 사람 키 정도로 가지런히 쌓여 있는 것을 발견하였다. 혹시 누군가의 도움인 줄로 여기고 장본인을 찾았으나 지금껏 그런 사람이 나타나지 않았다. 뿐만 아니라 일체의 인위적인 흔적도 없었으므로 대중, 스님들은 연약한 여승들이 계속되는 불사에 손발이 터지고 코피를 쏟는 정성을 들이자 이를 가상히 여기신 불보살(佛菩薩)이 도와 이런 일이 일어난 것으로 믿고 있다.[39]

조력자가 현현하지는 않았으나 승니(僧尼)들의 정성에 감동한 나머지 어떤 존재가 출현하여 노동의 고초를 덜어주었다는 이 증언은 근래 일어난 신비체험에 바탕한 것이라는 점에서 한층 흥미를 자아낸다. 이를 보면 종교적 영험이란 시대와 무관하게 다가오는 것인 듯싶다. 이 같은 신비체험이 갖는 효험성은 사부대중들로 하여금 영적 존재의 가호를 깨닫는 동시에 창사 이후에도 그 절을 영험한 대상으로 받아들이게 하는데 무엇보다 큰 구실을 한다는 데서 찾을 수 있다.

대략 훑어본 바이지만 여러 불사 중에서도 창사는 믿음을 가장 깊이 증거하는 행위이자 현생(現生)에서의 아주 큰 방편적 공덕으로 이해되고 있었음을 알 수 있다. 창사설화는 딱히 특정 시대에 국한되지 않는다. 거찰(巨刹)은 물론이요, 작은 암자[40]조차도

---

39) 龍門寺, 「龍珠寺本末寺誌」 1980.
40) 사지에 대한 영험성은 일반적으로 말하는 풍수나 풍수적 조건에 따르는 것이 아니라 터에 대한 인간의 인연에 의해 발휘된다고 보는

건립에 이르기까지는 결코 예사로울 수 없는 사단이 얽혀있고, 그것은 그대로 창사담론의 생산을 촉발시켰던 것으로 보인다. 창주자의 발원과 정성이 절의 건립을 가능케 하는 직접적 인자였다면 건립시의 영험담은 후대 사람들에게 절의 연원과 신비, 그리고 불교적 종지를 체득시키는 매개적 담론으로서 인식되었다고 하겠다.

4.2.1.2. 사찰의 세속적 공간기능

절은 결코 신앙의 진앙으로만 기능한 것은 아니었다. 그곳은 제 홀로 사회와 결연한 채 독립적 영역으로 남아 있을 수 없었다는 것을 한결같이 증언하고 있다. 정부의 명(命)에 따라 종이, 먹, 기와 등을 공납하느라 수도정진을 포기해야 했으며 전란, 천재지변, 전염병 등이 발생하면 몰려드는 유민들을 구휼하고 보호하는 몫을 외면할 수 없었으니 구원처로서, 혹은 피란처로서 그 의미가 달라지기도 하였다. 사찰은 승려들에게 있어 성직자로서의 불심을 견인하는 이상으로 성스런 공간이면서 동시에 고난의 역사를 증명하는 현실적 공간이기도 했던 셈이다.

승려들에게 가장 곤혹스러운 일은 산성 축조와 함께 절이 완성

견해가 있다.
李穡,「砥平縣彌智山竹杖庵重營記」.
"三千大天世界之起滅 又不出於方寸之心 求方寸心又當於一坐具地得之則一坐具地 何可少哉."

제1부 사찰연기설화의 총체적 조망 77

된 성을 유지·관리하는 것이었다. 수도처(修道處)는 성채(城砦)의 중앙에 위치하고 수도자는 수행을 물리치고 방위병, 성채를 쌓고 보수하는 공병으로서의 몫까지 이들에게 부하된 것이다. 산성 안에 위치한 사찰로는 대흥사(大興寺)(경기 개풍), 천왕사(天王寺)(평북(平北)) 강서(江西)), 장경사(長慶寺)(경기 광주 남한산성), 보민사(保民寺)(평북 자성 자모산성(慈母山城)), 국청사(國淸寺)(평북 철산(鐵山) 웅골성(熊骨城)), 망일암(望日庵)(경남 진양(晉陽) 방어산성(防禦山城)), 개원사(開元寺)(경기 광주 남한산성(南漢山城)), 마니사(摩尼寺)(충북 영동 마니산(摩尼山)), 구암사(龜巖寺)(전남 담양 금성산성(金城山城)), 미타사(彌陀寺)(경남 함양 사근산성(沙斤山城)), 세마사(洗馬寺)(경기 오산) 등으로 광범위한 지역에 걸쳐 나타나며 제시한 산성은 그 일부분에 지나지 않는다.

산성 내 사찰의 건립이 국방이나 호국이라는 명제 하에 이루어진 일임을 밝혔으나 건립의 현실적 동기는 아주 다양하게 나타나는 게 사실이다. 가령 전투에서 승리한 기념으로 절을 세우는가 하면41) 전장(戰場)에서 산화한 장병 병사42), 그리고 익사자의 명혼을 빌기 위해43) 절을 짓기도 했다. 사자의 명복을 위한 창사도

---

41) 『東國輿地勝覽』 卷18, 「連山 開泰寺條」.
42) 蔡藤忠, 『高麗寺院史料集成』, 「藏義寺條」,
"在彰義門外 新羅與百濟兵 戰於黃山之野 長春郎 罷郎라 死于陣陳 太宗武烈王 爲二人創是寺."
43) 『梵宇攷』, 「濟衆庵條」,
"朴魯爲信川郡守時 創建 盖其父 航海朝天 溺于西海 故爲刱此庵 仍

있으나 일상에서의 안전과 벽사(辟邪)를 위한 창사, 또는 사행자(使行者)나 여행자들의 안전과 무사귀환을 위해 절을 지은 경우44)까지 보인다.

한편 불법승을 갈무리하고 매개하는 장소인 사찰은 외연적으로 의미를 다양하게 확장시켜 나갔다는 점을 사사(寺史)는 또한 분명하게 보여주고 있다. 이는 일상사와 불교, 사찰의 관련성이 그만큼 강했다는 점을 주지시킨다. 망자를 천도하기 위해서 혹은 역질을 퇴치하고 기우(祈雨) 기청제(祈請祭)를 올리며 일상사에 다가오는 액을 쫓기 위한 장소로도 사찰은 널리 활용되었다.

불교적 신앙에 의지하여 현실적 어려움을 극복해 보자는 의도는 창사에 있어 무엇보다 큰 원동력이 되었다. 사찰의 공간적 효용이 역시 사부대중의 삶과 유리시켜 생각하기 어려울 정도라는 점은 사찰의 용도가 호환방비(虎患防備),45) 유폐지(幽閉地), 46)천신제처(天神祭處),47) 과거준비처(科擧準備處),48) 구휼처(救恤處)49)

      留畫像庵名望海 以寓追慕之義.″
44) 李穡, 「慈悲嶺羅漢堂記」.
    ″羅漢堂實據嶺北 俯洞仙站 不知創於何代 然 靈異頗著 予少也 馳駆赴燕都 再過堂下 一入門而致禮焉 幢幡甚盛 類皆行役者之願詞也.″
45) 金富軾, 「惠陰寺新創記」.
    ″而山丘幽遠 草木蒙翳 虎狼類聚 自以爲安室利處 潛伏而傍睨 時出而爲害 非止此而已……噫 變深榛爲精舍 化畏途爲平路 其於利也 不其博哉.″
46) 일연, 상게서, 권2, 後百濟 甄萱.
    ″清泰2年乙未春3月與英順等 勸神劒 囚甄萱於金山佛寺 ....甄萱憂 發疽數日 卒於黄山佛寺.″
47) 『江都志』高麗元宗 5年 申子6月.

제1부 사찰연기설화의 총체적 조망 79

등으로 다양하게 확장된 점만 보아도 여실히 드러난다. 이중 유폐지 혹은 과거준비처 등으로 사찰공간이 속세화한 경우도 적지 않았는데 왕을 비롯한 위정층과 지배계급의 타락, 반불적 정서 등은 사찰의 성소적 의미를 퇴색시킨 원인(遠因)으로 작용했다고 할 수 있을 것이다.

사찰에 대한 관념은 어떤 위치에 있느냐에 따라 크게 달랐던 것으로 생각된다. 즉 지배층과 피지배층과는 불교 사찰에 대한 시각이 다를 수밖에 없었다고 보는 것이다. 사찰은 분명 신앙의 공간에 본령을 두고 있는 것이지만 위정자들은 오히려 지역개발, 치민의 차원에서 창사에 접근하고자 했으며 오히려 이런 의도에서 창사에 적극성을 보인 경우도 보이는 것이다.

> 큰 산과 깊은 골짝에는 사찰이 서로 마주하여 죽림(竹林)의 도둑을 방어하고 유민(流民)을 거두었다. 이제 궁벽한 산골과 사람 없는 물가에서는 행인이 드물어 도둑의 소굴이 되는 것을 면할 수 없었다. 농부와 미천한 자들은 기강을 모르고 길을 필연코 구렁텅이로 구르게 되었다. 이에 성인이 측은하

"親幸三郞城 設五星道場三日 移御此寺 又親醮于聖壇 寺廢已久 輦路尙依稀."

48) 『東國輿地勝覽』卷2, 楊洲佛宇 水落寺 條.
"前人敍云 少時讀書諸山寺 往來水落山者亦再 偶留此詩於壁上 計今三十餘年矣."

49) 『奉先弘慶寺記』.
"斯亦溫廬冬密涼屋夏寬 積以糇粮 貯之篘秼 施瑀窮級 設雍伯之義漿 防備盜奸 列陳留之樓鼓."

게 여기고 사원(寺院)을 만들어 그들로 하여금 적막한 물가를 건너게 하고 종소리로 서로 경계하고 선강(禪講)으로 서로 의지하게 하였다.50)

위 사례는 훈요십조(訓要十條) 가운데 택지개산(擇地開山)하라는 도선의 지침을 치민(治民)의 유훈으로 삼아 활용하고 있는 왕건의 입장51)에서 한 걸음 더 나아가 창사를 치안과 개발의 차원으로 확장시키기도 하였던 것을 보여준다.

그렇지만 사찰이 신앙체적 중심으로의 명분을 망각하고 유희·퇴폐의 공연장으로 변질된 것도 엄연한 역사적 현실이었다. 특히 고려 말 불교계의 부패와 함께 퇴폐적인 왕이 등장하면서 승속(僧俗)간 깊은 신심으로 일구어놓은 성소가 하루아침에 오락과 유흥의 터로 변질되어 버리는 일이 벌어지기도 했다. 창사담이 오로지 성현과 신성한 역사를 보여주는 서사적 테두리를 벗어나지 않는 것과 정반대의 일도 빈번히 확인되는 터이지만 창사,

---

50) 「永明寺碑」.
   "大山深谷 寺刹相望 爲禦御暴客而收流民也 今夫窮峽遐滋 路左人稀 不免爲盜賊之藪 疇人孼子 漏網失途 必致溝壑之顚 於是乎聖人惻然 作之庵院 度之寂寞之濱 鍾梵以相警 禪講以相依."
51) 이기백·민현구 편, 『사료로 본 한국문화사 — 고려편』, 일지사, 1984, 111면.
   "태조 왕건이 풍수지리설을 독신하였다고 하지만 인문지리학적 요소와 자연산천에 대한 경외의 念이 두드러지게 엿보일 뿐 미신적 요소는 그리 많지 않았던 것 같다. 오히려 유교적인 이념을 바탕으로 하면서 하나의 방편으로서 풍수음양설에 관심을 표명했던 것처럼 느껴지는 점도 있다."

중건담에서는 그런 속된 증언을 어디에서도 찾아보기 어렵다. 문헌기록이 본래 공식성을 중시하는 데다 창사 후 오랜 시간이 지난 뒤 이루어진 일 때문이기도 하지만, 창사담이 애초 가지고 있었던 신성함과 엄숙성에 비춘다면 속화(俗化)된 역사란 일부러라도 피할 수밖에 없다는 인식이 속화된 공간으로서 역사를 용납지 않게 만들었던 것으로 여겨진다.

4.2.2 사찰문헌설화의 내용구성과 그 의미

4.2.2.1. 사지점정(寺址占定)과 영험적 계시

창사담에서 영험성을 길이 전해야 된다는 의식은 터 잡기에 대한 설화를 풍성히 구비하게 한 제일의 원동력으로 작용했다는 점은 의심할 여지가 없다.

그러나 실제 역사와 함께 전설에 있어 점정 내용은 매우 다양하게 등장한다. 앞서 『삼국유사』에 초점을 두고 살폈으며 그에 소재한 설화가 차지하는 사찰연기설화로서의 위상을 섭렵했으나 그것 이외에도 점정 관련 설화는 매우 다양한 파생양상을 보여준다.

우선 창주와 점정자가 일치하는 내용의 이야기를 생각해보자면, 성현(聖顯)의 속성을 높여주고 청자(聽者)의 호기심을 북돋워주는 매우 유리한 조건을 갖춘 담론이 아닐 수가 없다. 무명승(無名僧), 부처, 이승(異僧), 보살(菩薩), 산신(山神) 등이 창주에게 조력적 기능을 제공하는 화소를 삽입한 설화는 사찰설화에서 흔한 편이다. 그런데 창주와 달리 갑작스럽게 나타나 사찰 터를 정해주고 홀연히 자취를 감추는 인물은 창주의 내적 기능을 크게 손상시킬 수가 있다. 하지만 그가 난처한 국면에 나타나 터를 점지하게 된 것이 창주의 비범한 면모 때문에 가능한 일이었으므로 이인을 조력자로 파악하는 것이 올바른 시각일 터이다. 흥국사 (興國寺) 사적(事蹟)에 등장하는 노승(老僧)이 그런 경우이다. 보조국사(普照國師)가 영취산(靈鷲山)에 들어가 비보(裨補) 사찰을 지으려 발분하고 있을 즈음, 한 노승이 그 앞에 등장하여 "여기서 밑으로 7리를 내려가면 하늘 땅의 신비함을 거두며 불법을 크게 흥할 곳이 있다" 고 일러주며 절 이름까지 흥법(興法)이라고 정해주고는 홀연히 사라지더라는 것이다 52) 이인(異人)의 갑작스런 출현은 터의 영험함을 가리켜 주는 것일 뿐더러 창사에 발분하고 있는 창주(創主)의 기능을 높여주는 구실까지 감당한다고 볼 수 있다.

창사는 불교적 인연관을 현시하는 서사적 단위로 인식되기도 한다. 즉 위에서 보듯 갑작스럽게 외조(外助)가 있어 절을 지을 수 있게도 되지만 시공을 초월한 숱한 인연의 덕으로 창사의 역

---

52)「順天府靈鷲山興國寺事蹟」.
　　"大金 承安元年 國師欲建裨補之刹 踏山尋脉來往金鰲島而入崛峯山 藉草而坐 不知自何來之老僧 恰若夙面 牽率前導經往于錦城臺……挽裾共坐 曰 此去下 七里許有一勝地 天之所慳地脩秘 佛法大興之處 宜乎 創立裨補之大伽藍 而目之曰 興國寺 此寺興則 邦國興 邦國興而此寺興 師無心言訖而 不見."

사가 마무리 될 수 있었음을 찬찬히 조응해주는 설화도 있는 것이다.

> 두솔(兜率)에서 수십 보 거리에 기출암(起出庵)이 있는데 역시 의운조사(義雲祖師)가 창건한 것으로 소위 옛날 용이 살던 못이다. 당시에 돌배가 산 밖 죽포구에 정박하고 현묘한 음악소리가 그곳에서 울려나오자 속인들이 가서 보고자 했으나 배가 저절로 물러가 버렸다. 의운조사가 이를 듣고 제자들을 이끌고 가니 배가 저절로 해안으로 다가왔다. 그리하여 배에 올라 살피니 옥축(玉軸) 대장과 석가불·가섭·아난·16나한이 나란히 배 안에 앉아 있었다. 한 금인(金人)이 오른손으로는 옥로를 흔들면서 비단 폭을 흔들고 있었고, 왼손으로는 상아로 만든 금자 보인을 쥐고 있었다. 이에 더불어 육지에 내렸으나 안존할 곳을 정하지 못하고 있었다. 이 날 밤에 의운의 꿈에 금인이 말하길 "나는 우진국의 왕으로 불상을 봉안할 곳을 찾지 못하여 해동의 여러 산천을 두루 돌아다니다가 멀리 도솔산(兜率山)이 보이고 그 곳에 대참(大懺)의 기운이 길게 옆으로 퍼져 있어 이곳에 온 것이다. 청컨대 집을 지어 이를 봉안하라."고 했다. 조사(祖師)는 곧 절을 지어 진흥왕(眞興王)에게 이를 보시하였다. 참사(懺寺)란 이를 말함이다.53)

---

53) 「兜率山大懺寺故事」.
"兜導率之數十步 有起出庵 亦義雲之所創也 此所謂古龍潭也 當時 有石艇來泛于山外浦口玄音樂聲 迭發其中 俗人欲見則舡自退却 義雲聞之 率弟子而往焉 船自近岸 乃當舡視之則玉軸大藏 釋迦文佛 迦葉 阿難 十六羅漢 竝坐船中 有一金人 右手以搖玉櫓張繡帆 左手以執牙籌

창건자는 의운(義雲)조사라고 분명히 제시되어 있다. 그러나 창사까지는 우여곡절과 함께 필시 그만의 힘이 아닌, 여러 사람의 도움과 외래적 인연이 결부되어 있다. 갑자기 돌배가 포구에 도착한 후 속인들은 그 부처들의 내왕을 내심 반기고 있었으나 실제 옥축(玉軸) 대장과 여러 불상을 봉안할 터를 찾을 수 없어 애 태우는 지경에 빠진다. 하지만 사건이 순탄하게 흘러가기 위해서는 신령한 존재의 도움이 절실해지는 국면으로 급격히 선회한다. 내용상 이와 흡사하게 진행되는 연기를 우리는 민지(閔漬)가 찬술한 유점사(楡岾寺) 사적에서 다시 만나게 된다.

유점사 창건담을 보면 53佛이 직접 금강산에 들어가 온갖 곳을 헤매다 부처들 스스로가 느릅나무 밑에 안착함으로써 뒤쫓던 노춘(盧春) 무리가 어려움 없이 그곳을 택해 절을 짓게된 것으로 전한다.54) 하지만 대참사(大懺寺) 창건 유래가 그와 동일한 것만은 아니다. 즉 사지를 점정(占定)하지 못해 우왕좌왕하는 중에 꿈속에 금인(金人)이 출현하여 직접 지점을 정해주는 점은 유점사 창건담과 다른 것이다. 부처들이 우선 천축의 우전국(于闐國)에서 해동(海東)으로 와 공간이 보다 좁혀지다 이 땅의 어느 포구로 착점이 구체화된다. 하지만 그것으로 이야기가 종결되는 것은 아니다. 부처의 심정을 모르는 사중들이 부처 봉안 터를

金字寶印焉 乃竝下陸地而莫定尊安之所矣 是夜義雲之夢 金人謂曰 我是于闐國王也 欲覓奉像之處 遍海東諸山川而望見兜率山 有大懺奇氣之橫空故 來此 請築而安鎭之 師遂建寺而眞興王施之 懺寺是也."
54) 閔漬, 「金剛山楡岾寺本末事蹟」.

찾지 못해 허둥대다가 결국은 현몽을 통해 절이 들어설 착점을 전해 듣고서 비로소 봉안처가 결정되었다는 또 다른 이야기가 부언된다. 인용부위에서는 확인되지 않으나 사지 점정의 전형담을 그대로 유지하는 가운데 민담(民譚), 명칭연기(名稱緣起) 따위가 수시로 삽입되어 설명적 설화의 기능을 수행하는 것도 눈여겨 볼 대목이다. 흔하게는 용(龍)이 살던 터가 바로 명당으로 판명되면서 용과 창주 간의 대결적 국면을 피할 수 없게 되는 경우도 있다.

대참사(大懺寺) 터 역시 상서로운 구름이 덮여 있던 길지라고 하나 원래 용이 살고 있던 연못으로 용이 자신의 터전을 잃게 되며 극력 저항하고 나선다. 다행히 금인이 남재사(攬齋使)를 파견하여 용을 추방하고 무사히 창건의 뜻을 이루었다거나, 정작 남재사가 돌아오지 못하고 그 자리에서 석상으로 굳어졌다는데 이런 연유로 사자비(使者碑)라는 말이 생겨났고, 용이 일어나 달아났다고 해서 기출암(起出庵)이란 말이 생겼다는 등 또 다른 각 편으로 볼 명칭연기가 곁가지처럼 부연되고도 있다.

성소(聖所)란 누가 어렵게 찾아낸 곳만을 일컫지 않는다. 영험한 존재가 거주한 터는 여러 증험적 설명이 필요하지 않을 정도로 길지(吉地)임이 저절로 드러나기도 한다. 수종사(水鐘寺)는 세조(世祖)가 이수두(二水頭)의 용선(龍船)에서 잠을 자다가 심야에 뜻하지 않게 종소리를 들은 것이 창사의 계기가 되었으니, 심야 종성의 발원처를 찾기 위해 세조는 다음날 산에 올랐고 암혈(巖穴)에서 18나한(羅漢)을 발견하기에 이른다. 세조가 이후 이를 영이롭게 여긴 나머지 8도 방백(方伯)을 시켜 축대를 쌓고 건물을 짓게 한 것이 바로 수종사의 내력이다.55) 수종사 설화에는 창주가 창사를 목적으로 산천을 주유한 것이 아니다. 종소리의 진원지를 찾다가 우연한 기회에 절을 짓게 된 경우이다. 성현(聖顯)의 징표를 확인하는 일에 있어 계기적 사건이 개재되어 사지점정이 단계적으로만 이루어지는 것은 아닌 것이다. 한순간 성현적 상징을 곧바로 인식한 사람들이 창사를 발원하고 공사착수에 들어가는 것도 흔히 보게 되는 전개양상이다. 성소임을 반증하는 인지태(認知態)를 몇 가지만 나열해 보기로 하자.

① 상서운(祥瑞雲) ― 염불암(念佛庵, 경기 시흥군 삼성산), 해룡왕사(海龍王寺, 소재 미상)
② 방광(放光) ― 용화사(龍華寺, 경기 김포 운양산)
③ 나무오리 낙하 ― 원등암(遠燈庵, 전북 완주 청량산), 흥룡사(興龍寺, 경기 포천 백운산), 통도사(通度寺, 경남 양산 영축산)
④ 석장낙하(錫杖落下) ― 천관사(天冠寺, 전남 장흥군 천관산)
⑤ 연꽃 개화(開花) ― 백련사(白蓮寺, 경기 고양 삼각산)
⑥ 석불출(石佛出), 하강(下降) ― 학수사(鶴樹寺, 강원 원주 용화산), 홍효사(弘孝寺, 경북 취산), 대승사(大乘寺, 경북 문경 사불

---

55) 咸球喜,「水鐘寺重修記」.
"槩於天順三年 世祖朝御駕龍船 泊纜于二水頭 經宵之際 忽然鐘聲 落于龍船翌朝親幸玆山 巖穴有十八羅漢 奇之異之 令八伯而築臺 招群匠而建寺"

산)
⑦ 코끼리 출현 — 현등사(懸燈寺, 경기 가평 운악산)
⑧ 백사슴 출현 — 현등암(懸燈庵, 경기 가평 운악산)
⑨ 념불처(念佛處) — 굴불사(掘佛寺, 경북 경주 동천동)
⑩ 靑鳥 출현 — 조제암(鳥啼庵, 강원 고성 금강산)

① 방광처나 ② 오색구름이 덮여있는 곳은 고래로 성스러운 장소로 인식되어온 터이며 일반 설화나 위대한 영웅의 일대기에도 흔히 나타나는 영험적 징표로 받아들여졌다. 굳이 사지 점정의 인지태로 한정되는 것은 아닌 것이다. 좀 특이한 경우가 ③인데 나무를 깎아 만든 오리가 날아 앉았다하여 상서로운 터로 인식하는 것은 딱히 불가의 관념만은 아닌 것 같다. 그렇지만 창사의 자리를 현시해 주는 징표로 받아들이는데 어려움은 없다고 보아야 할 것이다. 이렇게 불가・속가에서 두루 상서로움을 표시하는 인지태(認知態)가 있는가 하면, ④~⑩에 이르는 예들은 불타(佛陀), 불교(佛敎), 승려(僧侶), 불교적 믿음 등을 기의(起義)해 줌으로써 불교적 인지태에 귀속될 수 있는 것이다. 이들은 전통적으로 불교적 상징물로 이해되어온 만큼 사지점정 설화에도 빈번하게 끼어드는 것을 볼 수 있다.
　불교적 상징이든 보편적 상징에 속하든 이런 것들은 불상 조성의 원을 지닌 창사의 주체에게 창사에 진력하게 하는 전환적 계기가 되어주는 것이 사실이다. 이때에는 직접적인 명령이나 인도가 아니라 은유적(隱喩的) 현시(顯示)가 특징이다. 이것은 종교

적 담론에 속한다는 사고, 아울러 사지점정을 통해 불교의 신비스러움과 감응(感應)을 강조해야 한다는 관념이 높게 나타날수록 두드러지게 반영된다. 그 은유나 비유적 담론의 주체는 말할 것도 없이 불자 혹은 사중들인 것이다.

창사담이 속세적 권능자(權能者)를 창주로 삼는 이야기가 많다는 것도 사찰연기설화가 현실반영적 요소를 아울러 폭넓게 함장하고 있음을 말해주는 것이 아닌가 한다. 현실적인 문제들, 가령 절터의 희사자(喜捨者), 공사비용을 뒷받침하는 단월(檀越), 자발적으로 공사에 참여한 공인(工人) 및 그들의 기술수준, 사하촌(寺下村)과의 마찰 등에 대해서는 구체적 언급을 하지 않은 채 창주가 지닌 불심, 그리고 그 원력에 의해 순탄하게 공사가 완공되었음을 밝히는 것으로 그친다. 물론 여기에는 특별한 장치로서 꿈이 자주 개재된다. 꿈을 사건 진행에서 가장 큰 핵심적 장치로 삼고 있는 것은 서사구성상 불가피한 일로 짐작된다. 사찰건립의 원을 이룰 수 없는 난감한 국면에서 기이하게도 창주자(創主者)에게 현몽(現夢)이 따르고, 그것은 곧 구체적이고 확실한 방법으로써 위기를 극복하게 해주는 해법 구실을 해준다. 아래 용봉사(龍鳳寺)와 백련사(白蓮寺)의 창건담이 그 좋은 예이다.

> 봉우리를 올라가 동쪽 한곳에 청숙(淸淑)한 기운이 있어 무리로 하여금 그곳을 닦도록 하였다. 그 다음날 밤에 한 노인이 꿈에 나타나 "성사(聖師)께서 절을 짓고자 하시면 동쪽으로 3리(里)를 가면 신라 자장법사(慈藏法師)가 안거(安居)

제1부 사찰연기설화의 총체적 조망 89

하시던 옛터가 있습니다. 하늘땅의 감추어진 방으로 중창할 주인을 찾고 있은 지 오래입니다" 라고 말했다. 그 다음날 봉우리에 올라가 멀리 바라보니 상서로운 구름이 가득하고 서기(瑞氣) 어린 곳이 있었다.56)

주지 현각(玄恪)이 꿈에 한 사람을 보았는데 다음날 '법화사가 올 것이니 마땅히 깨끗이 하고 그를 맞아야 한다'고 했다. 현각은 몽 중의 가르침대로 뜰을 깨끗이 하고 반찬을 준비한 후 스승을 기다렸다. 과연 늦으막해서 스승이 도착했는데, 현각이 꿈 이야기를 갖추어 말하자 스승도 여러 번 꿈을 꾸어 알고 있었다고 말했다.57)

이외에도 안흥사(安興寺)58), 생의사(生義寺)59) 등이 몽중의 현시를 그대로 수용하여 절터를 확인하고 창사에 따른 갖가지 어

---

56) 釋宗軒,「長湍郡 龍鳳寺心腹寺事蹟記」.
57) 崔滋,「萬德山白蓮寺圓妙國師碑銘」.
58) 「龍珠寺本末寺誌」.
   "1960년의 어느 날 꿈 속에 彌勒菩薩이 나타나 이마를 만지면서 부탁하기를 磨崖佛像을 새겨서 널리 중생을 구제하라 하므로 깨어나 보니 그 巍嵬하고 단엄한 모습이 눈에 아른거리고 昭昭한 음성이 귓가에 쟁쟁하였다. 그리하여 1964년부터 募緣을 시작 5년의 불사 끝에 1968년에 완공하고 공덕비를 세웠다."
59) 一然,『三國遺事』卷3,「生義寺石彌勒條」.
   "新羅善德王時 釋生義 常住道中寺夢有僧 引上南山而行 令結草爲標 至山之南洞 謂曰 我埋此處 請師 出安嶺上 旣覺 與友人 尋所標 至其洞 掘地 有石彌勒 出置於三花嶺上 善德王十三甲辰歲 創寺而居 後名生義寺."

려움을 극복함으로써 건사(建寺)에 이른 사례들로 꼽힌다. 몽(夢)이라는 것부터가 영험하고 불가해한 체험인 만큼 이를 타기하거나 부정할 수 없다는 사람들의 인식을 아울러 엿볼 수 있는 자료에 속한다.

몽을 통해 창사의 기틀을 잡게 되었다는 이야기가 보다 보편적 형태의 서사적 전개라면 나무오리를 날려 보내 그것이 안착한 곳에 절을 세웠다는 이야기는 민중의 천진한 발상에 근거한 창사연기로 보인다. 「백운산흥룡사사적(白雲山興龍寺事蹟)」에 따르면 왕건의 명으로 각처에 비보사찰(裨補寺刹)을 세우던 도선(道詵)이 나무로 학(鶴)을 3마리 깎아 날려 보낸다. 그 중 한 마리는 화강(花江)의 남쪽에, 한 마리는 동주(東州)의 동쪽에, 한 마리는 용이 큰 불을 뿜어내며 떨어졌는데, 한 곳에서는 하늘에 밝은 등이 걸려 있고 다른 곳 역시 흰 구름이 하늘을 꿰뚫고 있었다. 도선이 상서롭게 여겨 임금께 아뢰니 임금 역시 영이하다며 3군데에 동시에 절을 짓도록 허락했고, 이로부터 이들은 성스러운 곳으로 이름났다.[60]

왜 이 절이 영험스럽게 여겨져 왔는지 창사내력은 이에 충분한 답이 된다. 우선 풍수의 대가인 도선이 창주라는 것만 해도 한 근거가 될 터이다. 게다가 3마리의 나무 학이 점지한 곳이라는 전통적 믿음이 있었기에 근처에 여러 절을 동시에 건립하는 것으로 발전한다. 용이 불을 뿜고 하늘에 맑은 등이 걸려있고, 흰 구름이

---

60) 「白雲山興龍寺事跡」.

하늘을 꿰뚫고 있는 등의 이적은 자체로서도 경외(敬畏)롭지만 사람들은 마침 창사의 마음을 지니고 있던 터라 의문 없이 사지로 채택하기에 이른 것이다. 흥미를 끈 것은 도선이 인문지리학적(人文地理學的) 풍수의 대가로서 이미 알려진 터인데도 능동적으로 터를 찾아 나서는 주동자가 아니라 성소를 현시하는 몇 가지 현상을 곁에서 지켜보고 있을 따름이라는 것이다. 그만큼 이야기에는 민담적인 서사원리가 지배적으로 나타난다. 설악산 현등사(懸燈寺)의 창사내력도 앞서 살핀 흥룡사(興龍寺)와 여러 점에서 방불하다.

> 나는 이렇게 들었다. 보조국사(普照國師)가 망일산 원통암(圓通庵)에 있을 때 설악산 중에 3일을 방광(放光)하는 것을 보고 그곳에 가보니 덩굴더미 아래에 관음일전(觀音一殿)이 우뚝하게 서 있고 옥등(玉燈)이 전(殿)의 남쪽 탑 꼭대기에 매달려 불타고 있는데 꺼지지 않고 있었다. 국사가 이를 이상히 여기고 이마를 조아려 예배를 끝내고 근처를 파보니 곧 옛날 큰 절터였다. 허물어진 흔적 터에 기이한 새들, 이상한 나무들이 연달아 에둘러 있었다.61)

비바람에도 꺼지지 않는 옥등은 흥용사의 두 번째 절터처럼

---

61) 『朝鮮寺刹史料』 上, 「雪嶽山懸燈寺事蹟」.
"如是我聞 普照國師在望日山圓通庵 望見雲岳山中三夜放光 往訪其處 則藤蘿之下 觀音一殿 巍然獨存 玉燈懸在殿南石塔之上 而火不滅矣 國師異之頂禮畢 因披索而見之 則伽藍古大址也 奇材異木 簇立連抱於 劫灰之痕於是."

변함없이 세상을 비추어 주는 부처의 광명(光明), 그 상징으로 곧장 연상되면서 새삼 터가 더 없이 훌륭하다는 인식으로 바뀐다. 더군다나 현시물이 옥등(玉燈)으로 끝나지 않고 백사슴마저 출현하고 있어 어떤 착오나 혼란 없이 완벽하게 길지로 인도하는 셈이다. 기능태(機能態)로 보아 나무 학, 나무 오리 안착처(원등암(遠燈庵), 흥룡사(興龍寺), 통도사(通度寺)), 청조(靑鳥) 출현처(조제암(鳥啼庵)), 코끼리 출현처(현등사(懸燈寺)), 염불처(念佛處)(굴불사(掘佛寺))는 물론이고 흰여우가 출현한 곳(해인사(海印寺))이 최적의 건사지(建寺地)로 지목되는 경우까지 나타난다. 전통적으로 상서로운 인지태, 그리고 불교적 인지태로 사찰점지의 징표물이 나타나지만 내적 문맥에 따라 성소 계시물도 매우 다양하게 적용되고 있다는 점이 확인된다.

이제 사지(寺址) 점정(占定)에 있어 주동인물이 보다 적극적으로 개입하는 경우를 훑어보기로 하겠는데 고승의 법력이나 신력을 전제로 하여 석장(錫杖) 혹은 간자(簡子)의 낙하(落下)지점을 사지로 택하고 이를 영험한 터로 받아들이는 일도 있다.

> 영통화상(靈通和尙)이 일찍이 꿈을 꾸니 북갑(北岬)이 땅으로부터 솟아올랐다. 가지고 있던 석장이 날아 산꼭대기를 지나 북갑(北岬)에 이르러 꽂혀졌다. 꿈에 석장을 숲을 베고 절을 지었으니 지금의 천관사(天冠寺)가 바로 그것이다.62)

---

62) 『東國輿地勝覽』 卷37, 長興佛宇條.

이밖에도 성현을 드러내 지상에는 영험한 공간이 따로 존재한다는 믿음을 확인시키듯 점정의 삽화(揷話)에 속하는 이야기는 문헌설화에서도 어렵지 않게 확인할 수가 있다. 이들은 한결같이 절을 어느 곳에 세워야 좋은가 하는 의문을 전제로 출발한 것이면서도 인지태(認知態)나 결부된 상황제시는 다양한 경우의 수(數)로 분화과정을 거치게 된다. 크게 창주를 축으로 성현의 인지방식이나 징표가 적극적으로 나타나는 것과 타자에 의해 비쳐진 성현을 수동적으로 인지하는 것으로 담론적 층위가 이분화되어 나타나는 것이다.

또 인지태로 구분하자면 불교적 징표(徵表)와 관련된 전통적 상징물에 의지하는 경우가 있는가 하면 그런 보편적 상징과 무관하게 개별적인 성소 현시물이 출현하는 것으로 나누어 생각해 볼 수도 있다. 특히 후자는 서사진행, 문맥에 따라 새삼 성현(聖顯)의 징표로 포착되는 것이어서 상투담에서 파생된 것임을 보여준다. 그렇지만 이런 차이에도 불구하고 터 잡기를 축으로 생성된 부언담은 우연히 그렇게 흘러간 담론이 아니라 한결같이 절터를 성소로 만들기 위한 서사적 전략에서 나온 것이라는 공통점을 간직하고 있다.

4.2.2.2. 축조(築造) 장애와 위기극복

『삼국유사』 소재 설화가 삼국시대의 이야기를 채록한 결과물이긴 하지만 원 자료와 차이가 날 수 밖에 없을 만큼 상당히 후대에 채기(採記)된 것이라는 점을 유의해야 한다. 원형담을 재구하기가 어렵다거나 '일연식(一然式) 글쓰기'의 흔적이 강하다는 점은 앞서 여러 성현의 지표를 통해서도 확인된 바이지만, 설화의 정착상황을 보면 그럴 수 밖에 없는 불가피성도 인정하게 된다. 한데 일연의 자의적 구성과 구조화가 강하게 반영된 결과물임을 입증하기 위해서는 『삼국유사』이외의 자료들과 비교와 대조를 거치지 않을 수 없을 듯 하다.

『삼국유사』 소재 이외의 사찰연기설화에서는 채기의 자의적 변이나 구성적 흔적이 상대적으로 미약하게 보이는 편이다. 다시 말해 담론의 완결성을 확보하기 어려운 단편적 삽화 위주로 이야기를 펼침으로써 서사적 논리가 통일성을 갖는 경우를 찾기 어려운 것이 특징이다. 그에 비해 『삼국유사』에 등재된 이야기들은 우선적으로 전체적 구도를 잘 갖춘 것으로 드러난다. 따라서 애초 전승되는 이야기 그대로 채기 했다고 보기는 어색하며 일연의 자의적 변개가 일정 부분 개입됨으로써 빚어진 일로 보지 않을 수 없도록 한다. 『삼국유사』 소재 설화들이 ①사지의 점정 --② 공사중의 난관과 시련 --③건물의 완성 --④성소의 효험 및 예증 등 유기적인 전개와 단락의 조합에 의해 이루어지고 있다는 점은 다른 창사담과 분명 변별될 점이라 하겠으며 이 같은 담론적 구성과 구조화는 사실 『삼국유사』 이외 자료에서는 쉽게 찾기 어려운 면인 것이다. 무엇보다 『삼국유사』 이외 문헌에서는 창사의 역사를 밝히되 사찰의 시말 가운데 어느 한 부분의 단편적 설화로 그치고 말거나 다양한 삽화를 포함하고 있다 해도 그것들이 유기적으로 결합되지 못한 채 파편화되는 현상을 극복하지 못하고 있다 하겠다.

그렇지만 서사적 성취도가 미약하다 해도 기타 문헌자료 역시 창사건을 신성담으로 이입시키고자 하는 열의만은 결코 『삼국유사』에 뒤진다고 하기 어렵다. 이 점에 유의하면서 사지 점정(占定)이 이루어지고 난 후의 『삼국유사』 이외 문헌에 나타나는 공사 관련 대목에 주목해 보려고 한다. 그것은 공사 중 장애와 시련, 이를 극복하는 상황과 조력자의 제시 등이 개재하면서 매우 극적 분위기로 이야기가 진행될 가능성이 높다. 설사 영험한 점지자가 나타나 점정의 과제를 일시에 해결하고 창주의 권능을 신성하게 만든다 하더라도 갖가지 예상 못한 난관과 시련들, 담론적으로 말해 갈등과 위기가 전제되고 그것을 해결하는 것이 곧 창사의 관건이 된다는 점을 주지시키는 쪽으로 전개가 이루어진다.

사지(寺址) 점정(占定) 이후 연기설화의 중심내용은 불교에 무심하거나 배불적 태도를 지닌 자의 등장으로 심각한 갈등의 국면으로 선회하게 된다. 이때 저항의 존재로 대표적인 것이 바로 용(龍)이다. 사중들이 어렵게 얻은 터라고 하나 그곳은 전부터 용들이 지배해온 터이므로 그들의 훼방이나 저항은 오히려 당연한 일로 생각되는데, 이후 창주와 용 사이의 치열한 대결로 말미암아 애초 창사의 계획이 수포로 돌아갈 위기에 봉착한다. 그런데 사찰연기설화는 상투적이라 할 정도로 용이 패퇴당하거나 용

스스로 퇴각하는 것으로 마무리되고 있다. 어떻게 해서 권능의 상징인 용이 패퇴되고 마는가. 이에 대한 의문을 풀기 위해서는 용의 실체 확인이 선행되어야 한다. 용이 저항의 상징으로 그려졌다면 그 원관념을 상상해 볼 수 있겠는데 이는 초기불교의 전파 과정 이래 주변에 득세하고 있던 이교도(異教徒)이거나 불교 안의 다른 종파에 속하는 무리들이라고 보아야 할 것이다. 이른바 외래종교로 불교에 대한 저항이 길지(吉地)를 중심에 놓고 치열한 주도권 다툼을 벌인 것으로 이해되는 것이다.

용은 힘과 지혜를 가진 초월적 존재이므로 실상 세속의 승려나 신자의 힘으로 이들을 제압한다는 것은 기대하기 어려운 일이다. 따라서 용의 권위에 버금가는 특별한 능력의 창주나 조력자가 나서지 않고서는 사태를 순기능 쪽으로 돌려놓기란 기대하기 어려운 일이 되고 만다. 그런 예를 살펴보기로 하자.

① 머물고 있는 스님에게 묻기를 "왜 연못의 이름이 그러합니까." 스님이 말하길 "이 연못을 메워 절을 짓는다면 三災가 미치지 않을 것인즉 만대가 되어도 멸하지 않으며 불법이 중흥하고 국가가 안녕될 것이다" 하고는 즉시 불어(佛語) 한 부를 베껴 연못 가운데 던지니 그날 밤 광풍이 갑자기 일어나고 미친 듯 비가 내려 산기슭이 무너지고 큰 바위가 절로 굴러 내렸다. 아침에 보니 연못이 절로 메워져 평지로 바뀌어 마침내 그곳에 큰 절을 짓고 그 산을 덕용(德龍)이라 불렀다.63)

---

63) 『梵宇攷』,「雙溪寺記略」.
"問居僧曰 此池何名 曰龍池也 曰前此池建伽藍 則三災不到 萬代不滅

② 당(唐)나라 영휘(永徽) 2년 의상(義湘)법사가 경주(慶州) 해안에서 단하동(丹霞洞)에 들어와 해운봉(海雲峰)으로 올라가 북쪽을 보며 "서역 천축산(天竺山) 모양과 방불한 것이 바다 위에 비치고 있다"고 감탄했다. 그리고 다시 계곡 위를 보니 다섯 생불(生佛)의 그림자가 있어 더욱 이상하게 여겼다. 시내를 찾아 내려와 금탑봉(金塔峰)에 올랐는데 그 아래는 용의 연못이었다. 법사는 용들을 위하여 설법을 하며 터를 시주해줄 것을 청하며 절을 짓고자 했으나 용들은 오히려 따르지 않았다. 법사가 신력(神力)으로서 강제로 그들을 굴복시켰다. 이 때에 용들이 화를 내며 산을 파헤치고 돌을 갈라놓은 뒤 도망해 버렸다. 법사는 그 즉시 용추(龍湫)를 메우고 절을 세웠다.64)

③ 사람들 사이에 전하는 말로는 절터는 옛날에 큰 연못이었고 신물(神物)이 항상 몸을 숨기고 있었다 한다. 지증대사(智證大師)가 절을 지을 때 그들을 내쫓았는데 신물이 달아나 산 사이에 숨었다고 한다.65)

佛法重興 國家安寧 則寫佛語一符 投池中 是夜 狂風忽作 怪雨如注 山麓盡崩 大石自走 及朝視之 池水自塡 宛然平陸 遂建大伽藍 稱其山 曰德龍."
64) 柳伯儒,「天竺山佛影寺蹟」.
"唐永徽二年 義湘法師 自東京沿海 入丹霞洞 登海雲峰 北望歎曰 西域天竺山形 髣髴移於海表也 又見澗上 生五佛影 益奇之 尋流而下 登金塔峰 則下有毒龍湫也 法師爲龍說法 請施地 欲建刹 龍尙不順 法師强以神力呪之 於是 龍發憤穿山裂石而去 法師卽塡湫而建刹焉."
65) 淸隱知守,「鳳巖寺事蹟略要」.
"人傳寺基 古爲大澤 神物常淹育 智證創寺時 驅而出之 神物去隱此間云."

불가(佛家)나 속가(俗家)의 관념으로 보건대, 용지(龍池)는 기왕에 상당한 정도의 권위를 내재한 상징적 영역이었음을 위의 이야기들을 통해 거듭 확인해 보게 된다. 용이 이미 권능을 구축해 놓은 세계인 용지를, 따라서 순순히 이양할 것으로 생각하는 것은 아무래도 무리이다. 그런데 ①은 비교적 쟁투적(爭鬪的) 자취가 미미하다.

임제 법손인 백운(白雲)대사가 동쪽으로 태백(太白)에 올라서 서남쪽으로 그 맥이 끝나는 머리를 보고 감탄한 끝에 쌍계사(雙溪寺)를 지었다 하나 백운의 신통한 능력으로 말미암아 어려움 없이 용지를 가람 터로 바꿀 수 있었다. 백운조사가 용을 제압하기 위해 불어(佛語) 일부(一符)를 써서 연못에 던진 것이다. 이로부터 그날 밤 거센 바람과 함께 폭우가 내려 산이 무너지고 거석이 굴러 내리더니 저절로 용추가 평지로 변하는 일이 벌어졌다. 용이 절로 퇴각한 것은 알 수 있으나 구체적으로 용의 저항이 어느 정도였는지는 말하지 않았다. 덕룡(德龍)이란 지명이 따라붙게 된 것을 보면 용이 자신의 터전을 비교적 순순히 내주었음을 알 수 있다.

②와 ③은 의상이나 지증(智證)대사 같은 높은 법력의 소유자에게 용의 저항은 무력할 뿐이며 당초 원하던 터를 확보하는 일 역시 어렵지 않다는 것이다. 이들은 아주 전형적인 용 추방 창사담에 속한다. 그러나 「도솔산대참사고사(兜率山大懺寺故事)」에서 보는 것처럼 고승이 스스로 용을 쫓지 않고 다른 인물이 이를 대신하는 때도 있다. 대참사(大懺寺)는 의운(義雲)이 몽중에서

금인(金人)이 "나는 우전국(于闐國)의 왕으로 불상을 봉안할 곳을 찾고자 하여 해동의 여러 산천을 두루 돌아다니다가 도솔(兜率)이 보이고 그곳에 대참(大懺)의 기운이 길게 옆으로 퍼져 있어 이곳에 온 것이다. 청컨대 집을 지어 봉안하라"는 말에 따라 큰 절을 지어 진흥왕(眞興王)에게 보시했다고 한다. 또한 창사 전에는 이런 일이 있었다. 즉 암재사(攬齋使)에게 명하여 두 마리의 용을 방등산(方等山)으로 쫓아낸 끝에 용담에 상암(上庵)을 지을 수 있었던 것이다.[66]

불사공덕의 열의만 충만하다면 굳이 고승이나 영험한 조력자의 힘을 빌리지 않더라도 절을 건립할 수 있다는 점을 보여주는 또 다른 예로 유점사(楡岾寺) 연기가 있다. 금강산을 헤매던 53불이 마침내 스스로 머물 터로 연못가 느릅나무를 지목한 것까지는 안목이 없는 중생을 위한 부처들의 적극적 현시라고 할 만한데, 그 터를 끝내 사지(寺址)로 만든 것은 뒤따르던 노춘(盧春) 무리였음에 주목해야 할 것이다. 길지로 점지된 연못이 용의 거주처란 점은 건사에 있어 심각한 장애물의 출현을 뜻한다. 하지만 노춘이 용들을 쫓아내고 못을 메워 그 자리에 53불(佛)을 봉안하는 데 성공한다.[67] 이것은 영험한 터를 확보하는데 있어 사실 승속

---

66) 浩月尊師,「兜率山大懺寺故事」.
   "是夜義雲之夢 金人謂曰 我是于闐國王也 欲覓奉像之處 遍海東諸山川望見兜率山 有大懺奇氣之橫空故 來此 請築而安鎭之 師遂建寺而眞興王施之 懺龍 出之於興城之方等山 使者不得還 至今石立于其所者 乃使者碑也 以龍起出故 因以名庵曰起出云."
67) 閔漬, 상게서.

(僧俗) 간의 차이는 무의미하다는 것을 암시하는 대목으로 받아들여도 될 것이다. 다시 말해 중생들이라 할지라도 부처를 믿고 그 가르침에 귀의하겠다는 의지만 충만하다면 불교와 대척에 서서 포악함을 드러내는 악룡마저도 끝내 굴복시킬 수 있는 것이다. 내용은 그 안에 깃든 교훈적인 유효성 때문에 많은 유형담을 파생시키며 전승력을 잃지 않고 유전된 것 같다.

그럼 용의 기능에 대해 좀더 살펴보기로 하자. 용의 인물적 기능에 따라 긍정(肯定), 부정적(不定的) 두 가지 형상으로 나타난다. 앞서 제시한 이야기를 주목하자면 주로 반불적(反佛的) 행동거지를 앞세우고 있다고 하겠는데 이들은 부처나 창주에 저항하며 창사를 훼방하는데 앞장서는 인물로 형상화되고 있다.

한데 그 비율은 높은 편이 아니지만 용이 호불적(好佛的) 인물로 등장하는 설화도 산견되고 있다. 이미 명칭에서 용(龍)과의 인연을 암시하고 있는 용문사(龍門寺)의 창사설화를 보기로 한다. 신라시대 두운(杜雲)대사가 범일(梵日)국사와 함께 당(唐)에 유학 갔다가 불법을 전수받고 돌아와 절터를 정한 뒤 초목을 베어내고 터를 닦아 암자를 지은 것이 용문사가 세워진 내력이다.[68] 그런데 처음에 성조(聖祖)가 두운대사를 찾아 산에 들어가 골짝 초입 바위에 앉아 있을 때 진룡(眞龍)이 나타나 맞이했으므로 용문이란 이름이 붙었다.[69] 여기에는 용의 입장에서 보아 이단(異端)에

---

68) 李知命, 「重修龍門寺記」.
69) 李知命, 상게서.
 "初聖祖尋杜雲師 將入山而洞口巖上 眞龍出迎 因號龍門一也."

속하는 성조나 두운대사에 대한 용의 적의감은 전혀 표출되지 않고 있으며 오히려 동구 밖으로 나와 반갑게 맞이한 것으로 되어 있다.

한편 한정된 공간에서 시야를 돌려 다수의 이물(異物)이 머물고 있는 용궁(龍宮)의 세계로 그 의미가 확대되고 있는 예를 통해 용의 호오성(好惡性)을 점검해 보자. 다음은 심원사(深源寺)의 창사 유래담이다.

> 대운(大雲)조사가 일찍이 이곳에 암자를 짓고 불법을 강하는 데 어느 날 푸른 옷을 입은 동자가 와서 절하며 배움을 청했다. 조사가 비범하게 여겨 가르쳤는데 게으름을 피우지 않고 매일 와서 현담(玄談)을 배웠다. 조사 묻기를 "너의 집은 어디냐" 이에 말하길 "멀지는 않으니 감히 방문해 주시길 원합니다." 했다. 조사가 그를 따라 용추(龍湫) 가에 이르렀다. 동자가 "스승께서는 눈을 감고 저에게 업히십시오." 그의 말에 따랐는데 귓가에는 단지 요란한 바람소리만 들렸다. 조금 있다가 눈을 떠보니 보물로 지은 궁궐로서 수부(水府)였다. 용왕이 반갑게 맞이하여 자개에 앉히고 아들을 가르쳐 준 노고에 대해 감사하면서 또한 소원을 말하라 했다. 조사가 말하길 "출가한 스님이 무슨 바람이 있겠습니까. 다만 필요한 것은 낫과 도끼와 시루입니다." 용왕은 잠자코 있다가 "이 물건들은 수궁(水宮)에서도 지극한 보물입니다. 진실로 청을 따르기가 어려우나 자식을 가르친 은혜에 크게 감동하여 드리도록 하겠습니다." 이윽고 3가지 물건을 내주었는데 모두 황금으로 만든 것이었다. 서로 인사를 나눈 다음 동자

에게 명하여 들어올 때처럼 암자로 돌아와 3가지 물건을 보관했다. 이후에 조사가 열반에 들자 낫과 시루는 수부(水府)로 돌려보냈다고 하는데 금도끼는 아직 암자에 있다.70)

　암자와 용궁은 이승과 수부의 거리만큼 격절된 공간이라는 생각을 일거에 불식시켜 주는 이야기로 여겨진다. 여기서 각 편에 따르는 공간적 의미를 상론하기는 버겁지만 용은 미물의 하나로 아직은 불법의 혜은(惠恩)을 누릴만한 조건을 갖추지 못할 만큼 세상과 격절된 곳에 위치하는 존재일 뿐이다. 따라서 애초 호불적 성향을 내재한 용이라면 고승을 호의적으로 대하는 일은 어쩌면 당연한 일이 아닐 수 없다. 위에 제시한 설화에서 청의 동자는 마치 『삼국유사』『망해사조(望海寺條)』에 나오는 용왕의 아들처럼 수부(水府)에서 나와 세상과 그곳을 연결하는 매개자로서 불법 전파에 열성을 다 바치는 존재로 부각된다. 역사 현실적으로 구체성을 결하는 존재로서 용은 반불・훼불의 존재로 상념 되고 사찰건립담에서 장애의 핵심적 인물로 나타나는 중에도 이처럼 친

---

70)「深源寺事蹟」.
　"大雲祖師嘗結茆講道于此 一日有靑衣童 來拜願學 師知其非凡 敎之不倦 每日來學玄談 師因問曰 汝家何處 對曰 距此不遠 敢請辱臨 師因隨行 到龍湫邊 童子曰 願師瞑目負吾背 如其言 耳邊但聞潑潑聲 俄傾 請開目 珠宮貝闕 乃是水府也 龍王歡迎 坐定 因謝敎子之勤勞 且請所願 師曰 出家山人有何所願 但山居所用 惟鎌與斧與甑也 龍王默然良久曰 此物特水宮之至寶 果難副請 多感敎子之恩 許施也 乃出三件物 皆黃金也 寒暄畢 命童子 如入時 乃還庵藏置三物矣 伊後祖師涅槃之後 鎌與甑 還入龍湫云 金斧尚在庵中."

불자에서 한 걸음 더 나아가 전교자로서의 면모도 지니는 것이다. 그렇다면 이제 용(龍)의 담론적 의미를 당대 현실적 조건 아래에서 따져보기로 하자.

> 귀국한 후 의상(義湘)은 산천(山川)을 떠돌아다니며 두루 편력했다. 그리하여 고구려의 먼지나 백제의 바람이 미치지 못하고 말이나 소도 접근할 수 없는 곳을 찾아 "여기야말로 땅이 신령하고 산이 수려하니 참으로 법륜(法輪)을 굴릴 만한 곳이다. 권종이부(權宗異部)의 무리들이 5백 명이나 모여 있을 까닭이 무엇이냐"고 말하였다. 의상은 또 마음 속 깊이 대화엄(大華嚴)의 가르침은 복되고 선한 곳이 아니면 일으키지 말아야 한다고 생각하였다. 이때 선묘(善妙)는 항상 따라다니며 의상을 지켰는데 몰래 의상이 이러한 생각을 하고 있음을 알자 허공중에 대변신을 일으키며 커다란 바위로 변하였다. 넓이 1리(里)나 되는 바위가 되어 가람(伽藍)의 지붕 위에서 떨어질까 말까 하는 모양을 하였다. 그곳의 군승(群僧)들은 소승에 집착한 무리들이었는데 그 돌을 보고 사방으로 흩어져 버렸다.71)

권종이부는 의상 및 선묘의 불사(佛事)에 불만을 품고 훼방하

---

71) 贊寧, 『宋高僧傳』, 「唐新羅國義湘傳」.
"湘入國之後 徧歷山川 於駒麗 百濟風馬牛不相及地 曰 此中地靈山水 眞轉法輪之所 無何 權宗部 聚徒可半千衆矣 湘默作是念 大華嚴敎 非福善之地不可興焉 時善妙龍恒隨作護 潛知此念 乃現大神變於虛空中 化成巨石 縱橫一里 蓋于伽藍之頂 作將墮不墮之狀 群僧驚駭 罔知脩趣 四面分散."

며 극렬하게 저항함으로써 이전까지 세를 누려온 그 터를 양보하려 들지 않는다. 권종이부(權宗異部)를 소승의 무리로 본다면 의상이 화엄을 진작시키기 전에 이 땅에 다른 종파가 득세하고 있었다는 것이 밝혀지는데 그 무리가 5백 명이나 되었을 정도로 꽤 큰 집단이었던 것이다.

  이들이 확고하게 터전을 만들고 웅거하고 있는 터이니 사찰을 짓는 것은 고사하고 범접하기조차 어려운 것이 처음의 실상이었다. 어떤 극적인 사건을 통해 상황을 전제하지 않을 수 없게 되는데 사태전환의 중심에는 선묘가 있었고, 그의 활약으로 말미암아 화엄사찰 건립에 저항하던 무리의 집결처가 순식간에 화엄종(華嚴宗)의 발흥지로 탈바꿈하기에 이른다. 선묘는 의상의 수호용(守護龍)으로 이적을 통해 권종이부들이 웅거(雄據)하던 터를 대화엄(大華嚴)의 가르침을 펼치는 터로 바꾸어 놓는 데 결정적 기여를 하거니와 단순한 조력자의 기능에 머물지 않고 그 이상의 호불적 존재로 부각된다. 선룡(善龍)의 대표적 사례에 속하는 선묘(善妙)는 기능 면에서 미화, 과장된 바 있으나 이국의 처녀가 부석사 창건의 핵심적 존재로 상징화된 이면에서 이 이야기의 진정한 본의를 읽어낼 수 있다. 다시 말해 이 땅의 위대한 고승 의상의 발원은 물론 이국의 여인 선묘, 그리고 이름 없는 속세간(俗世間) 사부대중들이 창사를 간절하게 발원하고 경제적 뒷받침마저 마다하지 않음으로써 갖은 난관이 있었지만 부석사는 애초 점지된 성소에 세워질 수 있었다는 것이다.

4.2.2.3. 낙성(落成)과 성소효험(聖所效驗)

창사연기설화(創寺緣起說話)는 서사내적 논리를 위해 그 나름의 구조적 차순을 견지하면서 종국에는 '성소 만들기'라는 최종의 목표에 다가가고자 한다. 가령 서두에서 점정(占定), 공사(工事) 삽화(揷話)에 끊임없이 신령한 조력자, 영험한 사건, 상황을 주입하는 것도 '성소 만들기'라는 목표를 달성하기 위한 전략으로 이해되는 것이다. 이렇게 구조화 된 이야기는 성소의 효험을 제시, 입증하는 것으로 매듭 될 터인데 쉽게 생각해도 성소임을 단도직입적으로 역설한다고 해서 성소로 바뀌는 것은 아니다. 그것이 믿음을 얻기 위해서는 사부대중에게 실감 있는 검증적 예화가 있어야만 가능하다. 성소의 효험을 제시하는 데 있어서는 다양한 삽화의 개입을 궁리해 보지 않을 수 없다. 새롭게 전각(殿閣)이 들어서거나 불상이 모셔진 그 터가 앞서 말한 대로 길지(吉地)인지 악지(惡地)인지 구별할 수 없는 것이기에 특별한 영험적 담론이 필요하다는 말이다. 평소에 그 터가 주목될 리 없고 별다른 징표를 드러낸 적이 없더라도 인력으로 감당하기 힘든 절체절명의 처지에서 신이한 존재, 현상이 나타나 난제(難題)를 극복해 준다면 그 공간에 대한 인식은 한 순간에 달라질 수밖에 없을 것이다.

① 경신(庚申) 윤(閏) 3월 산에 갑자기 산불이 일어나는데 큰 바람마저 일어 한순간에 500칸의 가람이 모두 잿더미가

되었다. 다행히 호법(護法)의 신력(神力)으로 금상 불신(佛身)과 나한(羅漢) 5존만은 구할 수가 있었다.72)

② 숭정(崇禎) 갑신(甲申)(1644) 이후 다시 계미년(癸未年)에 구암(龜巖) 노선사(老禪師)인 문신(文信)이 현등사(懸燈寺)에 있을 적 3월 화재가 일어났으나 공중의 대중들이 내려와 힘써 이를 끄는 것을 보았다.73)

③ 그 후 을해년(乙亥年)에 불이 나서 온 산을 태우는 데 산소영역까지 연소되어 소나무 가래나무가 거의 다 탈 지경이어서 구하고자 하여도 방법이 없어서 통곡하면서 부처님을 불렀더니 하늘이 그때야 바람을 돌려서 마침내 모조리 그치게 되었으니 이것이 넷째라. 무릇 이 네 가지 일은 보는 자가 모두 이상하게 여겼다.74)

사찰의 흥폐를 좌우하는 사건 중 화재만큼 결정적인 것도 없다. 아무리 고찰로 이름을 떨쳤다 해도 화재는 한순간에 모든 것을 잿더미로 만든다. 그러나 갑자기 일어난 화재로 회신될 찰나

---

72) 竹囿, 「龍貢寺事蹟」.
 "奥在庚申閏三月三月 山火忽起 大風驟作 一霎時五百間伽藍 盡入灰燼 幸仗護法神力 救出金像佛身 及羅漢五尊."
73) 「雲嶽懸燈寺事蹟」.
 "崇禎甲申後再癸未 龜巖老禪文信 在懸燈寺 三月望火起 空中大衆力救勝之."
74) 李穀, 「高麗國江陵府艶陽禪寺重興記」.
 "明年乙亥 火燎山丘 延及墓塋 幾燼松楸 欲救無計 慟哭號佛天乃反風卒以撲滅 四也 凡此四事 觀者異之."

에 어떤 공간만은 신이한 존재의 도움으로 절체절명의 위기에서 벗어났다는 위 이야기들은 결코 쉽게 잊혀질 수 없는 것이 되어 언중 간에 유전되어 왔던 것이다.

보조(普照)국사가 지은 현등사(懸燈寺)는 '현등(懸燈)'이란 명칭연기를 간직한데다 운악산(雲嶽山)의 빼어난 경관에 감탄하여 자력갱생으로 지은 절이건만 숭정(崇禎) 갑신(甲申, 1644)과 계미년 3월에 화재가 발생한다. 그런데 공중에서 대중들이 출현하여 화재를 진압했다(①)고 구암(龜巖) 노선사(老禪師)가 증언하고 있는가 하면 용공사(龍貢寺)도 산에 화재가 일어나 온 절이 타버렸는데 그 와중에서도 호법(護法) 신력(神力)의 힘으로 금상(金像)과 라한(羅漢) 오존(五尊)만은 보전할 수 있었다(②)고 한다. ③의 경우는 영험한 터를 보호해 주려는 불보살(佛菩薩) 등의 자발적 개입은 보이지 않는다. 다만 위기에 처한 사람들이 부처에 간절하게 기도한 덕에 화재를 진압할 수 있었다고 했다. 이들에서 주목할 것은 그 터가 수호해 줄 의미가 있기 때문에 그런 일이 가능하다는 것이다. 그 터는 성스러운 공간이므로 사람들의 기도가 통하는 곳이 될 수 있었다. 따라서 위기상황에 처하자 부처가 등장, 영험력으로 비를 부르고 신력으로서 위기를 예견함으로써 순식간에 사태는 긍정적인 국면으로 바뀐다. 이것은 그야말로 어떤 장소에서나 일어날 수 있는 일이 아니고 성소였기에 그같이 영험한 일이 벌어졌다는 것이니, 택지에 따른 효험의 제시라고 할 수 있다.

이런 경우와 좀 다르긴 해도 하늘에서 꽃비를 내림으로써 사람들에게 성소에 대한 인식을 새롭게 환기시키는 경우도 있다.

> 또한 전부터 산에는 89개 암자(庵子)와 24개의 굴(窟)이 골짝에 들어서 있다 했으니 기이하다고 하지 않을 수 없으니 오래된 일이다. 성하고 쇠하는 것은 서로 이어졌으며 제천(諸天)에서 꽃비가 내리기도 했는데 그 흔적은 없었다. 6시에 종경(鐘磬)이 울려도 조용하여 들을 수 없는 즉 이 산은 가히 볼만한 곳이다.75)

성소란 과연 어떤 곳인가. 그것은 현시적 표징이 반드시 수반되어야 하는가. 아니면 사람들이 저절로 체득하게 되는 가능성의 공간일 뿐인가. 사찰설화들은 여하간에 이를 이야기의 화두로 거듭 삼고 있음을 보여준다.

이번에는 천관사(天冠寺)의 경우를 살피기로 한다. 천관사가 자리한 곳은 아무나 범접할 수 없는 정갈하기 이를 데 없는 곳으로 유명했다. 신령이 늘 보호하고 있다고 믿어져 왔으며 특별한 자격을 갖춘 자만이 출입이 가능한 곳이었다. 마음이 맑은 자가 그 터에 들어서면 별과 달이 품안에 들어서고 일단 그곳에 이르면 범종소리가 골짜기에 울리는 것을 들을 수도 있다. 순결하지 못한 자는 이런 특혜를 당연히 누릴 수 없는 성소로서 궁극적으

---

75) 林雨相,「大懺寺法堂記」.
 "且聞玆山之舊 有八十九庵 二十四窟 羅列巖壑 莫非奇觀云而年代滋久 盛衰相繼則諸天花雨落而無痕 六時鐘磬 寂然無聞焉 然則 玆山之可觀."

로 그 터는 정(定)과 혜(慧)를 닦는 수도자들의 안주처로 불이(不二)의 자리가 되는 것이다.

> 만일 암자(庵子)에 있는 사람 중에 마음이 깨끗하지 못한 자가 있으면 신령(神靈)이 반드시 무섭게 하여 머물러 살 수가 없게 한다. 만일 마음이 참되고 깨끗하면 반드시 별과 달이 품 안에 들어오는 것을 느끼고 혹 금종(金鐘) 소리가 바위 골짝에 울리는 것도 들을 수 있어서 무릇 정(定)을 닦고 혜(慧)를 익히는 자는 반드시 그 소원을 성취하게 된다.[76]

「지제사사적(支提寺事蹟)」에 보이는 이 성소는 깨끗한 마음의 소유자나 수도의 의지가 충만한 사람들만 수용함으로써 그 정갈함을 유지하고자 한다. 이는 명소(名所)로 판명났다 해도 길고 긴 생명력을 갖춘 자리로 남기 위한 조건으로 보인다. 따라서 중요한 것은 특정한 선으로 테두리 지어진 물리적 공간이 아니라 그 공간에 깃들인 구성원들이 누구냐 하는 것이다. 수도와 정진으로 일관하는 인간들이 만들어 놓은 성소라 할지라도 탐심(貪心), 나태(懶怠), 애욕(愛慾) 등으로 가득한 인간이 머문다면 한 순간 영이성을 상실하며 세속적 공간으로 추락해 버리는 것이다. 위의 예와 함께 다음 제시하는 대성암(大聖庵) 연기설화도 성소의 여부가 머무는 자에 의해 결정된다는 점을 상징적으로 일러

---

76) 「支提山事蹟」.
"若住玆庵之人 心不淨者 神必懾之 使不得住 若其心眞淨者 必感聖月 入於襟中 或聞金鐘 響于巖谷 凡修定習慧者 必果其願矣."

준다.

> 의상(義湘)조사가 이 암자를 창건하고 수도(修道) 견성(見性)한 것은 기해년(己亥年)을 기준으로 1289년이 되었다. 그때에는 매일 하오에는 선관(仙官)과 천동(天童)이 옥반(玉飯)을 바쳤으며 아울러 백조가 꽃을 물어오는 기이한 일이 있었다. 암자 뒤 석굴에서는 옥미(玉米)가 절로 나와 사람 수에 따라 공급되었다. 후에 불승이 더 얻고자 하는 욕심에 미혈(米穴)을 크게 넓힌 후 쌀이 보이지 않았고 쌀뜨물만 삼일간 나왔다. 지금도 미혈이 굴 안에 남아있다.77)

 신시(神市)에 있던 신단수(神檀樹)는 서양에서 말하는 우주나무의 전형이며 이것이 서있던 자리는 절로 성소로서 의미를 지니게 된다. 그러니까 성속(聖俗)의 여부를 가릴 때 가장 명징하게 드러나는 지표는 천상(天上)에서 동의하는 자리여야 한다는 점이다. 천상의 인간인 선관(仙官)과 천동(天童)이 나타나 의상(義湘)에게 옥반을 올리던 수행 터는 당대의 성소로서만 그치지 않았음을 위에서 보여주고 있다. 미혈(米穴)은 그곳이 영험한 자리임을 거듭 후인들에게 확인시키고자하는 하나의 징표로 받아들여지는 것이다. 지상의 어디가 되었든 성현을 발하는 자가 머물고

---

77) 浿上人李檀庵, 「大聖庵遺蹟記」.
 "義湘祖師 創建是庵 而修道見性 至今己亥 爲一千二百八十九年야 每日下午仙官及天童 進供玉盤 而兼百鳥含花之異 巖後石窟 玉米自出 隨衆可供 及其後僧 爲欲所蔽 廣其米穴 此後 米唯不見 有白米汁水 數三日出 至今米穴 尙在窟中矣.".

있는 자리, 불사공덕이 참되게 승계되어 갈 자리에는 하늘에서도 어김없이 이에 호응하는 셈인데 아래와 같이 장엄한 형상을 통해 다중(多衆)에게 일시에 천혜(天惠)의 자리임을 각인시키는 기록도 있다.

> 다음 해 4월 8일에 명하여 여러 절에 있는 운석(韻釋)들을 불러 크게 법회를 배설하고 새로 번역한 원각경(圓覺經)을 전독(轉讀)하면서 낙성을 하게 함과 동시에 전하는 친히 도량에 나아가 시종(侍從) 신료(臣僚) 및 외지에서 청문(聽聞)온 자로 하여금 모두 들어와 예(禮)를 드리게 하였다. 이 때 오색구름이 떠돌고 천화(天花)가 비에 어울리며 흰 용(龍)이 공중에서 꿈틀거리고 두 학(鶴)이 구름 사이에 오락가락하며 아름다운 상서가 밀려드니 만인이 모두 볼 수 있게 되었다. 그래서 특히 사승에게 쌀과 피륙을 내려 주었다. 또 그 이듬해 4월 8일에 솔도파(窣覩婆)가 완성됨으로써 법회를 베풀고 전하께서 친히 거둥하시니 또 천화(天花)와 서기(瑞氣)와 사리(舍利)의 기적이 있고 또한 흰 기운이 치솟아 올라 여러 가닥으로 나누어 가로 공중에 뻗쳐 빙 돌아 바퀴가 되어 중중첩첩(重重疊疊)하여 다함이 없고 햇볕이 노랗게 되니 승니(僧尼)와 도속(道俗)이 우러러 바라보며 손을 이마에 얹고 절을 드리는 자가 억만으로 계산되며……78)

---

78) 金守溫, 「大明朝鮮國大圓覺寺碑銘並序」.
 "明年四月八日 命召諸山韻釋 大說法會 轉新圓覺經 落之 殿下親指道場 令侍從臣僚及殊方來聘者 皆入瞻禮 于時五雲紛郁 天花交雨 白龍天矯 雙鶴翩翾于雲際 休祥遝至 萬目咸覩 特賜寺寺僧米布 又明年四月八日 以窣覩婆成 說法會 殿下親幸 又有天花瑞氣舍利之異 又有白

호불(好佛) 유자로서 누구보다 불교와 이해관계가 깊었던 김수온(金守溫)이 세조(世祖)가 행행(行幸)하여 주관한 원각사(圓覺寺) 법회(法會) 현장을 이토록 장엄(莊嚴)하게 수식한 것은 당대 그가 서있던 위치에서 보면 그리 이상한 일은 아니다. 그것은 성소설화 속에서 형상화되던 바 그 터의 신비함을 부각시키던 사례를 좀 더 구체적으로 그려낸 경우이다. 화려한 문식(文飾)을 동원하여 원각사를 하늘에서 축복을 하염없이 내리고 이 땅의 도속(道俗)들도 그 발복(發福)의 터에서 발원과 감사를 올리는 화락한 장면은 이상적인 대동(大同)의 현장으로 승화되고 있는 느낌마저 든다. 꽃비가 내리는 등의 상서로운 징표들은 흥법(興法)의 기운이 고조되고 안정된 상황 아래에서 신불적(信佛的) 경향이 무르익어 나는 현장임을 보여주는 동시에 더 없는 성소(聖所)로서 원각사 터를 깊이 각인시키는 형상적 처리가 아닐 수 없다.

그런데 어떤 땅이 신성한 곳으로 의미를 부여받기 위해서는 때를 잘 만나야 한다는 인식도 폭넓게 퍼져 있었다. 성소로서의 잠재력을 내재하고 있더라도 의미 있는 공간으로 탈바꿈하기 위해서는 불연적(佛緣的) 인간 및 시기와의 조우가 절대적으로 필요하다는 것이다.

무릇 산이 영험하다고 해도 사람을 얻은 연후에야 영험(靈驗)이 이루어지고 사람의 공(功)이 혹 있다고 해도 그 때를

氣騰上 分爲數道 橫亘空中 宛轉成輪 重疊無盡 日光黃薄 僧尼道俗 瞻仰膜拜者以億萬計."

얻어야 공(功)을 이룰 수 있다. 그러므로 명지(名地) 영산(靈山)을 삼는 것이니 필히 사우(寺宇)가 있다면 이름난 명공(名公)을 기다려 이루어지는 것이다. 그러므로 성훼(成毁)에는 모두 그 때가 있는 것이다.79)

영험한 곳이란 한낱 부처가 내린 일방적 시혜의 터로 바라보기 쉽다. 하지만 성소는 온전히 사람과 시대에 달려있다고 보고 있다. 수많은 성소설화의 총체적 진단을 내리고 있다고 보는 위 평(評)은 성소화의 세 가지 요소를 적절히 지적하고 있다. 사찰 터로서 성스런 존재에 의한 점지된 장소에 머무는 사람들의 정결한 수행(修行)과 정진(精進), 그리고 그런 것들을 너그럽게 수용해 줄 수 있는 시대적 조건이 바로 그런 것이다. 이런 요소가 충족될 때 사찰연기설화에서 말하는 절터는 마침내 성소로서 온전한 의미를 획득하게 되는 것이다.

4.3. 사찰문헌설화의 담당층과 서사의식

창사(創寺)이야기는 신화와 유사한 담론적 속성을 지니고 있는 것으로 여겨진다. 흔히 신성한 이야기로서 신(神), 혹은 그에 버금가는 초월자(超越者)가 등장하여 세계와 대결을 벌인 끝에

---

79) 錦藍東燮, 「三角山華溪寺重修緣起文」.
 "夫山雖有靈 得其人而成其靈 人或有功 得其時而成其功 是以名地靈山 必有寺宇而皆待名公而成矣 故 云成毁皆有時也."

세계(사회집단)를 굴복시켜 애초의 욕망을 실현시키는 식의 전개를 신화가 갖는 전형적 진행이라고 지적한다. 한데 그것은 담론의 외피(外皮)만 말하는 것일 뿐 그 본질은 '기원(起源)찾기'에 쏠려있다고 말하는 것이 옳다. 신화에서 시간은 아득하게 거슬러 올라가 창조의 역사를 증거하는 것이며 사람들은 이를 종교담론으로 여긴 나머지 의문이나 이의를 달지 않는 것을 보게 되는데 이야말로 신화에 나타나는 종교담론적 특성으로 지적된다. 내용적 특성에 있어 창사연기(創寺緣起)설화는 신이나 영웅(英雄)의 무사적(武士的) 활약상이 보이지 않는다 해도 기원(起源)의 역사, 곧 창건의 유래를 찾아 나선다는 점에서 보면 신화와 같이 신성담론으로 분류하더라도 전혀 어색한 데가 없다. 사찰연기설화가 기저에 신성성을 둘 수 밖에 없는 것은 이 담론이 승려(僧侶), 사중(寺衆), 호불유자(好佛儒者) 등에 의해 이루어진다는 사실과도 밀접하게 연결되는 것이다. 현전하는 창사연기를 놓고 본다면, 문자에 의해 기록된 것이든 구전되어온 것이든 구분 없이 기본적으로 신성한 기원의 역사를 지향하고 있다는 점에서 공통적이다. 문자에 의한 채록이라는 점, 아울러 이야기의 선별안(選別眼)을 갖춘 유식층이 찬술에 참여했다는 점과 무관치 않은 일일 터인데 적어도 문헌설화들은 역사 기록물로서의 본분을 잃지 않을 뿐더러 불교사상, 불교적 주제정신을 잘 반영하는 쪽으로 전개된다는 점은 무엇보다 주목할 점이다.

그런데 유식층인 승려와 호불유자(好佛儒者)는 사찰기문을 작성하는데 그 서사적 지향점이 동일하다고는 할 수 없을 것이다. 이미 성직자로서 삼보(三寶)의 한 요소에 귀속되는 승려는 전교(傳敎)와 호불(護佛)에 있어 남다른 사명감을 지닐 수밖에 없는 터이므로 사찰기문에 대한 이들의 시각은 매우 엄숙하고 무척이나 진지하게만 비쳐진다. 이에 반해 호불유자들은 자발적인 글쓰기라 하기보다 권유에 의해 사찰기문을 작성하게 되는데 자신이 돈독한 신자라 하더라도 외부 세계의 시선을 부단히 의식하면서 종교적 영이와 역사적 사실 사이에서 중립적 태도를 취하기 위해 애쓰는 것을 본다. 앞서 대략 사찰문헌을 제시했으나 실상 일일이 작품과 작가의 면모를 살필 수는 없다. 여기서는 사찰문헌을 담당한 대표적인 승려, 호불유자(好佛儒者)를 선별하여 이들의 찬술적(撰述的) 특성과 서사의식을 엿보기로 한다.

4.3.1. 불승(佛僧)의 경우

불승(佛僧)은 사찰창건의 실질적 주체이면도 동시에 사찰의 기원을 전하는 첫 번째 증언자인 까닭에 이들이 사지의 찬술자로 지목되는 것은 매우 당연한 일이 아닐 수 없다. 적지 않은 유자들이 불교기문(佛敎記文)을 찬술했으며 창건의 연혁과 설화를 전하고 있는 것도 엄연한 사실이나 그런 일조차 불승들이 중간에서 매개역할을 했기 때문에 가능했던 일임을 상기할 필요가 있다. 사찰이야말로 불법승(佛法僧)의 매개적 공간이라면 그 공간을 보전하고 유지해야 할 위치에 있는 불승(佛僧)들은 단순히 사찰의 파수꾼으로 머물지 않고 영험력 가득한 공간으로 형상을 구축해 나갈 의무감을 거듭 되새겨야 할 입장에 서 있었던 것이다. 이런 점에서 그들이 사적찬술에 참여하는 일은 당위적인 것이며 신이성(神異性) 위주로 사승(寺乘)의 찬술에 임(臨)하려는 집요한 태도마저 이해가 되는 것이다. 아울러 그 현장에 머물며 모든 상황과 사건을 목도한다는 점을 감안한다면 이들이야말로 사지(寺誌) 찬술에 있어 가장 적합한 위치에 있다고 말할 수 있다.

 승려에게 있어 사찰은 단순히 주거공간 이상의 의미를 지닐 터이다. 그들은 누구보다 사찰을 성스러운 공간으로 영월불멸하게 전승시켜야하는 담론적 책임에서 자유로울 수 없었던 존재들이라 해도 과언이 아니다. 승려의 이 같은 의식이 담론적 실천으로 구현된 단적인 사례는 무어니 해도 『삼국유사』가 아닌가 싶다. 그만큼 일연은 사찰창건담이 신화적 담론의 성격을 갖출 수 있게끔 적극 견인(牽引)해 나간 인물이었다. 『삼국유사』는 어떤 문헌보다 창사기록을 풍성하게 예시해 주고 있으며 단순히 목록만 올린 것이 아니라 각 사찰의 기원과 그 내력을 상세하게 수습함으로써 혹여 뒷사람들이 겪을 착오나 억측의 여지를 불식시키려 애썼다. 『삼국유사』가 가히 사찰연기설화의 전형을 보여주었다고 말할 수 있는 것은 이 때문이다.

 일연(一然)이 창사의 역사를 찬술하는데 가장 먼저 주목한 사항은 철저하게 신이사관(神異史觀)에 의거하여 창사내력을 수습하고자 했다는 점이다.

이는 그가 삼국의 역사를 쓰면서 기이편(記異篇)을 설정하고 그것을 맨 앞에 편집한 것에서 이미 간취되는 것이다. 김부식(金富軾)이 철저하게 유교적 합리주의(合理主義)를 찬술의 좌표로 삼아 이에서 벗어나지 않는 역사를 쓴 것처럼 일연은 시종일관 불교적 신이관(神異觀)이라는 서사적 표적에서 벗어나지 않도록 애썼던 것이다. 백운자(白雲子)의 다음과 같은 언급 ― 나는 기이한 것을 좋아하지 않지만 부처의 위신(威神), 자취를 나타내어 이롭게 하는 것이 이처럼 바른 것을 보고 어찌 불자가 된 사람으로 말하지 않을 수 있으랴.(余非好怪者 然見其佛之威神其急於現迹利物如此 爲佛子者詎可默而無言也)[80] ― 은 일연의 설화의식을 잘 대변해 주는 것일 뿐더러 사찰연기설화의 서사적 특성을 시사해 주는 문맥으로 삼더라도 썩 어울리는 것이다. 일연은 기본적으로 현상계적(現象界的) 시공(時空)을 고수하는 편협한 시각에서 탈피하여 본질을 꿰뚫어 볼 수 있는 안목을 중시했으며 그것은 그가 남긴 사찰연기설화의 담론적 성격과 그대로 부합되는 것이다. 『삼국유사』 소재 창건담을 중심으로 이른바 '일연식(一然式) 글쓰기'가 갖는 특성을 추출한다면 대략 아래와 같이 몇 가지로 나누어 생각할 수 있다.

우선 사찰연기설화 가운데 사찰창건으로 그 내용적 단위가 집

---

[80] 一然, 상게서 卷第4 塔像, 『五臺山文殊寺石塔記』.

중된다는 점이다. 사찰을 유기적(有機的) 생명체(生命體)로 여기고 창사(創寺), 중건(重建), 폐사(廢寺)로 이어지는 전말(顚末)을 사찰연기설화의 전체상으로 파악한다면 일연은 그 중의 일부만 주목한 셈이다. 창사 중건 폐사담(廢寺談)을 포괄해야 한다는 점을 의식하고 있었는지는 알 수 없으나 창사의 역사는 기억되고 기록되어 후대로 이어져 나갈 가장 핵심적 이야기로 간파하고 있었다는 점만은 분명하다. 물론 중건과 폐사담이 아주 없지는 않으나 이는 일연이 의도한 바, 사찰의 성소화에 전혀 기여하지 못하기 때문에 창사사건에 주의를 집중할 수밖에 없는 것이다.

『삼국유사』에 등장하는 명산대찰(名山大刹)은 한결같이 영험하고 신비한 창사의 내력담을 지니고 있는 형편인데 필자는 그 점에서 일연의 창사담을 '성소 만들기'의 과정이거나 이의 실증적 제시라는 측면에서 파악한 바가 있다. 역사사실에 대한 규명은 물론 찬자(撰者)들이 힘주어 강조하는 것이기는 하나 불승(佛僧)이면서 신이사관(神異史觀)을 서사적 지표로 삼고있던 일연(一然)으로서는 신성성(神聖性)의 부여라는 입장을 관철시키는데 창사만큼 적절한 소재가 없다고 보았다. 그에 의해 구축된 창사담은 몇 가지 내용적 단위가 결합되어 하나의 성소담으로 이행하는 일도 있는가 하면 한 두 가지 내용적 단위가 집중적으로 부각되어 창사의 내력으로 펼쳐지기도 한다. 필자는 기왕에 일연의 서사방식을 살펴본 끝에 절터의 점정자 확인--사지의 점정과정--공사 및 장애극복 과정--절터의 효험 제시과정 등의 내용적 순차성을 지니고 있음을 밝히기도 했다.[81] 이와 같은 내용의 전개는 실제 사찰건립의 과정 그대로 공사 진척을 그대로 이기한 것에 불과한 것일 수 있다. 하지만 당우(堂宇)에 대한 경외심에서 출발한 사사담(寺史談)이기에 연혁(沿革)을 전한다 하더라도 설화성이 풍성한 이야기, 곧 신성적 삽화를 주입하고자 찬자가 고심 끝에 채택한 서사구성임은 말할 것도 없다.

두 번째로 『삼국유사』의 창사담은 문학담론으로서 적지 않게 윤색 내지 보완되었다는 점이다. 일연이 그토록 많은 사찰연기를 기록할 수 있었던 것은 민중들 간에 숱한 연기설화가 여전히 유전되고 있다는 당대적 조건 때문임은 말할 것도 없다. 그러나 그는 사찰연기설화를 그대로 문면에 이기(移記)하려 들지는 않았다고 본다. 다시 말해 그는 구비전승을 그대로 등재하기보다는 자기 식으로 재구성, 구조화 했으리라고 보는 것인데 위에서 보았듯 창사이야기들이 일정한 형식과 주제단위에 거의 포괄되고 있음은 이를 반증하는 뚜렷한 징표가 아닌가 한다. 그렇다고 해서 일연이 전해오는 역사적 사실단위까지 자의적으로 내용을 왜곡(歪曲), 변개(變改)하는 일은 없었을 터이다. 이야기 차원의 전환이야말로 일연의 관심사였기 때문에 담론의 구성, 구조 등에 한정시켜 자기 식의 이야기로 이루어 나가는데 국한시켜 보아야 할 변형이라는 것이다.

정토사(淨土寺), 호원사(虎願寺) 연기설화를 예로 들어보자.

---

81) 金承鎬, 「聖所만들기와 설화의 구조」, 『韓國僧傳文學의 연구』, 민족사, 1992. 225면.

두 이야기 모두 결론부위에 이르러서야 이야기의 본래 목적이 사찰창건의 내력을 알리는데 놓여있다는 점이 밝혀진다. 다른 창사담에서 보이는 담론의 진행과정 구조와는 다르게 남녀간의 사랑과 혼사장애(婚事障碍), 황홀한 삶이란 결국 이상이었을 뿐 고해(苦海)에 불과하다는 자각 등을 힘주어 밝히고 있는데 이는 역사의 상세한 기록이라는 시도를 서사지향적 욕구가 완전히 압도하고 있는 형국이다. 누가 언제 어떻게 해서 절을 짓게 되었다는 정보제시로서의 목적이 크게 탈색되어 버리는 대신 서사성은 강화된 것이다. 이는 처음부터 지어낸 이야기는 물론 아니지만 역사, 사실(事實)의 단순한 취합 대신 문학적 담론으로 끌어오고자 하는 열의에 힘입어 서사적 결론이 그렇게 나타났다고 보아야 할 것이다.

세 번째 사찰창건담을 단순하게 창사를 에워싼 정보의 수습에 한정시키지 않으며 일종의 불교적 신화담으로 격상시키는 것까지 마다하지 않았다는 점이 주목되는데 일부 민담적(民譚的) 사찰연기설화조차도 궁극적으로는 사찰을 영험하게 처리하려는 의도를 발견하기란 어려운 일이 아니다. 신화(神話)는 신 혹은 초월적 존재에 대한 이야기이지만 담당자 혹은 수용층(受容層)이 등장인물에 대해서 상당한 정도의 경외심이나 숭앙심을 선험적(先驗的)으로 간직하고 있다. 건국신화가 영웅의 활약과 그가 점지한 땅을 중심으로 국가의 기틀을 잡기까지가 중심 내용으로 포착되는 것처럼 일연(一然)은 사찰연기에서 불보살(佛菩薩), 고승(高僧),

이승(異僧)에게 먼저 초월성을 부여하고, 비범함이 결코 범상하지 않다는 사실 또한 장애와 난관을 너끈히 극복하는 인물들의 초월성을 통해 여실하게 증명하는 것이다.

흥룡사(興龍寺), 황룡사(皇龍寺) 등은 과거시기 장엄한 전각이 있던 터에 다시 건립된 경우이다. 4세기 이상 이 땅에 비로소 불교가 유입되었다는 것이 사실로 여겨지고 있으나 그것은 그리 큰 문제가 아닌 듯이 보인다. 무엇보다 중국 혹은 인도보다도 더 오래 전에 부처가 이 땅을 점지했다면 그것이 아주 몰각되기 전에 발굴해 불사공덕으로 계승해 나가야 한다는 뜻을 분명히 하고 있다.

역사사실이 부차적인 것으로 밀려나는 대신에 신성한 전승담이 일방적으로 주입되는 담론적 특성은 무엇을 뜻하는가. 일연에게 있어 사찰의 역사란 불사 중에서 어느 것 보다 큰 비중을 차지하는 대상으로 불교적 종지를 함의할 효용성 높은 질료(質料)로 비쳐졌던 것이다. 아울러 일연에게는 내우외환(內憂外患)에 시달리며 민족적 정체성이 흐려지는 상황에서 사찰이야기야말로 민족의 자긍심(自矜心), 주체성(主體性)을 발현시킬 적절한 대상으로 지목되었던 셈이다.

사찰연기설화 가운데 문헌으로만 살필 때 통사상(通史上) 가장 큰 분기점을 제공한 이도 역시 일연이라고 할 수 있다. 『삼국유사』이전에도 사기(史記), 사지(寺誌), 사적(事蹟) 등의 이름으로 된 사찰기록들이 전해오고 있었으나 일연만큼 광범위하게 이들을 수습한 이가 없었을 뿐더러 거기서 한걸음 나아가 형식·내용에 걸쳐 사찰연기의 서사적 전형을 구축한 이는 그 이외에 전무하기 때문이다. 이렇게 구축된 사찰연기설화였기에 고려는 물론 조선시기에 이르기까지『삼국유사』는 가장 신빙성있는 사찰이야기의 원형으로 거듭해서 전재(全載)와 인용의 대상으로 받아들여졌다.

『동국여지승람(東國輿地勝覽)』「오어사조(吾魚寺條)」에는 이런 대목이 보인다.

> "세상에 전하는 말로는 신라 때 중 원효가 혜공과 함께 물고기를 잡아서 먹다가 물 속에 똥을 누었더니 그 물고기가 문득 달아났다. 그래서 손가락으로 가리키면서 내 고기라고 말하고 절을 짓고 인해서 그렇게 이름지었다 한다."(世傳 新羅 釋元曉與惠公捕魚而食 遺矢水中 魚輒活 指之曰吾魚 構寺因名)82)

여기서 세전(世傳)이라고 말했으나 기실 이는 인용처는『삼국유사』권4「이혜동진(二惠同塵)」조이고 그것을 간추려 전하고 있는 것에 불과하다. 엄연히『삼국유사』를 참조하고도 세전이라 흐린 까닭은 그것이 불승의 찬술물인데다 워낙 인용빈도가 잦다 보니 일일이 서명 적시를 꺼려졌던 때문으로 보인다. 아울러『삼국유사』는 사지 찬술의 기본적 전거라는 의식이 강하게 지배하고

---

82)『東國輿地勝覽』권23 ,「迎日佛宇條」.

제1부 사찰연기설화의 총체적 조망 123

있어 굳이 그로부터 인용한 것임을 밝히지 않는 경우도 흔했다. 한편 『삼국유사』는 유자들에게도 불사(佛史)와 사사(寺史)를 검토하는데 첫 번째 참고대상으로 지목되기도 했으며 그에 대한 신뢰성은 절대적이었던 것을 아래의 예로 확인하게 된다.

> 또한 금선대(金仙臺)로 불리는 그 아래 옛 절터 흔적이 있다. 전하는 말로는 신라대에 창건된 것이라고 하는데 상고할 수는 없다. 나 역시 삼국사(三國史)를 읽었는데 사불산(四佛山) 대승사이적(大乘寺異蹟)이 있었다. 그런데 금선대가 아직 작은 절이어서 당시에 드러나지 않았던 것인가. 그렇다면 운봉사를 창건할 때 금선대로 말미암아 크게 지었는데 영이함이 감춰지기도 하고 드러나기도 했으며 사람들이 모이고 흩어진 것도 다 당시의 일일 것이며 절의 동서에도 각각 똑같이 고승이 주석하는 절이 있었다는 찬자의 기록은 의심할 바가 없다. 어찌 반드시 고금과 선후를 가지고 절의 경중을 따지는 기준으로 삼을 수 있겠는가. 절의 형승(形勝), 개창(開創), 흥폐(興廢)의 상세함은 존사(尊師)가 기록한 것이니 여기서는 다시 보태지 않는다.83)

이만부(李萬敷)가 거론한 '삼국사'는 『삼국유사』를 가리킨다. 왜냐하면 그가 문면에서 말한 사불산 대승사이적(大乘寺異蹟)이

---

83) 李萬敷, 「雲達山金龍寺事蹟序」.
"余亦讀三國史 有四佛山大乘寺異蹟 而金仙臺 豈以小伽藍 而不現耶 然 雲峰之創 實因金仙臺以大之 則靈異隱現 人物聚散 皆有其時 而寺之一東一西將同爲龍象之道場 太史之所收也無疑 豈必以古今先後爲之輕重哉 若其形勝開創興廢之詳則在尊師所錄 今不復贅."

란 곧 『삼국유사』 권제3 「탑상(塔像)」조의 「사불산(四佛山) 굴불산(掘佛山) 만불산(萬佛山)」조와 그 내용이 정확하게 일치하기 때문이다. 그러나 유자들 중에는 『삼국유사』에 전적으로 의지하고 있으면서도 속설(俗說)·고기(古記)·전언(傳言)과 같은 말로 인용 전거를 얼버무리는 일이 더 많았다. 문면을 살펴보면 『삼국유사』의 인용 내지 요약인데도 이를 구체적으로 밝히지 않은 것이다. 하지만 그렇다고 해서 『삼국유사』가 사찰문헌으로 차지하는 위상은 지워지지 않는다. 사찰문헌의 한 전형이자 전거로서 『삼국유사』는 외환(外患)과 억불책(抑佛策)에 따라 삼국, 고려시대의 사적을 찾을 수 없게 된 조선 중·후기 이후 그 사지적(寺誌的) 면모가 더욱 빛난다고 하겠는데 사적 찬술작업에 있어 이의 의존없이 전통사찰의 과거를 재구(再構)하기란 사실상 불가능한 것이 현실이었다. 그 외 『삼국유사』에 보다 의존적으로 변한 것은 사지가 갖는 서사미학적 성향과 관련된다고 하겠는데 불교적 영이성이나 이적현상을 강조하고자 하는 찬술자(撰述者)들의 의도에 이처럼 부응되는 자료는 달리 없다는 인식이 크게 작용했을 것으로 본다.

일연처럼 사찰연기가 민족적 자긍심이나 주체성을 표징하는 대상으로 인식하고 이를 갈무리하기 위해 발분한 경우도 있지만, 일반적으로 사지찬술은 법난(法難)이나 병화(兵火) 등 불사(佛史) 및 승사(僧史) 인멸의 우려감이 고조되는 때를 맞아 크게 진작된 것으로 보인다. 조선시대에 들어와서는 임진왜란과 병자호란 이후가 바로 사지찬술의 분기점이 되고 있다. 이때 산중의 적지 않은 사찰들이 훼손을 당하는가 하면 영영 복구되지 못하다가 아예 폐사의 길로 접어드는 절이 속출했다.84) 폐사의 운명에서 벗어난 절이라 할지라도 과거의 사세를 회복하기 어려운 지경에 처한 경우가 또한 많았다. 불사의 보전조차 장담하기 어려운 상황이 닥치자 자연스럽게 사지(寺誌)의 찬술과 간행의 열기를 불러일으키는 계기로 이어졌을 것인데, 특히 17-18세기에 그러했다. 앞의 사찰문헌설화의 간기(刊記)에서 볼 수 있듯 이 시기 전국 각처의 사찰에서는 나름대로 사지를 복원하거나 새로 찬술하기 위한 열기가 팽배해 있었고 실제 많은 사찰문헌이 이 때 등장한다.85) 조선시대에도 유자들의 사지찬술 참여가 이루어지고 있기는 하나 여전히 설화담론적인 찬술에는 그리 호의적이지 않았다. 사찰연기설화와 관련하여 승려가 찬술한 사적류가 한층 주목되는 것은 이같은 이유 때문이다. 조선 중·후기이후 사지찬술에

---

84) 崔應天,「栖鳳寺事蹟」.
  "而不幸兵燹 偏酷於南徼 公私廨院 動被焚滅 兵連七載 禍慘一朝 曩者輪奐之美 蕩爲灰燼 緇徒星散 石逕苔封(불행히도 전란은 남쪽 지방에 매우 가혹하여 공사간의 건물이 불타 없어지고 임란이 칠 년 이어지면서 하루 아침에 참화가 일어나니 지난 날 아름답던 절은 잿더미로 변하고 스님들은 흩어지고 돌길은 이끼에 덮였다.)
85) 許興植,「寺志의 간행과 전망」,『高麗佛敎史硏究』, 일조각, 1986, 796면.
  "현존하는 寺志의 간행연대를 보면 일반적으로 문풍이 진작되었던 肅·英·正 3代에 각 사원을 중심으로 많이 나타나 있다. 사지를 통해서도 당시 불교계가 점차 사세를 신장시키고 있었음을 알 수 있다."

특별히 관심과 노력을 기울인 승려는 많지만 이중에서 동계(東溪), 해안(海眼), 풍계(楓溪) 등은 우선 눈여겨보아야 할 찬술자[86]들이 아닌가 싶다. 하지만 본고는 동계로 한정하여 그가 찬술한 사지와 함께 그에 내장된 사찰연기설화를 잠깐 살펴보는 것으로 그친다.

동계는 사중(寺衆) 간 문명을 떨친 승려로 「가야산용왕당기우록(伽倻山龍王堂奇遇錄)」같은 삼교습합(三敎習合)의 미학에 의거하여 탁월하게 주제를 형상화 한 전기소설(傳奇小說)을 쓰기도 했으며 범어사(梵魚寺), 영정사(靈井寺) 등 자신이 주석한 사찰의 창건기록을 남기기도 했다. 숙종(肅宗) 26년(1700) 편찬·간행한 「범어사창건사적(梵魚寺創建事蹟)」에 "나라에 표훈(表訓) 대덕(大德)이 쓴 유사가 있어서 후세에 귀감이 된다"고 말한 것으로 비추어 동계가 중찬(重撰)한 「범어사창건사적」은 신라시대 표훈의 기록을 바탕으로 지은 것이라 할 수 있겠다. 「범어사창건사적」은 절의 창건시기를 당(唐) 문종(文宗) 태화(太和) 19년 을묘(乙卯) 신라(新羅) 흥덕왕(興德王) 때로 밝힌 다음 곧바로 서

---

86) 許興植은 상게 인용논문인 「사지의 간행과 전망」, 795-797면에서 조선시기 사지찬술의 중요인물로 金守溫, 中觀, 丁若鏞을 꼽고 이들의 찬술적 의미를 밝히고 있다. 전대의 사지가 대부분 회진된 상황에서 그들의 노력이 있었기에 많은 사찰의 역사가 갈무리 된 점은 인정해야 마땅하다. 그럼에도 본고에서는 이들을 크게 조명하지 않으려 한다. 까닭은 그들의 글쓰기란 주로 僧史·佛史를 겨냥한 것이어서 설화문학적 대상으로서는 그리 적합하지 않다고 여겨지기 때문이다.

사성이 농후한 이야기를 제시하고 있다. 아래는 그 줄거리의 요약이다.

> 동해안에 왜구 10만 여 명이 출몰하여 출격을 기다리는 상황에서 크게 고민하던 신라왕에게 신인(神人)이 현몽하여 의상(義湘)을 청하여 금정산 아래 금정암(金井庵)에서 7일 7야 화엄신중(華嚴神衆)을 급히 독송케 하라고 전한다. 왕은 여러 신하들에게 몽중의 일을 전한 다음 의상을 초청하여 일러준 대로 따른다. 그러자 병기로 무장한 제불(諸佛)·천왕(天王)·신중(神衆)들이 출현하여 신력(神力)으로 정박해 있던 왜선을 여지없이 파선시키고 왜구들을 물에 빠뜨려 익사시킨다. 한 사람의 인명훼손 없이 적들을 물리친 대왕(大王)은 적들의 격퇴를 기리는 한편 의상대사의 위업을 기리기 위해서 금정산 아래에 범어사를 창건토록 한다.87)

범어사(梵魚寺)의 창건시기로 적시한 당(唐) 문종(文宗) 태화(太和) 19년 을묘(乙卯) 신라 흥덕왕(興德王) 때는 간지상 맞지 않는 기록이다. 설사 19년이 9년의 착오로 태화(太和) 9년 즉 흥덕왕 10년(835)으로 보더라도 의문은 여전히 풀리지 않는다. 왜냐하면 창주인 의상은 진평왕(眞平王) 47년(625) 출생하여 성덕왕(聖德王) 원년(702)에 세상을 떴기 때문이다. 이로 본다면 동계(東溪)는 범어사의 창건역사를 실증적으로 밝히려는 생각보다 전래하던 기록이나 구승(口承)에 따라 그대로 등재한 것이 된다.

---

87) 東溪, 「梵魚寺創建事蹟」.

그러나 구승(口承)이라도 찬자의 담론적 선별이 마땅히 따를 수 있겠는데 동계는 범어사가 누려야할 영험성을 발현시키는 방법을 앞세웠으며 이를 실현할 연기만을 취택하는 선에서 채기 했다고 본다. 창주를 의상(義湘)으로 하고 창사시기를 쉽게 구명하기 어려운 시기로 소급시키고 있는 것은 범어사의 역사를 신성하게 포장하기 위한 동계(東溪)의 찬술의식과 무관한 것이 아니라고 보는 것이다.

그렇다면 천상(天上)의 개입과 금어(金魚)의 출현은 무엇을 말해주는가. 의상과 금정산(金井山)은 영험성의 확보에 있어 중요 인자로 보인다. 곧 성스런 대덕(大德)과 성소적 공간(空間)을 초점화 하는 내용을 적용시키다 보니 범어사의 기원은 점차 성스럽게 변할 수 있었던 것이다. 여타 문헌에서도 확인되는 전생이지만 위 사적에는 의상이 금산보개여래(金山寶蓋如來) 제(第) 7 후신(後身)으로서 성중(聖衆)을 비롯한 3,000여 명의 대중을 거느리고 다닐 뿐 아니라 화엄신중(華嚴神衆)과 제신(諸神)의 수행을 받은 것으로 되어있다. 이렇게 의상이 제천(諸天)·제신(諸神)을 움직일 수 있는 권능자로 형상화되고 있는 만큼 신라가 처한 위기적 상황 앞에서 신력(神力)과 방편을 펼쳐 국가보위를 감당할 인물은 어쩌면 그 뿐이었을 것이다.

그런데 사찰연기설화에서는 금정산(金井山)이 지닌 성소적 의미도 강조되고 있다. 몽중의 현인이 신인이 지목한 영정이란 사시장천(四時長天) 마르는 법이 없고 범천(梵天)의 금어(金魚)가

헤엄을 치는 우물을 가리키는 것이었다. 위대한 불승과 함께 금어가 노니는 영정(靈井), 이 두 가지는 신성을 상징하는데 필수적으로 요소로 채택되고 있으며 결과적으로는 위기적 국면을 극복하게 해주는 신표(信標)로서의 상징성마저 담고 있다. 동계(東溪)가 찬술한 또 다른 사지를 통해 영정산창건내력(靈井山創建來歷)을 살펴보기로 한다.

> 흥덕왕 4년 인도에서 한 중이 이곳으로 왔는데 사람들이 그를 황발노독(黃髮老禿)이라 불렀다. 한 이인이 질병으로 고생하다가 그를 찾아 치유방법을 청했는데 범승(梵僧)이 흐르는 샘물을 일러주며 마시도록 권하면서 "이를 마시면 나을 것이라" 했다. 과연 일러준 것이 맞았다. 곧 이인은 노독의 신이함에 감동하여 "스승님은 지극한 도에 이르신 분입니다. 장차 인천(人天)이 우러를 만한 데 돌아갈 곳이 없으십니다." 했다. 이에 고을 사람들에게 그 자초지종을 말하니 들은 자들은 즐겁게 따르고 마침내 보시했으며 산 아래 열읍(列邑)의 백성들마저 돈, 피륙, 쌀, 곡식을 바치느라 행렬이 길에 꼬리를 물었다. 깊고 험한 곳을 꺼리지 않고 약속한 것처럼 찾아와 오직 미치지 못할까봐 두려워 할 정도였으니 마침내 절이 완성되었다.[88]

---

88) 陳溪, 「密陽載藥山靈井寺古蹟」.
"有梵僧 自西而至 斂迹于此 鄉人目之爲黃髮老禿云 有異人 抱殘疾 就乞治教 梵僧指一流泉 使飲之曰 服此則有瘳矣 果如教 卽感老禿之異曰 師乃有道之至人 爲將有人天瞻仰 無所歸依之地 仍卽告鄉人以厥由 聞者隨喜 竟以財施 山下列邑之民 亦以金帛粟米 爭相尾道 不憚深險 如赴約束 惟恐不及 遂創伽藍."

범어사가 왕실의 전폭적 지원에 의해 창건된 반면에 영정사(靈井寺)는 인도 승의 신출한 법력을 흠모한 사람들이 자발적으로 발원하여 세운 경우에 속한다.

 이 이야기를 통해 영정사란 명칭연기의 기능도 함께 수행하는 것을 알 수 있거니와 문헌적 기록을 남길 정도로 시문에 밝은 승려이면서도 사찰연기설화의 의미를 충분히 터득한 동계와 같은 인물이 있었기에 신라 이래 전승되어온 범어사 사찰연기를 접해볼 수 있게 된 것이다.

 동계는 그 자신이 활약한 낙동(洛東) 권역(圈域)의 전래담을 풍성하게 채록한 결과, 건조한 연혁이나 시말담으로 일관하기 쉬운 사찰기록 대신 설화성이 풍성한 신성담을 사지에 등재할 수 있었다고 본다.

4.3.2. 호불유자(好佛儒者)의 경우

 각 사찰의 문헌들은 사찰의 과거를 기록한 역사물로서 일차적 자료로 귀속된다. 한데 시각을 달리한다면 문헌설화의 영역에서 살필 수 있을뿐더러 구비설화(口碑說話)와 달리 찬자(撰者)의 세계관, 불교적 인식, 그리고 문헌설화가 지닌 주제·형식·미학에 이르는 제 영역을 엿보는데도 큰 도움을 얻을 수 있다. 그 점에서 유자(儒者)가 사찰문헌의 한 축을 담당했음은 주목되는 일이 아닐 수 없는데 승려와의 개인적 친교, 가내(家內)의 신불적 분위기, 혹은 불교사상에 대한 조예가 깊다는 이유 등으로 하여 많은 유자들이 사찰문헌의 찬술에 동의하게 된 것으로 보인다. 삼국 이래 사찰관련 기문(記文)을 남긴 인물은 일일이 열거하기가 어려울 정도인데 대표적인 유자(儒者)만 일별해 본다면 다음과 같다.

먼저 신라 유자로는 최치원(大崇福寺碑 등), 김립지(金立之 : 聖住寺事蹟碑) 등이 있고, 고려시기 유자로는 주저(周佇 : 大慈恩玄化寺碑), 채충순(蔡忠順 : 大慈恩寺碑陰記), 김부철(金富轍 : 淸平寺文殊寺文殊院記重修碑), 이지명(李知命 : 龍門寺重修記碑), 안축(安軸 : 看藏庵記), 최해(崔瀣 : 頭陀山看藏庵重營記 등), 임춘(林椿 : 尙州少林寺重修記 등), 박전지(朴全之 : 靈鳳山龍巖寺重創記), 이곡(李穀 : 艷陽寺重興記 등), 이제현(李齊賢 : 白華禪院正堂樓記 등), 이색(李穡 : 覺庵記 등), 이승휴(李承休 : 看藏寺事蹟), 유백유(柳伯儒 : 佛影寺記)이 있으며, 조선시대에 들어와서는 권근(權近 : 甘露寺重創記 등), 김수온(金守溫 : 見性庵靈應記 등), 임상원(任相元 : 大興寺事蹟記), 유방선(柳方善 : 白蓮庵記), 조종저(趙宗著 : 寶月寺重修碑), 이만석(李萬錫 : 佛甲寺古蹟記), 채팽윤(蔡彭胤 : 曹溪山仙巖寺重修碑 등), 신유한(申維翰 : 心寂庵重修記 등), 정약용(丁若鏞 : 挽日庵誌 등), 김석주(金錫胄 : 安心寺事蹟碑), 이휘진(李彙晉 : 月精寺重建事蹟碑), 김이양(金履陽 : 精光寺事蹟碑), 홍량호(洪良浩 : 禁夢庵重修記) 등이 꼽히는바 후대로 내려올수록 찬술자가 많아지는 대신 찬술편수는 줄어드는 양상으로 변한다.

그렇다면 유자들의 찬술에서 나타나는 변별성은 무엇인가. 사찰문헌을 두고 승려들이 주로 불교적 응험력을 강조하는 서사담론으로 引入시켜려 드는데 비해 호불적 성향을 지녔다해도 유자들은 역사기술물로서의 의미를 강조하는 쪽에 서사적 초점을 맞춘 것으로 보인다. 물론 유자라도 돈독한 불심을 바탕으로 신비체험이나 민중간의 영이담을 적극 발굴하여 이를 통해 신불의 방편화, 신성한 역사로서 사사(寺史) 만들기에 주력한 인물도 있으나 그것은 고려시대에서나 볼 수 있었던 현상이라야 할 것이다. 조선시대에 들어와서도 많은 유자들이 사찰기문을 쓰고 그 안에 적지 않은 설화를 소개하고 있으나 찬술자들의 서사적 지향점은 신이한 설화의 수습에 있었다기 보다는 객관적 기술에 의한 사사(寺史)의 구축에 있었다고 말하는 것이 옳을 것이다.

따라서 사찰연기설화로 한정할 때 유자들의 사찰기문은 의미가 적잖이 퇴색될 수 있다. 그러나 화려한 문식의 배제와 함께 신이적 세계를 기대하기 어렵다 해도 호불(好佛) 유자들의 글을 통해 우리는 불교신앙에 대한 유자(儒者)들의 인식, 당대 불교사의 이면, 유불(儒佛) 교류의 실상 등을 비교적 생생하게 엿볼 수 있는 기회를 갖게 된다. 이는 사찰연기설화의 본질을 이해하고 담론의 외연을 파악하는데도 큰 도움을 줄 것임에 틀림없다.

삼국시대의 유자로서 불교기문을 작성한 인물로 밝혀진 이는 많지 않다. 그러나 단편적 자료나마 현전하는 것들을 통해 미루어 본다면 이 시대에도 이미 유자들에 의해 사찰의 연혁 및 역사찬술의 전통이 확고하게 자리 잡고 있었던 것만은 분명하다. 찬술자가 최치원(崔致遠), 박인량(朴寅亮), 김척명(金陟明) 등으로 엇갈리는 『수이전(殊異傳)』에도 소리사(蘇利寺)의 창사연기가 들어 있었음이 밝혀진다.

> 합천(陜川)의 명산인 가야산(伽倻山)을 또한 우두(牛頭), 설산(雪山), 상왕(象王), 중향(衆向), 지달(只怛)이라고 부르니 하나의 산에 여섯 개의 이름이 있는 셈이다. 이산의 빼어남은 동방에 알려지기도 하였다. 옛날에 대가람(大伽藍)이 있었으니 소리(蘇利)라 하였으며 『신라수이전(新羅殊異傳)』의 기록에는 제일 비파시불(毘婆尸佛)이 창건하여 신라시대의 아홉 성인이 머물렀던 곳이라고 하였다. 절을 세운지 이미 천 수백 년이나 되어 언제 폐허가 되었는지 알지 못하나 그 유지(遺址)는 아직도 분명히 남아있다.……밀기(密記)에는 당초 천신(天神)이 3일 동안 도움을 내리시어 그 영이함이 이와 같았다고 한다. 아! 명산의 보배로운 땅이 인간 세상에 있고 도적(圖籍)에 보이니 기괴함이 이와 같은 절은 몇 개 되지 않을 것이다. 89)

---

89) 徐居正, 『四佳集』 卷2, 「伽倻山蘇利庵重創記」.
"陜之名山 曰伽倻 曰牛頭 曰雪山 曰象王 曰衆向 曰只怛 蓋一山而六號者也 山之勝聞東方 古有大伽藍 曰蘇利 新羅殊異傳所記第一毘婆尸佛始創 羅代九聖人住處者也 寺之設已千數百年 其廢不知在何時 遺址歷歷尙在 ……寺有密記云 當初天神降助三日 其靈異若此 噫 名山寶地之在於人世 見於圖籍 奇奇怪怪如此寺者 不幾何 而墮廢蕪沒 久而不復 則亦山門之一恨也."

『수이전(殊異傳)』의 찬자로 신빙성 있게 거론되는 인물 중의 한 사람인 최치원은 신라를 대표하는 호불 유자에 속한다 할 만하다. 유학의 조종(祖宗)으로 숭앙되는 한편으로 승전(僧傳), 승비(僧碑) 뿐만 아니라 많은 사지류를 남김으로써 신라시대를 통틀어 가장 왕성하게 활동한 불교 찬술가라해도 지나치지 않는 것이다. 그가 쓴 사승물(寺乘物) 가운데는 사산비명(四山碑銘) 중의 하나인 「대숭복사비명(大崇福寺碑銘)」을 비롯하여 「신라가야산해인사결계장기(新羅伽倻山海印寺結界藏記)」, 「해인사선안주원벽기(海印寺善安住院壁記)」, 「신라수창군호국성팔각등루기(新羅壽昌郡護國城八角登樓記)」, 「해인사묘길상탑기(海印寺妙吉祥塔記)」 등의 사기(寺記)를 들 수 있을 터인데, 설화적 파편이 곳곳에 산재한 것이어서 당대 불교설화를 살피는데 방계자료로 삼을 수 있다. 최치원이 이처럼 불교 찬술물[90]을 남긴 것은 우선 명망있는 유학자인 동시에 불교에 대한 조예가 남다르다는 점 때문일 것이다. 일대를 풍미한 유학자이자 호불 성향을 지닌 인물이

---

90) 위에서 열거한 記文 외 崔致遠의 불교기록물은 아래와 같다.
 ○ 碑銘 ―「朗慧和尙塔碑銘」, 「眞鑑禪師碑銘」, 「大崇福寺碑銘」, 「智證大師碑銘」.
 ○ 願文 ―「上宰國戚大臣等奉爲獻康大王結華嚴經社願文」, 「王妃金氏爲先考及亡兄追福施穀願文」, 「飜經證義大德圓測和尙諱日文」, 「終南山儼和尙報恩社會願文」, 「海東華嚴初祖忌晨願文」, 「華嚴寺會願文」, 「王妃金爲亡弟追福施穀願文」.
 ○ 贊 ―「大華嚴宗佛國寺毘盧遮那文殊菩賢像讚竝書」, 「大華嚴宗佛國寺阿彌陀佛像讚竝書」, 「王妃金氏爲考繡釋迦如來」, 「像幡讚竝書 終南山至相寺儼尊者眞贊」, 「順應和尙贊 利貞和尙贊」.

사기의 찬술자로 지목되는 것은 고려, 조선시대에 와서도 바뀌지 않는 전통으로 이어졌다.

그렇다면 설화에 대한 최치원의 인식은 어느 정도였을까. 그는 『춘추(春秋)』, 『사기(史記)』를 역사기록의 전범으로 삼았던 인물91)답게 설화를 황당하고 기이한 민중간의 담론 정도로 여긴 나머지 객관적이고 실증적인 안목을 우선시하여 찬술에 임했던 것으로 보인다. 위에 열거한 기문(記文)도 이같은 진단에서 크게 어긋나지 않는다. 즉 그의 기문에는 창사, 불사에 대해서 인정기술식으로 창주(創主) 공사(工事)의 진척과 단월(檀越) 등 기본적인 사항은 치밀하게 적시하는 데 비해 이적이나 영험한 신비체험 따위는 아주 간략하게 언급하는 것을 볼 수 있는데 사륙병려(四六騈麗)의 화려한 문채(文彩)에도 불구하고 서사성(敍事性)이나 설화성이 역사 사실의 기록을 압도하는 법은 거의 없다. 최치원의 유자로서의 서사적 성향을 엿보게 하는 대목이 아닐 수 없다.

고려에 들어와서 유학자로서는 혁련정(赫連挺)이 불교설화에 가장 큰 관심을 보인 것 같다. 『균여전(均如傳)』은 그 성향을 잘 드러내는 승전(僧傳)이긴 하지만 전기물로서의 기능을 넘어 교단의 현황, 몇 군데 사찰의 정황을 수습함으로써 고려초 불교사를 증언하면서 동시에 당대 불교설화의 현황을 일러주는데 귀중

---

91) 최치원의 역사 찬술의식 및 설화의식에 대해서는 졸저, 『한국승전문학의 연구』, 민족사, 1992, 67-75면에서 비교적 상세하게 밝혀 놓았다.

한 자료가 되고 있다. 『균여전』이 그 양식적 특성을 넘어 설화적으로 채색된 데는 균여(均如)에 대한 혁련정 개인의 숭앙심은 물론 유학자로서 보기 드물게 불교적 신앙심이 돈독했기 때문에 가능했던 일로 보아야 할 것이다.

   김부식(金富軾)은 널리 알려진 대로 출장입상(出將入相)의 전형적인 삶을 살았던 인물이었다. 이 점을 감안할 때 그의 불교찬술물이 건조한 사실 위주로 진행될 것이라는 예상은 쉽사리 해볼 수 있다. 그가 쓴 불교 기술물로서 의천(義天)의 비문(碑文), 「혜음사신창기(惠陰寺新創記)」가 대표적인데 사찰연기설화와 관련한 논의인 만큼 후자를 주목해 보기로 한다. 「혜음사신창기」에서 김부식은 역시 유교주의 찬술의식을 앞세워 있었던 사실 그대로를 적기하는 데 주력할 뿐 창사에 따르는 불보살의 영험한 조력, 고승의 법력 현시, 기타 영이한 현상 따위에는 별다른 관심을 보이지 않았다.

     선왕 예종(睿宗)의 재위 15년 기해(己亥) 8월에 사명을 받들어 남쪽 지방에 갔던 근신(近臣) 소천(少千)이 돌아왔다. 上이 묻기를 "너는 이번 길에 백성의 고통을 들은바 있는가." 하니 곧 이 일을 아뢰었다. 상은 측연히 슬퍼하면서 말하기를 "어떻게 하면 폐해를 제거하여 백성을 편안케 할 수 있겠는가" 하니 소천은 아뢰기를 "전하께서 다행히 신의 말씀을 들어주신다면 신에게 한가지 계교가 있습니다. 나라의 재물도 축내지 않고 백성의 노력도 부리지 않고 다만 중을 모집하여 그 허물어진 절을 새로 짓고 많은 중들을 모아 또 옆에 집을 지어서 노는 백성을 정착시킨다면 짐승과 도둑의 해는 절로 멀어져 통행의 곤란은 해소될 것입니다." 하였다. 上이 말하기를 "좋다. 네가 그것을 마련하라." 하니 이에 공무를 띠고 묘향산에 가서 중들에게 알리기를 "아무 곳에 큰 害가 있는데 상이 차마 백성을 토목공사로 동원할 수 없다. 옛날 스님들은 어려운 처지에 빠진 것을 보면 반드시 두려워하지 않는 법을 베풀었으니 누가 나를 따라 그곳에 가서 일을 하겠는가." 하였다. 주지 비구 혜관(惠觀)이 기꺼이 따랐고 그 무리 중 따르고자 하는 자가 백 명이나 되었다. 혜관은 늙어서 가지 못하고 부지런하고 기술이 있는 자로 증여(證如) 등 16명을 골라 행자(行資)를 마련하여 보냈다……今上이 즉위하여 혜음사(惠陰寺)라 사액하였다. 아! 깊은 가시나무 숲이 변하여 절이 되고 무서운 길이 화하여 평탄한 길이 되었으니 그 이로움이 넓지 아니한가.92)

　창사연기는 절이 어떻게 지어지게 됐는지 정보적 연혁 이상의 것을 요구한다. 일연(一然)의 예에서 이미 잘 밝혀졌듯이 사중

---

92) 金富軾, 「惠陰寺新創記」.
"先王睿王 在宥十五年己亥秋八月 近臣少千 奉使南地回 上聞 若此行也 有所聞民之疾苦乎 則以是聞之 上惻然哀之曰 如之何可以除害以安人 少千奏曰 殿下幸聽臣 臣有一計 不費國財 不勞民力 但募浮屠人 新其廢寺 以集淸衆 又爲之屋廬於其側 以著閒民 則禽獸盜賊之害 自遠行路之難 平矣 上曰可 汝其圖之 於是 以公事抵妙香山寺 告於衆中曰 某所有巨害 上不忍動民以土木營造之事 先師見遘難者 必施無畏疇克從我 有事於彼乎 寺主比丘惠觀隨喜之 其徒欲從者 一百人 惠觀老不能行 擇勤恪有技能者證如等十六人 資送之……至今上卽位 賜額爲惠陰寺 噫 變深榛爲精舍 化畏途爲平路 其於利也."

(寺中)간에 퍼진 창사 내력담이 역사 사실의 건조한 기술을 넘어 신비체험이나 상서로운 이적을 적극 수습하는 것도 그런 묵언의 지침에 따른 것으로 보아 마땅하다. 더군다나 일연의 경우에는 신이사관(神異史觀)을 서두에서 확실히 표방함으로써 사실적 정보이외에 사찰을 축으로 하여 불교 일화나 이적담을 마음껏 수습·진열할 수 있는 일종의 면책 특권을 누릴 수 있었다. 하지만 김부식과 같이 유학자로서 합리주의적 사관으로 무장된 찬자에게 그런 설화지향적 기술을 기대한다는 것은 애초부터 무리한 일이다. 위에서 보면 사찰건립은 결코 한 개인의 발원이나 영험한 힘에 의해 이루어지는 것이 아님이 분명하게 밝혀진다. 그는 신비체험 등을 배경으로 하는 영험한 사업이라는 생각을 떨치고 통치(統治) 위정적(爲政的) 시각으로 창사의 의미를 강조한다. 다시 말해 깊은 숲을 오가는 행인들의 안전한 통행의 확보와 인민의 구휼(救恤)을 명분으로 절의 건립을 지지한 바가 있거니와 "가시나무 숲이 절이 되고 무서운 길이 변하여 평탄한 길이 되었으니 그 이로움이 매우 넓다"는 등 찬사를 터뜨리며 위정자적 입장에서 창사 후 변화된 환경에 만족해 했던 것이다. 불타에 대한 개인적 신비체험, 불법의 심오함에 대한 찬탄 등은 보이지 않는 대신 어이없게도 김부식은 예종(睿宗)의 애민정신(愛民精神)이 결국은 한 공간을 화평(和平)한 곳으로 탈바꿈 시켰다는 식의 어용적(御用的) 기문으로 변질시키고 있음을 보게 된다.

하지만 유불(儒佛)간 교섭양상이 조선시대보다 훨씬 활발했던 고려시대에조차 김부식 같이 불교기문을 유교식 안목에만 의지하여 글을 작성한 이는 오히려 드물다고 보는 것이 옳을 것 같다. 가령 이규보(李奎報), 민지(閔漬), 이숭인(李崇仁), 이제현(李齊賢), 이곡(李穀), 이색(李穡), 최해(崔瀣) 등은 유자이면서도 종교적 믿음에 바탕을 두고 신비주의적 체험을 기문(記文)에 주입하는데 저항감을 보이지 않았던 인물들이다. 호불유자들의 사찰문헌을 일일이 점검하기는 어려우므로 본고에서는 이규보와 민지의 사례만 잠깐 훑어보기로 한다.

이규보는「동명왕편(東明王篇)」에서 젊은 시절 유학자들이 그렇듯 민중 사이에 떠도는 구비전승을 어리석고 유치한 자들이 입에 올리는 황탄한 이야기 정도로 폄하(貶下)하다가 어떤 일을 계기로 역사 구비전승담이 내재한 의미를 자각하게 된다.[93] 「왕륜사장육금상령험수습기(王輪寺丈六金像靈驗收拾記)」은 그의 설화에 대한 긍정적 태도를 잘 반영하는 것으로 여기에는 불교신앙에 대한 지식인의 경외감이 잘 드러나 있다.

여러 보살의 신통한 방편은 수응(隨應) 변화함이 자유자재하여 가능한 것도 없고 불가능한 것도 없는 것이니 또한 눈

---

93) 그는 한 때 신화적 역사담에 대해 부정적 인식을 가지고 있다가 중국의 상고 역사 역시 신화에 다름 아닌 것을 깨달으면서 기존의 생각을 바꾸게 된다. 그리하여 「東明王事蹟」이야말로 "幻이 아니고 聖이요, 鬼가 아니고 神이었다"며 우리 역사에 대한 자긍심과 신화적 효용성을 인정하고 구전으로 전하는 동명왕 일대기를 거대 영웅서사시로 정착시키는 단계까지 나간다.

에 보이는 빛깔과 형상에서 찾을 수는 없는 것이다. 그렇다면 그 광명과 영험이 드러나지 않는 것이 아니고 잠깐 그 작용을 감추었을 뿐이다. 때로는 기틀에 감응하여 그 영험을 나타냄과 같은 이것도 또한 자연 방편의 보이는 바로서 대개 사람에게는 세쇄(細瑣)한 일이다. 그러나 세상 사람들의 평범한 눈으로 본다면 어찌 놀랍고 또 신기하게 여겨져서 깊은 신앙심을 더욱 두텁게 하지 않을 수 있겠는가.94)

이규보는 불교적 세계의 영이함이란 사람들의 눈으로 잘 포착되지 않을 뿐더러 설령 그 세계를 보더라도 그저 경의의 대상으로만 대하는 건 곤란하다며 고식적 시각을 책망하고 있다. 그리고 눈에 보이지 않을 뿐 범부(凡夫)의 생각으로 미치지 못하는 세계가 있는 것이라면 그에 이르는 방편으로서 영험담은 불교적 신앙으로 인도하는 실마리가 된다는 점에서 의미를 부여한다. 이렇게 불교설화에 대해 방편적 의미를 부여하게 된 것은 그 스스로 불교의 영험성을 독실하게 믿고 있을 때나 가능한 일일 터인데 앞서 보인 설화의식은 왕륜사(王輪寺) 불상조성건으로 구체화되는 것이다. "비로자나(毘盧遮那)의 경이(驚異)는 본래부터 생각과 의논을 초월한 것이니 그 상(像)을 만드는 것도 꿈이요, 그

---

94) 李奎報,「王輪寺丈六像靈驗收拾記」.
 "諸佛菩薩之於神通方便 遊戲自在 無可無不可 亦不可以色相求之者也 然則 其不顯光靈 非不爲也 姑藏其用而已矣 若時乎應機赴感 有以顯其靈應 是亦自然方便所示 而盖至人之細也 然 以世之凡眼見之 則安得不驚駭且異 而篤生精信之心耶 精信之心篤 卽佛輒應之 而其靈應又益顯矣."

것을 찬양하는 것도 또한 그러하다."95) 이런 전제를 달면서 그는 왕륜사장육상(王輪寺丈六像) 조성의 원(願)을 이루기까지 앞서 본 거빈(巨貧)의 소신공양(燒身供養)의 전모를 상세히 밝히고 있다. 「남행월일기(南行月日記)」도 그가 관리로 머물던 완주(完州) 지역의 불교설화를 여럿 채기하고 있다. 다음은 원효(元曉) 유적지(遺蹟地)로 전하는 곳을 답사한 뒤 기록한 것이다.

> "속전(俗傳)에 의하면 사포(蛇包) 성인이 옛날에 머물던 곳이라고 한다. 원효가 와서 살았으므로 뱀포 또한 모시고 있었는데 차를 달여 효공(曉公)에게 드리려 하였으나 샘물이 없어 딱해 하던 중 물이 바위틈에서 솟아났는데 물맛이 매우 달아 젖 같아서 이로써 늘 차를 다렸다 한다."96)

성스런 공간은 거듭해서 반추되어야 하며 그것은 세월이 흐른 뒤에도 후인들이 온전히 기억하고 자각 하는 터로 남아야 한다고 보아 이규보는 애써 지역설화를 채록·등재하게 되었을 것이다. 그에게 불교설화는 단지 종교적 방편에 한정되는 담론이 아니었던 셈이다. 그는 사찰연기설화야말로 신이한 역사의 보완적 서사물에 해당된다는 점을 충분히 이해하고 있었던 인물이라고 해야 할 것이다.

---

95) 李奎報, 상게서.
96) 李奎報, 「南行月日記」.
  "俗諺所云 蛇包聖人所昔住也 以元曉來居故 蛇包亦來 侍 欲試茶進曉公 病無泉水 此水從巖罅湧出 味極甘如乳 因嘗點茶也."

사찰문헌설화를 운위할 때 빼놓을 수 없는 또 다른 유자를 꼽는다면 민지일 것이다. 그는 어느 시대보다 자유롭게 불교신앙적 자유를 누릴 수 있는 고려의 환경 아래에서 많은 설화를 후세에 전한 인물이었다.97) 하지만 상국(相國)의 위치에 오를 정도로 정계의 우두머리였을 뿐만 아니라 춘추필법을 기조로 하여 『세대편년절요(世代編年節要)』, 『본조편년강목(本朝編年綱目)』 등 역사서를 찬술하여 사관으로서도 이름을 남긴 그가 불교적 영이담을 적극적으로 채록·기록으로 남겼다는 점은 여러 모로 당대 사람들은 물론 후인들에게도 의아한 느낌을 갖게 한다.

민지(閔漬)가 채기한 설화들은 「국청사영이기(國淸寺靈異記)」, 「유점사본말사지(楡岾寺本末寺誌)」, 「유점사사적기(楡岾寺事蹟記)」, 「장안사사적기발(長安寺事蹟記跋)」, 「보개산석종기(寶蓋山石鐘記)」 등에 등재되어 있으며, 이들은 민지의 신비주의적 취향, 불교적 영이관, 이 땅에 대한 본지수적(本地垂迹) 사고를 살펴보는데 빼놓을 수 없는 자료들이다. 사관의 입장에서 사기문을 작성한 김부식이 유자의 시각을 전제로 불교사마저 일반사의 한 부분으로 편입시키고 건조무미한 서술로 일관했다면 민지는 유자적 위치를 벗어버리고 오로지 불자로서의 시각을 통해 설사 영이한 역사일지라도 주저 없이 문헌에 올리는 입장을 택했다. 우선 「유점사본말사지」를 살펴보자.

남해왕(南海王) 원년(서기 4년) 고성의 한 포구에 남방에서 흘

---

97) 김승호, 「설화, 역사 그 경계 넘나들며 글쓰기 ― 민지 산문의 불교 설화 수용을 중심으로」, 『한국어문학연구』39집, 2002, 175면.

러든 석선(石船) 한 척이 정박하는 것으로 이야기는 시작된다. 53불(佛)이 승선한 배는 포구 사람들의 이목을 집중시키기에 족했다. 그러나 곧 53불이 감쪽같이 산중으로 피신하는 바람에 큰 소란이 일어나고 군수 노춘(盧春)이 이들의 행방을 수소문하기 위해 금강산에 들어간다. 온 산을 뒤지듯 노춘 일행이 추적을 거듭한 끝에 53불을 발견한 장소는 다름 아닌 연못가 느릅나무. 노춘 일행은 그곳이 바로 천신만고 끝에 부처들이 택한 사지임을 직감하고 절을 세워 불상들을 봉안한다.

서사의 축은 비교적 간단하다. 즉 인연의 터, 곧 성스런 자리를 찾기 위한 부처의 바람과 이를 그대로 봉양하는 인간들의 갸륵한 불성을 제시하는 이야기라고 하겠다. 그런데 금강산을 배경으로 한 노정기(路程記) 혹은 명칭연기담(名稱緣起談)에 포함시키더라도 어색하지 않을 정도로 다양한 지명(地名) 풀이가 등장하여 다른 사찰창건담과 차이를 드러낸다. 아울러 유점사 창사의 기원을 밝힌다는 애초의 의도에도 불구하고 창사설화의 의미는 이로써 적지 아니 훼손되었다고 할 수 있다. 하지만 찬자가 서두에서 금강산에 대한 경전적 의미를 힘주어 밝히고 있는 것처럼 불연처(佛緣處)로 금강산, 그 중에서도 가장 길지를 택해 건립된 것이 유점사라는 점을 대단원에서 거듭 천명함으로써 이 땅이 지닌 영험함을 분명히 다지고 있는 셈이다. 이번에는 「보개산석대기(寶蓋山石臺記)」를 보기로 하자.

고기(古記)에 이르기를 옛날 사냥꾼 순석(順碩) 등 두 사람
이 금돼지에 화살을 쏘았는데 화살을 맞은 상처로부터 선혈
이 낭자하게 흘러나와 돌아보니 환희봉(歡喜峰)으로 달아났
다. 그를 보고 뒤쫓아 멈춘 곳에 보니 금돼지는 보이지 않고
다만 석상이 보일 뿐인데, 샘 한가운데 머리만 내밀고 몸체
는 오히려 잠겨있고 왼쪽 어깨에 화살이 박혀 있어 두 사람
이 크게 놀랐다. 즉시 화살을 뽑고 석상을 밖으로 끌어내려
했으나 몸체가 태산 같아서 움직이지 않았다. 두 사람은 몹
시 놀라 같이 서서 맹세하길 "대성(大聖)께서 우리를 가련히
여기고 생사를 벗어나게 해주기 위해서 이렇게 신비한 변화
를 나타내 주셨습니다." 라는 말을 마치고 물러났다. 그 다음
날 가서 보니 석상이 물에서 나와 바위 위에 앉아 있었다.
두 사람은 출가했으니 때는 당(唐) 개원(開元) 8년 경신(庚
申)이었다. 이들은 그 무리 300명을 이끌고 절을 짓고 숲
아래 두 사람이 바위를 쌓아 대(臺)를 만들고 항상 대 위에
앉아 정진한 때문에 석대(石臺)라고 이름하였다.98)

석대기(石臺記)는 살생을 금하라는 계율을 새삼 상기하는 단
순한 예화(例話)를 넘어 출가와 창사에 이르는 곡절을 상세히 전

---

98) 閔漬,「寶蓋山石臺記」.
 "古記云 昔有獵士順碩等二人 射一金猪則所射之穴 鮮血點地 而從歡
 喜峰而去 獵士追至 望其所止之處則不見金猪 但見石像 在泉源中 而
 頭而已出 其身尙隱 左肩中有所射之箭 故 二人大驚 卽拔其箭而欲出
 其體 則體不動如泰山 二人愕然 俱立誓云 大聖旣而哀憐我等 爲欲度
 脫 現此神變 若明日出坐泉邊之石 我等當出家修道 已而退 翌日來
 見之 像出坐于石上 二人卽出家于唐開元八年庚申 率其徒三百餘人 冊
 是蘭若 二人於林下 累石爲臺 當坐臺上精進故 因名石臺."

해주고 있다. 지장보살이 스스로 피를 흘리며 인간을 섭화(攝化)하고 마침내 대불사를 가능하게 했다는 전언은 평소 돈독한 불심의 소유자였던 민지에게 결코 소거해서는 안 되는 응현담(應現談)으로 반드시 적기해야만 할 대상이었다. 민지(閔漬)가 민중담론을 적극적으로 수습, 채기한 목적은 분명하다. 즉 민중 간에 전승되는 사찰연기설화를 통해 스스로의 신비체험을 증명해 주는 동시에 냉소적인 주변인까지 불교적 세계로 인도하고자 소망했던 것이다.

김부식, 이규보, 민지 등의 사찰기록을 일별해 보았으나 이들의 서사적 태도 사이에는 미묘한 차이들이 존재하는 것이 사실이다. 세 사람 모두 역사서를 찬술할 정도로 사관으로서의 투철한 인식을 지녔던 것으로 보이지만 현실적·합리적 시각을 오로지 고수하느냐 아니면 불교라는 종교의 영험성을 인정하며 신이사관을 포용하느냐로 그 서사적 성향이 나누어진다. 김부식이 오히려 자기 성향에 부합한 글쓰기를 고수하고 있다면, 이규보와 민지는 유학자이면서도 일단 불교 기문에 임하면 자신의 신분에 전혀 구애됨이 없이 불교적 신이사관 혹은 불교설화의 효용성을 인정하는 위에서 민중 구전담에까지 눈을 돌려 이들을 채기했다. 편년철사(編年掇事) 식의 연혁을 지양하는 입장에 서게 되면서 구비전승 되던 이야기까지 사찰의 서사적 질료로서 채택되고 있는 셈이다. 그들이 설화적 단위에 특별히 주목한 까닭은 여기서 자명해진다. 이 두 사람은 합리적 사고나 유교적 시각으로 포착할 수 없는 세계가 엄연하다는 믿음이 있었고 따라서 사찰연기는 일회적으로 듣고 흘려보낼 풍설 그 이상의 의미로 다가온 것이다.

민지는 확실히 이규보보다 한층 적극적으로 신비체험적 요소를 찬술적 내용에 포함시켰던 인물이다. 불교적 영험에 끌리는 성향을 가졌던 탓에 그는 당대는 물론 후인들에게도 속습(俗習)에 빠진 유자로 비판의 도마에 올랐거니와[99] 불교적 영험성에 대한 개인적 체험을 지나 민중간의 전승담을 역사기록물 이상의 가치있는 담론으로 수용해 놓았던 것이다. 이 점은 이미 유점사와 석대기(石臺記)의 창사 내력담에서 충분히 간취된다. 일반 유자들의 경우 누군가의 추천이나 의뢰를 받아 수동적인 태도로 찬술에 임하는 것이니 만큼 신비체험 위주의 기술보다 실증적 시각 중심으로 건조하게 기록할 가능성이 높다. 그럼에도 불구하고 민지는 괴력난신적(怪力亂神的) 설화류를 과감하게 핵심적 화재(話材)로 택해 사찰연혁을 마련한 것이었다. 당대관념에 비추어 그가 그런 행동을 하기까지는 자신만의 신비체험 혹은 기존 관점을 비판할 수 있는 용기가 밑바탕에 깔려 있었다고 보아야 할 것이다.

교단(敎團)의 청이나 왕명(王命)에 따라 여러 사찰 기문을 지

---

[99] 『高麗史』 卷107, 「閔漬傳」에는 閔漬의 약점이나 부정적 측면을 과장하여 生平을 재단하고 있는 바, 이는 유자로서 불교신앙에 심취했던 이력과 무관하지 않은 것으로 보이는데, "漬稍有文藻而多俗習心術不正 諂事內人 且不知性理之學"이라고 평한 것에서 보듯 일차적으로는 그가 습속에 빠진 유자라는 것, 아울러 성리학적 지식이 결여되어 있다는 점을 내세워 그를 혹평했던 것이다.

은 유자는 얼마든지 열거가 가능하지만 민지만큼 연혁중심의 기록을 마다하고 구비전승담을 좇아 불사의 신성함, 신앙적 체험을 사승(寺乘) 속에 편입시킨 사람은 눈에 띄지 않는다. 그렇지만 민지 같은 인물의 출현은 어느 시기보다 불교신앙에 대해 긍정적으로 바라보았던 고려 당대적 풍토가 조성되었기에 가능한 일로 보인다.

 민지를 비롯해 많은 고려유자가 반유반불(半儒半佛)의 시각을 갖고 이를 사찰 연혁(沿革) 및 연기의 기록에 남다른 관심을 보인 것과 달리 조선시대에 접어들어서는 찬술자의 능동적 기운을 찾아보기 어렵게 된다. 역시 많은 유자가 불교 기문의 찬술에 동의한 것은 사실이지만 호불유자(好佛儒者)라도 개인적 신앙체험을 함부로 표출하기 힘들 정도로 사회분위기가 굳어 있었던 것이 조선시대였다. 혹간 습속 중심의 기문을 쓰고자 하는 유자가 있다 해도 찬술 후에 몰아닥칠 비판적 시각이 두려워 설화성이 농후한 이야기는 자진해서 배제한 채 찬술에 임하지 않을 수 없게 되었다.

 확실히 문헌설화의 풍성한 생산을 기대할 수 없게 한 것이 조선시기의 대체적인 풍경이라고 말해도 될 것이다. 하지만 그렇다 해도 사찰연기설화의 생산과 전파가 단절될 수는 없는 일이었다. 사중(寺衆) 간에는 인멸되어 가는 사찰연기를 자발적으로 정리·간행하는 일이 활발하게 일어났으며 문헌에서 배재된 폐사연기설화등을 민중들의 구승에 힘입어 간단없이 후대로 이어졌음을 구비문학사는 보여주고 있다.

4.4. 창사연기설화에 나타난 사상적 기저

사찰연기설화는 불교사상을 기반으로 하여 형성되는 이야기의 하나이긴 하나 사상적 층위를 보다 세분화하여 접근하는 것이 이 담론의 특성을 이해하는데 보다 수월한 방법이라고 생각한다. 사찰연기설화에 두드러지게 반영되는 사상에는 풍수사상(風水思想), 본지수적사상(本地垂迹思想), 고승숭배사상(高僧崇拜思想), 산악숭배사상(山岳崇拜思想), 용신사상(龍神思想) 등을 꼽을 수가 있겠다. 따라서 본고에서는 이들 사상의 담론적 수용과 형상화방식, 주제(主題) 미학(美學) 등을 순차적으로 살펴나가기로 한다.

4.4.1. 풍수(風水) 사상

인문지리학적 차원의 풍수 관념이 처음 생겨난 시기는 중국 진(晉)시대로 보고 있으며 이를 우리가 받아들인 때는 삼국시대(三國時代)로 추측하고 있다. 풍수설화도 풍수사상의 도입과 함께 전파되었을 터인데 도선(道詵)은 언제부터인지는 알 수 없으나 이 유형담의 핵심적 기능으로 확고히 자리를 잡다시피 했다. 설화 속의 도선과 역사인물로서 도선 사이에는 극복하기 어려운 괴리가 놓여 있다는 것은 누구라도 인정할 수 있는 부분이다. 하지만 풍수설화에서 도선의 비중이 워낙 막중한 탓에 그의 이야기를 통해 풍수설화의 사상이나 사찰연기설화의 구조적 특성을 살펴보는 것은 그 나름의 의미를 지닌다고 하겠다.100) 다음의 이야기는 풍수사상의 수용과 그 전파과정을 상세하게 풀어주는 설화로 고래로 우리의 풍수관념이 어떻게 형성되었는지를 가름하는데 유효하다고 생각된다.

도선(道詵)이 출가한 도갑사에서 수륙재(水陸齋)를 열 때

---

100) 風水說話는 다른 어떤 이야기보다 폭넓게 전승되어 왔고 따라서 이에 대한 기존 성과도 적지 않다. 대표적인 것을 들면 아래와 같다.
강중탁,「도선설화의 연구 — 풍수설화적 성격을 중심으로」,『임동권박사기념논문집』, 1986. 강중탁,「풍수설의 국문학적 수용양상 연구」, 중앙대대학원 석사논문, 1987. 권정희,「풍수설화연구」, 이화여대교육대학원 석사논문, 1987. 이인오,「풍수설화의 단맥 모티프 연구」, 인하대 대학원석사논문, 1985. 이준곤,「도선전설의 연구」, 고려대대학원석사논문, 1987. 장장식,「명당획득담의 전개와 명당 관념」,『한국민속학』제22집, 민속학회, 1989. 최내옥,「풍수설화의 수용범위」,『비교민속학회』제3호, 최내옥,「한국풍수설화의 수용의미」,『한국 일본의 설화연구』, 인하대출판부, 1987. 현길언,「풍수설화에 대한 일고찰」,『한국문화인류학』제10집, 한국문화인류학회, 1978. 그동안 풍수설화연구는 다른 설화에 비해 연구성과가 높은 편이라고 말할 수 있으나 사찰연기설화와 관련시킨 논의는 미미한 것이 사실이다. 본고에서는 寺址占定 과정에 주로 초점을 맞춰 불가에서의 풍수관념, 이의 서사적 전개유형 등을 밝히는데 주력했다. 본의 아니게 道詵에 대한 논의가 장황하게 되었는데 일반설화의 경우에도 마찬가지지만 사찰풍수담에서 그의 내적 기능의 비중이 퍽 크다는 점을 외면할 수 없다.

사중들이 그의 영오(穎悟)함을 높이 여겨 그에게 숟가락을 관리하는 일을 맡겼다. 이럴 즈음 당(唐)나라 황제는 꿈 속에서 금인(金人)을 만나 대행 유궁의 묘책을 얻는 바 "동국 낭주(朗州)인 도선이란 자가 황제의 유궁을 점지할 수 있을 것입니다"라는 계시가 그것이었다. 황제는 곧 동쪽으로 사신을 보내 그 인물을 데려오도록 했다. 사신 일행이 명랑산(明朗山) 덕진교(德津橋)에 배를 대고 월암산(月巖山)에 이르니 숱한 사문과 불자들이 모여 수륙재를 열고 있는 중이었다. 그런데 한 가지 이상한 일은 이들이 어린 도선(道詵)에게 "어서 숟가락을 가져오너라"하고 시키는 것이었다. 곧 그가 비범한 인물임을 알리는 증거가 아닐 수 없었다. 사신들은 바로 그 사미승이야말로 황제가 찾는 인물이라 여기고는 억지로 당으로 데리고 갔다. 영문을 모른 채 중국까지 오게 된 도선은 나중에야 당인(唐人)들이 자신을 풍수의 대가로 알고 납치했다는 것을 알게된다. 사실 풍수에 대해 전혀 아는 바가 없는 도선은 전말을 깨닫고 나자 불안하기 짝이 없었다. 한동안 쩔쩔매고 있는데 갑자기 나타난 빈원의 부엌 심부름꾼이 "천자께서 너를 이곳까지 오게 한 것은 선황제의 유궁(幽宮)을 고르려 한 때문이다. 너는 다만 왕자께 청하여 마구간에 있는 병든 백마를 타고 가다가 말이 머뭇거리거든 그곳이 좋은 곳인 줄 알고 또 말이 넘어져 다시 일어나지 못하거든 그 자리가 최상의 길지(吉地)인 줄 알아라"고 귀띔해 주었다. 이리하여 어린 도선은 어렵잖게 황제가 바라는 유궁터를 잡아줄 수 있었다. 이를 지켜보던 사람들은 어린 도선의 신통력에 그저 놀랄 뿐이었으며 이 사건이 있고부터 당대 고승인 일행(一行)까지 그를 천인(天人)으로 대하기 시작했다. 또 일행은 그를 아주 훌륭한 도반(道伴)으로 여기고 그와 더불어 풍수도참(風水圖讖)을 보다 깊이 있게 궁구하고 싶다고 제안하였다. 도선이 일행과 이별하고 신라로 돌아왔을 때 그는 이제 자타가 공인하는 풍수의 대가로 변해 있었다.[101]

명풍(名風)이란 바로 도선을 가리킬 정도로 도선은 풍수의 역사에서 그 시원(始原)으로 지목되는 인물이다. 그가 신라 말의 인물이고 보면 아마 그즈음부터 풍수관념이 이 땅에 널리 확산되었으리라는 점을 미루어 짐작할 수 있는데 오늘까지도 풍수사상은 우리의 정서·관념·민속을 지배하는 대표적 관념으로 자리를 잡고 있었다는 점을 부인하기 어렵다.

도선으로부터 비롯된 비보사찰(裨補寺刹)의 개념은 나말여초기를 지나 고려 조선을 지나는 동안 전국 각처에 사찰을 건립하고 혹은 폐사(廢寺)시키는 데 있어 결정적인 지표가 되다시피 하였다. 「훈요십조(訓要十條)」에 절이 문란하게 건립되는 바람에 인민의 삶이 결과적으로 피폐해진다는 경고가 들어있다 해서 이것을 곧 창사금지 경고로 받아들일 필요는 없는 것 같다. 오히려 풍수원리에 근거한 비보사찰의 건립은 국태민안(國泰民安), 흥교(興敎) 등 이상적인 치민(治民)정책의 하나로 인식되기도 했던 것이다.

무외(無畏) 국통(國統)이 하산한 곳인 용암사(龍巖寺)가 진

---

[101] 『朝鮮寺刹史料』 上, 「道詵國師實錄」, 202-204면.

양(晉陽) 속현(屬縣)의 반성 동쪽 모퉁이 영봉산 가운데에
있다. 옛적에 개국(開國) 조사 도선이 지리산 주인 성모천왕
(聖母天王)이 "만일 삼암사(三巖寺)를 창립하면 삼한(三韓)
이 합하여 한 나라가 되고 전쟁이 절로 종식될 것이다." 하는
은밀한 부탁으로 인하여 이에 세 암자를 창건하였으니 곧 지
금의 선암(仙巖) 운암(雲巖)과 용암(龍巖)이 그것이다.102)

왕건은 고려를 개국하고 분열된 민심을 수습하기 위한 배려로
불교의 진작에 힘썼으며 그것은 다수의 창건설화에 그가 주동인
물로 빈번히 등장하게 된 연유가 되었다. 하지만 그가 창사 불사
와 관련해 늘 염두에 두었던 인물은 도선이었다.103) 위에서 보
는 대로 용암사(龍巖寺) 역시 도선이 창건주로 등장하고 있다.
왕건이 현실적인 창사의 주체라면 도선이나 성모(聖母)는 설화
적 창주라 여길 만하다. 도선이나 성모가 창사의 목적으로 삼는

---

102) 朴全之,「龍巖寺記」.
103) 『高麗史』卷2, 太祖 23年 4月 條.
 "둘째로 모든 사원은 다 도선이 산수의 순역을 가리고 점쳐서 開
 創한 것이다. 道詵이 말하기를 "내가 점쳐서 정한 외에 함부로 더
 사원을 창건하면 地德을 엷게 감손시켜서 왕업이 길지 못하게 되
 리라"고 하였으니 후세의 왕·공후·후비 조신들이 각각 願堂이라
 일컬으면서 혹시 더 세운다면 크게 우려할 일이라고 짐은 생각한
 다. 신라말기에 부도를 다투어 짓더니 지덕하고 줄어들게
 만들어 나라가 망하기에 이르렀으니 경계하지 않을 것인가."(其二
 曰 諸寺院 皆道詵推占山水順逆而開創 道詵云 吾所占定外 妄加創
 造 則損薄地德 祚業不永 朕念後世國王公侯后妃朝臣 各稱願堂 或
 增創造 則大可憂也 新羅之末 競造浮圖 衰損地德 以底於亡 可不戒
 哉)

것은 국태민안과 국가의 번영이라 되어 있으나 그렇다고 흥법의 목적을 전제로 하지 않는 창사는 상정하기 어렵다. 뒤에 부언된 보조국사와 선암사의 이야기 또한 그 터가 불법의 중흥터임을 강조하고 있다. 다시 말해 보조(普照)국사가 시련을 겪으면서 터를 찾다가 결국 성자들이 배회한 그 곳에 절을 세우게 되었으니 그것이 바로 선암사(仙巖寺)[104] 연기설화의 줄거리이다.

창사(創寺)가 반드시 거창한 목표와 이념의 실현이라고 생각할 일만은 아니다. 오히려 일상적이고 사적인 차원에서 풍수관념을 수용하고 이를 실천하는 일도 흔히 발견된다.「속리산사적(俗離山事蹟)」에 보면 중국 사람이 그 산에 이르러 거북 돌을 보더니 이 때문에 중국의 재물이 나날이 동국으로 흘러 들어간다고 생각하고는 마침내 그 목을 자르고 그 뒤에 십층의 부도를 세웠는데, 세상에 전하길 또한 머리를 자를 때 건물도 지어 기를 제압했다고 한다.[105]

창사담에서 우리는 길한 일을 불러오는 방편적 사업으로서의 의미 이외 별다른 점을 발견하기 어렵다. 그런데 이런 시각이야말로 아주 민중적인 것이라고 볼 수 있는 바, 사악함을 제어하는 액막이로서 가장 먼저 절을 떠올렸다는 점은 흥미롭다. 순진하기까지 한 관념이지만 부처에게는 흉악(凶惡)을 주재하는 절대적

---

104)「順天府靈鷲山興國寺事蹟」.
105) 宋時烈,「報恩郡俗離山事蹟」.
  "峰上有龜石擧頭西向 國史云 中原人來見 以爲中原財帛日輸東國者 此龜之致也 遂斷其頭 其背有十層浮屠 世傳亦斷頭時 一並所建以壓勝云."

힘이 있으며 그것을 믿고 의지하고 싶다는 사부대중들의 소망이 사찰 창건의 중요한 원동력이 되었음을 말해주는 예들이 아닐 수 없다.

이렇게 보면 사찰연기설화는 천문과 인문을 아울러 풀어가는 철학사상적 차원의 풍수학과 민중들 사이에서 관행적으로 수용된 길지, 명당을 얻고자 하는 길잡이로서의 풍수관념으로 양분시켜 볼 수가 있겠다. 풍수이야기로서 사찰연기설화에서 기대할 수 있는 것은 민중의식에 깃든 풍수관념 정도이지 전문적 차원의 감여(堪輿) 이해나 그에 대한 해박한 안목하고는 다르다. 서사담론적으로 형성된 사찰연기설화에 오면 민중들의 소박한 정신세계에서 발원한 관념을 이야기로 풀어내고 있으며 그 나름의 인물, 주제, 사건이 구조화 된 것을 보게 되는데 일종의 유형적 테두리가 지어지는 것을 알 수 있다. 진행상 풍수설화(風水說話)는 창사에 앞서 절터를 찾지 못해 곤경에 처하는 국면의 제시가 빠지지 않으며 결국 해결의 주체 혹은 조력자로서 도선이 나타나 갈등이나 위기를 원만하게 해결해 주는 식의 순차성을 지니게 된다.

도선이 주동인물로 등장하는 문헌으로는 규봉사(圭峰寺)[106], 선원사(禪院寺)[107], 흥국사(興國寺)[108], 무위사(無爲寺)[109], 완월사(翫月寺)[110], 용암사(龍巖寺)[111] 사적 등이 대표적이다. 이

---

106) 『東國輿地勝覽』 卷40, 「和順佛宇條」.
107) 「龍城舊誌」
108) 「順天府靈鷲山興國寺事蹟」.
109) 『東國輿地勝覽』 卷37, 「康津佛宇條」.

들은 공통적으로 풍수가로서 도선의 초월적 면모를 그대로 수용하고 있다. 한편 도선 설화가 신라말부터 민중들 사이에 유전되었음을 입증해 주는 자료로는 최유청(崔惟淸)의 「백계산옥룡사증시도선국사비명병서(白溪山玉龍寺贈諡道詵國師碑銘並書)」가 있는데 도선의 생장(生長)을 설화적으로 채색한 가운데 탄생의 신비함, 유년기의 비범성을 상세히 소개하고 있다. 일반 창사담에서 나타나는 풍수모티브를 찾아볼 수 없는 대신 옥룡사 중건에 대해서는 사실적 정보 위주로 기술해 놓고 있다.

도선이 옥룡사를 지은 것은 당(唐)의 서당 지장(西堂地藏)대사에게 심인(心印)을 받고 돌아온 혜철(惠哲)대사의 문하에 든 것이 계기가 된다. 23세에 혜철(惠哲)로부터 구족계를 받은 이후, 그는 여러 곳을 떠돌며 중생제도와 설법에 힘쓰다가 마침내 의양현 백계산 옥룡사에 자리를 잡게 된다. 이후 폐사 상태의 절이 동리산문의 법맥(法脈)을 이어갈 수 있을 만큼 탈바꿈하게 된 것은 오로지 그의 덕택이었다. 도선이 주석하던 때를 기준으로 옥룡사에는 제자가 수백이었고 신도는 헤아릴 수 없었다 했으니 당시 사찰의 규모가 얼마나 굉장했던가 짐작하고도 남음이 있다. 주변에서의 명성은 물론이려니와 헌강왕까지 사신을 보내 전라도 궁벽한 곳에 머물던 그를 경주궁궐로 맞아 법문을 듣고자 발분했고 국사로 모셔 존숭하였으니 내외간 그에 대한 존숭의 열기 또한 대단했던 셈이다. 임종에 즈음에서 그는 제자들을 불러 모은 뒤

110)「翫月寺成造記」
111) 朴全之,「靈鳳山龍巖寺重創記」.

"나는 장차 갈 것이다. 대저 인연을 타고 이 세상에 왔다가 인연이 다하면 가는 것이 이치의 떳떳한 것이니 어찌 싫어하겠는가." 말을 남기고는 입적했다. 그의 나이 72세, 때는 신라 효소왕 1년 898년 3월 10일이었다.112)

문헌으로서는 가장 이른 시기의 자료로서 후대에 파생과 변이를 거친 설화들과의 비교, 대조를 가능하게 해주는 것이 최유청(崔惟淸)의 비명(碑銘)이다. 이를 축으로 하여 다른 도선설화와 비교한다면, 도선이 풍수의 시조로서 수많은 하위 설화에 등장하며 명풍으로 상념되어온 까닭과 담론의 통사성(通史性)을 어느 정도 파악할 수 있다. 그는 신라 말의 이름 높은 선승(禪僧)이었다. 비명에 근거한 것이므로 이것은 부정하기 어려운 일일 것이다. 그런데 어느 덧 풍수의 대가로서 상정되고 그의 개입 없이는 풍수설화 자체가 어색할 만큼 도선은 풍수설화의 상투적 인물기능으로 남게된다. 도선은 일생 단위별로 다양하게 양산되었다고 볼 수 있는데 그가 어떻게 풍수법을 터득하게 되었는가, 여하히 왕건을 도와 개경에 서울을 정하게 되었는가 하는 등등에 대한 해명적인 이야기가 다양하게 파생되어 왔다.

비보(裨補) 사찰 개념이 창사에 있어 긍정적으로 그 동기를 부여해 준 것만은 부정할 수 없다 하겠다. 땅을 인체의 혈(穴)에 비유하여 허(虛)한 곳을 보(補)하고 기(氣)가 상승한 곳을 누르는데 있어 사찰 건립만큼 이상적인 방법이 없다는 것이 핵심이다.

---

112) 『東文選』 권117, 「白溪山玉龍寺諡號先覺國師碑銘」.

이것은 사중은 물론 사찰 건립을 거부하는 여타 대중의 동의를 구하는 데 있어서도 더 없이 효과적인 논리였다. 『도선비기(道詵秘記)』 등 도선의 유훈으로 전하는 풍수적 원리는 민가의 삶을 지배하는 원리일 뿐만 아니라 사찰 창건 및 그 터를 점정하는 가장 결정적인 지표로서 수용되었다고 할 수 있다.

하지만 풍수관념이 사찰에 도움 되는 쪽으로만 기여했던 것은 아니었다. 사찰연기설화를 보면 그에 따른 부작용도 그대로 투영되고 있다. 사찰이 발복할 터에 건립되었다는 자체가 무도한 무리들의 흑심을 자극하는 등 사실 애초부터 분쟁의 여지가 잠복되어 있었다고 보는 게 옳다.[113]

민간신앙과 불교신앙의 접합부위가 있다고 생각하면 그런 경계부위에서 발생한 것이 바로 사찰연기설화라 할 수 있고, 그것이 왜 그토록 시대를 초월하여 설화적 질료로 끊임없이 채택되었던가를 어느 정도 이해하게 된다. 그러나 길지(吉地)란 무엇인가. 성소(聖所)란 진정으로 세상에 존재하는 것인가. 새삼스럽게 본질적 의문을 던지고 한층 진지한 태도로 이에 대해 그 나름의 충고를 보낸 이가 없는 것은 아니었다.

나는 말하기를 "각조(覺照)는 인세(人世)를 공화(空華)하고

---

113) 風水觀念은 上下 구분 없이 사람들의 의식을 지배한 것이었고 그것은 도리어 폐사의 빌미로 작용하기도 했음을 白蓮寺의 예를 통해 확인해 볼 수 있다. 白蓮寺는 원래 흥하던 절이었는데 "세도가에서 이를 탈취하여 묘 터로 만드는 바람에 폐사 지경에 이르렀으며 걸승들 몇 만이 머물고 있었다(今白蓮寺爲勢家所葬 故 寺空且破 而乞僧數輩居之)"는 증언이 「大乘寺事蹟記」에 보인다.

이미 몸이 법에 들어갔으니 마땅히 건율태(乾栗駄)를 마음에
구하여 금강의 무너지지 않는 곳을 만들기를 이같이 급하게 함
이로다. 대체 일좌가 갖추어진 땅으로 삼천대천세계(三千大川
世界)를 보게 되면 크고 작은 것이 스스로 정해지는 것이다. 그
러나 삼천대천세계의 일어나고 멸하는 것은 또 방촌(方寸)의
마음에서 벗어나지 못하는 것이요, 방촌의 마음을 구하려면 또
마땅히 일좌(一坐)의 갖춘 땅을 얻게 되는 것이니 일좌의 갖춘
땅을 어찌 적다고 여기겠는가. 이것이 한산자(漢山子)가 이 기
를 쓰는 까닭이니 뒤에 읽은 자들은 행여라도 기롱하지 말지어
다. 기미년(己未年) 5월 모일(某日)에 쓰노라" 하였다.114)

명당이란 좌청룡(左靑龍) 우백호(右白虎), 배산임수적(背山臨
水的)인 지형이나 입지적 차원의 문제하고는 다르다는 점을 강조
하기 위해 구체적 연기를 제시하는 대신 일반론적 의론으로 작성
한 기문(記文)이다. 이색이 여기서 문제삼고자 하는 것은 물리적
이고 자연적인 길지(吉地), 악지(惡地)가 아니라 특정 공간에 머
무르고 있는 자의 행위, 사고이다. 그러니까 길지 악지 등으로의
관념은 부질없는 것이며 터는 오로지 그곳에 머무는 사람에 의해
의미가 달라질 수 있다. 따라서 지극히 작은 '일좌(一坐)'라 할지

---

114) 李穡,「砥平縣彌智山竹杖庵重營記」.
 "予日照也 空華人世 旣以身入法矣 宜求乾栗駄於其心 以爲金剛不壞
 之地 如此其急也 夫一坐具地 視三千大千世界則大小自定也 然 三
 千大川世界之起滅 又不出於方寸之心 求方寸心 又當於一坐具地得
 地則一坐具地 何可少哉 此漢山子之所以爲之記也 後之讀者 幸無譏
 焉 己未五月日記."

라도 삼천대천의 의미를 지니며 거대한 우주와도 소통하는 매개적 공간이 될 수 있으며 아무리 인간의 눈을 현란하게 사로잡는 공간일지라도 그 안에 깃든 사람의 각성이 미흡하다면 공화(空華)할 뿐이라는 점을 주지시키고 있다. 이로써 불교적 의미의 성소는 인간의 마음, 구체적으로는 각성(覺性)에 의해 좌우된다는 결론에 이르며 방촌(方寸)이나마 절실하게 정진한다면 그 터는 방촌(方寸)에 불과하더라도 삼천대천의 세계로 확장될 여지가 얼마든지 있다는 것이다.

그러나 이색처럼 호불 유자에다 불교사상에 깊은 조예를 갖춘 자를 중심으로 풍수설화의 담당층이 형성된다고 보는 것은 무리이다. 사찰연기설화에 수용된 풍수사상은 대체로 민중적 세계와 인식을 기반으로 펼쳐진다는데 그 특징이 있기 때문이다. 이런 사찰풍수설화는 이야기의 수용자가 누구든 사찰을 영험한 터로 인식케 하고 전교의 효과를 그만큼 극대화할 수 있다는 장점이 있기에 유사담론을 파생시키며 폭넓게 전승되어 왔다. 특히 명풍(名風)으로서 도선의 등장, 그리고 그를 통한 건사(建寺)장애의 극복과 사지(寺址)점지 화소는 사찰풍수 이야기에서 필경 빠뜨려서는 곤란한 대목으로 여겨져 결코 빠지는 법이 없게 되었다.

4.4.2. 본지수적(本地垂迹) 사상

본지수적(本地垂迹)은 본래부터 이 땅이 불국토로 점지되어 있었다는 것을 일컫는다. 삼국의 불교역사는 비교적 상세하게 밝혀져 있으나 창사연기설화들에서는 현장 증거에 구애됨이 없이 아득한 시기로 거슬러 올라가 원래 이 땅에서 불교가 시작되었다는 점을 강조하려드는 것이다. 불교가 밖에서 수입된 것이 아니라 원래 이곳에서 창시되고 신앙되어 오다가 중간에 쇠퇴했다는 점을 강조한 탓에 과거의 부활은 당위론적 과제로 사람들에게 각인될 수가 있다. 주로 사지의 점정(占定)단계에 편입되는 이 영광스러운 기원은 결국 과거의 문제가 아니라 불연처(佛緣處)로서 현재적 의미를 밝혀주면서 나아가 미래에도 과거의 영화를 꽃피울 단초가 될 것이라는 믿음을 담고 있다. 먼저 『삼국유사』에서 본지수적을 강조하고 있는 예화(例話)를 보자.

낭지(朗智)는 그 이튿날 산중의 기이한 나무 한 가지를 꺾어 가지고 돌아와 바쳤다. 그곳의 중이 그것을 보고 말했다. "이 나무는 범명(梵名)으로 달제가(怛提伽)라 하고 여기서는 혁(赫)이라 한다. 오직 서천축(西天竺)과 해동(海東) 두 영취산(靈鷲山)에만 있는데 이 두 산은 모두 제10 법운지(法雲地)로서 보살이 사는 곳이니 이 사람은 반드시 성자(聖者)일 것이다." 마침내 그 행색을 살펴 그제서야 해동 영취산에 살고 있음을 알게 되었다. 이로 인하여 스님을 다시 보게 되었고 이름이 안팎에 나게 되었다. 나라 사람들이 그 암자를 혁목암(赫木庵)이라 불렀다. 지금 혁목사(赫木寺)의 북쪽 산등성에 옛 절터가 있으니 그것이 그 절이 있던 자리다. 영취사기(靈鷲寺記)에 낭지가 일찍이 말하기를 "이 암자 자리

는 가섭불대(迦葉佛代)의 절터로서 땅을 파서 등항(燈缸) 두 개를 얻었다"고 하였다.115)

영취산은 세상에 서천축과 해동 두 군데만 있는데, 그것이 전세(前世) 불지(佛地)라는 것은 제10 법운지(法雲地)라는 것과 아울러 성자들이 사는 곳이라는 설명을 달고 있다. 더군다나 성소로서 가섭불대(迦葉佛代) 이미 절이 있었음을 명백하게 보여주는 징표로서 등항(燈缸)까지 발굴되니 이 전언을 바탕으로 하는 한 그 땅의 신성성은 저절로 부각되지 않을 수가 없게 된다.

이 땅이 전세 불지라는 것은 사찰이 들어선 산의 내력을 밝히는 과정에서 흔히 밝혀지는데 금강산(金剛山), 오대산(五臺山), 도솔산(兜率山), 지제산(支提山), 영취산(靈鷲山) 등에 사찰이 있었다든가 불보살이 상주했던 곳임을 확인시킴으로써 창사나 중창은 그만큼 필연적인 일로 인식되기도 했다. 가령 고창 도솔산의 도솔사(兜率寺) 터는 원래 제불보살들이 상주하며 반야(般若)를 설하던 곳이며 천관사(天冠寺)가 들어선 지제산이 석가(釋迦)와 석가(迦葉)이 수도하던 곳이었던 만큼 불사를 일으키고 영구히 불연처로 유지하는 것은 후인들에게 일종의 과제로 남게 되었던 것이다.

과거시기 찬란했던 불흥(佛興)의 현장을 기억하는 이라면 사세(寺勢)가 유지되지 않을 경우 그에 대한 안타까움이란 적지 않을 것이다. 이곡(李穀)은 증언시에서 변산의 도솔사(兜率寺)

---

115) 一然, 상게서 卷5, 「朗智乘雲條」.

가 석물(石物)들만이 간신히 절터임을 일러줄 정도로 폐사의 지경에 처해 있는 것을 본 후 과거 석가(釋迦)와 가섭(迦葉)이 불법을 강하던 장엄상은 더이상 상상하기 어렵게 되어버렸다며 몹시 안쓰러워한다. 산천은 의구하되 불법의 자취는 어디서도 발견하기 어렵게 된 지금, 그는 수행의 겨를도 가지지 못한 채 이미 늙어버린 자신을 책할 뿐이다.116) 하지만 과거 불연지(佛緣地)임을 사적들이 한결같이 환기하려 드는 것은 그곳이 언제라도 홍법(興法)의 도량으로 변할 수 있다는 기대감이 있기 때문이다. 결국 창사시간을 아득하게 소원(遡源)시키는 것은 그 자체가 성현회복의 한 방식이 될 수 있으며 성소 만들기에 기여할 수 있다는 믿음에서 비롯된 것이라고 할 것이다.

전세 불지처로 단정하는 것과 아울러 경전적 내용과 사지(寺址)를 대응시켜 신성성을 강화하려는 것도 사적 찬술에서 흔히 목도되는 서사적 특징이다.

    삼가 상고하건대, 금강산은 고려의 동쪽에 있어서 서울과의 거리는 5백리이다. 이 산의 뛰어남은 홀로 천하에 이름이 있을 뿐만 아니라 실로 불경(佛經)에 실려 있다. 그『화엄경』에 말하길 "동북방의 바다 가운데에 금강산이 있으니 담무갈보살(曇無竭菩薩)이 1만2천의 보살들과 더불어 항상 반야심경(般若心經)을 설법하는 곳이다" 하였다. 옛날에는 우리나라 사람들이 아직 이것을 알지 못하고 신선의 산이라고 지칭

---

116)『東國輿地勝覽』卷34,「扶安佛宇條」.

하였다. 이에 신라 때부터 탑과 절을 증축하고 장식하게 되
어 이제는 사찰이 언덕 골짜기에 가득하다.117)

　금강산은 그저 절승지로서 속가에서나 명성이 높았던 지역이
아니었음을 여기서도 확인하게 된다. 그곳은 이미 『화엄경』에서
언급하고 있는 대로 멀고먼 연원을 지니고 있다. 따라서 금강산
은 고래로 본지수적(本地垂迹)의 사고가 전형적으로 투영된 산으
로 여러 사람들에 의해 지목되어 온 터이다. 산 곳곳에서 석가가
설법을 행하고 수많은 보살들이 더불어 머물렀다고 하니 얼마나
장엄상을 연출하는 현장이었는지는 상상하기 어렵지 않거니와 그
토록 찬란한 역사의 현장을 성스러운 곳으로 경외하지 않는다면
오히려 더 이상한 일이 되는 것이다.
　본지수적 사고가 사찰연기설화에 빈번히 개입되기는 하지만
어느 특정한 산이나 절로 한정되어 적용되는 것은 아니라는 점은
여러 명찰의 창사담들을 일별하는 과정에서 쉽게 드러난다. 위
인용에서 이곡(李穀)은 금강산을 석가의 전세 설법처(說法處)이
자 『화엄경』 속에 형상화된 현장과 일치한다고 밝히고 있는데,
이는 『삼국유사』에서 일연이 오대산(五臺山) 등을 경전 속 배경
과 동일시하고 있는 것과 흡사한 면이다.

---

117) 李穀, 「金剛山長安寺碑銘並書」.
　　 "謹按金剛山 在高麗東 距王京五百里 玆山之勝 非獨名天下 實在之
　　 佛書 其華嚴所說 東北海中 疊無竭菩薩 與一萬 二千菩薩 常說般若
　　 者 是已 昔東方人 始未之知 而指爲仙山 爰有新羅 增飾塔廟 於是
　　 禪龕 遍於崖谷."

본지수적 사상은 특히 『삼국유사』에서 명산 명찰의 내력을 말할 때 빈번히 개입되는 것으로 보인다. 일연(一然)은 오히려 이곡(李穀)의 기문에서 보다 한결 구체적이고 치밀한 사건과 상황을 통해 이 땅이 지닌 불연의 역사를 소원해 나갔다. 우선 진여원(眞如院) 창건설화를 들어 살펴보기로 하자. 이를 보면 신라의 정신태자(淨神太子)와 그 아우 효명태자(孝明太子)가 세속을 피해 오대산 속에 숨어들어 갔다가 지은 진여원의 자리가 원래는 불보살들의 상주처이며 승속간(僧俗間) 공유하는 화락한 도량이었음이 선명하게 드러난다.

> 푸른 빛 방위인 동쪽 대의 만월형(滿月形)으로 된 산에는 관음보살(觀音菩薩)의 진신(眞身) 일만이 항상 있고, 붉은 빛 방위인 남쪽 대의 기린산(麒麟山)에는 팔대보살(八代菩薩)을 우두머리로 한 일만 지장보살이 항상 있고, 흰 빛 방위인 서쪽 대의 장령산(長嶺山)에는 무량수여래(無量壽如來)를 우두머리로 일만 대세지보살(大勢至菩薩)이 항상 있고, 검은 빛 방위인 북쪽 대의 상왕산(相王山)에는 석가여래(釋迦如來)를 우두머리로 한 오백 대아라한(大阿羅漢)이 항상 있고, 푸른 빛 방위인 동쪽 대의 풍로산(風爐山)은 또 지로산(地爐山)이라고도 하는데 여기에는 비로자나(毘盧遮那)를 우두머리로 한 일만 문수보살이 매일 이른 아침이면 36형(形)으로 화(化)하여 나타났다. 두 태자는 함께 참예하고 날마다 이른 아침이면 골짜기 물을 길어다가 차를 달여서 일만 진신(眞身)의 문수보살에게 공양했다.118)

이처럼 오대산의 각 대에는 진신이 항상 머물러 있기 때문에 정신과 효명태자가 진여원 아래 푸른 연꽃이 피어난 터에 각각 암자를 짓기에 착수한 것은 불보살의 상주처(常住處)임을 길이 잊지 않기 위한 데 있음은 물론이다. 불연이 깃든 터임을 입증하는 데 있어 그 내용적 전개는 불상(佛像), 경전 등을 가득 실은 배가 절로 찾아 들어오는 것으로 곧잘 이어지기도 한다. 황룡사(皇龍寺)가 세워지기까지의 내력이 바로 이런 류에 속한다.

> 그 후 얼마 안되어 바다 남쪽에 큰 배 한 척이 나타나서 하곡현(曲縣) 사포(絲浦)에 닿았다. 이 배를 검사해보니 公文이 있는데 말하기를 서쪽 아육왕(阿育王)이 누른 쇠 5만7천근과 황금 3만근을 모아 장차 석가의 존상 3개를 부어 만들려고 하다가 이루지 못해서 배에 실어 바다에 띄우면서 빌기를 "부디 인연 있는 국토로 가서 장육존상을 이루어주기 바란다." 했고 부처 하나와 보살상 두 개의 모형도 함께 실려 있었다. 현(縣)의 관리가 문서를 갖추어서 보고하니 왕은 사자를 시켜 그 고을 성 동쪽의 높고 깨끗한 땅을 골라 동축사를 세우고 그곳에 불상을 편안히 모시게 했다.119)

불상을 실은 배가 마침내 인연처를 절로 찾아든 것인데 이 땅은 선험적으로 아육왕 시절에 이미 불법이 흥할 곳으로 점지되었으며 이제 그 인연을 실현하기 위해서 배가 출항한 것이었다. 주

---

118) 一然, 상게서 卷3, 「溟州五臺山寶叱徒太子傳記」.
119) 一然, 상게서 권3, 「皇龍寺丈六」.

목되는 것은 불교사와 무관하게 하염없이 창사시점을 과거로 소원시키고 있다는 점이다. 불교에서 말하는 삼생(三生)의 흐름에 편승한다면 전세에서 이제 현생(現生)으로 불연의 끈이 지속된다는 점을 밝히고자 하는 의도일 터인데, 따라서 하곡현 사포는 결코 우연히 채택된 공간으로 볼 수 없게 된다. 그곳은 보이지 않는 영험한 존재의 힘에 의해 취택된 터로서 이 땅의 사람들에게 부처에 대한 신앙심을 새삼스럽게 불러오며 필연코 동축사(東竺寺)를 건립하지 않을 수 없을 정도로 깊은 인연이 깃든 곳으로 귀결되는 것이다.

이같은 서사적 전개는 건봉사(乾鳳寺), 미황사(美黃寺), 관음사(觀音寺) 연기설화에서도 방불하게 나타나고 있다. 다수의 사찰터가 이처럼 전세 불지처로 미화되고 있는 것으로 본다면 아득한 과거시기부터 본지수적 사상이 이 땅의 사중들에게 얼마나 깊이 침윤되어 있었는지 헤아리기란 어렵지 않은 것이다.

4.4.3. 고승숭배(高僧崇拜) 사상

사찰 창건담은 특정 당우(堂宇)에 대한 탄생(誕生)과 지속(持續)의 이야기로 요약이 가능하지만 그 이면에는 복합적 사상, 사고가 잠재되어 있다는 점이 살펴볼수록 분명하게 드러난다. 여러 사상 중 또 하나 지적할 수 있는 것이 고승숭배 사상(思想)인데 이는 우리에게 퍽 익숙한 것으로 여겨지는 터여서 오히려 사찰연기설화와 관련지어 깊이 있게 조명되지 못한 면이 있다. 그러나 창사가 주체로서 담론의 주동적(主動的) 존재로 고승대덕(高僧大德) 만큼 결정적 위치를 점하는 인물이 없다는 것을 고려한다면 사찰연기설화의 고승숭배 사상이 여하히 수용되어 형상화되고 있는가를 살펴보는 일은 반드시 필요하다고 본다.

　창사담은 대개 역사적 사실의 기록을 지향하지만 그렇다고 역사에 예속될 정도로 편향성을 드러내지는 않는다. 도리어 사적 등에 보이는 특성은 역사)와 허구(虛構) 사이를 오가는 까닭에 그 경계를 딱히 구분지어 말할 수 없다고 보는 것이 옳을 것이다. 말할 것도 없이 그것은 현실적 안목으로 포착하기 어려운 또 다른 세계에 대한 긍정, 곧 신불적(信佛的) 시각을 아울러 밝히고자 하는 열의에서 비롯된 것이다. 그렇다면 그 영이한 세계로 인도할 가장 구체적인 존재는 불보살 아니면 고승대덕이 될 공산이 높다. 불보살이 비천하고 범상한 인물로 응현하여 속인들의 미망적(未亡的) 안목에 경책을 던지는 이야기가 불교적 깨달음을 투사해 주는 것처럼 고승대덕은 지상의 인간으로서 불법의 세계로 인도하고 부처의 가르침을 사람들을 감화시키는 매개적 존재로 변하게 된다. 불보살과 더불어 고승대덕은 사찰연기설화에서 빼놓을 수 없는 담론적 축이 되는 셈이다.

　사찰연기설화가 성소 만들기를 지향한 끝에 탄생된 산물로 규정이 가능하다면 등장인물로서 고승대덕의 기능적 몫은 그 누구보다 커질 터인데, 성현을 갖춘 인물이라야 사찰도 성현을 반사

(反射)받게 된다는 생각은 아주 오래 전부터 사람들을 사로잡고 있었던 것이다. 많은 사찰들에서 역사적 사실과 분명히 괴리가 나는 것으로 밝혀지는 데도 불구하고 고승대덕을 집요하게 편입시키는 것은 고승이 성현의 반사체가 될 수 있다는 점을 분명히 인식하고 있었기 때문일 것이다.

창사연기설화에 빈번히 등장하는 고승을 든다면 원효(元曉), 의상(義湘), 자장(慈藏), 도선(道詵), 나옹(懶翁), 무학(無學), 지공(指空)들을 우선 꼽을 수 있을 것이다.

물론 이들 외에도 많은 고승대덕들이 사찰창건 또는 중건설화에 등장하는 것을 보게되는데 분명한 것은 언중(言衆)에게 선호되는 고승 순으로 등장 빈도가 높아진다는 사실이다. 삼국시기의 고승인 원효, 의상이 훨씬 후대에 창건된 사찰의 창건주로 등장하게 되었는지 그 연유가 이 대목에서 어느 정도 해명이 될 수 있을 것이다.

이제 구체적 인물을 통해 사찰창건담의 고승숭배 사상의 서사적 형상을 살펴보기로 한다. 워낙 창건주에 속하는 고승이 많은 탓에 여기서는 의상을 비롯한 몇몇 고승을 중심으로 논의를 이어가려고 한다. 의상의 창사담과 관련하여 가장 주목되는 사실은 그가 화엄십찰(華嚴十刹)의 창건자라는 점이다. 이는 『삼국유사』와 최치원이 찬(撰)한 『법장화상전(法藏和尙傳)』 협주를 통해 확인해 볼 수 있다.

	三國遺事 義湘傳敎 條	法藏和尙傳 挾註
1	太白山 浮石寺	北岳 浮石寺
2	原州 毘摩羅寺	
3	伽倻 海印寺	康州 伽倻山 海印寺 普光寺
4	毘瑟 玉泉寺	毘瑟山 玉泉寺
5	金井 梵魚寺	良州 金井山 梵魚寺
6	南岳 華嚴寺	南岳 智異山 華嚴寺
7		中岳 公山 美理寺
8		熊州 伽倻峽 普願寺
9		鷄龍山 岬寺
10		全州 母山 母神寺
11		漢州 負兒山 淸潭寺

　이상 두 가지로 거론되어 온 화엄십찰을 의상이 지었다는 점에 대해서는 회의적인 시각이 우세하다.[120] 의상이 활동한 시대에 비해 창건연대들이 훨씬 하한으로 내려오는 사찰이 적지 않은 것은 의상을 창주로 윤색된 설화를 기반으로 작성하다 보니 그렇게 된 것으로 본다. 그런데 왜 그토록 의상을 창건주로 내세우고자 하는가. 그 점은 앞에서 어느 정도 추단한 바가 있거니와 생존시는 물론 후대까지 전승되고 있는 그의 명성과 성자(聖者)로서의 이미지를 승계하고자 하는 후인(後人)들의 의도가 큰 영향을 끼친 것으로 보아야 될 것이다. 그가 얼마나 예외적인 인간이었던가. 이를 엿보는 데는 의상전교(義湘傳敎) 하나만으로도 부족함

---

120) 한국불교문화연구원, 『한국의 사찰 8-화엄사』, 일지사, 1976, 70면.

이 없을 정도이다. 다음을 보면 의상은 신라권역(新羅圈域)을 넘어 그의 명성이 당(唐)에서 조차 뚜렷하게 각인되어 있었음을 확인할 수 있다.

> 지엄(智儼)은 그 전날 밤에 꿈에 큰 나무가 해동(海東)에서 났는데 가지와 잎이 널리 퍼져서 신주(神州)까지 와서 덮는다. 가지 위에는 봉황(鳳凰)새의 집이 있는데 올라가서 보니 마니보주(摩尼寶珠) 하나가 있어 그 광명이 먼 곳에까지 비치었다. 꿈에서 깨자 놀랍고 이상스러워서 집을 깨끗이 하고 기다리니 의상이 오므로 지엄은 특별한 예로 그를 맞아 조용히 말했다. "내가 꾼 어젯밤 꿈은 그대가 내게 올 징조였구려." 이에 입실(入室)할 것을 허락하니 의상은 『화엄경』의 깊은 뜻을 은미(隱微)한 곳까지 해석했다.121)

선진한 불학을 배울 참으로 당에 들어간 이는 분명 의상이지만 화엄종의 제 2조인 지엄조차도 의상을 조심스럽고 영험한 존재로 대하지 않을 수 없다는 점을 몽조(夢兆)를 통해 앞서 깨달았다는 내용이다. 단순히 신라 권역에서만 성스런 존재로 회자된 것이 아니라 중원(中原) 천지에서도 그 명성은 이미 널리 퍼져 있었으며, 그가 유학한 이후 머문 곳마다 의상 관련 이적담이 파생되어 나왔던 것이다. 그중 선율사(宣律師)와 수도 중에 일어난 일화는 그가 지상의 인간이 아니라 차라리 천인(天人)으로 격상되고 있다는 느낌마저 준다.

---

121) 一然, 상게서 권4, 「義湘傳敎」.

옛날 의상법사가 당(唐)나라에 들어가 종남산(終南山)의 지상사 지엄존자(智儼尊者)에게 가 있었는데 이웃에 선율사(宣律師)가 있어서 항상 하늘의 공양을 받고 재를 올릴 때마다 늘 주방에서 먹을 것을 보내왔다. 어느 날 선율사는 의상법사를 청하여 재(齋)를 올리는데 의상이 자리를 잡고 앉은 지 오래도록 하늘에서 보내는 음식은 때가 지나도 오지를 않았다. 의상이 빈 바리때만 가지고 돌아가자 비로소 천사(天使)가 내려왔다. 선율사가 "오늘은 어찌해서 늦으셨소" 하고 물으니 천사가 대답했다. "온 동네에 가득히 신병(神兵)이 막고 있어서 들어올 수가 없었습니다." 이에 율사는 의상법사에게 신의 호위가 있는 것을 알고 그의 도력(道力)이 자기보다 나은 것에 탄복하고는 하늘에서 보내온 음식을 그대로 두었다가 이튿날 또 지엄과 의상 두 대사를 재 올리는데 청해 그 사유를 자세히 말했다.122)

의상은 이미 국내에서도 금산보개(金山寶蓋)의 화신으로 불려졌으며 역시 아성(亞聖)으로 우러름을 받았던 오진(悟眞), 지통(智通), 표훈(表訓), 진정(眞定), 진장(眞藏), 도융(道融), 량원(良圓), 상원(相源), 능인(能仁), 의적(義寂) 등 조차도 의상을 스승으로 모시는데 허술함이 없었다. 의상은 이처럼 내외 간에 명성을 떨치며 온전히 성자(聖者)의 반열에 올랐던 것이다. 화엄십찰(華嚴十刹)에서 의상을 창건주로 전면에 내세우는 것은 따라서 고승의 숭앙심을 넘어 각 사찰의 성현을 밝히고자 하는 의도와 무관

---

122) 一然, 상게서 권3, 「前後所將舍利條」.

한 것이 아니다. 의상(義湘) 이외 사적에 등장하는 여타 고승의 면모를 일일이 점검할 겨를이 없으나 원효(元曉), 도선(道詵), 자장(慈藏), 나옹(懶翁) 등 이른바 선호도가 높은 고승이 창주로 거듭 등장하는 것도 고승숭배를 통한 사찰의 성소화라는 목적을 이루기 위한 배려로 보인다.

한편 한 명의 고승이 아니라 여러 고승의 자취를 통해 창사의 영험을 확대하자는 전개도 눈에 띄어 주목된다. 예컨대 원효와 의상이 힘을 합해 절을 지었다는 내용으로 창주를 복수화(複數化)하는 경우가 이에 속할 것이다. 물론 원효와 의상은 동시대의 인물이므로 그런 창사설이 역사적 사실과 중복될 여지가 없지는 않다. 하지만 창주(創主)의 복수적 제시는 성현(聖顯)의 효과를 극대화하기 위한 배려에서 나온 것으로 보는 것이 서사적 목적에 부합하는 진단이다.

「대승사고기(大乘寺古記)」에서 "일찍이 고기(古記)를 보니 의상이 공덕산(功德山) 아래에 백련사(白蓮寺)를 지었는데 원효(元曉) 또한 화장사(華藏寺)에 머물고 있었다. 10리의 거리였는데 이들은 조석으로 서로 오갔다. 원효가 의상에게 준 시에 이르기를……"123)라고 한 것이나 운점사(雲岾寺)의 명칭연기에서 "신라 진평왕(眞平王)이 중수하였으니 승(僧) 원효의 도량이었다. 남북쪽에 만향점(萬香岾)이 있는데 원효와 의상이 이 곳에서 강법(講

---

123) 「大乘寺記」.
 "嘗見古記 義湘刱白蓮寺於功德山下 元曉亦居於華藏謝 相距十里許 而朝夕相從 元曉贈四韻詩曰 云云."

法)하였다. 이상한 향기가 풍기어 붙인 이름이다. 본조(本朝) 세종(世宗) 조에 중 성주(省珠)가 다시 중수하였다."124)라고 한 것은 원효와 의상 두 고승의 명성에 기댐으로써 사찰의 역사를 성스럽게 꾸며나간 일례에 해당된다. 이렇게 본다면 두 고승의 인연에 소원하는 것은 세 고승 혹은 그 이상의 고승과의 인연을 나열하여 과거의 영광된 역사를 한껏 과시하는 일도 예상해 볼 수가 있다.

> 신라시대 원효가 불교에 조예가 깊었는데 그 아우인 의상, 윤필(潤筆)과 더불어 이 곳에 초가집을 짓고 오묘한 진리를 공부하였으므로 사람들이 그 산을 三聖이라 했고 기백년 후에 도선(道詵)이 호남(湖南) 영암(靈巖)으로부터 이 곳에 와서 그 옛 절터를 찾아 무성한 초목을 베어내고 정사를 짓고 불상을 설치하고 불도를 닦았다.······원효, 의상, 윤필, 도선, 지공, 나옹, 무학 등이 이곳에 머물렀다.125)

창주는 가능하면 숭앙되는 고승 가운데에서 택하려는 의지가

---

124) 『東國輿地勝覽』 卷39, 「長水佛宇條」.
"新羅眞平王重修元曉道場也 南北有滿香岾 元曉義湘講法於此 異香馥郁 因名之 我世宗朝 僧省珠又重修."
125) 『奉恩本末志』, 「三聖山三幕寺事蹟」.
"新羅時 有元曉善學佛 與其弟義湘潤筆 結茅於是 修其奧旨 人名其山曰 三聖 闕後幾百年 道詵自湖南靈巖來 求其處 剪蕪穢作精室 設像行道 名曰觀音寺········而元曉 義湘 潤筆 道詵 指空 懶翁 無學之徒居焉."

강하게 표출되는 바, 삼막사(三幕寺)의 경우는 창주(創主)를 2명으로 삼는 것도 부족하여 원효 의상뿐만 아니라 윤필대사까지 건사의 주체에 포함시키고 있다. 이렇듯 설화적으로 공인된 고승 원효, 의상에다 윤필대사까지 창사의 주역으로 삼다보니 그 사지 사찰의 영험성과 역사성은 한결 각별한 것으로 인식되지 않을 수 없게 된다. 여기에 창사 이후 다음 시대에도 도선, 지공, 무학 같은 명승과 대덕들이 이곳에 머물렀다는 점을 밝힘으로써 삼막사는 누구든 이의를 달 수 없을 정도의 성소로 인식되기에 부족함이 없는 내용적 조건을 갖춘다.

신령스러운 터는 실제 존재하지 않는다고 해도 과언이 아니다. 다만 어떤 사찰이 명성인을 얻기까지에는 설화적 채색으로서 특정 인물과의 결연을 통해 의미있고 영험한 역사를 구축해 나가는 것이었다. 사찰연기설화가 실제 역사와 적지 않은 괴리감을 갖고 허황한 허구물이라는 비판을 감수하면서까지 이에 집착을 보이는 것은 사찰이 고승의 후광으로 말미암아 성스런 곳으로 탈바꿈할 수 있다는 생각이 앞서기 때문이다. 사찰 역시 인간에 의해 영위되는 공간이므로 사찰 자체를 놓고 성과 속을 판가름하는 일은 부질없는 일이다. 결국 사찰이 성소가 되느냐 그렇지 못하느냐 하는 문제는 온전히 인간의 문제로 남는다. 고승은 속(俗)에서 출발하여 성(聖)에 근접해간 성자(聖者)로 관념된 자이므로 사찰의 성소화(聖所化) 단계에서 가장 쉽게 설정할 수 있는 서사적 매개인으로 채택되곤 하였다.

4.4.4. 산악숭배(山岳崇拜) 사상

한국에서 사찰은 산과 뗄레야 뗄 수 없는 관계로 얽혀있다. 신라, 고려시대처럼 불교가 왕실의 비호 속에 한껏 위세를 떨하던 시절 경주, 개경에는 원찰(願刹)을 비롯한 장엄한 사찰들이 민가(民家)보다 많을 정도였다126)고 하나 이는 특정 지역의 예외적인 풍경이라 해야 할 것이며 대체로 절은 산중에 자리잡게 마련이었다. "사해명산(四海名山)과 승지(勝地)에는 절이 생기고 험하고 높은 산과 바위에는 선암(禪庵)이 나열해 있으며 천하에 불법이 가득 차 있어 봉숭(奉崇)의 정성을 가히 볼만하였다."127) 중국에서 건너온 황제의 사신으로부터 창사의 단초가 마련되었다는「칠장사연기(七長寺緣起)」에 보면, 사신들은 사냥꾼에게 "이 산이 깊고 조용하다면 먼저 절이 있을 것"이라며 과거 절터를 묻는 대목이 나온다. 고래로 사찰이 광활한 터에 건립되기보다 산중에 지어지다 보니 아래 글에서 보는 것처럼 누구든 산과 절은 상호의존적 존재로 보는데 익숙해 있었던 것이 아닌가 한다.

---

126) 權近,「演福寺塔重創記」.
  "寺院塔廟之設 巍巍相望 彌天之下 吾東方自新羅時之季 奉事尤謹 城中僧廬 多於民屋 其殿宇之宏壯峻特者 至于今尚存 一時崇奉之至 可想見矣."
127) 和月子圓一,「七賢山七長寺事實記」.
  "四海名山勝地 梵宇峥嶸 高嶽峨巖禪庵羅列 彌天下佛法 崇奉之誠槩 可見矣."

이 계곡에 든 자는 수마제(須摩題)를 만난 듯하고 그 대(臺)에 오르는 자는 금강대(金剛臺)에 오른 것 같으니 이렇게 하여 중생을 깨우친다면 보제(菩提)를 같이 알게 하는 것이 어찌 멀겠는가. 그렇다면 고을이 산을 얻어 더 유명하고 산은 이 절을 얻어 더욱 아름다우며 절은 이 누를 얻어 더욱 나타나며 누(樓)는 이 호(號)를 얻어 더욱 빛나리니 이것은 소인묵객(騷人墨客)의 놀고 싶어하는 바이며 기묘한 자취 좋은 경개는 모든 진세(塵世)와 영원히 떠난 것이다.128)

여기에서 핵심되는 부분은 "고을이 산을 얻어 더 유명하고 산은 이 절을 얻어 더욱 아름다우며……"라는 구절이다. 이처럼 전통적으로 산과 사찰을 상호 조화·조응의 관계로 인식해 왔다는 것을 엿보게 된다. 우리의 의식 속에 산과 사찰을 동일시하는 관념은 물론 산지가 대부분을 차지하는 이 땅의 지형적 조건에서 비롯된 것일 터이다. 아울러 그것은 이 땅에 산신(山神) 혹은 산악숭배(山岳崇拜) 사상을 남달리 일찍부터 싹 틔우게 만드는 적절한 토양으로 작용했다고 본다.

과거시기로 거슬러 올라갈수록 천지자연에 대한 외경심이 강했던 만큼 산은 우리의 의식세계를 지배하는 중요한 요소로 대두되었으며 그로부터 구체화된 산신신앙은 고등 종교가 수입되기 훨씬 전부터 소박하나마 싹트고 있었을 것이다.129) 따라서 담론

---

128) 成任,「靈隱寺定慧樓記」.
　　"入其洞者 如遇須摩題也 登諸臺者 如陟金剛臺也 如是而感誘衆生 同證菩提者 夫豈遠哉 然則縣得山而有名 山得寺而最佳 寺得樓而愈顯 樓登號而益著 此騷人墨客之所欲遊 而奇蹤勝界 永隔凡塵也"

에 수용된 산악숭배 사상은 구체성을 지니면서 산신, 산신령 등에 대한 풍성한 파생담으로 이어졌으며 전승력을 상실하지 않고 후대로 흘러왔던 것이다. 전승담에서 산신은 불보살(佛菩薩), 이인(異人), 진인(眞人) 등과 더불어 거의 동등한 대상으로 여겨지기도 하며 경우에 따라서는 곤경에 처한 고승이나 범인들에게 조력자로 등장하여 일을 순탄하게 풀어주는 등 사태의 순기능적(順機能的)인 역(役)을 담당하는 것이 대부분이다. 초월적 권능을 내재한 채 불교적 인간을 돕거나 격려하는 이들의 기능은 숱한 장애와 역경이 부수되게 마련인 창사의 과정에서 끝내 낙관적 종말을 기대할 수 있게끔 한다.

불교와 민간신앙의 사이의 습합(習合)을 예증하는 설화는 산신과 고승의 겨루기 양상으로 나타나기도 한다. 『삼국유사(三國遺事)』에 소개되고 있는 진자(眞慈)는 산신의 권위에 비해 초라하게 그려져 있다. 그가 산신령의 위력을 알아채지 못하다가 낭패를 겪었다는 것인데 간단히 말해 흥륜사(興輪寺)의 중 진자(眞慈)는 정작 친견하기를 소원하던 미륵선화가 그 앞에 나타났음에도 그 위신(威神)을 전혀 알지 못하다가 산신령(山神靈)에게서 전날 수원사(水源寺) 문 앞에서 만났던 인물이 다름 아닌 미륵선화라는 사실을 전해듣고 그 미숙한 안목에 스스로 당황하고 부끄러워했다 한다.[130] 이처럼 산신은 조력자로 등장하여 현

---

129) 데이비드 메이슨, 신동욱 옮김, 『산신 ― 한국의 산신과 산악숭배의 전통』, 한림출판사, 2003, 15면.
130) 一然, 상게서 권3, 「彌勒仙花條」.

실파악에 서툴거나 자력으로 사태를 해결할 수 없는 이들에게 현신하여 긍정적인 쪽으로 사태를 유도한다. 흔히 토속민간적인 신격(神格)으로 한정시켜 보게 마련이지만, 불교적 담론에서 산신은 일단 자신의 신격을 기꺼이 사양하면서까지 불법의 수호, 홍법의 터전을 마련해 주는 정도의 조력자 위치에 머무르고 있다는 점에서 주목된다.

> 심지(心地)가 (간자를) 머리에 이고 중악(中岳)으로 돌아오니 중악의 신이 선자(仙子)들을 데리고 산꼭대기에서 심지를 맞아 그를 인도하여 바위 위에 앉히고는 바위 밑으로 돌아가 엎드려서 공손히 정계(正戒)를 받았다. 심지가 말했다. "이제 땅을 가려서 불타의 간자를 모시려 하는데 이것은 우리들만이 정할 일이 못되니 그대들 셋과 함께 높은 곳에 올라가서 간자를 던져 그 자리를 점치기로 하자" 이에 신들과 함께 산마루로 올라가서 서쪽을 향하여 간자를 던지니 간자는 바람에 날아갔다. 이때 신이 노래를 지어 불렀다.131)

인용한 부분만으로는 온전한 파악이 힘들 수 있으나 중악(中岳)의 신이 심지(心地)의 법력(法力)에 감화되어 제자가 되기로 하고 정계를 받았을 뿐만 아니라 심지의 창사소원에 부응하여 같이 절터를 찾아 나섰다는 것이다. 이들이 간자를 던져 사지(寺址)를 점정(占定)하고자 하지만 원래 그곳은 신이 관장하는 곳이라는 점을 잠시 잊고 있었다. 그런데 산신은 은일자중(隱逸自重)한

---

131) 一然, 상게서 卷4, 「心地繼祖」.

채 방관하는 것이 아니라 심지의 심중을 미리 간파한 뒤 직접 나와 온갖 도움을 베푼다. 이것은 산신이 후에 논의대상으로 삼고자 하는 용과 마찬가지로 적어도 호불적 사업에 관한 한 적극적인 조력자로 변한다는 점을 보여준다. 중악(中岳)의 신은 그가 관장하는 땅이 불연처로 변하기를 간절히 바란 나머지 자칫 심지(心地)에게 예속된 허약한 모습을 내비치기까지 하는데 그가 정말 신격(神格)의 위치에 있는 가를 의심할 정도가 되기도 한다. 그러나 산신은 이미 불법 앞에서는 세속적 권위와 위신 따위조차도 다 부질없다는 점을 벌써 깨우치고 있는 일종의 선각자로 보는 것이 옳은 독법일 터이다.

산신각(山神閣)이 경내에 따로 설치될 만큼 산신신앙은 불교신앙과 습합(習合)된 채 또 하나의 독특한 신앙체계를 형성해 온 것이 사실이다. 민중들의 산신에 대한 신앙은 말할 것도 없고 지행(至行)으로 명성이 높던 옹산대사(聾山大師) 같은 고승도 산신각에 단(壇)을 차려놓고 백일기도를 올리며 지성을 다바치는 모습이 승전[132]에 올라 있으며 "치악산 서쪽 원주읍의 동쪽에 절이 있는데 국향(國享)이라 했으며 또다른 이름으로 하보문사(下普門寺)라 했다. 세상에서는 신라 때의 고찰이라고 하나 그것을 지은 이가 누구인지 알지 못한다. 이조시대에 조정에서 절 안에다 치악당(雉岳堂)을 짓고 산신에게 제사를 올린 탓에 국향(國享)이란 이름을 얻었다."[133]라고 한 것을 보면 조정의 차원에서도 산신제

---

132) 趙熙龍, 『壺山外史』, 「聾山大師傳」.
133) 智庵, 「國享寺觀音世音菩薩造成記」.

를 올리기 위해 별도로 당(堂)을 짓고 거국적으로 치제(致祭)를 봉행(奉行)한 것을 알 수 있다. 이처럼 산신은 민중들만에 머물지 않고 조정 내의 신앙적 대상으로 떠올라 거국적으로 봉제행사가 이루어졌던 것이다. 그 연원은 분명치 않으나 불교의 정착에서 토착종교와 갈등 없이 교세를 확장하고자 했던 의도에서 나온 산신과 불교신앙간의 습합양상이 후대에 와서도 그대로 유지된 것이라 생각된다. 결국 사찰연기설화에 나타나는 산신 혹은 산악숭배 의식은 불교수입 이전 토속신앙에 대한 뿌리깊은 전통을 보여주는 한편 신앙적 진앙으로 사찰이 흥법처로 내내 유지되어 갈 수 있게끔 불교 밖에서 신격을 구하다가 마련된 것임을 보여주고 있다.

   산신은 사찰연기설화에서 호불적(好佛的) 존재로 전제되어 주동인물의 약점을 보완하고 나아가 위기에 빠진 긍정적 인물을 구원하는 매개자로서의 역할을 완벽하게 수행하는 인물이다. 민간설화 속의 산신(山神)이 절대적 권위를 지니고 길흉화복(吉凶禍福)을 재단하고 예시하는 근엄한 인물로 그 전형성(典型性)을 보이는데 비해, 사찰연기 속의 산신은 일종의 호법신(護法神)으로 기능한다는 점에 그 차이가 있다. 사찰설화에서 산신이 그토록 빈번히 등장하는 것은 사찰공간이 산에 있다는 현실적 조건 때문이기도 하지만 산을 신앙의 대상으로 영험하게 인식해 온 유구한

   "雉岳山之山西 原州邑之東 有寺曰國享 亦名下普門寺也 世傳爲羅代古刹 而又未知其創者何人也 李朝自朝家 建雉岳堂 於寺內 致祭岳神 國享之得名."

전통이 무엇보다 큰 영향을 미쳤을 것이다.

4.4.5. 용신(龍神) 사상

용(龍)은 동양에서 불교와 관련짓지 않더라도 영험한 동물로 아득한 시기부터 숭앙되고 경원시되어 왔는가 하면 설화 속에서도 다양한 기능과 이미지를 함축한 존재로 부각되어 연구적 흥미를 유발시켜왔다.134) 그렇다면 사찰설화 속에서 용은 어떻게 형상화되고 있는가. 일단 용은 그 기능이 어떻든 간에 사찰과는 결코 괴리시킬 수 없는 존재인 것만은 분명하다. 용과 사찰의 관계가 심상한 정도에 그치지 않는다는 점은 사찰명칭어의 구성요소로 첫째 음절이나 둘째 음절에 용이 나타나는 명칭어(名稱語)가 73개에 이른다는 점만 보더라도 금방 헤아릴 수 있다.135) 적어도 용자가 들어가 있는 사찰들은 어떤 식으로든 용과 어떤 관련성을

---

134) 용신설화와 관련지어 그동안 나온 대표적 연구를 제시하면 아래와 같다. 김문태, 「삼국유사」소재 용 전승연구」, 성균관대 대학원 박사논문, 1990. 박용애, 「신라용신설화연구」, 상명여대 대학원 석사논문, 1989. 유증선, 「용신사상과 설화문학」, 『어문학』 제11호, 한국어문학회, 1964. 이혜화, 「한국용사상의 특성」, 『수여성기열박사화갑기념논총』, 1989. 정혜원, 「설화를 통해 본 용의 신격」, 『서울대 문리 대학보』 14권, 1968. 한순혁, 『용 설화』에 관한 일 고찰」, 이화여대 대학원 석사논문,1979. 홍경표, 「용신설화와 그 상징체계 시고 ― 「삼국유사」설화를 중심으로」, 『한국전통문화연구』 창간호, 한국전통문화연구소, 1985.

135) 여찬영, 「사찰명칭어 연구」, 『어문학』, 62집, 27면

지니고 있다고 보아야 할 것이다.

창사담(創寺談)에 나타나는 용(龍)의 성격은 크게 이분될 터인데 거칠게 나누어 선룡(善龍)으로서의 기능과 악룡(惡龍)으로서의 기능으로 구분해 보는 것이 편할 것이다. 경전에서 흔히 용은 불법을 수호하는 긍정적 동물로 그 존재적 의미가 고착되어 있다시피 한다. 그런데 사찰연기설화에 오면 용은 새롭게 부상하는 불교에 대응하여 기존의 터전을 지키기 위해 저항하지 않을 수 없는, 다시 말해 사찰의 건립 때문에 기존의 터전을 빼앗기는 것은 물론 더 이상 그곳에 머물수 없는 존재로 사람들에게 타기시된다. 그런다면 악룡으로 형상화 되었으나마 동정의 여지가 없는 것은 아니다.

이른바 용과 대결에서 승리하고 창사에 이른 사찰들로 대참사(大懺寺), 불영사(佛影寺), 부석사(浮石寺), 금산사(金山寺), 금룡사(金龍寺), 구룡사(九龍寺), 쌍계사(雙溪寺), 유점사(楡岾寺) 등을 들 수 있을 것이다. 하지만 여기서 간과해서는 안 될 것이 명당을 놓고 벌어지는 용과 불자들의 대결에서 불자는 승리를 거두고 용은 결국 굴복하거나 패퇴(敗退) 당하여 그곳에서 추방되고야 만다는 사실이다. 그러나 용서를 빌고 새로운 인간으로 재 탄생하는 일도 적지 않아 흥미롭다. 즉 많은 창사담에서 용들은 이제까지의 악행을 참회한 후 불보살(佛菩薩), 고승(高僧) 등의 문하에 들어 새로운 인간으로 탈바꿈하는 것으로 줄거리가 선회한다는 것이다. 사찰건립에 동의하지 않았다는 점만 들어 일률적으로 용을 부정적 인간형의 테두리에 넣는 것은 그러므로 적절하지 않은 일처럼 보인다.

　용은 사부대중들처럼 아직 불해(佛海)의 세계가 얼마나 크고 광대한지, 그리고 자신들 내부에 불성의 싹을 지니고 있는지 조차 자각할 겨를 없이 고식적으로 사는 미망(未忘)의 존재에 불과했던 것이다. 이들에게 불자가 될 인연이 있다해도 인연이 성숙되기 위해서는 특별한 계기가 절대적으로 필요했다. 그런데 사찰 점지 과정에서 행패를 부리고 창사를 훼방하는 일, 바로 그것이 부처와의 인연을 발아할 사건으로 전환하여 종국에는 선룡(善龍)으로 탈바꿈하기에 이른다. 그러나 불교에서 보는 이상적인 용(龍)이라면 절실한 계기가 없이도 그 내부에 견지하고 있던 호불적 성향을 싹틔우는 자발성을 갖추고 있어야 한다.

>　조사(祖師) 지식(知識)(윗글에는 寶壤이라 했다)이 중국에서 불법을 전해 받아 가지고 돌아오는 길에 서해 한 가운데에 이르니 용(龍)이 그를 용궁으로 맞아들여 불경을 외게 하더니 금빛 비단의 가사 한 벌을 주고 겸하여 아들 梨木을 주면서 조사를 모시고 가게 하였다. 그러면서 용왕은 "지금은 삼국이 시끄러워서 아직은 불법에 귀의하는 군주가 없지만 만일 내 아들과 함께 본국으로 돌아가서 작갑(鵲岬)에 절을 짓고 살면 능히 적병을 피할 수 있을 것이오."했다. 말을 마치고 서로 작별하여 돌아왔다.136)

---

136) 一然, 상게서 권4, 「寶壤梨木條」.

법사 명랑(明朗)이 신라에 정생(挺生)하여 당(唐)나라로 건너가서 도(道)를 배우고 돌아오는데 바다 용(龍)의 청(請)에 따라서 용궁(龍宮)에 들어가 비법을 전하고 황금 천 냥을 보시받아 가지고 땅밑을 잠행하여 자기 집 우물 밑에서 솟아 나왔다. 이에 자기 집을 희사해서 절을 만들고 용왕이 보시한 황금으로 탑과 불상을 장식하니 유난히 광채가 났다. 그런 때문에 금광사(金光寺)라 했다.137)

용궁은 불교설화에서 아직 불법이 미치지 않았음에도 지상에서 보다 한결 부처의 가르침을 갈구하고 어떻게든 그 세계를 받아들이고자 하는 열의로 가득 차 있는 곳으로 밝혀진다. 이는 불법을 갈구하는 용들이 마침내 당에서 귀국하는 고승과의 접선을 꾀하고 강설을 듣는데서 극명히 드러난다. 떠나는 고승들에게 용궁세계는 대가로 금은보화를 전해주는데 이는 위에서 보듯 작갑사(鵲岬寺)와 금광사를 건립하는 재원으로 요긴하게 쓰인다. 미물이 오히려 세속인들 보다 불법에 높은 관심을 보이더라는 전언은 여러 가지를 함축하고 있다. 용과 인간은 크게 보면 똑같은 공간에서 살아가는 존재들이다. 지상의 인간이 한 발 앞서 부처의 진리에 접하는 행운을 얻었을 뿐이지 용들이라고 해서 격절(隔絶)된 채로 불법의 세례에서 소외된 채로 살아가야 하는 존재는 아니다. 용궁은 지상보다 더 적극적으로 부처의 가르침을 갈구하고 있으며 지상의 불사를 위해 재화를 아낌없이 보시하는 곳으로

---

137) 一然, 상게서 권5, 「明朗海印條」.

그리고 있다. 용들의 적극적인 발심과 고승들의 협조가 어우러지면서 용궁은 오래지 않아 이상적인 불국토의 전형으로 변모하고 있음을 보여주는 설화들이다.

인간이 고식적 안목에 빠져 부처의 진리를 증득(證得)하는 것을 게을리 하는데 반해 용궁(龍宮)에서는 수단을 가리지 않고 불교전파 및 창사에 앞장선다138)는 서사적 축은 쉽게 발견된다. 그것은 상투적 전개에도 불구하고 용에 대한 긍정적 시각을 넘어 경외적(敬畏的) 보시(布施)의 대상으로 인식케 하는 담론적 목적139)을 관철하고 있으며 곧 물 밖의 세인들에게 용은 자연히 괄목할 대상으로 존재 의미가 달라지게 만든다. 불국토(佛國土)를

---

138) 龍宮에서 직접 창사에 참여하는 것은 아니지만 결과적으로 용궁의 보시로 말미암아 창사의 계기가 마련되었음은 연기설화에 흔히 보이는 대응이다. 위에 제시한 鵠岬寺와 金光寺는 물론이고 望海寺 창건설화(『三國遺事』 卷2. 「處容郎 望海寺」)에서도 그대로 적용된다. 여기서 보면 憲康王이 순행길에 올랐다가 용왕이 作亂을 부려 雲霧를 자욱하게 하는 바람에 길을 잃고 난처한 지경에 빠지는 대목이 나온다. 이 경우 악룡으로 인식될 여지가 크다. 하지만 그것은 동해 용왕이 망해사를 지을 셈으로 일부러 획책한 일이었다. 즉 전후 문맥을 연결시켜 보면 동해용왕이 안개를 피워 왕 일행을 곤경에 빠뜨린 것은 이것을 기화로 창사의 약조를 받아내기 위함이었던 것이다. 순리적인 방법이라고 하기는 어려우나 물밖 인간들에 앞서 용궁세계에서 먼저 창사를 발원했으며 그로 인해 사찰이 건립될 수 있었던 것만은 분명하다.

139) 一然, 상게서 권2. 「元聖大王條」.
"靑池는 東泉寺의 샘이다. 절에 있는 기록에 보면 '이 샘은 동해의 용이 왕래하면서 불법을 듣는 곳이요, 절은 眞平王이 지은 것으로서 五百羅漢과 五層塔과 田民까지 함께 헌납했다.'고 했다."

지향하는 용들의 모습은 역으로 불교의 참 뜻을 외면하고 있는 속인들에게 교사의 기능을 수행함은 물론 존숭(尊崇)의 대상으로 바뀌어간다 할 수 있다. 불교설화 속의 용과 민간신앙 속에서 용은 각각의 종교적 차이만큼이나 그 형상을 달리 하고 있으나 불교와 민간신앙이 상호습합적 요소가 강하듯 용의 인물기능은 많은 점에서 그 유사성이 도출된다. 단적으로 말해 용을 초월적 존재로서 상서롭고 지혜로운 존재로 관념해 왔다는 것이다. 따라서 민가에서 용당(龍堂)을 찾아 비를 청하는가 하면 항해의 무사 안녕 등을 빌었다면 사중들은 용의 위력에 편승하여 불법이 수호되기를 염원하며 사암(寺庵)을 지어 그 공덕을 칭양(稱揚)하는 정도로 그 신격을 인정하기에 이른다는 것이다.

5. 폐사연기설화(廢寺緣起說話), 쇠망의 희화적 진단

사찰을 생명을 가진 유기체적(有機體的) 대상으로 파악하려 든다면 기원(起源)과 생장(生長)의 자취가 있는가 하면 쇠퇴(衰退)와 종말(終末)의 자취를 자연스럽게 남기게 될 터이다. 사찰연기란 용어는 그러므로 그런 시종의 흔적을 찾아 이야기로 전할 때 본래 의미에 부합된다고 본다. 사찰설화(寺刹說話)라고 하지 않고 굳이 사찰연기설화(寺刹緣起說話)라고 부르기 시작한 것은 다른 점에서 불교담론 특유의 원인과 아울러 결과까지 밝히고자 하는 인과성을 어느 담론보다 중시할 것이라는 점을 앞서 일러주는 것으로 보아도 좋을 것이다. 그렇다면 사찰의 영고성쇠를 모두 대응시킬 때만 진정한 의미의 사찰연기설화로 일컬을 수 있겠는데 문제는 그런 선례를 찾아보기 쉽지 않다는 데 있다.

객관적 거리를 유지한 채 사찰의 유구한 일생을 고스란히 보여준다는 것은 당초 목표는 될지언정 특히 문헌설화의 경우 폐사의 자취를 설화적으로 형상화 한 예는 눈에 띄지 않는다. 『삼국유사』에 주로 창사담 위주로 사찰설화가 치중해 있다거나 민중들의 설화가 유독 폐사담 위주로 이루어져 있다는 점도 '사찰의 일생'을 온전히 포괄하고 있는 이야기가 그만큼 드물다는 점을 증거해 주는 것이 아닐까 싶다.

윤회하는 삶 전체에 눈을 돌리지 못하고 특정 시간대만을 말할 수 밖에 없었고, 그리하여 창사담과 폐사담 사이에 서사적 층위가 분명하게 드러나는 것도 역사적이며 불교 서사문학적인 현상의 하나로 인식할 필요가 있으며 그에 대해서는 보다 진지한 헤아림과 해명이 요청되는 것이다.

기왕의 연구사를 일별할 때 과문한 탓인지 폐사설화를 포함한 사찰연기설화의 전반에 대한 연구까지 총체적으로 진행한 경우는 찾아보기 어렵다. 사찰연기설화의 연구라 하더라도 창사이야기를 대상으로 했을 뿐이고 설사 폐사설화를 주목했다 하더라도 사찰연기란 범주적 특성을 고려하지 않은 채 진행함으로써 불교설화의 본질을 구명해 내는 데는 이르지 못한 것이다. 그러므로 이후에서는 창사연기설화를 초점 삼아 그에 나타난 민담적 성격과 아울러 사찰문헌설화의 구조·구성·주제에 걸쳐 왜 그토록 절연성 서사적 간격이 강하게 나타나는지를 밝혀나가고자 한다.

5.1. 민중의 의식세계와 현실반영 양상

사찰설화 가운데서도 민중들이 보다 더 관심을 보이는 쪽은 기원에 대한 부분이 아니라 사찰의 종말(終末)과 관련한 부분이다. 창사와 관련지어 언제 누가 어디에 어떻게 절을 지었다는 등의 정보를 담고 있는 '기원(起源) 찾기' 이야기는 신화(神話)와 마찬가지로 절에 대한 담당자들의 신성한 의식, 곧 영험한 역사를 만들어야 한다는 일종의 강박관념에서 자유롭지 못하다는 것을 밝힌 바 있다. 그렇다면 폐사연기설화는 창사연기설화와 어떤 점에서 변별성을 지니는가.

논의를 시작하려는 마당이기는 하지만 폐사연기설화가 창사연기설화와 정반대의 지점에서 여러 가지 대조적인 특성을 구비하고 있다는 점만은 분명히 예단할 수 있다.

설화는 역사의식, 사회현실, 당대이념을 어떤 식으로든 투사하는 담론이다. 따라서 우리는 폐사설화의 내용적 단위를 통하여 창작 당대의 사회적 조건과 이데올로기 등을 간파해 낼 수가 있다. 기본적으로 폐사설화는 불교에 대한 비판적이며, 냉소적(冷笑

的)인 시각을 전제로 하는 이야기에 속하지만 한편으로는 불교계가 봉착한 암울한 상황을 직간접적으로 엿볼 수 있는 통로가 되기도 한다. 조선시대에 들어와 정부적 차원에서 억불숭유책(抑佛崇儒策)이 대대적으로 전개되었으며 승려의 천민화(賤民化), 사찰혁파(寺刹革罷) 등으로 구체화 된 것은 정사에서도 확인되는 엄연한 사실이다.

불교설화 역시 이를 반영하듯 승려와 사찰을 제재로 한 폐사담(廢寺談), 승려(僧侶) 망신담(亡身談) 및 패륜담(悖倫談) 등 주로 부정적 시각을 앞세운 내용들을 포괄하게 되었으며 이것은 불교세의 추락과 일치하는 담론적 대응이었다.

애초 반불적(反佛的) 기치를 내걸고 불교의 폐해 및 승려들의 파계적(破戒的) 행위를 문제 삼은 것은 위정자(爲政者), 사대부(士大夫)들이었으나 후에는 민중들까지 그런 지적에 동조하는 분위기가 형성되었던 점은 주의해서 보아야 할 것이다. 무엇보다 왜 민중들이 불교와 승려(僧侶)에 대해 그토록 희화적(戱畫的) 혹은 냉소적(冷笑的) 시각을 견지한 채 이야기를 일관되게 펼쳐나가는지 의문이 아닐 수 없다. 혹 폐사설화란 불승(佛僧)이나 사찰에 대해 민중들이 지닌 시각에 문제가 없지 않았을까 의문이 앞서는데 대략 궁리하자면 이렇다.

무엇보다 민중들은 사찰과 불승(佛僧)을 존숭(尊崇)의 대상으로 보기보다 부정적으로 형상화 하더라도 어떤 부담도 느끼지 않을 거리에 있었다고 보는 게 옳다. 그들은 사찰과 이해관계를 유지하고 있는 사중(寺衆), 호불유자(好佛儒者)들과 달리 불교와 동떨어진 자리에 위치하고 있었으므로 불교현실과 괴리된 황당한 내용조차도 괘념치 않고 입에 올릴 수 있었다고 보는 것이다. 폐사건(廢寺件)이 대외적으로 퍼져나가더라도 상관할 바 아니며 어떤 책임의식도 갖지 못하는 건 그들의 신분에 비추어 보면 이상한 일이 아니다. 단지 흥미담으로서 사람들의 호기심을 자극하고 즐거움을 선사하면 담론의 몫은 충분히 달성된다는 생각이 그들을 지배하고 있었을 것이다.

승려계층 혹은 사대부들보다도 훨씬 자유롭게 폐사사건을 이야기의 소재로 취택할 수 있게 만든 근본적 동인은 물론 사대부 위정자들이 구축해놓은 억불숭유책(抑佛崇儒策)이지만 그에 대해 민중들의 동의가 있었기에 폐사연기설화는 전승력을 상실하지 않고 폭넓게 전해왔다고 생각된다. 어떻게 보면 반불적(反佛的) 시각을 지닌 식자들이 야담류를 통해 주자주의적 시각을 공고히 한 채 불승과 교단을 비판, 조롱 매도하던 습성을 그대로 잇고 있는 것처럼 비쳐지기도 한다.

하지만 사대부층의 이야기는 구비 전승담으로서 폐사연기설화와 일정한 차이점을 보인다. 문헌설화로서 폐사담은 야담적(野談的) 속성이 강한 반면 폐사연기설화는 민담 영역에 귀속시키더라도 전혀 어색하지 않을 정도로 과장과 허구가 강하게 배어 있다는 것이다.

이는 거꾸로 민담의 담당층이 민중임을 밝혀주는 분명한 지표로 삼을만 하며 민중이 설사 반불적 시각을 지니고 있더라도 양반, 사대부 층과는 또 다른 의식 세계에서 이야기를 창안(創案), 전파시켰음을 보여주고 있는 것이다.

　불교억압의 분위기 아래서 승려들이 천한 신분으로 추락하고 전국 각처의 절이 혁파의 대상이 되면서 불승들의 절망감이 극에 달했을 터인데 이같은 상황을 바라보는 민중들의 시각은 어땠을까. 정부차원에서 진행되는 억불숭유책이 상당한 파급효과를 불러일으킬 때에도 민중들은 이에 대해 예민하게 반응할 필요는 없었을 터이다. 그것은 온전히 타인의 문제였기 때문이다. 하지만 교단, 불승과 일정한 거리를 유지하고 있으며 그 사태를 외면해도 그만일 정도로 내내 이에 대해 무관심했을 것으로 생각되지는 않는다.

　사대부(士大夫), 양반(兩班)들이 선봉에 나서 불교의 폐단과 무위도식 하는 집단으로서 승려들을 거듭 매도하게 되면서 민중들도 이에 동조하게 되었으며 그들의 의식 역시 반불적(反佛的)으로 변해갔을 확률이 높다.

　민중들에 의해 주도된 폐사연기담은 바로 이들의 생각과 시각을 상징적으로 드러내는 적절한 대상으로 지목되는 것이다. 폐사(廢寺)의 현장에 있었던 것도 아니고 불교억압에 대해서도 직접적 이해관계가 없었으나 폐사사건은 이야기의 결말이 아니라 그 결과에 이르기까지의 관심과 흥미를 끌만한 사건에 속한다는 점 때문에 민중들의 비상한 관심을 끌어 모은 것은 아닐까 필자는 그렇게 추단해 본다.

　민중(民衆)들에게 불교와 승려가 특별한 존재로 비춰졌다면 폐사연기설화는 현실성(現實性) 및 역사성(歷史性)을 희석시키는 민담으로 흘러가는 대신 폐사의 경과를 상세하게 전하는 전설로 수용되었을 가능성이 높다.

　내용상 민중이 지어낸 폐사연기설화가 한결같이 등장인물 배경 연대들을 불투명하게 처리하고 있는 것도 민중들의 대불교(對佛敎), 대불승(對佛僧)에 대한 피상적 안목을 잘 드러내 주는 것이 아닌가 싶은데 당대 현실이 적나라하게 투사되지는 않더라도 민중들의 보편적 정서를 헤아릴 수 있는 요긴한 자료라는 점은 수긍하지 않을 수 없다.

　이 가운데 폐사(廢寺) 유형담(類型談)으로서 빈대절터 이야기만큼 민담들의 시각과 대불교적 시각을 잘 드러내는 이야기도 없다고 본다. 빈대절터 이야기는 오로지 대상을 한껏 조롱, 희화하여 재미만 불러일으키면 된다는 생각에서 나온 전형적 흥미담이자 민중의 대불교적 시각을 상징적으로 표출하고 있는 골계담에 속한다.

　승려·불자들을 호의적으로 바라보는 대신 민중들은 때로 날카로운 비수를 감춘 듯 비판적 시선을 골계(滑稽), 해학담(諧謔談)으로 변질시켜 이야기로서의 즐거움을 만끽한 것이다. 이는 민중들만이 누릴 수 있는 특권처럼 보인다.

　일단 민중은 비교적 원거리에서 불교와 불승에 대해 객관적으로 말할 수 있는 입장이었던 만큼 외견상 양반과 사대부의 비판에 쉽게 편승할 수 있었다. 그러나 폐사 담론을 통해서 볼 때 적어도 그들은 억불에 동조하거나 숭유에 대한 일방적으로 지지를 보낸 것으로 보이지는 않는다. 민중들은 폐사 사건을 역사적으로 증언하는 길을 포기하고 오로지 희화적 재료, 혹은 흥미촉발의 제재로서 폐사담에 흥미를 보였던 것으로 파악되기 때문이다.

빈대절터 이야기의 전형적인 전개, 곧 파계적(破戒的) 행위로 얼룩진 절에 어떤 연유로 빈대가 들끓기 시작했으며 견디다 못한 사람들이 절을 떠나게 된다는 줄거리는 거룩하고 성스러운 창사의 연기(緣起)와는 너무나 대조적이다. 이를 보면 폐사는 과거의 기억을 지워버리고 현재의 세속적 풍경에만 초점을 맞춘 이야기라 아니할 수 없다.

폐사연기설화가 연기의 의미를 담론으로 충분히 인식한 것으로 보이지는 않는다. 하지만 순박하고 천진한 폐사의 진단이나마 민중들이 바라본 승단(僧團), 승려(僧侶)에 대한 자기적 발언이자 현실의 투사라는 점을 외면할 수는 없다.

불교적 종지(宗旨)나 승사(僧史)의 구체적 증언을 기대하기는 어려운 가운데서도 폐사연기설화를 통해 우리는 불교에 거는 민중들의 비판적 시선과 함께 여전히 포기할 수 없는 기대치도 엿보게 되는 바, 고승, 이승이 등장하여 넌지시 비도덕적 행위에 대해 경고한 뒤 사라지는 장면 등은 눈 여겨 볼 필요가 있다. 민중들은 계율을 수행하는 것은 물론 승려가 정진수행(精進修行)의

참모습을 구현할 때만이 사찰이 영속될 것으로 보고 있다.

그리하여 폐사연기설화는 성직자의 본분을 일탈하는 승려로 말미암아 사찰이 쇠락하게 되었다며 무엇보다 폐사의 원인을 승려의 비도덕성에 맞추고 있다. 반불적 시각을 우선한 채 지엽적인 문제를 키워 폐사의 명분으로 삼는다는 점에서 이런 시각은 분명 문제가 있다.

하지만 반불적 상황이나 세상의 타락상에 개의치 않고 자신의 길을 가는 참된 승려를 그리워하는 것은 역사 현실적 조건과 무관한 당위적 바람일 수 있다. 민중들은 그러니까 반어적이고 역설적인 담론을 통해서 이상적인 승려의 길이 무엇인지 깨우쳐준 것이라고 해석이 가능하다.

그렇지만 민중들이 스스로 역사, 종교의 본질을 꿰뚫어 문학담론 속으로 용해, 투영시킬 정도의 인식적 지평을 갖추고 있었던가에 대해서는 여전히 확신이 서지 않는다. 설사 사찰연기설화에 민중들의 대불교적(對佛敎的) 인식이 깃들어 있다고 하더라도 사태를 꿰뚫는 날카로운 통찰력이나 위정자들의 내면을 엿보는 정도로까지 담론의 의미가 확장되는 일은 기대하기 어려운 노릇이다.

그렇게 볼 때 폐사연기설화는 기본적으로 지배층이나 주자주의자들이 불교, 승려에 대한 부정적 인식을 승계하고 있는 것처럼 보인다. 우선 절이 망한 내력을 내용적 핵심으로 삼고 있는 취향부터가 그러하며 폐사의 빌미를 정치, 사회적 조건에서 찾기보다는 승려의 사적 행위로 치부해버리는 일은 그들의 인식적 성숙을 의심하게 만드는 측면이 아닐 수 없다.

5.2. 빈대절터 유형의 자료범위와 출현배경

사찰 패망의 근거로 드는 승려의 사적 행위는 대체로 정형화(定型化)된 것으로 나타나며 그것도 상당히 우언적(寓言的)으로 처리되고 있다는 데서 창사담과 극단적인 대조를 이룬다.

이같은 특징을 전형적으로 보여주는 대표적 사례는 소위 '빈대절터' 이야기로 불리는 것들이다. 폐사연기에서 가장 널리 채록되면서 내용과 구성에 있어 상투성을 유지하는 이 유형담은 폐사연기설화의 서사적 특성을 밝혀내는데 있어 아주 요긴한 대상으로 삼을 수 있다고 본다.140)

---

140) 필자는 이미 폐사연기설화에 나타난 民譚性과 빈대의 象徵性을 중심으로 아래와 같은 논문을 발표한 바 있다. 「廢寺설화의 民譚的 속성과 그 의미」, 『한국서사문학사론』, 국학자료원, 1997, 299-324쪽. 「빈대절터 설화의 象徵과 意味」, 『고전의 문학교육적 이해』, 이회, 2000, 221-250면.
이번의 논의 역시 기본적으로 기왕의 두 논문에서 밝힌 폐사담의 담당층 및 그들의 의식세계, 그리고 미학적 특성이라는 논의점에서 크게 벗어나는 것은 아니다. 다만 검토 자료를 보다 보완하여 빈대절터 이외 폐사담의 서사양상을 폭넓게 살피고자 했으며 폐사담 위주의 지엽적 시각을 확장하기로 하고 폐사담의 사회적 출현배경, 중건담과의 대비적 안목을 보완함으로써 폐사설화의 전반적 특성을 밝혀내 보고자 하였다.

필자가 여러 자료에서 찾아낸 빈대절터 유형담(類型談)을 보면 아래와 같다.

인용서	제 목	구술자/주소
任晳宰편, 韓國口傳說話全集, 평민사	1 등명사	김현기/강릉시 교동
	2 감로사가 망한 이유	박경찬/김해시 대저면
	3 단속사	이창규/산청군 단성면 운리
	4 보림사 옛터와 밀양 벌족의 멸손	조성국/창녕군 영산면 서리
	5 빈대로 망한 법화사	조성국/창녕군 영산면 서리
韓國精神文化研究院, 韓國口碑文學大系	6 성국사와 말사가 없어진 이유	양재열/양양군 서면 백암1리
	7 빈대로 폐허가 된 방동산의 절	최덕원/보성군 복내면 복내리
	8 빈대로 망한 보안사의 내력	정순일/화순군 이서면 장학리
	9 빈대 절터	전흥수/장성군 북이면 조양리
	10 빈대로 망한 봉정사	김일현/장성군 삼계면 월연리 부연부락
	11 청연사의 망한 내력	이광희 조유란/영덕군 달산면 대지1동 가질
	12 빈대 절터	박월난/월성군 현곡면 가정2리 갓질
	13 빈대 때문에 망한 절	이춘대/월성군 산내면 외곡1리
	14 빈대 절터	왕정효/의령군 부리면 신반리 현동
	15 자굴산의 절이 망한 사연	전명갑/의령군 칠곡면 외조리 중촌
	16 빈대 절터 옥산사	강대은/안동군 옹천동 옹천
	17 백질바위와 빈대 절터	정동욱/상주군 낙동면 용포리 평오
	18 빈대 절터	원장상/거제군 사등면 어은리 성내
	19 빈대 절터	이석필/거제군 오비리 중촌
	20 빈대 절터	신상진/거제군 하청면 어은리 장곶

인용서	제 목	구술자/주소
韓國精神文化硏究院,韓國口碑文學大系	21 앵록사가 망한 유래	윤종인/거제군 오비리 중촌
	22 빈대 절터	안매화/밀양군 상동면 매화리
	23 빈대로 망한 절	김종만/김해군 녹산면 송정리
	24 감로사가 망한 이야기	서진철/김해군 상동면 우계리 우계
	25 절이 망했다 다시 성한 이야기	김류이/김해군 주촌면 선지리 동선
	26 운천리 빈대 절터	손영권/진양군 일반성면 창촌리 신촌
	27 빈대 절터	이영상/진양군 명석면 신기리 새마을
	28 빈대 절터 대원사	이유수/울산시 신정1동
	29 장천사가 망한 연유	이유수/울산시 신정1동
	30 빈대 때문에 망한 절	김이수/울주군 강동면 구유리 판지
固城文化院,고성군지	31 빈대와 적곡사지	고성군 죽왕리 오봉2리
충청북도,傳說誌	32 금계사	이원식/ 단양군 대강면 사동리
	33 절골과 파계승	허원/ 단양군 어상천군 임현리
旌善郡 旌善의 香史	34 여주로 옮긴 벽절	정선읍 용탄리
襄陽市,양주지	35 영혈사의 영천	양양군 현북면
忠州市, 내고장 전통가꾸기	36 광불거리	충주시
晉州市,昆明面誌	37 서봉사지의 묘	진주시
金海市,가락의 전통	38 명월사의 흥망	김해군
永川郡,내고장 가꾸기	39 봉림사 이건에 따른 전설	영천군
漆谷郡,호국의 고향	40 유학사의 빈대 절터	칠곡군
金泉市, 내고장 우리향토	41 절을 빼앗아 만든 태평재	김천시
原州文化院,원주 原城鄕土誌	42 창대봉과 쥐네미재	원주시

인용서	제 목	구술자/주소
慶山郡 내고장 전통	43 절을 망하게 한 거북돌의 눈	경산군
達城郡 내고장 전통가꾸기	44 귀비사의 유래	달성군
光陽郡, 광양군지	45 옥룡사 전설	광양군
부산북구청, 부산북구향토지	46 운수사의 전설	부산북구청
沃川郡, 沃川香誌	47 신암사의 절터	옥천군
咸陽郡, 天嶺의 脈	48 상사바위	함양군
충청북도 傳說誌	49 빈대 절터	이순봉,이재덕/충북 중원군 주덕면 덕연리

　위에 제시한 사례들이 빈대절터 유형담(類型談)의 총괄적 면 모라고는 하기 어렵다. 하지만 빈대절터 유형담 및 폐사담의 범 주를 헤아려 보는데는 그리 부족한 편이 아니다. 이들 유형에서 드러나고 있는 첫 번째 특징은 설화채록 지역이 전국적 범위에 걸칠 정도로 광포하게 전파되어 있다는 점이다. 여러 지방에서 채록된 것임에도 역사성이나 구체성을 결하고 있다는 점은 다소 의외이다. 역사적 실체가 희미해져 버린 현장에서 얻어낸 이들 이야기는 확인과 실증의 여지가 부족한 편인데 제보자 구술자(口 述者)들이 제시하는 증거물이란 고작 무성한 초목 사이에서 어렵 게 찾을 수 있는 주춧돌, 파석(破石), 기왓장 이외 별다른 것이 없 다. 과거내력에 호기심을 가진 이들을 설득시키기에는 한계가 분 명한 가운데 그나마 가장 핵심적인 증거물로 상투적으로 제시되 는 것이 산석(山石) 사이의 빈대껍질이다.

폐사내력의 중심에 빈대가 있었다는 이야기는 이후 좀 더 구체적 보완적 설명을 요구하는 바, 패악(悖惡) 무도(無道)한 중, 호색적(好色的)인 중을 징치(懲治)해야 할 계제에 빈대가 등장하여 더 이상 절에 머물 수 없게 하니 승은 줄행랑치고 절은 저절로 망해버렸다는 것이 이들 각편에서 가장 널리 적용되는 내용이다. 결과적으로 빈대는 일종의 판관자(判官者), 혹은 징치자(懲治者)의 기능을 수행하는 존재임이 드러난다. 그렇다면 그 상징적 이면에 숨은 실상에 대한 의문이 커진다. 폐사는 비행(非行)을 일삼은 수도승을 벌하는 데 쉽게 떠올릴 만한 징벌이지만 대내외적으로 볼 때 억불책(抑佛策), 왕명(王命), 전란(戰亂), 화재(火災), 궁핍(窮乏), 외환(外患) 따위에서 폐사 사건이 촉발되었다고 하는 것이 훨씬 자연스럽다.

이들 사찰혁파의 결정적 인자들도 다시 정치·사회적인 요인과 천재지변으로 나누어 생각해 볼 수 있는데 그 가운데 선초(鮮初)부터 단행된 사찰혁파 정책은 결정적인 영향을 미친 것으로서 사서(史書)에서도 이런 사례는 얼마든지 확인된다.[141] 물

---

[141] 조선초기 억불책의 선봉에는 太宗이 있었다. 그는 崇儒抑佛策을 주장하는 儒生들의 뜻에 부응하여 이를 정책적으로 강하게 실행하였으니 曹溪宗 摠持宗 70寺, 天台疏字宗 天台法事宗 43寺, 華嚴宗 道門宗 43寺, 慈恩宗 36寺, 中道宗 神印宗 30寺, 南山宗 10寺, 始興宗 10寺만 족속시키게 함으로써 전국 사찰 수는 242개로 줄어들었다. (太宗實錄 卷11, 6年 6月 條) 이외 나머지 사찰의 토지와 노비는 모두 국가에 몰수되어 토지는 軍資에, 奴婢는 官員에 귀속시켰던 것이다. 이외 242개에 포함되지 못한 나머지 사찰들이 폐사의 운명을 맞이하게 된 것은 당연한 수순이었다.

론 엄혹한 불교정책이 시행되더라도 세조(世祖)같이 호불군자가 통치하는 동안은 불사를 적극 장려하는 시책이 펼쳐져 흥법(興法)의 기운이 팽배한 적도 있다. 하지만 호불군주(好佛君主)가 나타나 불교에 관용적 정책을 펼치더라도 그것은 한시적일 현상일 뿐 이미 큰 흐름으로 자리잡은 억불의 분위기를 거스를 수 없게 되었으며 따라서 폐사 혹은 비불적 공간으로의 전용은 피해가기 어려운 일이 되었다. 벌써 고려말 퇴폐적인 일부 왕들은 성소적(聖所的) 의미를 무시하고 사찰을 음주가무(飮酒歌舞)의 유흥처로 삼기도 했다.142) 그나마 그것은 개인적 차원의 훼불(毁佛)사건으로 이해할 수 있다해도 조선시대는 이른바 거국적 차원의 억불책으로서 사찰의 의미를 부정하고 혁파의 대상으로 이를 지목하고 이를 정책에 반영하게 된다. 이렇게 혁파된 사찰은 엉뚱하게 전용되는 일도 흔했다. 당우(堂宇)가 유학자들의 강습(講習)공간 등으로 바뀌는 것은 다행한 일143)이라 하겠으며

---

142) 『高麗史』, 「忠烈王 4년 癸未 八月條」.
　　"庚子(初七日) 元使監丞吾羅古 請享王 王曰 今日須往妙蓮寺 爲樂 吾羅古先至候之 王率二宮人 及晡乃至 登寺北峰 張樂 天台宗僧中照 起舞 王悅 命宮人對舞 王亦起舞 又命左右皆舞 或作處容戲"(8월 7일에 사신 監丞吾羅古가 왕을 향연하기를 청하거늘 왕이 가로되 금일에는 모름지기 묘연사에 가서 즐기자 하므로 吾羅古가 먼저 가서 기다리니 왕이 두 궁인을 거느리고 오후가 지나서야 이에 이르렀다. 절 北峰에 올라 음악을 베풀매 天台宗의 僧 中照가 일어나 춤을 추니 왕이 기뻐하여 궁인으로 하여금 같이 춤추게 하고 왕 또한 일어나 춤추며 또 좌우에 명하여 모두 춤추게 하고 혹은 處容戲를 하기도 하였다.)

143) 成俔, 『慵齋叢話』.

폐사 후 건축자재들이 궁궐보수나 민가(民家)의 건자재(建資材)로 반출되어 버리는 일도 허다했던 것이다.

아울러 인재(人災) 가운데 화재 사건은 폐사(廢寺)의 가장 직접적인 원인이었다. 대체로 절이란 산중에 위치한 데다 목재로 지어진 탓에 화재에 취약하기 그지 없었던 것이다.

사찰의 운영을 어렵게 하는 것으로는 이외에도 사찰재정(寺刹財政)의 악화(惡化), 신도수(信徒數)의 격감(激減), 식수(食水)의 부족(不足) 따위를 거론할 수 있다. 사회외적인 측면을 주목할 경우 임진왜란(壬辰倭亂)144) 등의 외환은 절을 쇠퇴의 길로 돌려놓은 결정적 사건으로 꼽히는 바, 불교사가 결코 일반사와 무관하게 진행될 수 없는 것임을 재삼 보여주고 있는 것이다. 이렇게 본다면 폐사는 사중(寺中)의 문제에서 촉발된 사건이라기보다도 사외(寺外)의 환경, 여건 등과 맞물려 일어난 일로 보는 것

"舊有僧舍 在南湖歸厚署之後岡 世稱一六羅漢 有靈驗 香火不絶 有僧尙雲 居其舍娶妻生子 憲府鞫之 罰僧還俗 移佛像于興天 遂以其舍 給弘文館 分番讀書 名曰讀書書堂"(옛날 절은 호남의 귀후서 뒷산에 있었는데 세상에서 말하길 16나한의 영험이 있어 향화가 그치지 않았다 한다. 승려 상운이 그곳에 머물며 처를 거느리고 자식을 낳자 사헌부에서 그를 국문하고 환속의 벌을 내렸으며 興天寺로 불상을 옮기게 하고 마침내 절을 홍문관에 귀속시키고 독서할 장소로 바뀌었으니 이름을 독서 서당이라고 했다.)

144) 「北長寺事蹟」.
"朝鮮 宣祖 二十五年 壬辰 寺院全部 爲兵火所燒 仁祖二年甲子 唐僧十餘輩漂迫到此 誅茅重建"(조선 宣祖 25년 임진 戰亂중에 절이 모두 불탔는데 仁祖 2년 갑자에 중국 승려 10여명이 표류되어 이곳에 이르러 초목을 베어내고 중건했다.)

이 본질에 접근한 진단일성 싶다.

그렇다면 폐사를 둘러싼 설화적 반응은 어떻게 나타나는가. 위에 제시한 50여 각편 중에서 폐사의 요인으로 사회현실적 조건을 제시하는 이야기는 고작 8개 정도에 머물고 있을 뿐이다. 이들을 차례로 대략 살펴본다면 1은 등명사(燈明寺)에서 내려보낸 쌀뜨물이 동해바다에 유입된 탓에 용왕이 안질을 얻은 것에 대해 세속 왕에게 징벌을 요청한 것이 폐사로 이어졌다는 것이다. 여기 등장한 용왕이나 용궁은 상징적 형상으로 폐사의 직접 당사자라는 점이 흥미를 끈다. 그러나 수부(水府)세계에서 폐사건을 발의했다고 하나 따지고 보면 조선시기 사찰혁파를 단행한 여러 임금과 그대로 대응되는 구조이다. 각편 4, 28, 35, 39는 풍수지리설(風水地理說)을 신봉하는 사람들의 관념과 유리시켜 생각하기 어려운 이야기들이라고 해야 할 것이다.

고래로 사지(寺址)는 어떤 곳보다 명당으로 인식되어 온만큼 이를 가문의 발복처로 만들려는 세도가(勢道家)와 이에 저항하는 불가(佛家)와의 언쟁과 갈등이 상상이상으로 치열하게 벌어졌던 것으로 나타난다. 각편 37의 '서봉사지의 묘', 41의 '절을 빼앗아 만든 태평재'에서 보는 것처럼 터를 두고 발생한 승속간의 분쟁을 상당히 치밀하게 전하고 있는 설화도 발견되는 것이다. 대체로 이런 서사적 전개는 세도가의 횡포를 견디지 못하고 절이 망하는 것은 어쩔 수 없다 해도 그것이 발복(發福)의 단초로 작용하지 못하고 도리어 패가의 빌미가 되었다는 식으로 전개된다.

절터를 빼앗아 발복의 꿈에 부풀어있던 세도가에서 자손이 끊긴 다든가 갑작스런 질고(疾苦)에 시달리다 순식간에 패가의 길에 들어섰다는 점은 비교적 널리 통하는 종말이다. 실제 역사상황을 증거해 주는 경우도 없지 않겠으나 대체로 명당에 대한 탐욕이 양자를 비극에 빠뜨렸다는 교훈을 상기시키기 위한 임의적인 전개가 훨씬 많을 것이다.

이렇듯이 폐사 이야기는 역사, 현실적인 대응을 애써 도외시한 채 대부분의 내용이 상상·허구 아니면 현실의 왜곡으로 흐르고 있어 신성성을 강하게 내재하고 있는 창사연기와 대조적인 모습을 보인다.

전체적으로 49개의 각 편 중에서 40개의 각 편이 등장인물 내용 담당층에 걸쳐서 민담적 서사성을 아주 강하게 드러내고 있는 것을 보게 된다. 반불(反佛), 억불(抑佛)을 기치로 내건 위정자(爲政者), 사대부(士大夫)의 입장을 대변하는 내용이 없는 것은 아니지만 위의 각 편들을 통해 불교에 대한 상층부의 인식세계와는 미묘한 차이가 존재한다.

무엇보다 각 편들에서 주목해야 할 것은 불교, 불승에 대한 민중들의 인식과 태도이다. 민중에게 있어 폐사연기설화는 담론자체의 흥미를 넘어 사회, 불교, 승려에 대한 자신들의 속내를 보이는 의미있는 담론이었다는 점이 판명되는 바, 그 본질에 다가가기 위해서는 이야기의 외연(外延), 내포(內包)를 아울러 신중하게 살피는 안목이 요청된다.

5.3. 빈대의 상징과 그 의미

　민담은 전설에 비해 사회 현실의 풍자(諷刺)·은유(隱喩)·투사(投射)의 여지가 미약한 대신 청자에게 일회적 흥미나 즐거움을 제공한다면 그것으로 족한 이야기이다. 때로는 현실에 대한 풍자에서 출발하지만 등장인물을 너무 엉뚱하게 설정하는 바람에 그 우의성을 쉽사리 간취하기가 어려워지는 것도 민담에서 나타나는 한 특징이다. 폐사설화를 대표하는 빈대절터 이야기는 상투적이나마 절의 패망을 설명해 주는 광포민담에 편입시킬 수 있다. 하지만 빈대절터 이야기는 특정 절의 몰락에 대한 구체적 내력을 원하는 이들의 바람을 애초부터 부질없는 것으로 만든다. 역사 사실담임을 부정하게 하는 장본인은 다름아닌 빈대라고 할 수 있다. 빈대는 여기서 막연히 그 무엇을 상징하고 은유하고 있는 것으로만 추론될 뿐 그 실체가 무엇인가에 대해서는 아직까지 설득력있는 주장이 나오지 않은 형편이다. 따라서 빈대의 상징을 규명하는 일은 곧 빈대절터 이야기, 나아가 구비폐사설화의 본질에 이르는 선행조건이라고 말해도 좋다.
　빈대절터 이야기가 속성상 민담의 영역에 드는 것이라면 그를 수용하고 있는 여타 이야기에서는 이를 어떻게 수용하고 있는가. 이의 점검을 통해 빈대절터를 구명하는데 한 단서를 제공받을 수 있을지도 모른다. 구비전승담 가운데 비교적 채록시기가 빠르고 폭넓은 조사물로 인정되는 『한국구비설화전집(韓國口碑說話全集)』에서 빈대와 관련한 각 편은 4-44의 「이 벼룩 빈대」, 4-163·164「빈대 이 벼룩 파리 모기」, 7-152「이 벼룩 모기 빈대」 등이 있는데 한결같이 물 것 3-4 개를 등장시켜 이들의 생김새와 지혜 겨루기를 핵심 내용으로 삼고 있다. 사람들을 괴롭히는 대표적 물 것들이기에 거부감을 넘어 사람들이 박멸(撲滅)의 대상으로 지목해 왔던 것들이다. 등장인물이 해충인 까닭에 이들이 인물기능으로 설정되더라도 남을 괴롭히거나 속이고 무언가를 갈취하는 악인형으로 그려질 여지가 높다는 것은 당연해 보인다.

하지만 위에 제시한 4개의 민담은 이들의 인물 기능에 초점이 맞춰진 것이 아니라 그 독특한 외양에 대한 민중들 나름의 엉뚱하고 천진한 내력풀이에 해당되는 것이다. 이야기는 오로지 3-4 개의 물 것 사이에서 언쟁과 능력다툼이 번져 현재의 모양을 가질 수밖에 없게 되었다는 점을 보여주고 있다. 발단은 벼룩과 모기 사이의 언쟁에서 비롯된다. 이들의 언쟁 와중에 제 3자인 빈대가 끼어들어 이들의 다툼을 말리다가, 벼룩에게 이는 가슴을 차여 앞가슴에 시퍼렇게 멍이 들었고 모기는 화를 식히지 못한 채 입을 쭉 빼고 있다가 굳어져 버렸으며 빈대 역시 이들의 싸움을 말리다가 밑에 깔리는 바람에 납작한 몸으로 변해버린다.145) 여

---

145) 임석재 편, 『한국구전설화전집』 권4, 164면.
　"이·벼룩·빈대 옛날에 빈대가 저으 아버지 지세벼루기 한테 지세 음식을 먹으로 오라고 청했다. 그래서 이는 벼루기하고 하양 갈라고 벼루기네 집으로 가서 하양 가자고 했다. 벼루기는 "나는 지금 외양간으 쇠뒤엄을 치고 있으니 자네 먼저 가게." 하고 말했다. 그

기서 주목되는 것은 빈대의 위치이다. 처음에 그는 여기서 중개자 내지 조정자의 기능을 자임하고 나선 인물이다. 그렇지만 그도 세 물 것의 다툼 중에 몸이 납작하게 변하는 봉변만 당하고 만다. 여하튼 이 이야기에서 우리는 일상생활 속에서 끈덕지게 자신을 괴롭히던 여름 물 것들에 대한 반감 대신 넉넉한 관용적 시선을 던지는 과거시기 사람들의 천진함을 감지하게 되며 동시에 해충들의 모양새를 흥미로운 상상을 펼칠 담론적 소재로 채택하는 기발한 착상을 엿보게 된다. 각각의 해충이 지닌 생김새에만 흥미를 두었을 뿐 그들이 해충이라는 본질적인 문제는 애써 외면하고 넘어갔던 것은 그만큼 민중들이 너그럽고 낙관적 세계관을 지녔음을 우회적으로 보여주는 것이겠다.

래서 빈대는 이는 먼저 가서 실컷 먹겠다고 먼저 갔다. 가서는 빈대보고 벼루기는 지금 쇠뒤엄을 치고 있어서 바빠서 못올 것 같다고 말했다. 그래서 빈대는 이를 대접했데 이 이란 놈은 욕심이 많아서 벼루기가 먹을 것까지 다 먹어버렸다. 점심때 쯤 되어서 벼루기는 풀떡풀떡 뛰어서 왔다. 이렇게 왔년데도 빈대는 아무것도 주지 않했다. 벼루기는 사람을 지새 음식 먹으러 오라고 청해 놓고 어째서 아무 것도 주지 않느냐고 했다. 그러니까 빈대는 이란 놈이 먼저 와서 너 먹을 것까지 다 먹어 버려서 줄 것이 없어서 못 준다고 했다. 이 말을 듣고 벼루기는 화가 벌컥 나가 주고 이으 등을 발길로 탁 찼다. 그러니까 이는 "야 이놈 봐라." 하면서 벼루기으 뺨을 이쪽 저쪽 마구 후려갈겼다. 벼루기는 "이놈아 어째서 나 먹을 것까지 이한티다만 다 주어서 먹게 했느냐" 하면서 빈대를 발로 콱 밟아버렸다. 이런 일이 있어서 이는 등에 멍이 새파랗게 들게 되고, 벼루기는 양 뺨이 없고 입이 뽀죽하고 온몸이 뻘겋게 되고, 빈대는 납작하게 되었다고 한다."
1943년 8월 평창군 봉평면 창동리 창원동현.

해충(害蟲)끼리의 다툼 이야기를 통해 빈대의 서사적 기능 여부를 간취하고자 했으나 빈대절터 이야기와는 어떤 상관성이나 상징적 호응성도 발견되지 않는다. 빈대의 속성과 의미를 함축하고 있는 또 다른 담론을 찾아보는 수밖에 없다는 생각인데, 이번에는 구비문학 중에서 속담을 택하기로 한다. 속담 가운데 빈대의 존재적 의미를 우의하고 있는 것들을 든다면 아래와 같다.

① 중이 고기 맛을 알면 절에 빈대가 안 남는다. [146]
② 중이 고기 맛을 보더니 빈대껍질이 안 남는다. [147]
③ 절은 타도 빈대 죽은 게 시원하다. [148]

① ② ③은 하나같이 사람들에게 포착되는 위엄있는 고승으로서의 면모는 커녕 파계적(破戒的) 사고나 행동을 지닌 승려들을 비웃고 폄하(貶下)하기 위한 의도에서 생겨난 비롯된 것으로 여겨진다. 청결(淸潔)도량으로서 사찰 안에서 육식을 금하는 것은 물론이려니와 스님은 누구보다 앞장서 수범을 보여야 마땅하다. 그러나 그런 상식이 허물어지는 경우 분명 비난을 감수해야 한다. 사람들은 위와 같이 짧은 속담을 통해 승려들의 파계적 행위를 기롱하는가 하면 날카롭게 비판을 우의화하여 표출하였다.

특히 ① ②는 승려의 파계적 행태를 비웃어 보자는 의도가 적

---

146) 원형섭 편, 『우리속담사전』, 세창출판사, 1993, 576면.
147) 원형섭, 상게서 578면.
148) 원형섭, 상게서 610면.

절하게 갈무리되어 있다. 육식을 금하는 것은 물론 산 것은 미물(微物)일지라도 삶을 도모해줘야 마땅한 성직자가 직분을 다하지 못하는데 대한 냉조적(冷嘲的)인 시선이 극명하게 포착된다. 이에 비해 ③은 좁디 좁은 승려의 마음을 비판적 대상으로 삼는다. 작은 것에 집착하여 보다 큰 것을 놓치고 마는 것은 인간 누구나가 가진 속성의 하나라 하더라도 초점을 승려에게 맞춘 것은 상당히 의도적이라 할 수 있다. 필시 조선시기 반불적 풍조가 휩쓸 때 등장한 속담이 아닐지 싶다. 이렇듯이 빈대를 소재로 삼는 것이 여럿 있으나 역시 빈대절터에서의 빈대의 상징, 기능과 관련하여 어떤 시사점도 제공받을 수가 없다. 물것들의 외양(外樣)을 희극적(喜劇的)으로 풀어내는 것이나 속담 속에서 빈대를 肉의 상징으로 처리하고 있는 점에서 진지한 이야기라고 말하기는 어렵다. 속담에 반불적(反佛的) 시각이 숨어있는 것은 분명하지만 빈대는 '육(肉)'을 함의하는 선에서 그칠 뿐이다.

 새삼스럽게 발견한 것이지만 이제 우리는 빈대절터에서 빈대야말로 사회성(社會性)과 역사성(歷史性)을 결부하여 풀어야 할 존재가 아닌가 하는 생각이 든다. 빈대절터 이야기는 민담인 것은 분명하나 앞의 경우와 달리 사회현실을 조응하는 민중의 시각을 떠나서 빈대의 의미를 파악하고자 한다면 빈대의 실체는 더욱 오리무중에 빠질 것 같다. 빈대절터 이야기가 설명적(說明的) 전설처럼 특정 사찰의 역사와 현장을 투명하게 보여주는 상징적 담론의 기능을 수행하고 있는 것은 아니지만 인물적 기능과 사건전개 상 과거시기 숭유(崇儒)와 억불(抑佛)의 사회상을 투영해 주는 분명하게 간취할 수 있는 것이다.

폐사연기에서 빈대는 우연히 출현한 것으로 그려지고 있으나 전개상 그것이 출현하는 시점은 한결같다. 즉 불승이나 사찰에 대한 징벌을 누구나 할 것 없이 간절히 원하는 시점에 도달했을 때이다. 징벌의 빌미를 제공한 이는 불승(佛僧)인데 그는 몹시 타락해 있거나 비도덕적 행위를 서슴없이 행한다는 공통점을 지닌다. 그들의 행위를 구체적으로 말하면 신도를 욕보이는가 하면 재물을 탐하고 술과 고기를 아무렇지도 않게 먹으며 신도들의 출입조차 귀찮아하는 등149) 그 사례는 얼마든지 열거가 가능한데

---

149) 임석재, 상게서 권10, 27면.
"금해군 상동면 유차리라 카는 마실에 옛날에 감로사라는 큰 절이 있었다칸다. 이 절터에는 장류수라는 물이 흘르고 있었다. 이 물을 마시문 심이 세여져서 장사가 되는 물이였다. 그래서 이 절으 주은 이런 물을 나마중 마시여서 심이 세었다. 이 물으 낙동강으로 흘르드가고 서울에까지 흘러갔다는 말이 있었다. 이절으 중들은 심이 세서 장사이기 때문에 절 근처에 사는 백성이 지여논 농사물을 거져 빼어가고 부자집 재산을 마구 털어가기도 하고 절 앞으로 지내가는 신혼한 신행하는 신부를 붙잡으다가 욕보이기도 했다. 그리고 이 절에는 많은 손들이 찾어와서 이 손들을 접대하이라고 매우 번거러워서 애를 먹기도 했다. 그래서 일반 사람들이지 절이 망하기를 바라고 절에서 손임들은 찾어오지 않했으문 원했다.
그러던 중 어느 날 한 도사중이 왔다. 이 절의 주지중은 이 도사중하고 이야기 저 이야기하다가 절에 손임이 마이 찾어와서 번거로워서 몬 전디이 사람이 안찾어오게 할 방법이 없는가 물었다. 절이나 사가나 손임이 마이 와야 그 절이나 사가나 잘 되는 법이디. 사람이 안찾어오는 거로 바래는 거는 안 되는 말이라. 도사중

앞의 도표가 확인시켜 주는 것처럼 어느 것을 징벌의 명분으로 삼더라도 부족함이 없을 정도이다.

그런데 누가 과연 승려를 징벌할 수 있는가 하는 문제가 발생한다. 현실적으로 파계승을 치죄한 사례는 사서(史書)에서는 분명히 왕 혹은 조정으로 나타난다. 구체적으로 왕(王)이나 관료(官僚), 양반(兩班) 등은 파계승을 처벌할 위치에 있으니 이들에 의해 징치(懲治), 제어(制御)가 이루어지는 게 이치에 맞지만 정작 폐사연기설화에서는 빈대에게 그 판관과 재결의 권한이 위임되고 있다.

성직자(聖職者)로서 그 본분을 잃고 범인보다 못한 행태를 보임으로써 그 처벌이 불가피해지지만 여타 사건 상황 인물이 현실성을 지니고 있는 것과 비교한다면 급격하게 서사논리적 층위를 상실하는 대입이 아닐 수 없다. 심각한 사안임에도 불구하고 지나치게 징치 대목이 희화되어 나타난다는 것도 담론의 큰 약점이다.

그러나 다시 민담의 서사적 성격을 살펴본다면 그토록 터무니없는 설정이었던가 묻지 않을 수 없다. 민담은 전하는 이나 듣는 이나 진실에 바탕을 두었다고 생각하지 않는다. 비합리적이고 허

은 절에 사람이 안쫒어 오게 하는 방법은 쉬웁다. 인부 삼십 명만 돌라캤다. 도사주는 인부 삼십명을 데리고 그 근방으 연꽃밧을 다 메꾸었다. 그랬더이 다음날 부터 절에 사람이 안오게 댔다. 그리고 절에는 빈대가 마우 들끓어 중들이 살 수가 없어 마카 다른 디로 가서 그리고 절은 망하고 말었다."
1931년 12월 김해군 대도면 박경찬(30세, 남).

구적인 이야기로 일회적 즐거움과 호기심을 충족시키면 그 담론적 소임은 완수된다고 여길 뿐이다. 민담에서 현실성을 요구한다는 것은 이처럼 어울리지 않는 짓이다. 이런 민담의 특성에 비추어 사찰연기설화에서 파계자에 대한 징치자로 빈대를 내세운다고 해서 어이없는 일로 치부해 버려서는 도리어 곤란한 일이다. 오히려 빈대를 등장시킴으로써 해학과 풍자적 성격이 한층 강화되는 결과를 가져올 수도 있다는 생각마저 갖게 하는 것이 빈대절터 이야기이다.

 해충(害蟲)의 하나인 빈대가 파계자에게 징벌을 내리는 바람에 절이 쇠망에 이르게 되었다는 것은 실제적 권부(權府)의 상징인 왕을 부정하는 측면이 없지 않다고도 하겠는데, 직선적 부정이 아니라 희화적 존재인 빈대를 지존의 자리에 올려놓음으로써 우회적으로 세속의 왕을 부정하는 효과를 얻어낸다고 보는 것이다.

 빈대의 판관적(判官的) 기능은 민중들이 과연 폐사사건을 어떻게 받아 들였는지 그 속내의 일단을 헤아려 보는데 있어 일차적 지표가 된다.

 왜 민중은 파계(破戒) 폐사(廢寺) 같은 일이 불승(佛僧)에게는 중차대한 일임에도 불구하고 무심하게 입에 올리고 쉽사리 제재로 삼기를 즐겼으며 끝내는 사찰의 존폐(存廢)를 결정하는 핵심적 위치에 빈대를 대입(代入)하는 단계까지 나갔던 것일까. 빈대의 인물기능적(人物機能的) 적용은 구체성을 지향하는 이야기로서는 치명적 약점일 수 있으나 다의적 해석을 가능하게 해주는 대의물이라는 점에는 이론이 있을 수 없다. 무엇보다 주동인물에 빈대를 포진시킴으로써 폐사연기설화는 순박하고 단순한 차원의 내용적 전개에 머물지 않는다는 점을 비유적으로 밝히는데 상당한 효과를 거두고 있다고 말할 수 있겠다.

사회적으로 폐사는 충격과 긴장을 불러오는 사안이 아닐 수 없었다. 하지만 폐사연기설화의 담론적 분위기는 대체로 밝은 편이다.

이는 사회적 의미를 수반한 소재마저 흥미와 재미를 동반한 이야기로 변용하고자 하는 민중 특유의 속성에서 나온 결과이겠으나 보다 구체적으로 적시할 때 빈대를 주동인물로 안치했기에 가능해진 일로 보인다.

빈대는 민중들이 고안해낸 가장 특이한 인물 기능적 존재로서 겉으로는 웃음부터 촉발하는 희화적 존재로 비치는데 비해 실제로는 권력자, 위정자를 제치고 폐사를 냉혹하게 집행하는 권능자라는 양면적 형상을 지니고 있다.

5.4. 유형적 갈래와 서사원리

폐사연기설화는 다양한 하위 유형이 가능하겠으나 폐사의 원인을 제시하고 그것을 도덕적이며 윤리적인 차원의 교훈으로 직결시키고자 하는 내용적 범주를 벗어나지 않는다. 윤리적 주제를 앞세우고 있다는 점은 폐사연기의 담론 전개에서 가장 중요한 핵이 되고 있는 것이다.

브레몽은 이야기는 인물의 윤리, 혹은 비윤리적 행위에 근거하여 그 전개방향이 결정된다고 보았는데 이런 서사구성 원리는 폐사연기의 하위 갈래를 정하는데 한 지표로 삼기에 아주 적절하다.

브레몽이 말하는 단위는 구조적 접근이라는 점에서 Propp의 기능, A. Dundes.가 k. pike의 용어에서 따온 모티핌(motifeme)과 대응된다고 할 수 있다. 그러나 브레몽의 구조적 모델인 악화(惡化, Detorioration), 개선(改善, Iprovement), 비행(非行, Unworthiness), 처벌(處罰, Puninshment), 선행(善行, Merit), 보상(報償, Reward) 등 윤리적(倫理的)인 의의(意義)에 근거를 두고 6개의 기능을 만든 점을 그 특색으로 하고 있다.[150]

폐사담은 빈대절터 이야기에서 보는 것처럼 단순하게 폐사로 이어지게 된 결과만을 플롯이 약한 채로 이야기되는 게 대부분인 것이 사실이나 예화(例話) 가운데는 폐사에 이르게 된 까닭을 불승(佛僧)이나 주변인들의 파계적 행위나 반불적(反佛的) 태도에서 찾는 경우도 적지 않다. 따라서 윤리적 의의에 근거하여 기능을 마련한 브레몽의 구조적 모델이야말로 폐사연기설화를 가름하는데 더 없이 적절한 모델이라고 여겼고 본고에서는 이를 준용해 유형화의 기준으로 삼기로 한다. 기능결합을 표시할 때는 단어의 첫 알파벳을 따다 표시하였

---

150) 金和經, 『韓國說話의 硏究』, 영남대출판부, 1987, 38-39면.

다.

　　◇단순형(I-D)
　　각 편 : (3, 8, 10, 12, 13, 14, 15, 16, 17, 18, 19, 22, 23, 25, 26, 30, 42, 47)
　　기능 요약 : (승려와 신도가 늘어나면서 절이 점차 번창했다. ― 갑자기 빈대(쥐, 지네)가 들끓으면서 신도가 끊기고 중들도 절을 떠났다.)

　　◇복합형(I-U-P-D)
　　각 편 : (2, 6, 9, 11, 24, 28, 29, 31, 32, 33, 38, 39, 43, 46, 49)
　　기능 요약 : (많은 스님과 신도를 가진 절이 있었다. ― 스님들이 찾아온 부녀자를 희롱하고 신도들이 찾아와도 귀찮게만 여겼다. ― 스님 중의 하나가 신도를 줄이기 위해 낯선 이가 일러준 대로 산의 穴을 끊는다. ― 빈대를 참다못한 나머지 신자는 물론 스님들도 절을 떠났다.)

　　◇변이형
　　1) D-I-P-D
　　각 편 (7, 27)
　　기능 요약 : (빈대가 들끓어 절이 신도와 스님들이 떠나간다. ― 시주해서 중창(重創)시키려고 애쓴다. ― 빈대를 끝내 퇴치하지 못하고 스님이 죽는다.-절이 망한다.)

　　2) D-R-U-P-D
　　각 편:(5, 35, 40)

기능 요약 : 식수(食水)(양식(糧食))가 부족해서 절이 기울어져 간다. — 스님이 간절히 기도하자 꿈에 이인이 나타나 샘터(미혈(米穴))를 일러준다. — 충고를 무시하고 물길을 갈라 다른 절에 대준다.(미혈(米穴)을 넓혀 쌀을 더 받으려 든다.) — 물이 줄어든다.(쌀 대신 피나 빈대나 냉수가 나온다.) — 절은 기울어지고 스님은 떠난다.

3) U-W-P-D
각 편: (1)
기능 요약 : 큰 절에서 뜨물을 동해에 흘려보냈다. — 용왕(龍王)이 이 때문에 안질(眼疾)에 걸린다. — 용왕이 임금의 꿈에 나타나서 뜨물을 흘린 자를 처벌하라고 명한다.-임금이 큰 절을 폐사시킨다.

4) M-U-P-D
각 편: (25, 44, 48)
기능 요약 : (노승이 강에 투신한 과부를 구해준다. — 노승과 과부가 불륜의 관계를 맺는다. — 마을 사람들이 이들을 쫓아내려고 벼른다. — 갑자기 절이 사라지고 두 사람도 증발한다.)

절의 쇠망에 따른 자초지종이 다양하게 펼쳐진다 해도 경우의 수는 일단 단순형(單純型), 복합형(複合型), 변이형(變異型)으로 나누어질 수 있다고 본다. 사건의 단초와 중건과정이 어찌 되었든지 간에 전개 부위는 평온하던 절(I)이 점차 사태가 악화되는 방향(D)으로 흘러가는 I-D 구조로 단순화 된다. 단순형으로 불러 마땅한 이 구조는 폐사담 중 가장 비중이 높은 것으로 전국적으로 널리 퍼진 빈대절터 이야기 대부분이 이에 속할 정도이다. 대체로 폐사지 인근에서 채록되는 이 유형담은 자체 논리보다는 증거물을 통해 그 신빙성을 주장하려 든다. 즉 제보자는 청자(聽者)에게 과거 '절터', '절골'로 불리는 곳의 어릴 적 답사를 떠올리며 지금도 폐사지에서는 빈대껍질을 쉽게 발견할 수 있다는 점을 특별히 강조하게 된다.151)

하지만 그런 자신의 체험이 곧바로 청자(聽者)를 수긍시킬 수 있을지는 의문이다. 무엇보다 내용상의 구체성이 결여됨으로써 의문을 풀어주는데 미약하다는 점 때문인데 절터에 대한 기억,

---

151) 「빈대로 폐허가 된 방동산의 절」, 『韓國口碑文學大系』 6-12, 694-695면.
"복내면 진동일 방동산이라는 산속에 가서 옛 절터가 지금도 남어 있습니다. 그래 중이 그 절에서 살고 있다가 어째 빈대가 많았던지 빈대에 못이겨 시주집으로 찾아 내려와서 시수를 많이 받아가지고 도로 준수를 해볼가. 그러고 모탱이 짚은 곳에 도로 빠져 죽어부렀답니다. 아! 그러자 우리들 복내 면민이 가서 보니가 참말 빈대가 많이 있어요. 그래 지금까지도 그 돌만 떠들면 절터에는 빈대가 지금도 남어 가지고 있답니다."
「빈대절터」, 『韓國口碑文學大系』 7-1, 386-387면.
"요새는 몰라도 우리 클 때는 그칸다. 돌 기왓장을 들시이 빈대로 여겨 있단다. 옛날에는 절이 있었던 모양이라. 빈대로 빠짝 마른 빈대 있단다. 예전에 복골 절이 있었는가(청중 절이 있었이이 그렇지) 붓골 절터듬이라 크는데 그기 그렇다는 소리가 나메 우리 어릴 때 그러데 구들장 떠러 가그덩. 구들장 떠로 가면, 빈대가 말라가 하얀 빈대가 싹싹."

창건주(創建主), 그리고 폐사(廢寺)에 이르게 된 구체적인 내용을 생략한 채 무조건 빈대가 들끓어서 스님이 떠나고 절 역시 오래지 않아 허물어져 버렸음을 강조한다. 이는 단순형 이야기의 전형적 전개이다. 그러나 핵심적 사항의 전제가 없이 오직 돌 밑에 깔린 허연 무엇인가를 들어 빈대껍질이라고 하는 것은 사사(寺史)에 대한 이야기치고는 설득력이 미약하다. 이야기의 응결력을 기대할 만한 원인과 결과담을 개입시키지 않고 이야기가 왜 이토록 단순하게 전해지는가. 아마도 이야기가 실제 역사와는 상당히 거리가 동떨어진 후대에 정착된 때문에 일어난 일로 우선 유추해 본다. 비교적 상세한 폐사내력담이 원래 따로 전해왔었는데 세월이 흐르면서 원형이 골격을 상실하게 되는 바람에 골격만 갖춘 기이하고 엉성한 초현실담으로 전락했던 것으로 보아야 할 것 같다. 이런 상황에서 제보자들은 폐사지의 확인과 함께 그곳에 잔존하는 빈대껍질을 제시하는 것으로 동인이 부재한 채 폐사 결과 만을 앞세우는 빈대이야기의 비논리성을 벌충하고자 애쓴 것으로 보인다.

복합형(複合型)은 원인과 결과 사이에 한결 구체적인 사건 등이 개입된 경우를 가리킨다. 삽입부분은 역시 승려들의 방종과 태만 따위를 지적하는 것으로 승려의 욕망에 동조하는 또 다른 인물의 출현과 조언을 얻어 사태가 긍정적으로 전개될 법도 하나 결과는 정반대로 나타난다. 홀연히 나타난 승려나 이인은 빈대절터 이야기가 아니라도 설화에서 이인의 권고대로 일을 처리한 것인데도 한층 사태가 악화되는 쪽으로 진행되어 간다. 이에 등장하는 이인(異人), 상제(喪制), 고승(高僧) 등 낯선 인물들의 조언 이후 패덕한 중의 징치로 귀결되는 것에서 보면 이들은 곧 빈대절터 이야기의 빈대와 같이 판관의 위치에 서 있는 인물로 판명된다. 그들은 비도덕적이고 퇴폐적인 행위에 경고를 보냈지만 승려들이 재물탐, 나태함, 빈객(賓客)의 소홀함을 끝내 고치지 않자 징계자로서 그 역할을 수행하게 된다. 물론 복합형에서는 그들은 빈대와 달리 이인·고승 등의 구체적 형상을 보이기는 하지만 그들은 중생의 제도(濟度)에 목적을 두었다기보다 징치의 대상으로 지목되었음에도 반성할 줄 모르는 파계승이나 패덕자를 벌주기 위해서 급히 투입된 영험한 존재들이라 해야 할 것이다.

　변이형(變異型)은 화해롭고 안정되게 유지되던 현실이 갑작스럽게 악화되어 버리는 이야기인데 사태를 진정시키고 개선시킬 여유가 있었음에도 충고를 무시하다가 파국에 이르는 사람들의 과오를 보여주고 있다. 변이형 중 1을 제외한 2, 3, 4는 빈대절터가 보여주는 단순성과 달리 통합적 해결과 비교하여 현실적 인식을 어느 정도 보여주고 있다는 점에서 주목된다.

　앞서 거론한 대로 현실적 시각에서 본다면 승려 한 사람의 파계적 행위가 절이 망하게 된 빌미의 전부라고 보는 것은 대승(對僧), 대불(對佛)에 대한 인식이 지나치게 과대 포장된 것이 아닐 수 없다.

　예화(例話) 2, 3은 다른 것들이 지닌 내용과 여러 점에서 차이가 분명하게 드러나고 있다. 2에서는 경제적 위기를 문제 삼는다. 식량이 부족하여 절을 유지해 나가기도 힘든 상황에 처하자 스님 (호불자(好佛者))이 부처님에게 지성으로 기도를 올린 것이 효험을 발휘하여 몽중(夢中)의 이인(異人)이 샘터(米穴)를 일러주는 행운을 얻었다는 것이다. 물론 여기에는 빈한한 사찰이나마 어떻게든 보전해나가려는 승려의 피눈물 나는 정성이나 신자의 간절한 청원이 전제되었기에 가능했던 일이었으니, 현몽은 일종의 보응현상과 다를 것이 없다. 그러나 어렵게 극복한 위기가 조만간 다시 몰아닥쳐 불행하게도 앞서의 상황으로 되돌아가고 만다. 즉, 물이며 쌀 등을 절제(節制)해서 쓰라는 이인의 충고를 귀담아 듣지 않고 필요 이상으로 낭비를 일삼다가 물 대신 피, 쌀 대신 빈대가 출몰하는 황당한 일을 당하고 만다. 변이형은 이처럼 순환적 구조를 특징으로 하고 있으며 단순형이나 변이형에서는 찾아볼 수 없었던 순환적 전개방식을 취하고 있음이 드러난다.

하지만 변이형과 다른 유형의 가장 본질적인 차이점은 폐사의 결정적 소인(素因)을 산중의 환경이나 경제적 조건에서 찾고 있다는 것이다. 이것은 폐사의 원인 중 퍽 사실적인 배경에 근거한 것이라고 하지 않을 수 없다. 조선시대에 들어서서는 특히 무명 사찰을 중심으로 궁핍함에 시달리는 것은 물론 사세마저 유지할 수 없는 지경에 빠지는 일도 부지기수로 나타났다.[152] 이에 대해

---

152) 李陸이 지리산을 유람하던 중 포착한 풍경은 조선시대 외딴 곳에서 절을 유지해 나가기가 얼마나 힘들었던가를 적나라하게 증거해 주는 예로 삼을만 하다.

서는 여러 가지 이유를 제시할 수 있겠으나 사찰혁파(寺刹革罷), 전란(戰亂), 풍수해(風水害) 등의 재난과 함께 단월(檀越), 신도(信徒)의 감소 등이 절의 쇠락을 부채질하는 큰 요인들로 작용했던 것이다.

하지만 변이형(變異型)에 나타나듯 일차적으로 영험한 힘에 의해 절대적 궁핍을 벗어나는가 싶더니 다시 절은 몰락의 지경으로 빠져든다. 이같은 상황전개에서 주목할 것은 그런 파국을 불러온 결정적 요인을 경제·사회 외적인 측면이 아니라 사중들의 나태함, 탐심 등 마음까지 포괄하는 넓은 의미의 비도덕적 행위에 두고 있다는 점이다. 후반부는 앞서 단순형이나 복합형에서 자주 보아온 대로 윤리의 부재나 정치적 조건과 무관하게 승려 일인(一人)에 책임을 전가하는 식의 전개에 불과한 것이라 해도 과언이 아니다.

그런데 구비폐사담 중에서도 등명사 설화는 예외적인 경우가 아닌가 한다. 다시 말해 이 각 편은 어느 것보다 정치 현실을 두드러지게 반영한 사례로서 오히려 인물중심적 전개로 일관하는 다른 이야기들과 구별 지어 읽어야 할 것 같다.153) 물론 이야기의

"在山之絶頂香積等 諸寺皆覆木板 無居僧唯靈神 用陶瓦 然居僧亦不過一二"(산꼭대기에 위치한 香積寺 등 여러 절이 나무판으로 지붕을 하고 있으며 머무는 스님도 없었다. 오로지 靈神寺만 기와를 얹었는데 그곳도 머무는 스님이 한 둘에 그쳤다.) (李陸,「遊山記」).
153) 임석재, 상게서 권10, 평민사, 27면.
"강릉시에서 남쪽으로 한 사심리쯤 가면 강동면 정동진(난안)의 궤방산 기슭에 옛날에는 등명사라는 큰 절이 있었다고 한다. 이

외피(外皮)는 현실과 대응될 여지가 높지 않으나 이면적으로 현실을 반영하기 위한 상징적 양태가 여러 가지로 문면의 하층에 가라앉아 있다고 해야 할 터이다.

  우선 거찰(巨刹)에서 쌀뜨물을 동해바다에 흘려보냈다는 전제부터가 단순한 사실 이상의 의미를 함축하고 있는 것이다. 백성들은 피와 땀을 흘리며 호구지책도 급급한 터에 수도의 명분을 앞세워 무위도식하는데 대한 비아냥거림으로 볼 여지는 얼마든지 있을 것이다. 이렇듯 사찰에 대한 반감어린 시선 속에서 무소불위의 존재인 용왕의 등장은 창사담에서 흔히 호불 군주로 상징되던 것과 그대로 연결시킬 수는 없다. 무엇보다 용왕은 그 뜨물 때문에 안질을 얻은 피해 당사자로 나타난다는 점에 주목할 필요가 있다. 용왕이 격하게 화를 내는 것은 물론 등명사를 혁파하라고

    절은 무척 큰절이여서 중도 수백 명이나 있었다고 한다.
    이조의 어느 왕이 안질에 걸려서 매우 고생하였넌데 왕이 이렇게 안질에 걸려서 고생하게 되는 이유를 알고 싶어서 일관 보고 점을 처보라고 했다. 일관이 점을 처보니까 왕궁에서 정동에 있는 절에서 중들이 밥해 먹을 쌀을 씻는 뜸물이 많이 동해로 흘러들어가서 바닷물이 더럽혀져서 동해용왕이 눈병을 앓게 돼서 이것을 알리기 위하여 왕의 눈을 앓게 한 것이라는 것이 나타났다. 그래서 나라서는 왕궁의 정동에 있는 절을 찾아보게 했다. 그랬더니 강릉의 강동면에 등명사가 있다넌 것이 알아내게 됐다. 이 절은 큰 절이고 중도 수백 명이나 돼서 그 중덜이 먹을 쌀을 씻는 뜸물은 엄청나게 많고 도해바다 물을 더럽히고 있었다. 그래서 이 등명사를 폐사시켰다. 그랬더니 왕의 안질은 낫게 됐다.
    지금 그곳에 등명사란 절이 있넌데 이 절은 이름도 없는 중이 진 것으로 옛날의 등명사와는 전년 다른 절이다."
1963년 8월 24일 강릉시 교동 김현기.

명을 내리는 것은 충분히 예상할 수 있는 일처럼 보인다. 그런데 응징의 단계에서 용왕은 슬며시 뒤로 몸을 감추고 속세의 왕에게 징벌을 요구하고 있어 석연찮은 인상과 함께 숨어 있는 의미가 무엇인지 궁금하게 만든다.

용왕이 수부에서 최고의 권능자임에도 직접 응징자로 나서지 않고 속세의 왕에게 이를 부탁하는 것은 무슨 까닭인가. 그것은 단지 수부(水府)세계에서는 속세(俗世)에 관여할 수 없다는 묵계(默契) 때문에 그런 결과가 초래되었다고 섣불리 단정해서는 곤란할 듯 하다. 수부(水府)나 속세(俗世)에서 이제 반불(反佛)의 의지만큼은 확고하다는 점을 두 왕은 누구보다 잘 보여주고 있기 때문이다. 다시 말해 용왕의 청(請)에 대해 지상의 왕이 어떤 이의도 달지 않고 응낙한다는 점은 그 역시 거찰에 대한 응징 혹은 불교에 대한 반감의 뜻을 평소에 지니고 있었다는 것을 말해주는 것이겠다.

이들은 단지 불가가 행하는 비도덕적 행위에 대해 성토하는데 그치지 않으며 직접 그들을 응징할 기회를 노리고 있었다고 보는 것이 옳다. 승려가 무위도식하며 고작 쌀이나 축내는 계층이라는 사실은 위정자뿐 아니라 민중들을 공분케 하기에 부족함이 없었거니와 용왕이 그 폐단을 제기하는 한편 지상의 왕이 이에 동조함으로써 등명사의 사찰혁파는 그 당위성을 확보하기에 이른다. 그 점에서 3)은 빈대절터 변이형의 다른 예에서 폐사(廢寺)의 원인을 선명하게 제시하지 못한 것과 대조를 이룬다.

설사 우회적이고 상징적인 방법의 담론이 전개되고 있으나 기실 조선시대 거세게 일어난 반불 풍조와 사찰혁파 정책을 여러모로 투영시키고 있는 예화(例話)로 그 모습이 선연히 드러난다. 그렇지만 빈대절터 설화에 비해 폐사에 대한 논리성의 확보라든가 불교가 지닌 문제점을 비교적 조리 있게 적시하고 있다고는 보기 어렵다. 등명사 폐사담을 역사적 현실을 객관적으로 반영하고 있는 담론이라 단정하기는 여전히 어색한 것이다. 서사논리성의 확보라는 점만 다를 뿐 빈대절터 이야기와 마찬가지로 이 이야기도 반불적 의식에 기초하여 폐사건을 흥미와 재미의 차원으로 전락시키는 등 민담적 속성에서 크게 벗어나지 못하고 있으며 위정자들의 억불책에 일방적으로 영합하는 내용도 민중적 각성을 운위하기에는 걸림돌이 되는 한계로 지적되는 것이다.

제 2 부

사찰연기설화의 각론적 접근

사찰(寺刹) 문헌설화에 나타난 소설담론적 성격

1. 머리말
2. 논의의 범위 및 대상
3. 사찰문헌설화의 소설담론적 징후
   1) 인물중심적 기사(記事)로의 전환
   2) 서사장치의 적극적 모색
   3) 흥미소(興味素)를 통한 주제발현의 극대화
4. 사찰문헌설화의 소설적 안착
5. 맺음말

1. 머리말

본고는 사찰과 관련된 문헌을 중심으로 불교 서사문학의 한 특성을 살피고자 하는 데 뜻이 있다. 좁게 말해 사찰문헌설화에 나타나는 소설적 성격을 밝히는 일인데 사찰문헌만큼 구조, 시점, 주제에 걸쳐 소설적 속성을 특성으로 내장한 담론도 흔치 않다는 나름의 판단에 따른 것이다. 여기에 나말여초에 이미 소설의 기운이 싹텄음을 인정하는 분위기로 돌아섰음에도 불구하고 이를 변증할 자료가 영성한 상황에서 사찰문헌이야말로 어떤 시사점을 제공해 주지 않을까 하는 기대감 역시 이를 논의의 대상으로 택하게 된 까닭이 되었다고 말할 수 있다.

하지만 불교문헌설화를 대상으로 삼는다 해도 제한된 지면과 한정된 테마 때문에 층위가 복잡한 사찰문헌을 모두 논의의 대상으로 삼을 수는 없다. 이점에서 본고는 서사적으로 보아 일정한 정도의 소설성을 내재한 경우로 대상을 한정할 것이고 이들을 통해 소설적 기미와 그 안착의 정도를 점검함으로써 사찰문헌의 서사적 위상을 드러내는데 초점을 맞추고자 한다.

2. 논의의 범위 및 대상

소설이 월등한 장르로 군림하고 있는 것이 실상이지만 과연 '소설담론'이 무엇인지를 개념화 하기란 생각처럼 수월한 일만은 아니다. 그 점에서 온전한 개념화는 미루고 일단 소설이란 "이야기의 방식에서 구비문학과 달리 어쩔 수 없이 하나의 '수사학적 형식'으로 내포작가로부터 독자에 이르는 자기 충족적 대상을 전제로 하며 그 효과를 보장받기 위해 다양한 방식의 어조나 태도, 함축된 평가, 그리고 소통과정을 포괄할 수밖에 없는 담론[1]"이라

---

1) 월리스 마틴 저, 김문현 옮김, 『소설이론의 역사』, 현대소설사,

는 정도로 그 테두리를 인치하여 본고에서 지향하는 바 논의를 이끌어 가려 한다. 소설이 아직 출현하지 않았던 시공 속에도 의사소통 과정으로서 '소설담론'적 사례가 없으리라는 법은 없다. 혹은 글쓴이가 소설 담론성을 자각하고 그런 방향으로 이야기를 펼쳐나가는 경우를 상정할 수도 있다. 본고에서 논의점으로 택한 사찰문헌은 소설의 출현 이전 혹은 이후에도 창작 수용된 서사물로서 일부의 자료에서 이미 소설성을 검증받은 바가 있는데, 여기서는 기법과 주제구현의 측면으로 양분하되 인물의 초점화, 꿈의 서사장치화, 불교종지의 주제적 현시화로 갈래지어 소설적 요소를 밝히고 궁극적으로는 소설로 안착한 사례까지 훑어보는 데 뜻을 준다. 특정 사찰의 흥망성쇠를 포괄적으로 기록한 서사물을 일단 사찰문헌2)이라 할 수 있다면 사찰의 역사를 지향한 담론들, 곧 사승(寺乘)을 포함하여 불교 인물에 대한 기록들인 승전, 사비 및 각종의 불사관련 기문 등도 모두 이에 귀속이 가능하다. 하지만 소설담론적 성향을 풍성하게 간직한 것은 아무래도 사적 혹은 사지란 제명으로 된 자료들이라고 본다.3)

1991, 27면.
2) 사찰문헌을 어디까지로 정하느냐 하는 문제는 간단하지 않으며 시류를 배제하고 일정한 길이를 가진 서사문으로 한정한다고 하더라도 그 양은 적지 않을 터인데 동국대불교문화원 편, 『韓國佛教撰述目錄』(동국대출판부, 1976)의 寺誌篇에는 564개의 관련 문헌이 소개되어 있으며 齊藤忠편, 『高麗寺院史料集成』(대정대불교연구소, 1993)에는 고려시기에 창건된 282개의 사찰 기록이 수록되어 있다. 물론 사찰문헌을 총집한다면 이를 훨씬 상회할 것이다.
3) 사찰의 역사적 史實을 기록하고 전승하는 문헌을 일컫는 용어는 다

우리가 인식하고 있는 사찰문헌의 서사문학성은 주로 『삼국유사』로부터 비롯되었다고 하더라도 과언이 아니다. 가령 배필을 찾던 김현이 호랑이 처녀와 연을 맺었으나 비련으로 끝나고 만다는 호원사 연기설화4)나 조신이 승려의 몸으로 한 여인을 지극히 사랑하다가 몽중에서 해후하고 결혼까지 했으나 정작 이생에서의 고통과 번민만을 체험하게 된다는 정토사 연기설화5)는 소설적 주제와 기법을 세련되게 구사한 작품으로 일찍부터 이목을 집중시켰다.

그런데 『삼국유사』로 말미암아 사찰설화의 높은 서사성을 인식하게 되었다 해도6) 『삼국유사』 소재 사찰설화만이 전부인 것으로, 혹은 그것만이 소설성을 담지한 것7)으로 고집하려 든다면 곤란한 일이다. 따라서 본고는 『삼국유사』 소재 설화는 물론 여러 문헌자료 가운데 서사성이 높다고 인정되는 설화 각편을 취택하여 그에 나타나는 소설적 성격을 살펴보려고 한다. 논의 대상 자료를 포함하여 필자가 선별한 대표적 사례를 열거한다면 아래

양하다. 寺志, 乘, 古蹟, 寺刹事蹟 등이 우선 산견되는 용어들이다. 이중에서 사찰의 연혁 혹은 자취의 기록이란 의미로 가장 빈번히 취택되는 말은 事蹟이다. 그러나 이 용어를 사찰의 자취로 한정해 쓸 때 또 다른 혼란이 있을 수 있으므로 寺刹事蹟이란 용어로 통일시키는 것이 낫지 않나 생각한다. 본고에서는 번잡함을 줄이기 위해 '事蹟'이란 용어를 주로 쓰기로 한다.

4) 『三國遺事』, 권 제4, 義解, 「洛山二大聖觀音正趣調信」.
5) 상게서, 권 제5, 感通, 「金現感虎」.
6) 김태준, 『조선소설사』, 학예사, 1939, 32-35면.
7) 권상로, 『조선문학사』, 1949, 169-175면.

와 같다.

> 伽倻山海印寺古蹟(依板成籍, 天福 8년 癸酉 高麗 太祖 26년 (943)刊), 靈源庵事蹟(混元,『混元集』, 고종 20년(1883), 梵魚寺事蹟(東溪, 康熙 庚申 孟春(1710)刊, 含月山祇林寺事蹟(乾隆 5년 庚申 仲夏(1741)刊, 淨土寺 洛山寺 虎願寺, 南白月二聖(이상『삼국유사』소재),
> 聖德山觀音寺事蹟(嘉善海淸, 雍正7년 己丑(1729)刊), 乾鳳寺事蹟(鄭泰好, 高宗 24년(1887)刊), 石臺庵事蹟記(閔漬, 高麗忠肅王 7년 庚申(1320)刊), 寶鏡寺事蹟記(萬曆 16년 戊子(1555)刊) 弘法寺說話(京畿道, 畿內寺院誌, 1990), 浮雪傳(暎虛,『暎虛集』, 崇禎 8년 乙亥(1635)刊)

제시자료가 많지 않음에도 불구하고 서사적 층위를 지어내는 일이 쉽지만은 않다.『삼국유사』를 제외하고 18세기 전후에 정착된 자료들이지만 서사내적 배경은 홍법사(弘法寺) 연기설화 이외에는 모두 나려시대, 특히 신라시대에 집중되어 있어 이 시기가 사찰연기설화의 흥성기였음을 밝혀준다. 전자의 경우 의역사적 성향의 기술에 경사되고 있으며 창사연대를 될 수 있으면 과거로 소원시키려는 의지가 과잉되게 반영된 산물이라면, 후자는 역사적으로 사지의 간행이 전에 없이 활발했던 시기가 18세기라는 점이 눈길을 모은다. 그러나 기록연대의 편차가 담론의 서사적 편차와 상관성을 갖는 것이 아니라는 점에서 기록된 시기의 선후만을 들어 자료의 가치를 재단하는 것은 바람직한 시각일 수만은 없다고 본다. 구비전승물에 기초하여 기록된 것임을 감안한다면 기록자의 자의성은 의외로 크지 않기 때문이다. 그리하여 이 글에서는 소설을 역사적 산물로 인식하기보다 그것이 내재한 일정한 담론적 특성의 내재여부가 특별히 유의할 점으로 파악될 것이다. 이럴 경우, 소설의 출현 이전 혹은 이후의 경계가 그리 중한 사안이 될 수 없으며 소설 출현 이전에도 소설적 성격을 운위할 만한 사찰문헌이 다수 존재했음이 드러나게 될 것이다. 결국 이같은 시각에서 취택된 사찰문헌은 단순히 불교서사의 영역에 국한시켜 볼 대상이라기보다 소설의 기원과 미학을 엿보게 하는 한 담론으로서 그 의의는 소설사적 자장마저 지니게 되는 셈이다.

3. 사찰문헌설화의 소설담론적 징후

1) 인물중심적 기사(記事)로의 전환

사찰문헌 가운데 서사성이 가장 잘 발현된 경우는 사지(寺誌) 혹은 사적(事蹟)이라 제(題)한 것들이지만 당초 이 문헌들의 기능이 역사전승에 있다는 점은 명백하다. 서사적 측면은 차후의 과제일 뿐 우선은 통사적 시각을 앞세워 사찰의 역사를 보전한다는 대의를 중시하기 마련이다.

여대(麗代)의 창건된 절로 문헌으로는 좇을 만한 것이 없으니 숲과 샘이 생기를 잃고 산문은 적막합니다. 요행히 탐진 지사(探眞之士)로 하여금 한번 보게 하더라도 멍하게 될 것이니 담벼락을 대하고 탄식하지 않기를 바랍니다. 문장의 공교함이 있든 없든 그것은 바라는 바가 아닙니다. 내가 분수 넘게 붓을 잡은 것은 흥폐와 복고의 대강을 적어 이로써 후세 사람들을 깨닫게 하고자 할 뿐입니다.8)

사사(寺史)의 인멸을 안타깝게 여긴 식자 중에는 거개 이런 입장에서 사지의 찬술에 임했다. 이 경우 창건의 내력과 성쇠의 반복을 무미건조한 문체에 실어 간략하게 기술할 뿐이어서 특정인물이 특별히 조명되기 어려우며 사건이며 상황도 경중 없이 균등하게 연대기적으로 적기되는 일이 흔하다. 그러나 사지, 사적이라고 해서 반드시 춘추필법적 서술만으로 유지되는 것은 아니었다. 사지의 본령이 승사, 사사에 놓여있음에도 불구하고 변사 이적 신이의 기록으로 경사되어 진정한 의미의 사사를 기대하는 이들에게는 오히려 불만의 대상으로 전락하거나 새로운 사지를 구상하게 하는 의외의 계기로 작용하기도 한 것이다.9)

---

8) 和月子 圓一,「七賢山 七長寺事實記」.
"麗代創建之寺 無文可從 則林泉失色 山門寂寞 倖使探眞之士 一見而 悵然 則庶無面墻之歎文之工不工 非吾所望也 余濫自秉筆 叙其興廢復古之梗槪 以曉後來者云爾."
9) 한용운,「건봉사본말사지 서」(건봉사,『건봉사급건봉사본말사적』, 1928), 2면. "그런데 불행히 조선 각 사찰의 사적 기록은 완벽이 소할뿐 아니라 단편적으로 보존된 기록도 너무나 기적을 초월하야 황탄에 근하고 혹은 문식에 경하고 사적 기록을 약하야 실로 사적 가치를 가진 자 근소한 것은 만한 유감이다."

하지만 종교적 이적 등이 역사중심의 사사와 별개의 것이 아님을 선명하게 보여준 예가 바로 『삼국유사』였다. 탑상 조는 물론이고 감통(感通), 신이(神異) 조에도 흥미를 촉발할 기담이 수두룩하며 낙산이대성관음정취조신(洛山二大聖觀音正趣調信), 욱면염불서승(郁面念佛西昇), 김현감호(金現感虎), 대성효이세부모(大城孝二世父母) 신문왕대(神文王代) 조 등은 높은 서사성을 지니며 낙산사, 정토사, 미타사, 불국사, 석굴암 등의 내력담 구실을 겸하고 있다. 통상적으로 사적은 위치와 관련한 풍수(風水), 창주(創主)의 가계(家系)와 법통(法統), 사지(寺址)의 점지, 공사 중의 난관 등을 정보적 단위로 편입시키며 각 사찰 나름의 특기할 사안들을 이에 보태는 것이 일반적이다. 그러나 『삼국유사』 중의 사적은 정보적 단위가 균등하게 배분되는 것을 거부하는 것처럼 보인다. 물론 이같은 특징은 『삼국유사』에 국한되는 것은 아니다. 영원암 연기는 일반적 창사연기의 패턴과 달리 이승과 저승의 왕래담, 즉 전기적 속성을 다분하게 갖추고 있는 경우이다. 『혼원집(混元集)』에 따르면 영원암에 고적이 소장되어 있었고 금강산 유람 중에 있던 혼원이 이를 열람하고 대강의 줄거리를 기록으로 남겼다.[10] 고적의 전사적 이기가 아니므로 줄거리만으로 축약되어 있음을 알겠는데 전개에서 본다면 소설적 담론으로서 성격에 부합될 만한 인물 배치를 잘 갖추고 있다. 주인공으로 등장하는

---

10) 混元, 「金剛錄」, 동국대출판부, 『한국불교전서』 권11, 728면.
　"還來乘暮抵庵 有一衲 如神仙中人 以倒屣欣迎 乃十年前學海同遊之故友 語到前情 通宵未了 得案上一局 卽庵之古蹟也."

명학동지는 영원조사의 스승으로 수행정진으로 수범을 보이기는 커녕 속세의 버릇대로 출가 후에도 탐심을 버리지 못한다. 그러다 갑자기 죽음을 맞았고 악업에 걸맞게 금사보의 업을 입어 뱀으로 태어난다. 현생에서 지은 악행의 탓임을 직감한 이는 영원조사 뿐, 제자는 회양공덕으로 스승의 뱀업을 벗겨준다. 이후 명학동지는 촌가의 아들로 환생하고 어찌하여 다시 동승이 된다. 하지만 전생과 반대로 이번에는 동승이 영원조사의 제자가 되어 선리를 터득하고자 발분한다. 그러나 각고의 노력을 해도 선열의 경지에 오르지 못하는 것을 안타깝게 생각하던 영원조사가 충격적 경책(我卽汝師 汝卽吾佐也 經曰 騎牛更覓牛 非外牛而內必心牛也)을 내리고서야 비로소 상좌승은 활오한 대각의 세계로 들어설 수 있게 된다.

서사시간이 삼생을 넘나들고 있고 배경 또한 이승을 넘어 저승 세계로까지 확장함으로써 불교 전기의 한 유형에 포괄된다는 점을 알 수 있다. 여기에 이계와의 교통, 염왕에 의한 전생의 심판, 금사보[11])를 통한 업의 강조는 흥미를 배가할 서사단위로서 독자들의 호기심을 강하게 불러일으키는 것이 분명하다. 하지만 영원

---

11) 우리의 문헌에는 확인이 되지 않고 있으나 신라시대에 재보에 눈이 어두워 파계를 일삼던 도안 스님이 죽어 뱀 업을 받았다는 이야기가 국내뿐 아니라 이국에까지 널리 퍼졌던 것이 확인된다. (『釋門自鏡錄』卷上, 「唐新羅國興輪寺僧變作蛇身事」條) 이밖에도 天柱寺의 讀經薦蛇談과 洛波和尙의 怖蛇發心(金大隱, 「蛇와 佛敎에 관한 설화」, 『불교』55호, 1929, 83-85면)등도 뱀업 설화가 신라시대 민중 사이에 널리 퍼졌음을 확인시켜 준다.

암 연기가 흥미를 중심에 놓은 서사적 구성물이라고 판단하는 것은 성급한 추론이 된다. 그보다는 삼생유전의 고달픔을 끊고 대오각성의 세계로 들어가기 위해서는 어떻게 살아가야 하는가 하는 화두를 앞서 전제한 다음 그 물음을 풀어나가는 방식, 곧 풍설로 전승되어온 명학의 삶의 전변을 통해 답을 제시하고 있는 것으로 파악하는 것이 올바른 접근법이 아닌가 싶다. 종국에는 사찰내력담임이 밝혀지기는 하지만 주제의식을 강하게 주입시킴으로써 잠시나마 사적으로서의 본령을 망각케 하는 것이 영원암 연기가 지닌 서사적 특징이라고 하겠다.

통상적으로 사적이 사명, 지명 등 명칭과 관련한 유래를 풀어나가는 식으로 전개되는 것을 감안할 때, 위에서 제시한 영원암 사적은 전개구조와 구성상 퍽 이질적인 이야기임을 쉽게 간파할 수 있다. 사적 일반의 경우와 얼마나 서사적 편차가 나는지 확인하는 의미에서 몇 가지 명칭 연기의 사례를 제시해 본다.

> 문수원(文殊院) : 다시 문수(文殊)가 어둠에서 응하여 법요를 묻고 답해 주어 원의 이름을 바꾸어 문수라 하고 여기에 건물을 보탰다.12)
> 선암사(仙巖寺) : 전하는 말에 의하면 옛날 신선이 바둑을 두던 장소였다는데 그 때문에 선암(仙巖)을 절의 이름으로 하였다.13)

---

12) 金富軾, 「眞樂公重修淸平山文殊院記」.
13) 桂陰浩然, 「曹溪山仙巖寺事蹟」.

> 도리사(桃李寺) : 전하는 말로는 아도(阿道)가 신라 서울을 갔다 오다가 산 아래에 이르러 도리(桃李)꽃이 만발한 것을 보고 마침내 이곳에 절을 짓고 이로써 이름을 삼았다 한다.14)

영원암에서 보여주는 높은 서사성은 위와 같은 사적과는 비교하기 어렵거니와 유점사(楡岾寺)사적15)과 같이 비교적 서사성이 잘 구현되었다고 보는 사례와 비교하더라도 현격한 차이가 밝혀진다. 간략하게나마 유점사 사적을 살피는 것으로 전설과 소설의 차이를 확인해본다. 유점사사적은 53불(佛)이 마지막으로 자리를 잡기까지의 역정을 보여주는 이야기로 노춘(盧春)이 느릅나무가 서 있는 금강산 중턱의 연못가에 절을 지어 53불을 봉안한 것으로 마무리된다. 한데 서사의 대부분은 노춘 일행의 금강산 노정기(路程記)라고 해도 어색하지 않을 정도이다. 즉 갑자기 포구에 당도한 53불이 홀연히 금강산 속으로 모습을 감추자 친견의 뜻을 포기할 수 없는 노춘 일행이 이들을 추적하는 것으로 이야기는 시작된다. 심불(尋佛)의 의지로 일행이 금강산 내 명승지를 헤매는 동안, 각 처의 명칭연기가 그대로 표출되기에 이르는 것이다. 하지만 유적지에 얽힌 명칭내력을 목적으로 삼다보니 노춘을 중심에 둔 서사적 축은 흐트러지고 담론의 파편화 현상이 불가피하게 나타난다. 불적(佛蹟)마다 일정한 정도의 일화가 균등하게 배

---

14) 誨寬,「冷山桃李寺阿道和尙事蹟碑」.
15) 閔漬,「金剛山楡岾寺事蹟記」.

분되어 금강의 노정기로서는 적합하나 그 때문에 서사적 통일성이나 응집력은 기대할 수 없게 되고 명칭연기 이상의 서사성이 발현되지 못한다. 이로써 본다면 소설적 친연성이란 앞서 영원암 사적에서 보았지만, 흥미로운 인물설정, 갈등의 긴밀한 짜임 등에 걸친 면밀한 서사적 설계가 밑바탕에 놓일 때만 기대되는 일이 아닌가 싶다.

2) 서사장치의 적극적 모색

문헌기록은 화자와 청자의 대면을 통해 직접 소통의 형태로 진행되는 구비문학에 비해 훨씬 다양하고 복잡한 소통적 장치를 활용할 수 있다는 장점이 있다. 원래 구전된 이야기를 내용의 탈락 없이 기록할 수 있게 된 데서 한 걸음 나아가 경우에 따라 독특한 기법마저 적용시킬 수 있는 것이다. 「조신전」으로 널리 알려진 정토사 연기는 사찰문헌의 소설담론성을 앞서 일러준 값진 사례로 빈번히 예거되어 왔다. 이 연기는 입몽, 몽중, 각몽의 삼단으로 구조화 된 몽유록이자 사사문학사 상 어떤 작품보다 농후하게 소설성을 지니고 있다는 점 때문에 거듭 거론의 대상으로 지목되어 온 것이다. 하지만 사찰문헌 중에 이런 예가 또 있어 주목의 대상이 된다. 여기서 살피고자 하는 것은 대장경 조성 경위를 알리기 위해 기록된 『가야산해인사고적』 소재 「해인사유진팔만대장경인유(海印寺留鎭八萬大藏經因由)」[16]이다. 작품 속 주인공 이거인

(李居仁)의 생애를 계기적으로 추적해 나가고 있어 『이거인전(李

---

16) 『伽倻山海印寺古蹟』, 「海印寺留鎭八萬大藏經開刊因由」.
"李居仁陝州人也 身雖薄寒 性度溫良 恒以里胥爲己任者 鄕人目爲仁
胥焉 有唐大中壬戌年秋 催王租於聚落 暮歸還家 乃於路上 得一狗也
盖三目也 率眷家中其爲狗也 迥出庸格形如獅 性若賢人 日惟一食事
主甚勤出從五里拜送 入迎五里隨侍以歸 由斯 愛而念之 撫而恤之及至
三年 甲子 秋 狗子無疾而坐視日而死 居仁疙棺以埋具奠以祭 如喪家
豚也 越丙寅冬十月 居仁亦死 初到門觀有一王面開 三目眼 頭冠五峰
手擎寶笏 身着緋衣 脣如激丹 齒如齊貝 高距牙床 左右從官 皆烏冠朱
服者 牛頭惡卒馬面羅刹森衛 嚴列如世國王行公之狀也 得見居仁 王卽
下堂而執手曰 嗟嗟 主人何至於此也 吾頃適被冥論 衣毛帶尻居謫 三
霜賴主人之遇 善善來復賤 感不自抑矣 今忽相看敢忘其德耶 扶引上塔
居仁始悟其由 乃拭淚曰 賤子素是不學無知者 將何以控辭 奉招於冥府
乎 伏願大王示敎利喜 王曰 善哉 仁者諦聽吾說 以供冥聖 居仁俯首聽
命 而後隨使入冥府 則聞王問曰 汝在人間作何因緣 答曰 居仁自少爲
官使無暇攝善矣 將欲作大事因緣 承命夭歸永慨子懷也 王曰使來眼前
居仁趨進座下 王曰 汝欲何事而未遂 以直言之 居仁曰 賤子伏聞法寶
之至貴 將欲刊板宣布而未能焉 徒有志願終無事實以此悶懼 大王卽庭
揖曰 願須登殿 小歇一時居仁固辭 大王卽命判官名除鬼錄 與僚佐步至
門外慰而拜送焉 居仁退至三日王 所王預令設席 以待使之登坐 雍容敍
話載叮載囑曰 主人萬萬 莫以事大爲慮 還家貿之 就於文房寫成勸疏題
曰八萬大藏經. 板勸功惠說云云 納官踏印置之君家 佇待我歸則我將以
巡撫於人間也 於是居仁唯唯 而退欠申而覺 乃一夢也 依述勸文打印待
之 及丁卯之春三月旣望 新羅國公主姉妹同時行疫 臥痛在床日 父王急
詔大藏經化主來 若不爾者 女等從此永訣 王卽宣旨國中陝州太守 已知
其事 召居仁傳乘上京都直 赴門下謁者 入通 公主曰 善來化主近無餘
患否 我是三目鬼王也 與君有約 故來此也 又語國王曰 此人頃入冥府
冥府勸送陽界刻經流傳者 願國王作大檀越助成大事爲何如 若爾則 非
徒公主無患 國祚永固 王亦享壽矣 王拜命曰 可 而後 又與居仁有惜別
之態 現身而去焉 公主等復得本心 卽起而拜白於父王母后曰 冥界尙做
善事 況陽界仁國乎 父母其母忽哉 王曰 諾 於是大化主甚善盡傾私儲
以施之 申命內外集諸良工 巨濟島繡經於梓莊金 而塗柒運鎭于伽倻山

居仁傳)』이라 해도 무방할 터인데 대요를 소개하면 이렇다.

  향리로서 인자하기 이를 데 없던 이거인(李居仁)이 우연히 자신을 따르는 삼목(三目)의 개를 지성으로 돌봐준다. 삼년 후 개가 죽고 이거인도 얼마 후 세상을 뜨는데 명부에 이른 이거인이 현세에서 돌봐 준 삼목구가 다름 아닌 그곳의 왕임을 알게된다. 삼목왕은 이거인에게 염왕과 대면했을 때 "장차 대장경을 새겨 사부대중에게 불법을 널리 펴고자 했으나 마치지 못하고 죽게 되었다."고 말하라고 조언해준다. 이거인이 삼목왕이 시킨대로 염왕에게 말하니 그의 이름이 명부에서 지워지고 세상에 다시 태어날 수 있게 된다. 염부를 나올 때 삼목왕은 한층 구체적으로 대장경 조성의 요령을 일러주고 환세하여 세상을 구원할 것까지 약조한다. 이후 이거인은 약속대로 대장경 조성에 심혈을 바친다. 그즈음 신라 공주 자매가 중병에 시달리게 되는데 한결같이 이거인을 불러와야만 살아날 수 있다며 부왕에게 그의 초빙을 애원한다. 왕명으로 소환된 이거인을 만나자 공주는 그 전에 한 말처럼 자신이 다름 아닌 염부에서 만났던 삼목왕임을 스스로 밝히고 대장경 조성을 간곡히 청한다. 이에 왕과 모후 역시 흔쾌히 찬동함으로써 이거인을 주축으로 한 대장경 조성 사업이 진행되고 마침내 해인사에서 12경찬회가 열리게 된다. 명부에서 시킨 대로 완벽하

    之海印寺 設十二慶讚之會焉 此皆 冥府之使然 實非鬼王之私意者也 居仁夫婦 考壽康寧 俱登樂邦 云 噫 佛法之爲寶也 無處不寶也明矣 何則冥王寶之 而善治陰界 人主寶之 而擧得民情 天主寶之 而長年快樂 覺皇寶之 而垂仁萬品云云 說明載於大藏後跋.″

게 대업을 수행한 이거인 부부는 이생에서의 선업으로 말미암아 강령하게 살다가 극락왕생한다.

세상과 명부의 이원적 공간을 대비하고 이에 삶과 죽음을 대응시키는 방법은 당(唐) 이래 전기(傳奇)에서 상투적으로 차용되던 수법이며 우리의 경우 이를 수용하고 있는 불교설화는 얼마든지 예거할 수 있다.17) 구비전설은 물론 『삼국유사』 속에서도 흔히 나타나는 것이므로 굳이 「인유(因由)」만의 독창적 틀이라고 말하기 어려운 것이다. 하지만 줄거리만으로는 쉽게 감지되지 않으나 「인유」는 꿈을 아주 세련되게 차입시키고 있는 이야기임을 부정할 수 없게 한다. 즉, 이거인이 죽은 후 명부에서 삼목왕과 해후하고는 대장경 조성에 헌신할 것을 약조한 탓에 재생의 기회를 얻게되기까지 일련의 서사적 진행은 전부 몽중담에 해당되고 있음이 밝혀진다. 문면에서 그 핵심이 되는 구절은 바로 "어시거인 유유 이퇴흠신이각(於是居仁唯唯 而退欠申而覺 乃一夢也)"라는 부분이다. 「인유」에서 쉽게 몽유록적 장치를 발견하기 힘든 것은 무엇보다 입몽과 몽중의 경계가 선명하게 구획되지 않음으로써 나타난 결과라 하겠는데 서사적 성숙도를 염두에 둔 작가의 의도를 엿보게 하는 대목이 아닐 수 없다.

그렇다면 위 「인유문」의 출현시점은 어느 때일까. 일단 작중 배경시기를 주목해 보자. 이거인이 꿈의 계시에 따라 사간 장경을 조성한 시점이 정묘(丁卯) 삼춘삼월(三春三月) 기망(旣望), 즉

---

17) 김승호, 「불교전기소설의 유형화에 대하여」, 제61차 『고소설학회학술대회요지집』, 2003, 57면.

문성왕 9년 정묘(847)라고 했으나 역사상 최초의 사간(寺刊) 장경(藏經)이 조성된 때는 신라 말이나 고려 초로 추측해보는 만큼 기사가 역사적 신빙성을 얻기는 어렵겠다. 위 이야기가 사적기로 기록된 때도 간행을 기점으로 나말여초로 잡는 것이 여러 모로 무난할 것이다. 현전하는 「인유」가 조선시기에 기록된 것일지라도 말미의 기록대로 그전의 대장경(大藏經) 후발(後跋)을 이기한 것이므로 「인유」에서 적시하고 있는 대로 애초 이야기의 기록시점을 나말여초로 보는 것에 큰 무리는 없는 형편이다.

「조신전」과 같이 「인유」에서도 몽을 서사장치로 수용하고 있으나 꿈의 적용방식에 있어서는 큰 차이가 있는 것으로 나타난다. 몽유록 일반이 그렇듯이 조신전에서는 몽중담이 인물, 사건을 지배하는 결정적 서사시간이라면, 「인유」에서는 몽과 현실간 서사량을 거의 균등하게 분할하고 있음이 드러난다. 명부에서 삼목왕 및 염왕과 대면하고 재생하기까지는 몽중의 일에 속하지만 이야기가 매듭 되기까지 적지 않은 분량의 현실담이 부언되어 있는 것이다. 각몽 이후의 현실로 편입되어서도 공주가 질병에서 벗어나고 부왕의 장수를 위해서는 대장경 조성이 불가피하다고 청하는 한편 이거인을 불러오게 하는데, 이 때 비로소 공주가 몽중의 삼목왕이 환생한 것임이 밝혀지는 것이다. 일종의 정신병증에서 토해내는 헛소리 같았지만 그를 통해 공주는 대장경 조성의 원을 밝히는 한편 이거인을 담당자로 정해주는 등 각몽 이후에도 기이한 사건이 거듭 등장한다. 일반적으로 불교적 가르침을 우의적으로 전하기 위해 대입된 몽담이지만 「인유」에서는 신이한 사건 상황을 몽중에 편입시키되 현실과 몽의 경계를 굳이 양분하지 않고 있음도 주목할 점이다. 「인유」는 사찰대장경 조성경위를 후대에 전하기 위한 역사적 목적에서 출발한 것임이 틀림이 없으나18), 서사장치로 몽을 적극 수용함으로써 기법적 측면에서는 이미 소설성을 획득한 서사물로 보더라도 부족함이 없다.

3) 흥미소(興味素)를 통한 주제발현의 극대화

사찰연기담의 소설성은 사찰 기원에 대한 기록을 넘어 불교적 종지의 환기라는 또 다른 소임을 본령으로 삼기 때문에 나타나는 결과이다. 문헌류가 아닌 구비 전승담에서도 불교적 가르침을 강조하는 경우가 적지 않지만 구비서사와 달리 사적담에서는 단편적 서사를 통해 즉각적 이해와 흥미를 촉발시키기보다 불교적 종지를 체득시키는데 한층 더 유념하고 있다는 생각이 든다. 설사 구비전승으로부터 이입된 문헌설화일지라도 기이한 사건과 문제적 인간의 개입 등 흥미소를 통한 대중적 흡입력은 설화에서도 목도되는 만큼 이를 내세워 소설담론적 특성으로 보는 것은 적절하지 않다. 오히려 담론의 목적은 불교적 주제를 끌어내기 위한 데 보다 큰 비중이 두어졌다고 하겠고, 역시 이 점을 구체적으로

---

18) "해인사는 고래로 이거인의 영정을 봉안하고 봉사불절하니 그 사실에 있어서 팔만대장경을 해인사에 진안하고 12회나 경찬대회를 설했다는 것도 결국은 명부에서 이거인으로 하여금 그렇게 시킨 것과 다름이 없다."(한찬석, 『합천해인사지』, 1947, 17면).

적시하는 일이 필요하다고 생각된다.

　낙산사 연기설화를 예로 들어보자. 사찰연기임을 나중에 알게 될지언정 민담적 구조에 편승한 이 연기는 명승의 등장과 선문답식의 사건처리가 호기심을 자극한다. 의상과 원효라는 명승을 주동인물로 설정한 것이며 부처 친견을 간절히 원하는 이들에게 상호 인과성을 예단하기 어려운 용, 민녀, 파랑새가 차례로 등장하여 읽는 이에게 의아한 느낌부터 제공한다. 그러나 찬찬하게 독해하다 보면 원효, 의상 사이에 법력의 숙성여부로서 부처 친견의 유무를 화두로 삼고 있으니, 민담 가운데 '이기고 지기'식의 유형담을 채택해 민중들의 관심을 사로잡고자 했던 의도를 감지할 수 있게 된다. 설화에서 의상은 부처친견에 성공했고 원효는 실패했으니 의상은 승자가 되고 원효는 패배자로 처지가 달라진다. 하지만 작자는 '이기고 지기'에 대한 결과보다 왜 원효가 부처친견에 실패할 수밖에 없었는가를 구체적으로 적시해줄 요량에서 이런 서사구도를 채택하게 된 것이 아닌가 싶다. 그것은 원효가 길을 가다가 두 여인, 파랑새와 조우하는 것으로 상징화되고 있다. 처음 원효가 벼 베는 여인을 만나 벼를 달라고 하지만 벼가 덜 익었다 하여 거절당하는 장면이 나온다. 벼는 원효를 가리킬 터인데 직설적으로 풀이한다면, '원효 그대는 아직 분별력을 얻지 못하고 있다'는 질책인 셈이다. 두 번째 장면에서는 목이 말랐던 원효가 월수백을 빠는 여인이 권하는 물을 더럽다고 타박하며 스스로 떠 마신다. 빨랫물을 더럽다고 버리는 것은 당연한 일일 터이나 그것은 속인의 고식적 안목에서 비롯된 것이다. 아직도 원효는 我相에 사로잡혀 진면목을 놓치고 있음을 그렇게 빗댄 것이다. 세 번째 장면에서는 파랑새가 나타나 그의 행동을 나무랐으나 역시 간파하지 못한 채 절에 이르러서야 그녀들이 관음의 응현이었음을 깨닫게 된다. 눈앞의 현상을 있는 그대로 받아들이는 일은 범부나 하는 짓이니 이런 안목으로는 미추나 선악을 경계짓는 데는 유효할지 몰라도 결코 관음친견은 기대할 수 없다는 우의인데, 무엇보다 원효를 미망의 인물로 지목하고 있다는 데 문제가 있다. 이 이야기가 현장적이고 흥미진진한 화소와 인물로 시종하지만 불교적 종지를 전해주려는 작가의도가 이면에 고스란히 내재해 있다 하겠다. 낙산사 사적은 사사(寺史)전승이라는 담론적 기능 외에 불교적 주제현시의 몫까지 양립시키고자 하는 의도를 효과적으로 수행하고 있는 것으로 보인다.

사찰설화의 담당주체가 사중이라는 점은 이 담론의 성격을 살피는데 염두에 두어야 할 사항이나 기실 이를 수용하는 층은 사중과 더불어 속가의 민중임을 외면해서는 안 된다. 불교적 종지가 직접적으로 주입된다거나 생경한 채로 제시되어서는 담론으로서 효용성을 기대하기 어려워지는 것은 당연하다. 그 때문인지는 알 수 없으나 사찰문헌 중에는 왕생이나 대오각성을 일심으로 발원한 끝에 원을 성취한다는 예화가 적지 않은데, 건봉사사적, 보덕굴사적은 주제의식 내지 작가의식의 측면에서 눈여겨보아야 할 문헌이다. 건봉사 만일순회연기는 발징화상이 주동인물로 등장한다. 그는 원각사의 주지로 두타승이었으니, 정신(貞信) 양원(良元) 등 31명의 승과 더불어 미타만일회(彌陀萬日會)를 조직하고 정진에 앞장선다. 정진수행 29년째 되던 병진 7월 17일에 이르러 이들은 자신의 눈을 의심할 만큼 놀란다. 야밤에 대홍수가 몰아치더니 문밖으로부터 아미타불 및 관음, 대세지보살이 자금연대를 타고 문전에 이르렀던 것이다. 아미타불이 금빛의 팔을 뻗어 염불하는 대중을 인도하자 대중들은 기쁨에 못 이겨 펄쩍펄쩍 뛰었다. 이윽고 부처님의 인도로 반야선에 오른 대중들이 48대원의 노래 속에 등천하여 백연화 세계의 상상품에 다시 태어나게 된다. 다만 절의 주지인 발징은 반야선에 오르지 못했다. 그 시간 그는 금성의 양무 야간 집에서 잠을 자고 있었던 때문인데 문밖의 방광에 놀라 다른 사람들과 함께 밖으로 뛰쳐나갔다가 관음보살을 친견한다. 관음은 발징에게 "그대 절의 스님들이 부처의 인도로 서방정토 상상품에 왕생했으니 속히 가서 살피라." 전한다. 이 말을 듣는 순간 발징은 절로 왕생의 염을 발설하는데 양무가 "우매한 무리를 먼저 제도한 연후에 출세하신다 했잖습니까. 우리 역시 29년 동안 힘썼습니다. 어찌하여 오늘 우리를 버리고 홀로 왕생하시려 합니까."하며 땅을 치며 울음을 그치지 않는 것이었다. 홀로 왕생의 길을 포기한 발징이 양무 등 31승의 육신등화를 확인하고 기쁜 마음에서 도량에 천삼백여 배를 올린 연후에 다비식을 거행한다. 여기까지가 이야기의 전반이다.[19]

---

19) 건봉사, 상게서, 39-40면.

건봉사 연기설화에서 서사시간은 29년 간의 발원 끝에 만일을 채우던 날에 집중되고 있는데 구체적인 현장 묘사, 인물들의 초조한 심리를 잘 부조해 놓은 점 등으로 소설과의 친연성을 타진하지 않을 수 없게 한다. 반야선의 등장으로 부산하기 이를 데 없는 건봉사를 사건의 주 공간으로 삼고 있으면서, 정작 이 시간 타 공간에 머물고 있던 발징의 모습을 아울러 보여주고자 하는 교직적인 형상화 수법도 일반 설화에서는 찾기 힘든 점이다. 현장·장면 중심적 처리를 소설담론의 한 징표로 간주할 수 있다면 건봉사 연기설화는 어떤 불교설화보다 앞서 소설적 성격을 강하게 담지한 사례로 꼽아 마땅하다고 본다.

　하지만 처음부터 이 건봉사 사적이 애초부터 소설을 지향한 것이라고 보기는 힘들다. 도리어 현장·장면 중심적 특징은 불교적 교리를 담지하기 위한 서사적 방도를 궁리한 끝에 주입되었을 가능성이 높다. 다른 말로 불교적 주제현시의 열의가 자연발생적으로 소설적 성격을 싹 틔우게 했다고 말할 만하다. 발징이 초지를 망각하고 자신만이라도 구원되었으면 하는 원을 지녔으나 후반부로 갈수록 그의 행적은 불교적 각자로서의 진면목을 유감없이 발휘한다. 그는 신자 913명을 먼저 서방정토로 보낸 후 아직 도량 안에 남아 승천을 기다리는 907명과 더불어 7일간 정진한 끝에 모두를 아미타불이 인도해 온 반야선에 승선시킨다. 이 때 아미타불이 발징에게 승선을 간곡히 청하지만 거절한다. 향도 중 아직 왕생하지 못한 자가 있는 한 홀로 왕생할 수 없다는 것이 그가 내세운 승선거부의 이유였다. 혼자라도 서둘러 왕생의 길에 오르 길 염원했던 터라 따르던 승이나 사부대중들이 크게 실망했으나 이제 그런 일을 되풀이하지 않겠다는 각오였다. 더구나 그는 "단월에게 중죄가 있어 모두 왕생할 수 없다면 저는 지옥에 가서 대신 그 고통을 받아 영원히 죄를 멸하여 사람으로 하여금 모두 왕생케 한 연후에 왕생하겠다."고 완강하게 승선을 거부한다. 하지만 아미타불의 반론적 설득이 장황하게 거듭되는데다 부처의 청을 끝까지 물리칠 수 없었던 발징은 무리와 더불어 반야선에 승선하기에 이른다.

건봉사연기는 인간구원이란 무거운 주제를 극적 상황으로 형상화함으로써 소설담론의 가능성을 짚어보게 하는 한편, 불교적 인간의 탐색이라는 작자의 의도를 비교적 성공적으로 구현시키고 있는 이야기라고 하겠다. 이뿐 아니라 지상적 삶을 넘어 영원한 생을 상징하는 서방정토, 이 세상과의 격절을 매개해주는 아미타불 및 보살들, 그리고 반야선의 출현은 환상적이며 초월적인 세계에 대한 동경의식을 자극하는데 부족함이 없는 담론 구성물이다. 충분히 대중들에게 흡입력을 지닐만한 요소에 해당된다. 하지만 초월적 공간의 제시와 빈번한 부처의 등장을 흥미의 징표로만 삼는 것은 제대로 된 읽기가 아니다. 세상의 경계를 넘어 존재하는 안식의 땅이 있다 해도 그것은 각자의 노력 혹은 누군가의 희생과 간절한 발원이 없어서는 도달할 수 없음을, 각자의 숙성된 깨달음이 없고서는 이를 수 없음을 강하게 설파하고 있는 경우이다.

 엉뚱한 인물배치, 역설적인 사건처리 등을 통해 불교설화의 일반적 모형을 허물어뜨리는 예로 또한 『청학집(靑鶴集)』[20])과 『오계집(梧溪集)』[21]) 같은 보덕굴사적을 꼽을 수 있겠는데, 여기서는 흥미소를 간직하면서 진중한 주제로 이끄는 『범우고(梵宇攷)』 소재 사적을 주목하기로 한다.[22]) 이에 등장하는 주인공 보덕은 아비와 더불어 금강산에 들어간다. 구걸로 어렵게 연명하면서도 득도에 전심하던 보덕은 아비에게 성근 베로 주머니를 만들어 주며 "물을 가득 채우면 도에 들어갈 수 있을 것"이라고 말한다. 하지만 아비는 이루지 못한다. 이 때 한 이승이 보덕을 겁탈하려다 도리어 그녀에게서 "불화도 공경해야 하거늘 생불에 있어서 이겠는가?"라는 질책을 듣는다. 보덕은 죽여 달라는 이승을 용서하고 아비와 더불어 두 남자에게 성도의 묘법을 전한다. 부

---

20) 『靑鶴集』, 「楡岾寺本末寺誌」, 1942, 424면.
21) 상게서, 『梧溪集』, 424-425면.
22) 『梵宇攷』.
"俗傳 普德者 民家女也 幼時與父 行乞入金剛山 至此窟 遂居焉 女以疎布爲囊 約盛十斗 掛之瀑傍 請其父酌水以注曰 水盛於囊 則可以入道 女遂刈枯竹 日造一龠 易一升米 以供其父 有一僧 忽朋邪念 微挑之 女乃勵聲 指卓上畫佛之幀曰 畫佛尙可敬 況生佛乎 遂露現眞像 金光奪目 僧哀呼請死 女呼其父曰 囊之水盈乎 父曰 囊疎 水豈盈乎 女曰 心一則功專 功專則道凝 今父心知囊之必不盈而强而注水 功何能專而道何能凝乎 於是 父大悟 復酌而注之 囊盈而水溢 父乃暴然大笑曰 早知燈是火 飯熟已多時 女亦大笑 以龠擲僧曰 水盈於囊 龠盈於庫 功成願滿 見佛無怍乎 僧亦大悟 後人遂刻三人像 至今窟中 往往有瑞氣云."

친에게는 "하나에 마음을 쓰면 空이 모아지고 空이 모아지면 즉 도(道)가 증득되는 것이니 지금 아버지께서 마음속으로 포대가 채워지지 않는다 생각하고 억지로 물을 붓고 있는데 공이 어찌 한 곳으로 보이며 도가 어찌 능히 뭉쳐지겠습니까." 말하고 이승에게는 바구니를 던지면서 "바구니에 물이 차고 바구니는 창고에 넘치니 空이 이루어지길 바라면 부처님을 보는데 무슨 의심이 있겠습니까." 라고 한다.

기실 부처의 모습으로 밝혀지기까지 보덕은 여염집 여식으로 아비를 정성스레 공양하는 효녀이다. 가난한 홀아비와 외동딸이 금강산에 든 목적은 성불하고자 한데 있다는 점 역시 범상치 않는 행각에 속한다. 부처가 속가의 한 여인으로 등장하는 경우는 낙산사연기나 불회사연기 등 그 예가 적지않다. 공통된 점은 남자들은 아직 견성의 경지에 올라있지 못하고 있는데 반해 나이 어린 여식이 도리어 성숙한 정신을 지니고 있을 뿐더러 결말에 이르면 이 여인들이 부처 보살로 진면목을 드러낸다는 것이다. 심청, 효녀 지은 등 불교설화가 아닌 민담에서도 이런 인물설정과 사건전개는 흔히 목도되는 현상이라 하겠는데 성불담과 관련된 불교설화에서는 유독 이런 이야기가 선호된 것으로 보여 흥미를 끈다. 같은 예에 해당하는 여성 주동인물로는 보덕각시(보덕굴연기), 홍장(관음사, 홍법사설화), 보안(유마사) 등이 지목되는데 한결같이 조력자 혹은 희생자적 기능을 감당하는 것으로 처리되는 것이다. 한데 이들의 인물적 기능이 결코 흥미적 차원의 테두리에 머무는 것으로 볼 수만은 없다. 오히려 그녀들이 간직한 인물 기능적 의미는 대중의 기대치를 넘어 인간구원이란 명제와 함께 부처의 자비심을 드러내기 위한 의도, 곧 주제현시적 맥락과 더 긴밀히 연관된 사항이라고 보는 것이 옳겠다.

4. 사찰문헌설화의 소설적 안착

 위에서 사찰연기설화이면서 소설성을 강하게 내재한 작품들을 중심으로 하여 서사적 윤곽이나마 살핀 터이므로 소설에 성공적으로 진입한 몇 가지 작품들을 돌아볼 차례가 된 것 같다. 소설성 혹은 소설적 담론으로 인정받았다 하더라도 선뜻 그것을 소설적 테두리에 귀속시킬 수 있는 작품은 그리 많지 않은 것이 현실이다. 주제나 발화의 목적을 여전히 사사의 전승, 불교 종지의 천양 등 소설이 일반적으로 지향점으로 삼곤 하는 인간의 본질과 구원, 시대적 이데올로기와 개인의 갈등, 이별, 죽음, 사랑 등 인간이라면 피해갈 수 없는 주제를 토대에 두고 다양한 삶을 형상화 할 때만 이른바 소설적 담론의 가능성을 타진할 수가 있을 것이다. 단순히 불교 신앙적 취지를 내세우는 것만으로는 부족할 것이고 서사적 초점이 인간의 보편적 사고를 아울러 통괄하려는 지향성까지 두루 갖출 때에야 설화를 넘어 소설로의 귀속이 가능해질 터이다. 이런 맥락에서 애초 사찰연기설화였던 것이 소설에 안정적으로 편입되어간 사례로 필자는 「부설전」, 「심청전」을 꼽고 싶

이제 이들이 사찰문헌설화로부터 연원했을 가능성을 타진해 보기로 한다.

「부설전」[23]에 대해서는 김태준이 소개한 이래 작자, 내용, 사상, 전승의 내력 등에 걸쳐 어느 정도 소설사적 의의가 밝혀진 셈이다.[24] 하지만 월명암의 창사연기와 관련시켜 그 성격을 논의한 예는 전무했다. 거듭 확인한 것이기는 하나 사찰연기가 그 역사 기술로서 의무를 망각하지 않는 한 창사시기, 창주, 단월, 풍수적 특징, 조력자 등에 걸친 정보의 제공은 너무나 당위적인 것으로 파악된다. 하지만 「부설전」에는 사찰역사를 의중에 둔 것인지 의아심을 가질 정도로 부설 중심의 서사로 일관하고 있어 사적기의 흔적을 운위하기 어렵고 도리어 부설의 일대기를 담은 승전으로 판단되기 일쑤이다. 제명부터가 그러하고 서두에서 이미 부설의 가계, 성장과정 등을 찬찬히 적시하고 있기 때문이다. 하지만 이 작품은 승전적 영역은 이미 벗어나 있다. 왜 그러한지 줄거리를 살피며 까닭을 궁리해 보기로 한다. 서두에 가문과 출생에 관련한 인정기술을 전제한 뒤 「부설전」은 주인공의 득도행각에 초점

---

23) 暎虛, 『暎虛集』, 「浮雪傳」, 『한국불교전서』 권8, 40-42면.
24) 김영태, 「부설전의 원본과 그 저자에 대하여」, 『한국불교학』 제1집, 1975, 15면.
   황패강, 「부설전 연구」, 『신라불교설화연구』, 일지사, 1975, 375면.
   경일남, 「부설전의 인물 대립 의미와 작가의식」, 『한국고전 소설의 구조와 의미』, 역락, 2002.
   김승호, 「16세기 승려작가 영허 및 「부설전」의 소설사적 의의」, 『고소설연구』 11집, 2001, 145-176면.

이 맞추어 진다. 그런데 뜻을 같이하는 영조, 영희와 도반을 이루어 산하를 주류하다가 우연히 구무원(仇無冤)의 집에 유숙하는 일이 벌어진다. 전개상 이는 큰 분기점으로 이후 갈등을 증폭시키는 실마리가 된다. 이곳에서 부설은 뜻밖에 묘화로부터 청혼에 시달리게 되는 것이다. 한 여인의 지극한 정을 매몰차게 뿌리치지 못하는 부설에게 도반들은 수도냐, 파계냐 양단간의 결정을 강요하는 분위기에서 부설은 묘화의 청대로 속가행을 택한다. 부설이 민녀의 유혹을 이기지 못하고 일순간 수도의 길을 포기한데 대한 주변의 질타는 충분히 예상하고도 남았다. 하지만 세속적 시각에 의한 판단에 불과할 뿐 진정한 성도는 이원적 사고를 넘어서는 그 무엇이라고 믿은 부설은 이를 깨우쳐주기라도 하듯 속세에 남아 전보다 한층 치열하게 수행의 삶으로 밀어 넣는다. 훗날 여전히 승속 간 차별을 마음에 두고 있던 도반들과 해후하는 자리에서 그는 분명히 이를 실증해 보인다. 진정한 깨우침이란 무엇인가. 화두를 풀어줄 갖가지 잠언과 풍설이 난만하고 있다 해도 세상과 거리를 두고 자신을 극한의 수행으로 몰고 간 끝에 그는 신통력을 통해 증득의 경지를 현시해 보이고 도반들의 미망을 말없이 질타한다. 전반부에서 부설을 향해 갖은 유혹으로 접근하는 묘화와 도반 사이에서 겪는 부설의 번민, 그리고 후반부에서 법력의 숙성여부를 가리는 세 사내의 이적현시 등은 특히 독자에게 강한 흡입력을 갖는 흥미소로써 승전은 물론이고 사찰연기로서의 의도를 몰각시킬 만큼 높은 서사성을 유지하고 있다.

그렇다면 사찰연기로서의 기능은 온전히 문면에서 자취를 감추고 만 것인가. 그렇지는 않다고 본다. 서사전개 중 이미 그가 도반들과 해후하기 전 집을 떠나 월명암 터로 옮겨 수행에 전념했던 것이고 멀리 바다가 보이는 터에 정좌한 이 수행자는 정적 속에서 각자의 길을 늦추지 않았다. 터를 중심으로 말한다면 부설이야말로 월명암의 창주인 동시에 그곳에 불연의 싹을 뿌린 인물이 아닐 수 없다. 연대기를 바탕에 두고 누실 없이 과거내력을 엮어놓은 사사에 비할 때 「부설전」은 서사적 감동에 기울어져 사적으로서의 의미는 미미하게만 보입니다. 그러나 소설의 마지막 구절은 분명 부설과 그 자식들로부터 월명(月明), 등운암(登雲庵)이 유래했음을 분명하게 주지시키고 있다.25) 다만 부설이란 인물이 세상의 이목을 넘어 스스로 치열한 구도자로서의 행각에 해당하는 전기적 자취를 근간으로 삼고 여기에 속가 여인과의 낭만어린 결연, 도반들과의 이적을 통한 성숙 겨루기 등 흥미와 재미를 충족시킬 수 있도록 삽화가 교직되면서 실질적으로 사적 아닌, 소설로 이행하게 된 것이다.

다음은 관음사사적26)과 「심청전」의 영향 및 친연 관계의 확인이다. 관음사 사적과 「심청전」과의 관련성은 먼저 인물의 설정에서 비롯된다. 관음사사적에서의 홀아비와 어린 딸의 인물 설정은

---

25) 暎虛, 상게서, 41면.
　"其母妙花 壽考百有十年 將啓手足 捨家爲院 以浮爲名 山門碩德 以二子名名庵 至今有登雲月明云爾."
26) 白梅子, 「玉果縣聖德山觀音寺事蹟」.

세계적으로 널리 퍼져있는 민담적 구도라 하겠는데 초점은 단연 외동딸 홍장(洪莊)에 놓인다. 그녀는 아름답고 식견이 통달되고 지성이 남다른데다가 효성이 지극하여 대효로 내외간에 이름이 자자했다. 그에 비할 때 아비는 어른으로서의 판단력을 의심할 정도로 결핍된 부분이 더 많다. 홍법사의 성공(性空)스님이 금강불의 인연을 이루어 달라고 시주를 부탁하자 자신의 처지를 헤아리지 못하고 어린 딸을 팔아서 법당을 경영하는 밑천으로 삼으라고 성급하게 약조하는 등의 처신은 이를 상징적으로 보여준다. 시주승 성공과의 약조는 물리칠 수 없는 법, 딸은 사신들에게 인도되어 중국으로 끌려가는 신세가 되는데 영강(永康) 정해(丁亥)년 5월 황후가 숨진 뒤로 왕이 시름에 겨워 있다가 몽중 신인이 계시한대로 동방의 여인을 찾으라는 명에 따라 나선 터였는데 몽중에서 점지해준 여인이 바로 홍장이었다. 일단 중국황제의 비가 된 그녀에게 아버지와 고향에 대한 그리움을 달래주는 것은 오로지 불교에의 믿음뿐이었다. 그녀는 스스로 정업에 힘을 다하는 한편, 두고 온 조선 땅의 불사를 염두에 두고 수탑과 함께 53불과 5백성중, 16나한을 만들어 세 척의 돌배에 실어 바다에 띄운다. 물결 따라 바다를 흘러 다닌 끝에 배는 감로사 앞에 정박했고 그에 실린 불상과 탑이 이 땅의 여러 사찰에 나누어 봉안된다. 아울러 아비를 위해 따로 홍법사(弘法寺)에 불상과 탑을 안치하는 한편 불상을 거듭 만들고 그 때마다 돌배에 실어 동국에 보내곤 했다. 얼마 후 성덕이란 처녀에 의해 돌배에 실린 관음상이 발견되고 이들을 산중으로 옮기다가 불상이 갑자기 무거워져 더 이상 옮길 수 없어 그 자리에 불상을 모시나 바로 성덕산 관음사가 세워진 내력이 된다. 한편 성공은 시주로 불사를 다 끝낼 수 있었고 홍장의 아비 원량도 눈을 개안했음은 물론 복록을 누리다 95세에 세상을 뜬다.

 관음사사적이 『심청전』과 얼마만큼 친연성을 유지하고 있는지는 수월하게 판명된다. 인물설정에 나타난 유사점은 무엇보다 뚜렷한 지표가 된다. 앞을 보지 못하는 홀아비와 외동딸은 물론이고 딸의 숙성함과 효성, 그리고 이와 대조적인 아비의 경솔한 행동거지의 유사성은 두 서사물의 인물배치와 형상화에서 발견되는 공통점이라고 말할 만하다. 사건의 진행도 예외가 아니다. 완판 「심청전」에는 물에 빠진 심학규를 길 지나던 몽운사의 화주승이 구해준 인연으로 부처님 전에 삼백 석을 바치는 것으로 되어있는가 하면 사적에서는 홍법사 성공스님이 자시의 몽중 계시에 따라 원량(元良)에게 접근하면서 딸들은 각각 불행한 처지에 빠지게 된다. 맹인과 시주승 사이의 인연맺기에 있어 차이가 있다 하나 부처님의 가호를 입어 개안하고픈 심정은 원량이나 심학규나 똑같이 가진 소망이었고, 당장의 처지는 아랑곳 않고, 성급히 재물 시주를 약조하는 충동적 행위마저 일치하고 있어 주목된다. 홍장이나 심청이 몸이 팔려나가는 비참한 지경에 빠지는 부분까지는 특히 내용, 서사구조면에서 방불한 면모가 나타난다.

 사적과 『심청전』이 상호 강한 유사점을 지니고 있던 것이 전반부라고 한다면 이후 줄거리부터는 어느 정도의 변화가 나타나고 있다. 사적의 경우 중국 사신들에 의해 홍장이 팔려나가는 것으로 전개된다. 왕비의 죽음으로 상심해 있던 중국 왕이 몽중에서 동국의 홍장을 찾으라는 계시를 얻게 되며 중국 왕의 명에 따라 그녀를 수소문하기 위해 사신들이 이 땅에 들이닥친다. 결국 그들은 홍장을 찾는데 성공하게 되었고 돈과 재물로 맞바꾸어진 그녀는 사신들에 이끌려 이국의 궁에 들어간다. 두고 온 아비와 고국을 그리워하던 그녀는 마음을 돌려 오로지 정업과 불사에 전념하게 되었으니 그녀의 발원으로 조성된 탑과 불상 등이 거듭해서 돌배에 실려 이 땅에 전해지고 이들이 각처에 봉안되는 내력을 전하는데 무게를 두고 있는 것이 사적의 후반부 이야기이다.

그렇다면 심청이 인당수에서 투신한 다음부터를 문제삼고 있는 『심청전』의 후반부는 어떠한가. 여기서는 심청이 왕비로 등극하기 전 인당수에 투신한 이래의 용궁체험, 그리고 천상의 배려로 재생하는 사적과 비교할 때 내용적 파생이 나타난다고 하겠다. 이에 대응되는 사적부위는 사적에서는 홍장의 왕비등극과 함께 진심어린 호불자로서의 면모를 거듭해서 강조하고 있고 이는 관음의 응현이 다름 아닌 홍장이었음을 깨닫도록 하는데 목적을 둔다. 이에 비해 용궁에 들어간 심청은 불교적 연기로서의 목적성을 일탈한 채 민중의 발랄하고 소박한 꿈, 유교주의에 바탕에 둔 효의 강조, 조선후기 민중들의 삶을 반영하는 쪽으로 담론의 성격이 달라진다. 그렇다고 해도 사적이 갖고 있던 흔적을 온전하게 탈색하고 있다고 하기는 어려울 것으로 보이는 바, 『심청전』의 후반부는 사중의 관심권에서 머물 수밖에 없는 사찰창사 유래 대신 당대 민중의 사고와 욕망을 포괄하는 내용, 주제로 이야기를 변형시키는데 주의를 기울인다. 사중의 이해에 편승한 사적의 성격으로 보아 일반민중을 대상으로 한 소설로의 변이가 모험일 수도 있으나 실상은 그리 불가능한 선회가 아니었음은 이미 앞에서 확인한 바이다. 원래 사적인 만큼 불교중심적 담론의 성격이 강할 수 밖에 없다 하겠으나 불교적 색채를 희석시키는 작업이 뒷받침 된다면 민중소설로서의 변이는 얼마든지 가능한 일이었다고 생각된다. 하지만 유념할 것은 사적의 서사적 골격을 그대로 유지한 한도 내에서의 변화였다는 점이다. 요컨대 관음사의 창건내력을 전하고 있는 사적은 불교적 주제의 현시라는 목적성을 유보하고 민중의 정서와 흥미를 반영한 쪽으로 부분적 변조를 꾀함으로써 「심청전」이란 소설을 촉발시키는데 크게 기여한 이야기였음을 의심할 수 없게 한다는 것이다. 이는 백매자(白梅子)가 그 이전에 전하던 사적을 정리하여 사적으로 남긴 때가 옹정(雍正) 기유년(己酉年, 1729)임을 감안할 때 무리한 추론이 아니다. 판소리계 소설의 활발한 유통이 19세기임을 감안한다면 18세기 초에 기록된 관음사사적을 그 텍스트로 삼아 새롭게 소설로 각색했다는 것은 설득력 있는 추론에 해당된다 하겠다.

이밖에 홍법사 창건담[27]도 「심청전」의 서사구조와 방불해『심

---

27) 경기도,『畿內寺院誌』, 1990, 560면.

청전』출현과 관련지어 또 다른 검토가 필요하나 문헌자료가 아닌 구비자료일 뿐이어서 논의는 약하지만 그에 나타난 시간적 배경이 광해군 시기로 되어있어 이 또한 『심청전』출현에 일조했을 것으로 여겨진다.

5. 맺음말

선별된 자료를 통해서나마 사찰문헌이 지닌 소설담론적 성격을 살펴보았거니와 이를 인물, 기법, 주제의 측면에서 사찰문헌이 지닌 담론적 특색을 대표적인 사례를 토대로 적시해 보았다. 우선 인물적 측면에서 영원암사적은 명학동지의 삼생유전을 통해 업의 의미, 진정한 성도의 길이 어떤 것인지를 생생하게 이끌어 내고 있는 바, 일반 사적과 달리 파편화된 사실을 거세하고 시선을 명학에게 고정시킨 채 삼생유전의 삶을 조명함으로써 인간의 입체적 상과 함께 구원의 가능성을 제시하고 있는 것으로 나타났다. 서사장치의 활용이란 측면에서 단연 주목되는 것으로는 고려대장경「인유」를 지목할 수 있는데 나말여초에 출현한 몽유록 답지 않게 액자형식을 취하면서도 현실과 몽중을 무리없이 연결시키며 서사공간을 통해 환상성을 제공해 주는 한편, 이거인의 삶과 대장경조판 내력을 요령껏 포괄하고 있다. 셋째 건봉사사적을 중심으로 살펴본 바, 흥미소를 통해 독자의 흡입력을 고조시키지만 실상은 심오한 주제현시를 위한 서사적 전략 때문에 의외로

소설성이 두드러지게 나타나게 되었다고 파악했다. 그리고 이미 소설담론에 안정적으로 편입한 『심청전』과 『부설전』이 기실 관음사사적 및 월명암사적의 원형임을 추단하고 이들에 내재된 사찰사적의 흔적, 그리고 개변의 특성을 밝혀 보았다.

　결국 사적으로 대표되는 사찰문헌은 사사, 승사를 지향하지만 불교 종지의 깨우침을 전제하다 보니 주제의식이 고양될 수밖에 없었고 그에 따라 역사의 테두리를 넘어 소설담론과 친연적 관계를 맺게 되었다고 하겠다. 하지만 본고는 시론적 범주를 넘어서지 않는다. 한정된 자료를 통해서나마 일단 사찰문헌의 서사성 내지 소설담론성을 확인했다는 점을 위안으로 삼지만 자료와 논의 범위를 확장시켜 사찰문헌의 서사적 특성을 보다 총체화하는 일이야말로 절실한 과제로 남을 수밖에 없다.

해인사유진팔만대장경개간인유(海印寺留鎭 八萬大藏經開刊因由)를 통해 본 불교전기소설(佛敎傳奇小說)의 기원과 전개

1. 문제제기
2. 『해인사고적(海印寺古籍)』의 서지와 인유(因由)의 창작시기
3. 「대장경인유(大藏經因由)」의 소설성 검토
4. 「대장경인유」와 후대 불교전기소설의 연맥성
5. 맺음말

1. 문제제기

우리나라 소설의 발생과 기원에 대한 논의는 어떤 것보다 활발하게 진행되는 영역이라고 하겠다. 각 시대에 걸쳐 작품별 연구가 축적되어 소설사의 조망도가 윤곽을 드러내고 있음에도 소설의 형성시기에 관해서는 밝혀진 것보다 그렇지 못한 부분이 적지 않다는 점을 생각할 때, 그같은 흐름은 일종의 반성적 의미로도

풀이가 가능할 것이다. 기연구들은 대체로 나려(羅麗)시기가 갖는 소설사적 의의에 초점을 두되, 그 논의대상에 있어「최치원전(崔致遠傳)」,「조신전(調信傳)」,「김현감호(金現感虎)」등『수이전(殊異傳)』과『삼국유사』에 올라있는 것들로 테두리가 지어진다. 특히「최치원전(崔致遠傳)」에 대해서는 출현시기·작가검증에 걸쳐 다양한 이론이 제기되었거니와 나말여초 공간에서 그 홀로 소설성을 담지했다는 것,『금오신화』와 함께 애정전기소설로서의 성격을 공유하고 있다는 점 때문에 특히 관심이 집중된 바가 있다.

하지만 전기 혹은 전기소설의 하위 갈래를 마련하지 않은 채 전기소설을 애정전기소설과 동일시한 점은 늦었으나 재검토가 요청되는 부분이다.「최치원전」으로 대표되는 애정전기소설이 초기소설사에서 큰 자취로 남아있는 것은 사실이라 해도 관심과 연구가 이에 쏠림으로써 전기소설의 전체적 면모가 오히려 가려진 면도 생겼다고 본다.

적어도 나려시기의 전기소설은 두 가지 이상의 계열로 파악하는 것이 옳지 않을까 한다. 그동안 다양한 논의가 진행되어 온 바 대로 애정계열의 전기소설이 그 하나이며 상대적으로 논의의 대상에서 벗어나 있었던 불교계열의 전기소설이 또 다른 계열로 파악될 수 있다. 중국에서는 염정(艷情), 신괴(神怪), 호협(豪俠)으로 유형화 되지만 우리는 호협(豪俠)에 해당하는 작품이 없고 애정담에 못지않게 불교계열 이야기들이 큰 비중을 차지하고 있었던 것이다.

당(唐) 전기(傳奇)에서 말하는 신괴를 우리식으로 말한다면 불교의 영험담, 고승전, 사찰연기, 성도담 등으로 바뀔 것이다. 가령 『수이전(殊異傳)』소재 각편 가운데 「호원(虎願)」, 「원광법사전(圓光法師傳)」, 「소리(蘇利)」, 「아도전(阿道傳)」, 「법공전(法空傳)」, 「법운전(法雲傳)」, 「비허전(毘虛傳)」 등은 나말여초기 불교적 전기, 영험, 고승담 등 불교관련 기이담이 얼마나 폭넓게 수용되었는지를 짚어보는데 부족함이 없다. 고려중기로 내려와『삼국유사』에 수록된 「조신(調信)」, 「김현감호(金現感虎)」, 「남백월이성(南白月二聖)」 등, 그리고『궁원집(窮元集)』을 통해 고려말 유통이 확인된 「왕랑반혼전(王郎返魂傳)」 등도 초기소설사 내지 나려 서사문학의 사조를 간파하는데 있어 핵심적 대상으로 꼽히는 것들이다.

그럼에도 자아와 세계의 대결이란 대립항을 소설규정의 본질적 요소로 삼는 한 이들은 일거에 소설적 테두리에서 소거될 여지가 없지 않다.

하지만 그런 소설적 경계분할이 과연 타당한 것인지도 의문이고 애정담이 아닌 전기소설이 상당한데 이를 운위 대상에서 제외할 수 있는 것인지도 확답하기는 쉽지 않다.

전기의 발원지인 중국의 연구적 경향을 보더라도 애정전기소설에만 국한해서 보는 일은 이치에 맞지 않는다. 도리어 인도에서 발원한 불교문학이 중국문학의 결핍, 즉 상상과 환상을 불어넣어준 것으로 보고 그 서사문학사적 의의를 크게 부각시키고 있는 형편이다.

 이런 점에 비추어 보더라도 나말여초(羅末麗初) 이래 불교전기소설에 대한 관심의 부재는 문제가 아닐 수 없다. 물론 중국 전기소설의 전개과정에 주목하여 유사성에 집착하는 것이 올바른 시각일 수는 없다. 어디까지나 연구의 초점은 우리의 문학적 실상에 맞추어져야 하고 나려시대 자료에 대한 폭넓은 섭렵이 우선되어야 한다. 그동안 전기소설에 대한 연구가 적잖이 축적되어 있는 만큼 구태여 전기소설의 개념을 다지는 작업이 필요치 않다고 보지만 소설 형성기의 서사목록을 찬찬히 주목할 수록 그 비중이 커지는 불교전기 혹은 불교전기소설 영역을 외면해서는 안 된다고 본다.

 본고는 이런 맥락에서 불교전기소설의 계보를 형성할 정도로 후대에도 거듭 등장하는 불교서사물을 주목하는 한편 나말여초(羅末麗初)에 이미 불교전기소설이 출현했음을 확인하는 기회를 갖는 데 목적이 있다. 무엇보다 본고 작성에 결정적인 동인이 되어준 것은 「해인사유진팔만대장경개간인유(海印寺留鎭八萬大藏經開刊因由)」1)이다. 이후 이 작품의 분석을 토대로 불교전기소설의 개념, 유형화의 필요성, 그리고 나말여초(羅末麗初) 불교전기소설의 발생 및 후대적 영향관계까지 논의대상을 넓혀보려고 한다.

---

1) 이후부터는 「海印寺留鎭八萬大藏經開刊因由」를 「大藏經因由」로 줄여서 부르기로 한다.

2.『해인사고적(海印寺古籍)』의 서지(書誌)와 인유(因由)의 창작시기

「해인사유진팔만대장경인유(海印寺留鎭八萬大藏經因由)」는 이름 그대로 해인사에 보관된 대장경을 누가 언제 어떻게 판각하여 이 절에 안치하게 되었는지의 유래를 담고있는 사승(寺乘) 성격의 기록물이다.『해인사고적(海印寺古籍)』[2]이란 단행본 중에 들어있는 여러 자료 가운데 하나에 속하는 이 기록은 해인사의 창건내력을 담고 있어 「가야산해인사고적(伽倻山海印寺古籍)」과 함께 아득한 시기의 해인사 역사를 살피는데 도움을 주고 있으나 설화 혹은 소설적인 논구는 찾아보기 어려웠다. 하지만 일제시기 간행된『조선사찰사료(朝鮮寺刹史料)』에「대장경인유」[3]가 수록된 탓에 그 존재는 널리 알려진 편이었다. 다만 문면만 이기해 놓고 서지적 정보를 밝히지 않아 본래 어디에 실려 있었는지, 개간시기는 언제인지 등 서지, 각판의 정보가 없어 활용에 한계가 있

---

[2] 康熙本은 사적을 간판, 간행한 후 한 권의 책으로 묶고 겉표지에 붓글씨로『海印寺古籍』이라 썼다. 그런데 이 책에 수록된 여러 문건 가운데 맨 앞에 수록된 것이「伽倻山海印寺古籍」이어서『海印寺古籍』과 상호 명칭의 혼란이 따를 수 있다. 다시 말해『海印寺古籍』은「伽倻山海印寺古籍」을 포함해 여러 문건 모두를 아우르는 冊名이고『伽倻山海印寺古籍』은 그 책에 수록된 여러 문건 중의 하나를 지칭한다.

[3]『朝鮮寺刹史料』上, 946-499면.

었다. 「대장경인유」가 해인사 사간대장경판(寺刊大藏經板)에 들어있음이 밝혀진 것은 1936년 최범술(崔凡述)에 의해서이다. 그가 작성한 해인사사간루판목록(海印寺寺刊鏤板目錄)을 보면 「대장경인유」가 들어있는 『해인사고적(海印寺古籍)』은 권123, 제차(第次) 29, 판장(板狀) 29이고 판형(板型)은 종횡(縱橫)이 24×38에 자수(字數) 14, 행수(行數) 14로 보고 되어 있다. 간행시기와 관련하여서는 29장(張)의 동치 3년 갑술 2월 하완 연파문인퇴암술(同治三年甲戌二月下浣蓮波門人退菴述)이란 간기를 통해 1874년 개간되었음을 알 수 있다. 그러나 「대장경인유」가 조선시대 사중과 사대부 사이에서도 알려져 있었음을 다른 자료들을 통해서도 확인하게 된다.

가령 풍계대사(楓溪大師)(1640-1708)의 「가야산해인사대장경인출문(伽倻山海印寺大藏經印出文)」에는 『해인사고적』을 상당부분 그대로 인용해 놓았는가 하면 특히 이덕무(李德懋, 1741-1793)는 임인년(壬寅年, 1782) 해인사 일대를 유람중 절에 들러 고적을 읽은 뒤 「가야산기(伽倻山記)」에 간략하게나마 이를 소개해 놓고 있는 것이다. 이로 보면 동치판 『해인사고적』에 훨씬 앞서 또다른 『해인사고적』이 개간되었음이 분명해지는 데 최범술이 사간장경을 조사할 당시에는 이미 앞선 시기의 경판은 거의 산실된 뒤였고 동치판만 남아있었던 것이다.

그런데 필자는 근래 동치판보다 훨씬 앞선 시기에 『해인사고적』이 판각, 간행되었음을 확인할 수 있었다. 이는 동국대에 소장된 해인사고적을 가리키는 바, 만력(萬曆) 26年 4月 15日 씌어지고 강희(康熙) 원년(元年) 임인년(壬寅年, 1662)에 개판(開板)되었다는 간기가 있다. 동치판(同治板)보다 200여 년 앞서 등장했음을 말해주는 것이다. 몇가지 사항으로 나누어 강희판(康熙板)과 동치판을 비교하면 아래와 같다.

	康熙板 因由	同治板 因由
板名	海印寺古籍	海印寺古籍
張數	1冊25張	1冊31張
板心	內向二葉花紋魚尾	下向二葉花紋魚尾
冊大	34.7×24.8	35×24
目錄次順	1 伽倻山海印寺古籍 2 海印寺善安住院壁記, 崔致遠撰 3 順應和尙撰, 崔致遠撰 4 利貞和尙撰, 崔致遠撰 5 頌希明大德, 崔致遠撰 6 海印寺留鎭八萬大藏經開刊因由 7 學祖重新文, 任士洪撰 8 雜役減除文	1 伽倻山海印寺古籍 2 海印寺留鎭八萬大藏經開刊因由 3 海印寺善安住院壁記, 崔致遠撰 4 順應和尙撰, 崔致遠撰 5 利貞和尙撰, 崔致遠撰 6 頌希明大德, 崔致遠撰 7 學祖重新文, 任士洪撰 8 雜役減除文 9 海印寺事籍碑, 有機撰 10 海印寺失火蹟, 退菴述
刊記	萬曆26年(1598) 4月望 書 康熙3年 壬寅(1662) 2月 刊板	同治13年 甲戌(1874) 2月 下浣 蓮波門人 退菴 述

200여 년 뒤에 다시 판각한 것이기는 해도 동치판은 강희판에다 「해인사사적비(海印寺寺籍碑)」, 「해인사실화적(海印寺失火籍)」 두

기록을 보태는 것 이외 내용, 문건상 차이는 그리 크지 않다. 정작 주목되는 바는 원래 강희판에서 최치원(崔致遠)의 기문(記文) 다음에 끼어있던 「대장경인유」가 동치판에서는 해인사고적 다음으로 위치가 당겨졌다는 점이다. 이는 「대장경인유」의 시기를 두고 확증을 갖고 있지 못했음을 반영한다고 추단해보면 어떨까 싶다. 그렇다면 「대장경인유」가 기록된 시기는 언제일까.

강희판에서 「인유(因由)」를 최치원의 찬술물들 다음에 삽입하고 있다거나 동치판에서는 오히려 최치원의 찬술물보다 앞에 편입시키고 있어 대체로 조선시대 사중들도 「대장경인유」의 창작시기를 나말여초(羅末麗初)로 보았다 하겠는데 여전히 변증할 기록은 부족하다. 「대장경인유」의 출현 시기를 밝히는데 있어서는 역시 맨 끝에 간기처럼 붙인 '설명재어대장후발(說明載於大藏後跋)' 이란 구절을 결정적 단서로 삼을 수밖에 없고 그 중에서도 "대장(大藏)"이란 말이 실마리가 될 수 있다고 여긴다. '대장'은 「태조어제발문(太祖御製跋文)」 등에 올라 있는대로 [4] 경율론(經律論)을 지칭하는 일반적 명사로 보거나 구체적으로 고종판(高宗板) 대장경을 가리키는 것으로 볼 여지는 얼마든지 있다. 하지만 이는 분명 사간판(寺刊板) 장경(藏經)을 지칭하는 것이다. 통속간 대장(大藏)이라 하면 장경(三藏) 또는 경전을 존숭하여 성스럽고 거룩하게 말할 때에 쓰이기도 하지만 대장경 「대장경인유」에서

---

4) 印經跋文(太祖 2년 1393).
　"蓋聞經律論　通名<u>大藏</u>　佛教雖有方便萬殊　要之指歸則　不過乎戒定慧 三學而已　原其三學　只在乎一心　然則<u>心</u>與<u>大藏</u>　三一俱圓矣."

밝히고 있는 원래 전거처로서 대장은 인유(因由)의 내용상 해인사에서 간행한 '사간대장경(寺刊大藏經)'의 준말로 보아야 무리가 없다.5)

현전하는 해인사의 사간장경은 흔히 구장(舊藏)과 속장(續藏)으로 구분한다. 구장(舊藏)에는 고려 중엽에 조조한 것으로 주본(周本)『화엄경(華嚴經)』80권, 진본(晉本)『화엄경』60권, 정원(貞元)『화엄경』40권 등 소위 삼본화엄과 화엄경소초, 화엄변상과『금강반야경』대소본(大小本)이 있고, 고려 말엽에 주조한 것으로『능엄경』10권,『법화경』7권,『광명경』4건 이외에 4, 5경전이 있고『속장경』은 조선국간경도감에서 주조한 것으로 사분율,『법화경』등 경 10권을 포함한다. 구장, 속장 양각에 있는 것을 모두 합하면, 총 경판수가 355권, 4845판에 이른다.6) 사간장경(寺刊藏經) 가운데 판각 연대가 가장 이른 것은 주(周), 진(晉), 정원(貞元) 등 소위 삼본화엄본(三本華嚴本)으로 고려 숙종 3년(遙 壽昌 4년 : 1098년) 해인사 의지승(依止僧) 성헌(成軒)이 발원, 보시했다고 간기에서 밝히고 있다. 그렇다면「대장경인유」에서 언급한 대장이 바로 이 삼본화엄본을 지칭한 것일 수도 있다. 하지만 이들 장경에서는 대장경의 연기와 관련한 후발(後跋) 자체가 보이지 않는다. 이후의 경판에서도「대장경인유」가 들어있는 후발(後跋)을 찾을 수 없기는 마찬가지다. 이로써「대장경인유」에서 밝히고 있는 그 '대장후발(大藏後跋)'이란 삼본화엄 이전에 해인사

---

5) 이지관 편저,『가야산해인사지』, 1992, 221면.
6) 이지관 편저, 상게서, 221면.

에서 간판된 자료였음이 드러난다. 더구나 서수생(徐首生)의 다음과 같은 추론은 「대장경인유」의 출현시기와 관련하여 사간장경의 각판 시기를 신라시기까지 소급할 수 있음을 시사해 주는 것이어서 흥미롭다.

> 사간장경(寺刊藏經)을 새기게 된 연대를 정확히 알 수 없으나 국간대장경(國刊大藏經)보다 수백 년 앞선 신라말 혹은 고려 초기인 듯하며 그 뒤부터 현대에 개판 조조된 경판인데 다소 황당한 것 같기는 하나 「해인사유진팔만대장경개판인유(海印寺留鎭八萬大藏經開板因由)」를 통해 추측해 보면 이 때에 이미 경판이 이루어졌는지도 모른다.7)

위에서 적시한 "이때"란 「대장경인유」 중에 보이는 "정묘지춘삼월기망(丁卯之春三月旣望)"을 가리키는 것이므로 구체적으로는 신라 문성왕(文聖王) 9년 정묘(AD 847)에 해당되는 데 경판조성 시기를 그렇게 올려잡을 수도 있다고 보는 것이다. 하지만 입증할 사적 경판이 확인되지 않는데다 여러 정황으로 미루어 문면 그대로를 수긍하기 어려우며 학계에서도 신라시기 장경조성설에는 회의적이다. 그러나 설화적 내용이 지배적이라 하여 문면을 온전히 부정할 일도 아니다. 판각이 이루어진 때가 문성왕 대로부터 한참 뒤의 일이 될지언정 신라인(新羅人) 이거인(李居仁)이 사간장경 사업에서 주도적 역할을 했다는 점만은 부정할 수 없는

---

7) 서수생, 「해인사 사간장경판연구」, 『해인사지』, 1992, 496면.

일로 파악된다.

　이밖에 『해인사고적』의 맨 앞에 올라있는 「가야산해인사고적」 또한 「대장경인유」의 출현시기를 헤아리는데 방계자료로 의미가 있다고 하겠다. 「가야산해인사고적」은 순응(順應)과 이정(利貞)이 당에 유학했다가 지보(誌寶)대사의 예시를 듣고 이 땅에 절을 짓게 된 영이한 과정을 전하고 있다. 그 끝에 '천복팔년(天福八年) 계묘(癸卯)(943년)십월(十月) 의판성적(依板成籍)'이라는 간기가 주목되는 바, 「대장경인유」의 배경을 문성왕대로 지목하고 있어 「대장경인유」와 더불어 처음부터 중요 사사로 기록, 개판한 것 같다. 그게 아니라 하더라도 「대장경인유」의 출현시기는 앞서 추론대로 1098년 이후로까지는 내려가지 않을 것이다. 이렇게 추론을 거듭 하다보면 '대장후발(大藏後跋)'은 943년부터 1098년 사이 개판된 사간장경에 올라있었던 것으로 창작시기가 좁혀진다.

　'대장후발'이 나말여초(羅末麗初)에 등장한 것이라면 새삼 서사문학적 대상으로서 당대 자료의 영성함을 메워줄 주목할 대상으로 떠오르는 것은 당연하다. 그동안 나말여초 공간은 소설사적으로 집중적 주목을 받아온 시기였고 논의의 진앙에는 「수이전(殊異傳)」 소재 「최치원전(崔致遠傳)」이 있었다 해도 과언이 아니다. 「최치원전」이 이렇듯 이목을 집중시킨 까닭은 소설적 특성이 풍족하게 구비되어 있다는 점이 드러났기 때문이다. 나말여초 한국 전기소설의 여명기로 규정될 수 있고 하위양식으로 구분 지을 때 애정전기소설에 속하는 「최치원전」이 이룬 문학적 위업은 조선시대에 들어서기 훨씬 전 현실과 불화를 빚고 갈등하는 지식인의 허무감 및 고독감을 탁월하게 형상화되었다는 점, 비현실계를 차용하여 현실적 욕망을 역설적으로 드러냈다는 점 등이 지적되면서『금오신화』에 버금가는 작품으로서 이 작품이 갖는 서사적 위상이 자리매김된 것이다. 이외 「최치원전」은 자체에 대한 분석과 미학적 본질이란 테두리를 넘어 불투명한 초기소설사를 환기시키는 등 초기 소설사의 규명, 애정전기소설의 개념화에 관한 논의를 촉발시키는데 단초구실을 해온 것도 사실이다.[8] 하지만 「최치원전」을 전기소설의 연원으로 삼고 금오신화를 애정소설의 후대적 승계물로 파악할 때 실상과 다른 결론에 이를 수도 있다는 우려도 따른다. 즉 애정전기소설이 마치 전기소설의 전부인 것처럼 이해될 여지가 큰 것이다. 이미 필자가 불교전기소설의 유형화를 언급한대로[9] 나말여초는 애정과 불교 두 갈래의 전기소설이 창

---

[8] 소설형성기로서 나말여초 및 「최치원전」의 소설적 논의에 관한 기왕의 대표적 논저를 제시하면 아래와 같다.
이가원, 『한국한문학사』 민중서관, 1961. 지준모, 「전기소설의 효시는 신라에 있다」『영남어문학』2 ,영남어문학회, 1975. 임형택, 「나말여초의 전기문학」, 『한국한문학연구』 5, 한국한문학 연구회, 1981. 김중렬, 「한국소설의 발생고」, 『어문논집』 22, 고려대 국문학과, 1981. 이헌홍, 「최치원전의 전기소설적 구조」『수련어문논집』9, 부산여자대학교 국문학과, 1982. 김종철, 「서사문학사에서 본 초기소설의 성립문제」, 『다곡이수봉선행회갑기념논총』, 1988. 박희병, 「나려시대 전기소설연구」, 『대동문화연구』 30집, 1995.
[9] 김승호, 「불교전기소설의 유형화에 대하여」, 『한국고소설학회』 61차 학술발표대회, 2003.

작 유통된 시기로 보아야 할 것이다. 애정전기소설 이외 불교전기소설의 유형을 별도로 범주화한다면 『삼국유사』 소재 불교소설들과 『법화영험전(法華靈驗傳)』, 『명학동지전(明學同知傳)』, 『왕랑반혼전(王郎返魂傳)』, 『목련전(目連傳)』, 『설공찬전(薛公瓚傳)』으로 이어지는 불교서사담론의 친족성을 확인할 수 있을 뿐더러 나려공간은 물론 이후 전기소설사의 통사체 계열을 살피는데 있어서도 도움을 얻을 수 있을 것이다.

그런데 이른 속단일지 모르나, 위에 제기한 불교전기소설들은 앞서 등장했던 「대장경인유」의 영향권에서 벗어나지 못한다고 생각한다. 즉 불교전기소설로서 「대장경인유」가 차지하는 소설사적 비중은 「최치원전」에 못지 않으며 애정전기소설인 「최치원전」과 더불어 소설의 기원을 연 작품으로 규정되어야 마땅하다는 가설은 얼마든지 세울만 하다. 따라서 「대장경인유」의 소설성의 타진을 비롯하여 불교전기소설의 개념적 테두리, 후대 불교전기소설에 끼친 「대장경인유」의 영향, 애정전기소설과 상위한 불교전기소설의 면모를 밝히는 일에 초점이 두어질 것이다.

3. 「대장경인유(大藏經因由)」의 소설성 검토

역사적 장르로서 혹은 기법적 차원에서 「대장경인유」는 나말여초의 불교전기소설이 내재한 전형적인 면모를 갖추고 있다고 하겠다. 따라서 이를 통해 이 시기 불교전기소설의 출현양상, 그 후대적 영향관계를 헤아리는데 지표로 삼아도 무방할 것이다. 「대장경인유」의 출현시기로 유추되는 나말여초기는 그야말로 불교담론이 그 어떤 부분 못지않게 풍성하게 확인되는 시기라고 해도 과언이 아니다. 『수이전(殊異傳)』도 그런 시대적 특성을 반영하고 있는 바, 「원광법사전(圓光法師傳)」, 「아도전(阿道傳)」, 「법공전(法空傳)」, 「법운전(法雲傳)」, 「비허전(毘虛傳)」 등 전기적 설화에 바탕을 둔 다수의 승전이 갈무리되고 있음을 간과해서는 안될 것이다. 『삼국유사』에 승전뿐만 아니라 창사담도 적지 수록된 것과 비교해 승전류를 집중시켜 놓았다 하겠는데, 이는 『수이전』에 인물전승적 성격이 그만큼 강하다는 것을 보여준다 하겠다.10) 서사대상으로 승려에 많은 비중을 두고 있음은 기본적으로 수이전이 황탄 영이한 이야기의 모음에 그치지 않고 당대 불교담론을 상당한 정도로 추수하고 있음을 말해주는 것이자 당시 사람들에게 불교적 영이담이 그 어떤 것보다 주목되는 대상이었음을 환기시킨다.

불교 담론은 대개 두 가지 측면으로 그 서사적 특징이 대별된다. 하나가 포교의 의도로써 생경한 교리 대신 흥미담으로 포장하여 전함으로써 부지불식간에 불교적 종지에 이르게 하는 것이며, 다른 하나는 단순히 제재가 갖는 흥미적 속성에 이끌려 이를 설화, 전기, 전기소설로 수용된 경우가 있다. 지금 전하는 이야기들이 양 갈래로 뚜렷이 구분되는 것은 아니다. 목적성은 다르더

---

10) 『수이전』 소재 이야기 중 사찰연기설화로 확인되는 것은 서거정이 『筆苑雜記』에서 잠깐 소개한 소리가람 설화 하나 뿐이다.

라도 이야기들이 한결같이 업(業)사상, 명부(冥府)신앙, 정토(淨土)신앙을 기반에 두고 이계(異界)로의 이동, 명부(冥府)의 심판과 재생 혹은 축생(畜生)으로의 환생(還生) 등을 중심적 모티브로 삼고 있다. 흥미와 포교라는 목적성에 걸맞게 이 때의 불교담론들은 저승으로의 이동, 명부에서의 심판, 그리고 또 다른 생으로의 전변을 생생하게 부조함으로써 구성, 구조면에서 유형화 현상이 폭넓게 나타난다. 이런 점이 불교전기, 불교전기소설을 유형화하는데 필요충분적 조건이 된다고 하기는 어렵더라도 불교전기소설의 친족적 징표의 하나로 삼는 데 지장은 없다고 본다. 개간 「대장경인유」가 다른 불교전기소설에 앞서 출현했다 하더라도 앞에서 추출한 불교전기소설의 특성을 이미 내재하고 있었다 보는 것이 옳을 것이다. 이를 확인하기 위해서라도 구체적인 작품의 분석이 필요해진다. 우선 개간 「대장경인유」의 줄거리를 살피기로 한다.

1. 합천의 리서(里胥)인 이거인(李居仁)은 가난했으나 성품이 온순하고 공무를 성실히 하여 동네 사람들의 칭송이 자자했다.
2. 어느 날 납세를 독려하고 귀가하던 중 길 잃은 삼목구(三目狗)를 발견하고 데려다 지성으로 돌봐주었다.
3. 살펴준 지 3년 되던 해에 개가 죽자 이거인은 자식이 죽은 것처럼 지성으로 장례를 지냈다.
4. 개가 죽은 2년 뒤 이거인(李居仁) 역시 죽어 명부로 가게 되는데 거기서 왕으로 있는 삼목구와 해후하여 옛 정을 나눈다.

5. 과거 은혜를 생각하여 삼목왕은 재생의 방도를 묻는 이거인에게
   염왕과 대면했을 때 어떤 말을 해야 할지 일러준다.
6. 이거인이 경판불사를 소원하다가 끝내 이루지 못하고 명부에 왔
   다는 것을 듣게 된 염왕이 귀부에서 그의 이름을 지워 주고 다
   시 현세로 돌려 보낸다.
7. 이거인이 명부를 나올 때 삼목왕이 그에게 권선문을 써 가지고
   기다리고 있으면 다시 찾겠다면서 재회를 기약한다.
8. 신라 왕실에서 공주 자매가 동시에 병으로 눕게 되었는데 고통
   중에도 공주는 대장경 화주인 이거인을 불러달라고 간청한다.
9. 왕실에 불려온 이거인에게 공주는 스스로 삼목구임을 밝히고 부
   왕에게 이거인을 큰 시주로 내세워 대장경을 새기게 해달라고
   청한 끝에 허락을 받는다.
10. 왕으로부터 장경판각의 책임을 맡은 이거인은 대장경을 새긴
    후 가야산 해인사에 이를 모시고 경찬회를 베푼다.
11. 대장경을 봉안하자 나라가 태평해졌으며 이거인(李居仁) 부부
    는 해로하다가 극락왕생 한다.

「대장경인유」의 서사적 특징은 단편적 일화나 한 두 모티브에 집중적 관심을 보이는 대신 주인공 이거인을 축으로 사건과 상황이 동심원을 그리듯 부각되고 있다는 점이다. 한데 이거인은 수많은 생 중에서 우연히 선별된 하나의 범인에 불과할 뿐이다. 그는 영웅이나 남다른 비범성을 과시하며 죽음과 맞설 인물이 아닌 그야말로 지극히 범상한 존재로 형상화되었다. 간단하게 관

청의 일을 도와주는 이서(里胥 : 오늘날의 里長)인 그에게 오히려 특이한 일을 기대한다는 것이 이상할 정도이다. 평범한 가운데서도 굳이 남다른 면이 있다면 유달리 강한 자비심의 소유자라는 점인데 이는 눈이 셋인 길 잃은 개를 자식처럼 돌봐주는 것으로 부각된다. 하지만 그렇게 자비를 베풀었음에도 그는 돌연 명부의 세계로 끌려간다. 여기에 업관(業觀) 이라든가 인연적 사고가 그 기저에 깔려 있음은 물론이다. 이거인은 죽어 염부에 불려온 상황에서도 다시 살고 싶은 욕망을 버리지 못하다 옛날 지성으로 보살핀 삼목왕(三目王)과 조우하면서 재생의 전기를 얻게 된다.

이거인은 세계와의 대결이나 긴장의식은커녕 죽음, 지옥의 공포 앞에서 구원받을 탈출구를 찾기 위해 안간힘을 다한다. 이 점은 개간 「대장경인유」를 인간과 외적환경의 대결구도에 의거한 소설적 정의와 합치되지 않음을 보여준다. 삼목구에 대한 지성어린 보호뿐만 아니라 이거인은 가정에서는 금실이 좋았고 밖으로는 이장직을 성실히 수행하여 그 평판이 자자했다. 그럼에도 서둘러 명부에 온 그는 생전의 그답지 않게 과거 선행을 베푼 삼목왕을 통해 살아날 궁리를 한다. 재생이 어렵다면 적어도 지옥에는 떨어지지 않아야 한다는 생각에 삼목왕을 만나자 염왕과 대면시 어떻게 처신해야 할지를 캐물었던 것이다. 결과적으로 삼목왕의 협조를 얻을 수 있었던 것은 생전 개에게 베푼 자비심 때문이었다. 삼목왕은 생전에 불사공덕을 세웠으나 이루지 못했다고 증언하도록 이거인에게 귀띔해주게 되는 것이다. 흥미롭게도 이거인의 재생에는 오로지 대장경조성의 원을 둘러댄 것이 주효한다. 선은 권하고 악은 징계해야 하는 이원적 구조가 드러나지만 불교 담론에서 말하는 선이란 일차적으로 호불 권불적 행위로 테두리 지어진다. 「대장경인유」 역시 전체적으로 불사공덕의 중요성을 강조하는 국면으로 기울어지고 있다는 생각을 하지 않을 수 없겠는데 기본적으로 해인사 대장경조성 유래를 넘어 불사공덕의 의미를 강조하기 위한 목적도 기저에 두고 있다.

하지만 앞에서 거론한 것처럼 이거인전은 죽음에 대한 인간의 보편적 두려움과 함께 개체란 유기적 관계에 얽혀있는 만큼 얼마든지 변전의 가능성이 있음을 범속한 인물을 내세워 적절히 포착하고 있다. 서사시간으로 보더라도 「대장경인유」는 조선시대 소설의 전형에서 보듯 서사적 초점이 온통 주인공 이거인에 맞추고 있다. 따라서 「이거인전(李居仁傳)」으로 불러도 전혀 어색하지 않을 정도이다. 그렇다고 탄생과 성장 활약 죽음에 이르는 일생적 단위의 적확한 대입은 아니다. 꿈과 현실로 서사적 영역을 이분화 시키고 의미 있는 시간대를 선택, 강조하는 식의 서술방식을 취하여 설화에서 흔히 지적되는 설명적 결론적 진행의 단일함을 극복하는데 이바지하고 있다. 설명, 묘사와 함께 적절히 배합된 대화 또한 기법상 이 작품이 설화와 다른 소설에 해당된다는 점을 뚜렷하게 인지해 주는 요소로 꼽아도 좋을 것이다.

소설담론이 역사적 서사와 허구적 서사의 배합적 구성물이라고 할 때 이거인전은 이점에 있어서도 남다른 조숙성을 지니고 있다. 발단부터가 합천 고을의 이서(里胥)로서 왕조를 걷기 위해 매일 동분서주 하다가 돌아오던 어느 날로 매우 구체적이다. 역사적 서사에 근접한 부위에 해당된다. 반면에 이후는 이거인이 다음 생이 어떻게 전개될 지 판결을 기다리는 명부체험을 형상화함으로써 이른바 몽유적 허구서사로 뒤바뀌는 것을 볼 수 있다.

그런데 명부에서는 생전의 업에 따라 염왕의 판결이 내려진다고 하지만 현생에서와 다른 잣대로 다음 생이 결정되는 바람에 이거인은 큰 위기에 봉착한다. 주인공은 자상한 이서로 통하던 터라 이승 같았으면 재생은 필지의 사실이었겠으나 명부는 이런 논리가 통하지 않았던 것이다. 현실과 명부로 서사공간이 이원화되고 삶과 죽음이 각각에 병치되어 있다는 사고가 불교담론에 명부 모티브의 빈번한 차용을 가져왔음은 분명할 것이다. 그러나 명부에서 이거인은 보다 절실히 깨달은 것이 있다. 현실계의 원리와 달리 명부는 일반적 선행이 아니라 불교적 인간으로 공덕과 믿음으로 충만한 자만이 구제될 수 있었다는 바로 그 사실이다.

어쨌든 이거인은 재생의 행운을 얻는다. 하지만 재생을 담보로 그에게 부과된 대장경 조성사업은 능력에 견주어 지나치게 막중하다. 이거인과 공주 -과거 이거인이 돌봐주었던 삼목구, 아울러 명부에서 이거인을 재생토록 도와준 삼목왕 — 와 이승에서 해후토록 한 것은 그 점에서 불가피한 선회라 하지 않을 수 없다. 궁중은 공간영역으로 보아 공주가 머무는 곳이면서 동시에 명부의 바람을 구현시킬 수 있는 매개적 공간일 터이다. 그러나 불교적 안목에서라면, 현실계, 명부계, 궁중은 다 같이 하나의 인연으로 맺어진 동일 공간에서 벗어난다고 보기 어렵다. 왜냐하면 세 공간이 서로 다른 별개의 세계처럼 보이지만 이거인이나 삼목구에게는 큰 경계없이 넘나들 수 있는 영역으로 설정되어 있기 때문이다. 여기에는 불교의 우주관 삼생관(三生觀)이 가세한 것으로 보아도 좋을 것이다. 특히 불교적 인간에게는 인간세계의 죽음이 부정되는 것은 물론이요, 삼목구를 통해 삼생(三生)의 모습이 여일하게 부조된 것으로 볼 수도 있기에 그러하다. 각각 삼목구, 삼목왕, 공주로 상황에 따라 달라 보이지만 결국 한 몸이 변재한 것이듯 현상적 모습은 부질없는 것이며 삶의 당위성은 대장 각판의 조성과 관련해서만 의미가 있음을 강조하고 있다.

이런 서사적 얼개 외에도 당대 현실의 모사 및 몽유기법의 수용은 「대장경인유」가 불교전기소설에 들어갈 수 있음을 보여준다. 설화와 달리 구체적 정보, 혹은 의역사적 사실을 주입하는 데 대단한 열의를 보이는 것도 단적인 예이다. 즉 이거인이 귀가 중 노상에서 삼목구를 만난 것은 대중(大中) 임술년(壬戌年)이며 삼목구가 숨진 것은 그 3년 뒤인 갑자년(甲子年 : 新羅) 문성왕(文聖王 6年, 844년)이며 이거인이 숨진 해는 병인년(丙寅年, 846년) 10월이다. 아울러 공주들이 이거인을 대장경 조성의 화주로 소원한 때는 정묘년(丁卯年, 847년) 봄이라고 적기했다. 이처럼 사건 흐름에 편승한 정확한 시간제시는 개간유인에 대한 사실감을 배가시키거나 핍진성을 북돋우는데 기여하는 요소가 아닐 수 없다. 그것은 이런 역사적 정보의 주입이 과연 실제 역사와 부합되느냐 하는 문제와는 별개의 것이다. 다시 말해 우리는 이를 대장경 역사물로서의 사명에 충실하다는 점을 확인시켜 주는 동시에 독자에 대한 신뢰성을 확보하기 위한 서사적 전략의 차원으로 이해할 수 있다. 아울러 연대기적 흐름에 추종하고 있는 듯 보이지만 기실 선택과 강조란 규칙에 의해 이야기가 진행된다는 점도 단순한 전기와 변별되는 점이다.

정보적 단위의 설명이 끝나면 꿈으로 대체된 비현실계가 서사 부위로 편입되며 설명이 아닌 현장적 묘사와 대화 중심으로 명부에서의 일을 형상화함으로써 앞서의 무미건조한 역사적 서사를 단숨에 반전시킨다. 서두의 의역사적 서사가 부지불식간에 허구적 서사로 이동하게 되지만 이를 쉽게 간파하기 어렵게 된 점도 「대장경인유」가 지닌 특색의 하나이다. 어떤 전제적 발화도 없이 몽유장치로 직행한 셈인데 몽중의 편입과 현실계로의 복귀를 아울러 볼 때 매우 세련된 기법의 구사가 아닌가 한다.

입몽에 대한 언질이 없이 이거인이 삼목구를 만나고 명부에 들어가 이런저런 상황을 거쳐 재생까지의 과정을 다 펼친 다음에야 화자는 비로소 앞서 사단이 모두 몽중의 일이었음을 환기시킨다. 즉, "흠신이각내일몽야(欠伸而覺乃一夢也)[11]" 구절은 입몽과 각몽이 혼효되어 혼돈을 겪던 독자들에게 확실한 경계가 된다. 꿈

---

[11] "기지개를 켜며 깨어나니 한바탕 꿈이었다."

은 현실에서 겪은 체험의 투영이거나 욕망의 투사적 생리현상에 속하지만 소설 문학에서는 허구나 상상을 마음껏 펼칠 수 있는 장치로써 높은 효용성을 인정받아 왔다. 「대장경인유」에서 이거인의 꿈은 구체적으로 명부에서 바라는 바, 장경조성의 의미와 천상천하 거칠 것 없이 투과되는 불법의 힘을 확인시키는 장치로 수용된다. 꿈의 당사자인 이거인의 체험은 그 자신만의 환기로 그치지 않고 신라 땅이 얼마나 불사공덕이 미미한지를 책하며 구체적으로 대장조성의 소중함을 사부대중에게 알리는 결정적 장치로 채택되고 있다.

이거인전의 서사적 기법중 가장 주목되는 것은 나말여초(羅末麗初) 어떤 서사물보다 이른 시기에 몽중기법을 차용하고 있으며 이의 안치방식 역시 퍽 세련되게 구사되고 있다는 점이다. 이거인의 일대기를 서사시간으로 삼고 있으면서 정작 주인공의 꿈 속 체험이 이야기의 절반을 차지하도록 구성한 것도 흥미롭다. 이거인의 꿈은 죽음으로부터 재생을 가능케 해 주는 범례적 공간이자 대장경 조성의 소명을 깨닫는 특별한 인식의 공간으로 의미지어졌음을 확인할 수 있다. 물론 몽유장치만이 서사성에 기여한 것은 아니다. 가령 삽화를 적절하게 취사선택해 이를 집중적으로 묘사한다든가 장면 중심적으로 서사를 진행해 나가며 인물 사이에 대화를 적극 삽입한 것도 구비시대의 담론이지만 소설로 바라보지 않을 수 없도록 해주는 징표들에 속한다. 여기다 비극적 결말 대신 이거인이 대장불사를 완수하고 아내와 해로하다가 극락

왕생한 것으로 처리한 종결 구도 역시 조선시기의 소설과 방불한 것으로 지적된다.

하지만 대장경의 유래를 전승시킨다는 역사적 목적성을 앞세우고 있다든가 종결부위에 평결적인 화자의 해설[12]이 첨부되어 있다는 것 등을 들어「대장경인유」를 소설에 귀속시킬 수 없다고 주장할 여지는 남아 있다. 하지만「대장경인유」는 그같은 취약점을 상쇄시키고 남을 만큼 소설적 요소를 충분히 품수하고 있음을 앞서 확인한 터이다.「대장경인유」는 구비영역의 해명적 전설을 단순히 기록하는데 그치지 않고 세련된 화법을 통해 대장경판 조성의 의미와 함께 실현과정을 생동감 있게 형상화하고 있는 경우였다. 아직까지 그 실체적 규명조차 이루어진 바 없었으나「대장경인유」는 불교계 소설담론 가운데 가장 이른 시기에 출현했을 뿐더러 이후 불교전기소설을 촉발시킨 전형적 모델로 소설사적 위상이 시급히 요청되는 것이다.

4.「대장경인유」와 후대 불교전기소설의 연맥성

「최치원전(崔致遠傳)」은 한 작품으로서의 의미를 넘어 소설의 기원, 전기소설의 미학적 전형을 증명해 주는 유일무이한 작품으

---

12)「海印寺留鎭八萬大藏經開刊因由」.
 "噫 佛法之爲寶也 無處不寶也 明矣 何則 冥王寶之而善治 陰界人主寶之而擧得 民情天王寶之而長年快樂 覺皇寶之而 壽仁萬品 云云 說明於載於大藏後跋."

로 이목을 집중시켜 왔다고 볼 수 있다. 하지만 필자는 그 후유증도 없지 않았다고 본다. 즉 나말여초 이래 비극적 사랑을 축으로 삼는 애정전기소설만이 등장한 것처럼 시각이 고정되어 버린 탓에「대장경인유」와 같은 작품이 소설사적 의의를 제대로 누리지 못하게 된 것은 아닌가 한다. 불교계열의 많은 담론을 계열화 시키는데 있어 불교전기소설이란 하위양식을 설정한다면 나려시기 소설사적 국면이 보다 선명히 드러나리라는 것이 필자의 판단이다. 그것은 딱히 불교전기소설의 존재근거를 떠나 과거시기 전기소설의 통사적 구도를 조명하기 위해서도 필요한 작업이 아닐 수 없다. 본고는「대장경인유」의 소설적 분석이 불교전기소설의 전개과정을 살펴나가는데 유효하다고 믿어 귀납적 방법에 의거해 불교전기소설의 후대적 양상을 논의해 나가고자 한다.

불교전기소설의 출현을 촉발시킨 것은 말할 것도 없이 영험, 성불, 신불 등에 대한 친견담이라 하겠는데 삼국시기를 축으로 한 그 설화적 양상은 『삼국유사』 소재 이야기를 통해 여실히 확인된다.[13] 이밖에 불교문화의 활발한 유통에 힘입어 불교전기, 설화가 해외로까지 유전된 경우도 적지 않았던 것 같다. 특히 흥륜사승변작사신사(興輪寺僧變作蛇身事),[14] 신라국선사할육시주사(新羅國禪師割肉施主事),[15] 그리고 신라순경생함지옥사(新羅順璟生陷地獄事)[16] 등은 한결같이 명부체험 모티브를 삽입시키고

---

13) 『삼국유사』, 「선율환생」.
14) 懷信, 『釋門自鏡錄』 卷上, 「忿恚貪鄙錄5」.
15) 상게서 卷上, 「解慢不動錄7」.

있으며 생전의 업에 따라 사후 명부에 떨어지기까지의 과정을 담고 있어 불교설화의 전형으로 삼을 수 있다. 선업을 쌓지 않아 내세에 이르러 곤혹을 당하는 일이 딱히 불교적 교리에 편승하는 것인지는 속단하기 어려우나 어떻든 명부체험담은 신라시기에 널리 전파되어 우리의 불서는 물론 해외 불서에까지 올라있던 광포설화였다. 잠깐 명부모티브 소설 혹은 전기들을 살펴보면서 이들이 「대장경인유」를 승계하는 서사적 적자들이 아닐까 타진해 보고자 한다.

앞서 언급했듯 「대장경인유」 출현 이전에 이미 명부사상 혹은 업사상에 기초한 설화가 폭넓게 전파되고 있었다. 「명학동지전」17)이나 「변산호승괴담」 등은 신라와 고려를 대표하는 그런 유형의 이야기라 해도 좋을 것이다. 전자는 이생에서 영원(靈源)조사의 스승이었던 명학동지(明學同知)가 출가 후에도 재물을 탐하는 바람에 뱀이 되었다가 제자의 회향으로 민가의 자제로 환생했다는 내용이다. 더구나 환생 후 소년이 다시 출가하여 득도의 경지에 올랐다 하는데 이른바 불교적 인간으로 완벽하게

---

16) 상게서 卷下, 「續補」.
17) 일찍이 김태준, 권상로는 고려시기에 불교소설이 창작 유포되었다고 보았다. 특히 김태준의 경우, 「명학동지전」과 「보덕각시전」을 소설로 파악하고 고려소설사에서 주목되는 작품으로 소개하였다. 그러나 이 두 작품의 내용으로 보건대 상당한 정도의 서사성을 유지하고 있음은 사실이나 소설이 아닌 사찰연기설화로 전승되어 왔음을 필자가 밝힌 바 있다.(김승호, 「사찰연기설화의 소설적 조명-소위 「봉학동지전」과 「보덕각시전」을 중심으로」, 『고소설연구』 13집, 한국고소설학회, 199-224면)

재탄생하는 순환적 구조로 짜여있다. '변산일노숙(邊山一老宿)'의 경우 「김현감호(金現感虎)」와 더불어 그 전승적 갈래가 흥미를 끄는 바, 호랑이 소년이 그 친족의 살생으로 산신령의 노여움을 받아 죽게되지만 선한 마음을 지녔던 탓에 소년으로 환생한 뒤 출가승으로 법력을 쌓아 사람들을 제도한다는 내용이다.18) 삼세유전, 불교인간으로서의 환생이란 친연성을 지니고 있다는 점에서 명학동지 이야기와 함께 전개양상이 상통하고 있다. 「변산일노숙」과 「김현감호」는 공히 악행을 저지른 죄로 축생도에 떨어졌을지라도 불심을 갖고 참회한다면 다음 생은 얼마든지 바뀔 수 있다는 전교적 목적성을 내재하고 있다. 널리 알려진 욱면(郁面)의 삼생윤회담19)도 역시 이런 유형에서 예외가 아니다. 고려 말 출현한 것으로 확인되는 『왕랑반혼전(王郎返魂傳)』도 설화에서 유래한 것일 터인데 욱면담이 설화 영역에 머물고 있는데 비해 두루 소설적 요소를 내재함으로써 소설로 탈바꿈한 사례로 꼽혀왔다.

　『왕랑반혼전』에서는 송(宋)씨가 사궤에게 죽음을 피할 수 있는 묘법을 전해준다. 그러나 생전 송씨의 행동으로 보면 전혀 이치에 맞지 않는다. 그녀는 이웃 사람의 불사를 훼방하다 11년 전에 죽었기 때문이다. 그녀가 이 생에 나타나 불사공덕을 권하는 것은 그러므로 과거의 죄를 참회했음을 말해준다. 생전에 이웃의 예불을 방해한 탓에 정죄하지 못하다가 남편을 찾아 염불하라고 권하

---

18) 崔滋, 『補閑集』 下卷, 「邊山有一老宿」.
19) 『三國遺事』 권 제5, 「郁面念佛西昇」.

는 것 자체가 이미 과거의 일을 참회하고 있다는 징표가 되는 셈이다. 송씨의 권고대로 저승사자가 그를 찾았을 때 사궤는 염불 중이었고 사자의 보고에 따라 이를 갸륵하게 여긴 염왕이 그의 죽음을 유예해 준다. 이렇게 『왕랑반혼전』의 중심적 구도는 「대장경인유」와 통한다. 철저하게 신불적 믿음에 근거하여 선행하고 포교하고 부처의 가르침을 좇는다면 피할 수 없는 죽음까지도 유보될 수 있음을 말해주는 것이다. 사궤가 재생한 송씨와 복덕을 누리며 살았다는 것은 불교적 세계관에 의지해 본다면 그다지 큰 비약이 아니다. 불교전기소설이 애초 불교 종지와 불타의 가르침을 전파할 목적주의적 성격에서 출발한 담론임을 생각하면 더욱 그러하다.

이외에도 우리는 선율(善律)[20], 명학동지(明學同知) 이야기에서도 「대장경인유」와 흡사한 서사적 구도를 어렵지 않게 포착하게 된다. 다시 말해 아무리 이승에서 선행을 쌓았더라도 그것이 삶의 유한함을 극복시켜 주지는 못한다는 것이다. 고래로 사람들은 죽음과 동시에 명부세계에서 전생의 행위를 근거로 다음 생을 심판 받는다고 여겼고 선업이 쌓이면 다음 생은 복되리라고 믿었다. 하지만 이거인(李居仁), 욱면(郁面), 선율, 사궤 등에서 보듯 이른바 죽음에 대한 구원은 단순한 선행이 아니라 조력자의 힘이든, 자신의 발분에 의한 것이든 비불, 배불적 과거를 반성하고 불교적 선행이 전제될 때만 기대되는 일이다. 신불(信佛), 호불(護

---

[20] 『三國遺事』 권 제5, 「善律還生」.

佛), 권불(勸佛) 등이 따르지 않는 한 재생과 환생은 생각할 수 없다. 그것이 불교전기소설의 전개상 공통적 특징이다.

　서사구조상 이거인, 선율, 욱면, 명학동지, 송씨(宋氏) 등은 명부체험과 함께 삼생유전의 엄혹한 법칙을 고수하고 있어 일종의 담론간 친족성이 확인되는 예들이다. 한결같이 죽음과 함께 전생에 대한 심판을 전제로 명부 세계를 서사공간으로 설정하여 재생이나 환생의 가능성을 예시한 경우들인데 사후라도 돈독한 믿음과 불사공덕만 증거한다면 현생으로 되돌아 올 수 있다는 일종의 낙관적 믿음이 그 기저에 깔려 있음을 보게된다.

　거듭해서 불교전기소설에서의 장치와 기법, 세계관적 특성을 나열했으나 초현실적 공간의 이입은 애정전기소설에서도 흔히 보는 것이라 하겠다. 애정전기소설은 현실계와 비현실계로 공간적 이원화가 나타나고 인간과 영혼과의 스스럼없는 교환마저 흔하다. 구체적으로 말해 등장인물 사이의 사랑은 찰나적 시간대에 그치며 이후 이들은 전보다 더한 고독감이나 허무감을 떨쳐버리지 못한 채 이야기가 종결되어 버리고 만다. 이것은 등장인물의 고뇌를 매듭짓는 불교전기소설과 변별되는 점이 아닐 수 없다. 애정전기소설에서 주인공 남녀는 사랑의 황홀감에 빠지는 듯 하지만 그들 앞에 놓인 갖가지 장애는 당사자들의 힘으로는 극복하기 어렵고 그 어떤 것도 이들을 낙관적 결말로 견인해 줄 수 없는 것처럼 보인다. 이에 반해 불교전 전기류에서는 기이한 체험을 거치면서 불교종지의 본질을 깨달아 적어도 정신적으로는 안온한 평정심을 회복하는 것으로 형상화된다. 명부모티브는 이 때 등장인물들에게 낙관적 해결을 유도하는 서사적 매개단위이자, 불교적 방편으로서의 뜻을 함축한다. 명부체험을 통해 주인공은 과거에 얼마나 반불교적으로 살았는지 아울러 법해가 얼마나 가이없이 광활하게 펼쳐져 있는지 실감하면서 재생의 기회를 얻는다면 정말 호불적 인간으로 다시 태어나겠다고 다짐하게 된다.

물론 작품에 따라서는 불교적 제재와 전형적 모티브를 상당한 수준의 담론으로 승화시켰다고 해도 설화와 소설의 경계 짓기가 어려운 것도 없지 않다. 가령「조신전」과「김현감호」가 그런 예일 것이다. 이들을 애정전기의 대표적 작품으로 조명한 예도 적지 않으나 필자는 기본적으로 이들도 불교전기소설에 귀속시켜야 한다고 본다. 요컨대「조신전」이나「김현감호」에서 주인공 스스로 불교적 성찰에 이르고 현생을 넘어 죽음까지도 담담하게 받아들일 정도로 탈바꿈하는 것이야말로 담론의 중핵으로 파악해야 한다는 것이다. 애욕으로 비롯된 갈등과 번민을 극복하기까지 복잡한 사단이 앞서 제기되었으나 고락을 일순간 소지(燒紙)하듯, 꿈・신비체험을 거친 후 주인공이 자기성찰에 이르는 것은 애정전기소설의 대단원과 분명히 다른 해결적 종결이 아닐까 싶다. 따라서 조신이나 김현을 끝내 허무감, 고독감에서 헤어 나오지 못하는 인물로 보는 것은 잘못된 독해이다. 그들은 인간사 고락을 절실히 체험한 끝에 생의 진정한 의미를 확연히 성찰한 자들이다.「조신전」에서 명부모티브는 보이지 않으나 역시 몽유장치가 주인공으로 하여금 한순간 삶의 본질을 체득하는 것으로 수용되며 「김현감호」의 경우 이혼교구(異婚交媾) 모티브가 명부(冥府)모티브의 기능을 대신한 것으로 볼 수 있는 만큼 종래 불교전기들의 기법을 변형한 예로 보아 마땅하다. 몽유에 의한 명부모티브가 아니라도 「조신전」, 「김현감호」는 「대장경인유」로 대표되는 나말여초(羅末麗初) 불교전기소설의 상관성을 여러 점에서 내재한 것으로 보인다.

역사적으로 종교 이념의 변화가 강하게 나타나는 조선시기에 진입해서도 상당기간 불교전기소설적 전통이 존속되었던 것으로 필자는 파악하고자 한다. 이런 기미는 「설공찬전」을 통해서 우선 확인할 수 있다. 김시습과 동시대에 활동한 채수가 지은 이 작품은 유자의 작품답지 않게 불교전기소설적 모티브와 주제를 내포하고 있다. 즉 공찬의 영혼이 부유하다가 설충란의 동생인 충수의 아들 공침의 몸에 침입함으로써 병증이 일어나고 더군다나 저승에서 일어난 일을 생생하게 헛소리처럼 토해내는 일을 보여주고 있으니 이승과 명부의 왕래담에 기초한 소설에 속한다.

작품 내용상 조야간 논쟁에 불을 지폈으며 채수(蔡壽)를 곤경에 빠뜨리게 한 것은 어쩌면 당연한 귀결처럼 보인다. 고관으로 있던 채수가 분란을 예상하고 남을 일을 왜 했는지 의도를 밝힐 수는 없다. 하지만 소설에서 어떤 요소가 독자적 흡입력을 강하게 불러일으키는지에 대해서는 적확하게 꿰뚫었던 작가임에 틀림없다. 민중들은 물론이요, 식자층에 있어서도 이야기에서의 흥미를 갖고 관심을 보이는 것은 현생보다 내세의 일일 터이다. 그점에서 소설의 제재로 사후세계와 천도되지 않은 영혼의 일에 초점을 두는 것은 흥미와 관심을 고조시키는 적절한 선택이 아닐 수 없는 것이다. 과연 이 소설은 조야간에 쟁점거리로 떠오르고 지은이가 논박의 대상으로 지목되는 중에도 많은 이가 베껴 읽을 정도로 폭넓은 인기를 끌었다고 한다.

하지만 『설공찬전』의 연원도 따지고 보면 나려시기의 불교전기소설과 맞닿아 있다고 보아도 무리가 없을 것이다. 설공찬전은 한 작가의 창발력에 온전하게 의지한 영이담이라기보다 「대장경인유」 이래 불교전기소설에서 거듭 다루었던 바, 명부모티브가 주는 흥미적 요소를 차용해 인간이면 누구나 주저하는 죽음의 공포를 윤회화복적 발상으로 형상화하고 있다는 점에서 불교전기소설의 하나로 이해하는 것이 타당하다고 본다. 억불숭유정책과 상관없이 『설공찬전』을 통해 조선 전기(前期)를 불교전기소설의 영향력이 여전히 남아있던 때로 규정해도 무리는 없다고 하겠다.

조선초기를 지나면서 불교전기소설은 눈에 띄게 줄어든다. 그것은 불교전기소설을 비롯하여 모든 불교담론에 해당될 터이다. 이는 말할 것도 없이 강고해지는 억불정책과 무관치 않은 일인데 목적성이 두드러지는 담론으로서 불교전기소설이 불교적 종지를 깨우치고 포교의 차원에서 초현실적 공간과 함께 신이한 체험을 형상화 하는 것조차 허여되기 어려울 정도로 상황은 암울하게 변해갔다. 일부 불교전기소설이 민중과 아녀자들을 사로잡았다 해도 전체적 흐름으로 보아 불교전기소설은 과거의 세를 급격히 상실하며 소설사적 위상이 흔들리게 되었던 것이다.

그렇다면 나말여초 이래 애정과 불교 두 계열로 전개되던 전기소설중 불교전기소설이 쇠퇴하면서 소설사에는 어떤 변화가 나타났을까. 필자는 조선중기 이후 불교전기소설의 쇠퇴와 맞물려 애정전기소설이 전에 없이 활발하게 창작, 전파된 것을 주목해야 한다고 여긴다. 불교전기소설의 쇠퇴와 상관되는 일인지 별도의 분석이 필요하겠으나 조선시대에 들어서면서 애정전기소설이 소설사의 주류로 부각되고 있음은 그 유형적 목록에서 먼저 드러난다. 이에 대해서 두어 가지 추론이 가능할 것이다. 먼저 선초에 등장하는 전등신화나 『금오신화』같이 걸출한 작품이 끼친 영향관계로 파악하는 것이다. 아울러 애정을 주제로 한 담론인 만큼 이데올로기나 종교 사상 등의 영향을 비교적 덜 받았다고 볼 수 있는 바, 불교전기소설이 누리기 힘든 이런 장점 때문에 애정전기소설은 17세기까지 단절없이 창작된 것이 아닌가 싶다.

그렇다고 해서 불교전기소설의 자취를 영영 볼 수 없게 된 것은 아니다. 그런 예로 주목되는 대상에 「옹고집전」, 「당태종전」, 저승전 등이 있다. 이들은 한결같이 불법수호란 주제를 강조하고 있으며 명부모티브나 그 유사 모티브를 수용하고 있어 이전 불교전기소설과의 승계성을 타진해 보는데 있어 어려움이 없다.

「옹고집전」의 경우, 주인공인 옹고집은 불교와 승려를 적대시하는 고집불통의 인간이고 이에 맞서는 인물로 도법대사가 등장한다. 처음에는 옹고집이 악행에 대해 전혀 참회할 줄 모르고 대단한 불력의 소유자인 도법대사에게조차 안하무인격으로 굴다가 패퇴당하고 만다. 그러나 불교전기소설 일반이 그렇듯 적대자인 옹고집의 비참한 응징을 보여주는 대신에 결말은 진실되게 참회하고 불제자로 다시 태어나는 구원적 재탄생을 빠뜨리지 않는다. 초기 불교전기소설에서 구도상 이탈하는 부분이 적지 않은 것이 사실이기는 하나 지옥에 떨어져 곤욕을 치르는 부위를 찾을 수 없다 해서 전통적 서사기법과 무관한 것으로 보기는 어렵다. 상투적으로 따라붙는 명부모티브의 약화 내지 탈락은 과거 서사문법에 대한 부분적 변화 내지 개량이라는 점에서 충분히 예상할 수 있는 것이다. 『옹고집전』에서는 명부체험 대신 도학대사가 도술과 기지를 동원해 못된 옹고집과 대결하는 장면으로 대체된 것으로 파악해도 될 것이다.

 이로 보면 불교전기소설의 생명력은 조선후기 공간에서도 확인이 가능한 것이다. 하지만 애정전기소설이 조선 초기 이래 그 세력을 과시하며 17세기에 이르도록 대표적 유형으로 자리를 굳히는 것과는 비교할 수 없다. 아무래도 불교전기소설이 의의는 나려시기로 소급해 찾아야 한다고 본다. 특히 소설 형성기에 불교전기소설의 전기소설의 한 갈래로 일찍이 뚜렷하게 자리 잡고 다음 시대 다양한 유사담론을 촉발시킨 향도적 구실을 했다는 점은 결코 간과할 수 없는 의의로 남는다.

5. 맺음말

한국 초기소설사에 불교신앙과 그로부터 비롯된 신비체험은 소설사의 전개과정에서도 큰 영양을 미쳤던 것으로 나타난다. 중국으로부터 유입된 당 전기소설의 영향은 물론이려니와 나말여초(羅末麗初)에 들어서면서부터는 애정, 불교전기소설의 출현이 가능할 정도로 서사문학사적 여건이 구비되어 갔던 것으로 파악된다. 나말여초기에 출현한 것으로 보이면서도 그 의의가 조명되지 못했던「대장경인유」는 특히 초기 전기소설사와 관련지어 다양한 의미를 지닌 기원적 소설담론으로 지목해 마땅하다고 여기게 되었다. 가설과 함께 추론이 허용되는 범위 내에서 이루어진 앞서 논의를 요약하자면 다음과 같다.

첫째 해인사에서 최초로 사간할 때 창작된 것으로 보이는「대장경인유」는 넉넉히 잡아 10세기에서 11세기에 창작된 것으로 볼 수 있겠고, 『최치원전』이 애정전기소설의 원류에 해당되듯「대장경인유」는 불교전기소설의 남상으로 소설사적 의의를 동반하고 있다는 것이다.

둘째「대장경인유」는 이전에 소설적 유례가 없는 상황에서 불교전기소설성을 이미 담지했던 것으로 보인다. 전시대 풍성하게 창작, 전파되던 불교설화에서 한 걸음 더 나아가 작가적 역량에 의거한 수준 높은 이야기 전개방식, 다시 말해 주인공의 일대기에 편승한 서사시간을 적용하면서도 서사부위의 선택과 강조를 고려하여 몽중담에 큰 비중을 두고 있다는 점, 묘사·설명·대화를 적절히 혼용함으로써 이미 성숙한 문체적 기법을 구사하고 있다는 점, 명부모티브와 함께 삼생유전, 업사상, 정토사상 등을 포괄하는 있는 점 등에서 더 이상 설화가 아닌 불교전기소설로서 인정하지 않을 수 없게 만들었다.

셋째 「대장경인유」는 후대 불교전기소설의 흥성을 촉발시키는 전범으로서도 역할했다는 점이다. 고려시대의 불교전기소설로 인정되는 작품 대부분이 「대장경인유」에 나타나는 주제, 기법, 모티브와 상통하는 바 있으며 이는 조선초『설공찬전』까지 그대로 이어지고 있다. 비록 조선중기 이후 불교전기소설은 쇠퇴하고 애정전기소설로의 쏠림 현상이 심화되지만 조선후기에도 여전히 불교전기소설이 출현할 수 있었던 것은 아득한 시기 출현하여 그 전범적 역할을 한 「대장경인유」의 존재와 무관치 않은 일일 것이다.

이상 거칠게 나마 「대장경인유」의 소설성 및 후대적 의미를 거론했거니와 시론적 논의를 벗어나 본격적인 연구작업이 뒷받침될 때에만 초기 소설사의 복원은 물론 불교담론의 문학사적 위상이 제대로 자리매김 될 터이다.

사찰연기설화의 소설적 조명

- 소위「붕학동지전(朋學同知傳)」과 「보덕각씨전(普德閣氏傳)」을 중심으로 -

1. 머리말
2. 소위「붕학동지전(朋學同知傳)」과「보덕각씨전(普德閣氏傳)」의 실상
3. 영원암(靈源庵) 연기설화의 소설적 징표
   1) 사사(寺史)의 퇴색과 업의 성찰
   2) 윤회전생과 오도(悟道)의 방편화
4. 보덕굴(普德窟) 연기설화의 소설적 징표
   1) 심불(尋佛)행각과 역설적 깨달음
   2) 애욕의 초극과 진아(眞我)로의 복귀
5. 맺음말

1. 머리말

고려 시기는 설화가 중심에 서있고 문자에 의한 서사문학은

아직 미미한 수준에 그친 시대로 파악하는 것이 문학사에서의 대체적인 진단이다. 그동안 고려 서사문학의 특성을 밝히는 작업이 없진 않았으나, 대부분의 논의가 『삼국유사』 중심으로 치우쳐 고려의 서사적 전모를 밝히는 데까지 이르지는 못했다. 그런데 일찍이 고려시기의 서사적 의미를 주목한 김태준(金台俊)은 『조선소설사』에서 『삼국유사』 소재 설화는 물론 「붕학동지전」, 「보덕각시전」, 「부설전」, 「왕랑반혼전」 등의 작품을 들어 이 시대의 소설적 자취를 밝히고자 애썼다. 하지만 그가 제시한 작품목록 중 「붕학동지전」과 「보덕각시전」만은 실체 및 그 갈래가 모호한 채로 그 이상의 논의가 없었던 것이 현실이었다. 필자는 그간 이 작품과 관련된 어떤 실마리를 찾아보려 했으나 소설작품으로서 「붕학동지전(朋學同知傳)」과 「보덕각씨전(普德閣氏傳)」을 확인할 수 없었고 또한 두 작품을 참조할 논문 또한 접할 수가 없었다.

『조선소설사』가 연구적 지침서로서 유효성이 여전히 인정되고 있는 이상, 어떤 식으로든 이 두 작품에 대한 검토와 해명이 따라야 한다고 믿었다. 그 점에서 이 글은 우선의 목표를 김태준이 고려시기의 불교문예로 천거한 위 두 작품과 결부한 여러 자료를 검토하여 이름만 전하는 이 두 작품의 실상과 함께 소설적 성격여부를 진단하는 데 두기로 한다. 좀 더 간추려 말한다면 ① 「붕학동지전」과 「보덕각시전」의 실상 및 갈래, ② 두 작품에 투영된 소설 미학의 수용 정도, ③ 사찰연기설화의 서사적 성격 및 현재적 의미

등으로 논의의 갈래가 잡힌다 하겠다. 바란대로 작업이 진척된다면 서사문학의 지엽적 영역으로 소홀히 다루어지던 불교서사문학 가운데 한 갈래인 사찰연기설화가 중세서사문학에서 의외로 넓고 깊은 서사적 의미를 지녔음이 드러날 것이다.

2. 소위 「붕학동지전(朋學同知傳)」과 「보덕 각씨전(普德閣氏傳)」의 실상

필자의 논의에 동기를 부여해 준 것은 김태준의 『조선소설사』로 그 중에서도 핵심적인 대목을 들라면 아래와 같은 부분이다.

> 삼국시대(三國時代)에 그처럼 찬란(燦爛)한 불교(佛敎)가 여조(麗朝)까지는 의연(依然)히 계속(繼續)되어 승려(僧侶)가 가장 유식계급(有識階級)에 처(處)하며 상류사회(上流社會)의 위치(位置)를 차지하게 되며 정아(靜雅)한 사원(寺院)에서 안한(安閒)한 소일(消日)을 하면서 몽환적(夢幻的) 이상(理想)의 경지(境地)를 탐구(探究)하며 자연(自然)과 인생(人生)에 대(對)한 번뇌적(煩惱的) 관찰(觀察)을 긔록하며 혹(或)은 삼국유사(三國遺事)와 같이……승전(僧傳)을 기록할 적도 있었으나 이 책(冊)은 역사적(歷史的) 저술(著述)인 만큼 그다지 상세히 묘사(描寫)치 아니하며 소설화(小說化)한 것도 적다. 그러나 변산(邊山) 월명암(月明庵)에 전하는 부운거사전(浮雲居士傳)은 승전(僧傳)으로서 상당한 소설적 체재를 가진 것이며 그 타(他) 붕학동지전(朋學

同知傳), 보덕각씨전(普德閣氏傳)이 있다고 하나 가장 많이
유행한 것은 왕랑반혼전(王郎返魂傳)일 듯 하다.1)

추론적 개관이라 할 이 언급은 「부설전(浮雪傳)」에 대해서는 김영태, 황패강, 김승호 등의 후속 논문2)을 가능케 한 계기가 되었고, 「왕랑반혼전(王郎返魂傳)」에 대해서는 사재동, 황패강 등 여러 연구자의 관심과 연구를 축적3)케 하는 구실을 했다고 해도 과언이 아니다. 이에 반해 소위 「붕학동지전」과 「보덕각씨전」에 대해서는 그 후 별다른 관심이나 논의가 없었다. 그렇다면 이 두 작품의 실체는 무엇인가. 발췌한 문면만 놓고 볼 때, 과연 김태준이 이들 작품을 확인하고 한 말인지부터가 의문시된다. "「붕학동지전」이나 「보덕각씨전」이 있다고 하나……"라는 말은 전언을 바탕으로 한 것 일뿐 확인을 거친 단정적 발언이 아니다. 앞서 말하지만 '붕학동지'라 한 것부터가 명백한 오류이다. 워낙 '명(明)'자(字)와 '붕(朋)'자(字)가 흡사하여 식자과정에서 발생한 실수로 보

---

1) 김태준, 『조선소설사』, 학예사, 1939, 41-42면.
2) 김영태, 「부설전의 원본과 그 저자에 대하여」, 『한국불교학』, 제1집, 1975.
    황패강, 「부설전연구」, 『신라불교설화연구』, 일지사, 1975.
    김승호, 「16세기 승려작가 영허 및 부설전의 소설사적 의의」, 『고소설연구』11집, 2001.
3) 황패강, 「나암 보우와 왕랑반혼전」, 『한국서사문학연구』, 단국대출판부, 1972.
    사재동, 「왕랑반혼전의 몇 가지 문제」, 『한국언어문학』13집, 한국언어문학회, 1975.

여지기도 하나, 붕학동지(朋學同知)는 명학동지(明學同知)로 정정되어야 마땅하다. 무엇보다『조선소설사』이전의 불교자료들은 한결같이 명학동지로 표기하고 있을 뿐 붕학동지로 표기한 사례는 없다는 점을 유념해야 할 것이다.4) 다음으로는 밑줄 친 부분을 중심으로 「명학동지전」과 「보덕각시전」의 실체 및 이들의 장르귀속에 대한 검토가 필요하다. 현재까지 같은 이름의 소설작품이 발견된 예가 없으므로 우리는 불가피하게도 기타 자료를 통해 앞서 주장의 근거를 유추하고 두 작품에 내재된 소설적 요소를 분별할 수밖에 없다. 필자가 확인한 바에 따르면, 소위 「붕학동지전」과 관련하여 가장 앞선 자료로는『혼원집(混元集)』중 '금강록(金剛錄)'이다. '금강록'은 혼원(混元)스님(1853-1889)이 계미년(1883년) 여름부터 가을 사이 금강산 유람을 떠나 돌아올 때까지의 기행문으로 이 안에 영원암의 연기(緣起)가 삽입된 것이다. 여느 기행문에서 확인되는 것처럼 금강산 내 많은 불적, 기묘한 풍광에 대한 묘사가 자세할 뿐더러 여러 사찰의 전설을 채록한 것이 이 기행문의 특징이다. 그 중에서도 영원암의 전설은 퍽 상세한 편으로 혼원은 이 설화가 등재되게 된 전후 사정을 다음과 같이 밝히고 있다.

---

4) 이같이 사정은 영원암 연기설화와 이를 바탕으로 다시 윤색 정리한『불교』55집(90면, 96면), 그리고 서병재의『영험실화전설집』등에 그대로 적용되거니와 朋學同知라고 표기한 사례는『조선소설사』가 유일하다.

……저물녘에 되어서야 암자에 도착했다. 신선과 닮은 한 스님이 신을 거꾸로 신고 나와 나를 맞았다. 십년 전에 같이 동문수학했던 친구로 옛 일을 이야기하다 보니 정이 솟아나 밤 지새도록 이야기가 그칠 줄을 몰랐다. 책상위에 판 하나가 놓여있는데 암자의 고적(古蹟)이었다.5)

우연히 들렸던 영원암에서 옛 도반과 해후하여 고적(古蹟) 견문(見聞)의 기회를 얻었던 것이고, 그는 일견하는데 그치지 않고 이를 문집에 옮겨 실은 것이다. 고적의 줄거리를 간추리면 아래와 같다.

영원조사가 어렸을 적 명학동지에게 투신하여 상좌가 된다. 그러나 스승인 명학동지가 재물에 탐닉함은 물론 집착을 끊지 못하고 수행을 게을리 하는데 실망한다. 영원조사가 스승에게 입산수도하자고 제안했으나 반응이 없자 홀로 금강산 영원암으로 들어가 수행정진에 몰두한다. 선정에 들었던 조사는 명학동지가 염왕에게 불려가 생전의 악업에 대해 치죄당하는 것을 목격하고는 놀라 본사(本寺)로 달려간다. 염려했던 대로 이미 스승은 숨진 뒤였다. 사정을 알지 못하는 사람들이 명학동지의 재물을 탐내 다시 돌아온 것으로 오해하지만 그는 이미 뱀의 업이 씌워진 스승을 구해내기로 한다. 그리하여 죽을 쑤어 뱀이 된 스승을 유인한 뒤 자진(自盡)하

---

5) 混元, 『한국불교전서』 권11, 「金剛錄」.
　"還來乘暮抵庵 有一衲 如神仙中人 以倒屣欣迎 乃十年前學海同遊之故友 語到前情 通宵未了 得案上一局 卽庵之古蹟也."

는 것만이 속죄하는 길임을 일러준다. 후에 어느 민가의 자식으로 환생한 명학동지는 다시 영원조사에게 출가하게 되고 그 문하에서 칠 년간 도를 닦은 결과 전생에 대한 깨달음과 함께 활연히 개오의 경지에 이르게 된다. 두 스님이 수행한 암자는 영원(靈源)조사가 천거한 땅이라 하여 영원이란 이름이 붙었다.

이외에 『혼원집』의 것을 토대로 약간의 윤문을 보탠 이야기가 금강산 『유점사본말사지』 장안사 조에도 올라 있음이 확인된다.[6] 아울러 근대기 불교계의 잡지인 『불교』[7]와 『영험실화전설집』[8]에도 조금씩 변형되었지만 같은 설화임이 분명한 이야기가 소개되고 있다. 『혼원집』의 내용과 대동소이 하지만 세부적 사실에서의 상호 편차에서 확인되는 것처럼 전승담이 채록된 시기가 다르다 보니 빚어진 결과임을 유추할 수 있는 작품이다. 이런 몇 가지 유형담 중에서 김태준이 무엇을 주목했는지 알기 어려우나 결과적으로 치밀한 검증을 결하는 바람에 앞서의 지적대로 '명학동지'를 '봉학동지'라고 표기하는가 하면 이 설화를 고려시기에 출현한 불교소설로 보는 우를 범했다. 작품이 각각 발굴된다면 모르겠으나, 현재의 자료에 기초할 경우 김태준이 말한 「명학동지전」이란 영원암의 연기설화를 가리키는 분명해 보인다.

「보덕각씨전(普德閣氏傳)」도 소설이라기보다 연기설화에 해당

---

6) 금강대본유점사종무소, 『금강산유점사본말사지』, 1942. 305면.
7) 『불교』 1929, 55면.
8) 서병재, 『영험실화전설집』, 삼영출판사, 1972. 94-96면.

되는 것으로 파악하는 것이 옳다고 본다. 김태준이 「보덕각시전」 이라고 했으나 이런 제명의 소설은 아직 공개된 적이 없다. 대신 보덕의 전설 혹은 보덕굴(普德窟)의 연기설화로 인정할 수 있는 각 편으로는 『범우고(梵宇攷)』에 오른 보덕굴 연기설화를 비롯하여 「금강산보덕굴연혁(金剛山普德窟沿革)」, 「보덕굴사적습유록(普德窟事蹟拾遺錄)」 등 대략 3개의 유형담이 전해져 오고 있는 상태이다. 어느 경우나 한결같이 보덕굴의 연혁이나 역사의 전승을 서사적 목적으로 삼아 전승된 것임을 알 수 있는데 갖가지 사건과 상황을 장황하게 열거한 다음 대단원에 이르면 아래와 같이 휘갑의 말을 첨언하는 특징을 보인다.

> 이윽고 암벽 위에다 풀을 엮어 움막을 틀고 삼백 일 동안 입정 사유에 들어가 대비삼매를 얻은 이후에 산에서 내려왔는데 때는 고려 의종 9년 을해였다. 이후 회정선사는 총지사(摠志寺)의 주지가 되어 병자년 봄 보덕굴을 창건하고 이를 중수하였다.9) (「보덕굴연혁」)
> 이후 선사는 그 곁에 띠풀로 집을 만들었다. 놀면서 혹은 대비 관행하니 입에서 방광하는 등 영이함이 매우 많았다. 신비한 음성이 널리 알려졌으니 각을 지어 관음도량으로 삼았다.10) (「보덕굴습유록」)

---

9) 晦明, 「普德屈沿革」, 1931.
 "仍以巖石上 結草爲幕 三百日入定思惟 得大悲三昧而出山也 時高麗毅宗九年乙亥 懷正禪師爲摠持寺住持 丙子春 刱築普德窟."
10) 芙林子 保郁, 「普德窟事蹟拾遺錄」, 1854.
 "自後禪師 結茅其傍 遊戲大悲觀行 口角放光 靈異甚多 神聲普聞 建閣

후인들은 마침내 세 사람의 상을 새겼는데 지금까지 굴 안에
있다. 왕왕 그곳에 서기가 어린다고 한다.11)(『범우고』)

이밖에 『청학집(靑鶴集)』과 『오계집(梧溪集)』에도 보덕 관련
설화가 오른 것으로 미루어 그 설화의 다양한 파생과 전승범위를
짐작하게 한다. 다만 조선후기에 채록된 것이 가장 이른 시기의
연기인만큼 신라 이후 전승의 갈래를 타진하기는 현재로서 벅찬
일이다. 추론이 허락된다면, 고구려 대덕인 보덕(普德)의 설화가
한동안 유전하다가 고려시기에 들어와 보덕굴 중창 이후 회정(懷
正)과 보덕을 축으로 내용이 재편된 것으로 보는 것이 무리가 없
을성 싶다. 물론 근래까지 이야기가 전승될 수 있었던 것은 애정
(愛情)과 전생(前生) 등의 흥미로운 제재에다 보덕굴이 천여 년의
풍상을 이겨내며 현전했다는 사실에서 찾아야 하지 않을까 싶다.
그러나 다채롭게 파생담이 이어지고 숱한 사람의 흥미를 끌었다
해도 소설과는 일정한 거리가 놓여 있었다 하겠다. 따라서 보덕
굴연기는 신라 이래 고려를 거처 조선후기까지 유구한 시공을 거
치며 전승되어온 광포설화의 하나로 진단하는 것이 현재로서는
무리가 없겠다.

그렇다면 "그 타 「봉학동지전」「보덕각시전」이 있다고 하나

爲觀音道場 層崖蒼壁 又與平地增砌 有銅柱之撑 鐵索之搆 鏟以補
增 釘以塡瓦 似非人力所造."
11) 『梵宇攷』.
"後人遂刻三人像 至今窟中 往往有瑞氣云."

……"라는 이 대목을 결정적인 실수로만 치부해 버려서는 곤란하다는 생각에 미치게 된다. 필자는 통사적 시각에서 고려시대가 지닌 서사적 의의를 밝히고자 했던 의도마저 부정하는 것은 김태준의 연구사적 혜안을 놓치는 격이 되지 않을까 우려한다.

 '명학동지(明學同知)'를 '붕학동지(朋學同知)'로 「부설전(浮雪傳)」을 「부운전」으로 표기하고 해일(海日, 1541-1609)이 지은 「부설전」을 고려시대의 작품으로 소급한 것조차도 전도가 없었던 상황에서 소설사를 정립하고자 서두르다 저지른 착오 정도로 보더라도 무리가 없다는 것이다. 다만 연구 상의 실수는 그것대로 밝히고 수정하되, 고려를 소설의 맹아기로 보고자 했던 그의 본의를 헤아리고 치밀하게 후속작업을 이어가는 이것이야말로 후학들의 몫이 아닐까 생각한다. 김태준은 『조선소설사』에서 도미, 온달, 태종춘추공, 백제무왕 등의 설화를 "설화에서 일 보를 나아가 질적으로 상당히 소설화 한 것"[12] 이라고 지적했는데 이는 "불교소설만은 비록 저작 연대를 계고할 아무 사적 증거는 없지만 불교가 고려시대까지 융성하여 왔으므로 불교문예가 이조보다 더 흥왕하였으리라"는 추론에 바탕한 것이었다. 이같은 견해는 권상로에게도 승계된다. 권상로의 경우 보다 적극적으로 목록을 보탰으니, 『삼국사기』의 '귀토설화', 『삼국유사』의 '남백월이성', '조신', '혜통항룡', '김현감호', 최치원의 『신라수이전』 등에서 이미 소설적 기운이 비등하고 있다고 보았다.[13] 그런데 김태준은 『삼국유

---

12) 김태준, 상게서, 32-35면.
13) 권상로, 『조선문학사』, 1949, 169-175면.

사』의 테두리를 벗어나 명학동지의 환생담인 영원암연기, 그리고 회정대사가 전생을 확인하는 보덕굴 중건담까지 고려시기에 등장한 친소설적 대상들로 파악하였다. 이후 본고는 김태준의 안목에 동조하면서 사찰연기설화로서 어느 것보다 소설담론적 성격이 강하게 부각되어 있다고 진단된 영원암 및 보덕굴 연기설화, 다시 말해 그가「봉학동지전」과「보덕각시전」으로 알았던 이 두 이야기를 통해 이에 깃든 소설성을 밝혀보기로 한다.

3. 영원암(靈源庵) 연기설화의 소설적 징표

1) 사사(寺史)의 퇴색과 업의 성찰

사찰연기설화는 담당층이 일반 민중이 아닌, 사중이나 승려들로 테두리가 선명하고 민중의 보편적 정서를 대변하기보다 불교교리 및 석가의 가르침을 의도적으로 강조하는데 적극성을 보인다. 아울러 사사(寺史)의 후대적 전승에 목적을 두는 만큼 이를 인멸되거나 훼손되었을 때 주위사람들의 충격은 자못 크다.[14] 즉

---

14) 寺誌의 서두에는 역사기록물로서 사지가 갖는 중요성을 늘상 부각시킨다. 일일이 밝힐 수는 없고 아래에 하나의 예만 든다.
　月子圓一,「朝鮮國京畿道竹州府七賢山七長寺事蹟記」, 1745. "寺之興廢 已經四度 屢見兵火未有實蹟 麗代寶刹埋沒於草昧之間 淸標高節之士 來到院門 雖欲聞開山之何代 創寺之何年 孰從而明之"(무릇 절의 흥폐가 이미 四度를 지나고 여러 번 병화를 겪으면서 실제의 자취가 없어졌다. 麗代의 훌륭한 사찰은 수풀 사이에 묻혀 청표하고 고절한

사찰연기는 "전말을 기록하여 이로써 산중의 고사를 후손에게 준비해주기 위한"15) 서사적 기능을 특히 중시하는 것이다. 게다가 후대에 전할 역사이되 성스러움을 동반해야 한다는 암묵적 요구를 뿌리칠 수 없다는 특징도 있다. 하지만 전래하던 역사 문헌이 인멸되었을 때는 어떻게 할 것인가. 불가피한 일이지만 사중간 구승되던 이야기를 통해 사찰의 연혁을 재구하는 것외 달리 방법이 없을 것이다. 신라 때 지어졌다고 하는 영원암 역시 조선시기에 작성된 문헌으로 유구한 역사를 대신하고 있고 역사적 진술이라기보다도 초월적 체험담으로 가득 채워져 있다는 생각을 떨쳐버리기 어렵다. 혼원이 1883년 금강산 순례길에 올랐다가 열람한 고적(古蹟) 또한 그런 성격이 다분하게 수용된 자료였다. 우선 내용을 일견한 뒤 논의를 계속하자.

1. 어린 나이에 명학동지에게 출가한 영원조사는 스승이 물욕에 크게 집착한 것을 보고 크게 실망한다.
2. 스승과 더불어 수행처를 옮기고자 했으나 스승이 응하지 않자 홀로 금강산 영원암으로 옮겨가 수행한다.
3. 영원암에서 선정 중에 명학동지가 염왕에게 불려가 치죄당하는 것을 보게 된다.
4. 스승의 죽음을 애도하고자 본사로 돌아갔으나 도리어 재물을 탐해 돌아온 것으로 오인되는 바람에 곤욕을 당하게

선비가 절에 와서 비록 개산의 연대와 창사의 연대를 알고 싶어도 누가 이를 좇아 밝혀줄 것인가).
15) 「江陵郡靑鶴寺事蹟」.

된다.
5. 영원조사는 죽어 뱀이 된 스승을 불러내 자진함으로써 전생의 업을 참회하도록 유도한다.
6. 명학동지의 혼이 어느 민가로 인도되어 그 집 아들로 환생하자 영원조사는 이 아이를 자신의 문하에 받아들여 수행에 전념토록 한다.
7. 쉽게 오도의 경지에 이를 수 없는 동자승을 위해 영원조사는 창문 구멍으로 들어오는 황소를 감시하라는 방편을 내리고 동자승은 이를 지성으로 실천한다.
8. 기한을 다 채우고 마침내 동자승은 전생의 각성과 함께 활연히 오도의 경지에 이르게 된다.

사적의 서두에 창주(創主) 및 창건연대를 전제하는 것은 물론 사찰명(寺刹名), 산명(山名) 등과 관련한 명칭 연기, 풍수적 특징을 말해주는 것이 사찰설화의 일반적 서술방식이다.

하지만 영원암 연기는 언제 발생한 사건이며 영원조사와 명학동지는 어떤 절에 머물렀는지 등 기초적인 사항마저도 함구하고 있고 공사 단계마다 따를 수 있는 난관과 장애에 대해서도 별다른 언급이 없다. 다시 말해 사찰연기 일반에서 주목되기 마련인 터의 점지를 중심으로 한 인연담이나 공사 진척과정의 재정적 난관 혹은 고승과의 인연을 통한 성소점지의 이적 등은 중요한 서사단위[16]로 인식되지 않고 있다. 다만 『불교』 55집에 올라있는

---

16) 김승호, 「성소만들기와 설화의 구조」, 『한국승전문학의 연구』, 민족사, 1992, 229면에서는 『삼국유사』에 나타난 사찰연기설화의 특

제 2 부 사찰연기설화의 각론적 접근 309

영원암 연기는 『혼원집』에서 볼 수 없는 정보단위를 비교적 상세히 갖추고 있다.

즉 배경은 신라이고 영원조사는 경주 사람으로 속성은 김(金)씨이며 투신한 스승은 범어사(梵魚寺)의 명학동지라는 식이다. 아울러 뱀이 죽은 후 영원조사가 그 혼을 인도하여 어떤 이의 태중에 들게 되었는데 잉태한 이는 강원도 삼척(三陟)의 촌부인 소(소)씨였음을 적시한다.

또한 환생한 동자승을 후원조사(後院祖師)라 부르는 것은 그가 수행 끝에 활연대오한 곳이 뒷방이었기 때문이라고 첨언했다.17)

혼원이 열람한 영원암 소장의 고적(古蹟)이 연기설화임에는 틀림없고 『불교』지의 「명학동지전」 역시 서사적 목적을 영원암의 연혁에 두고 있음도 의심할 수 없다. 따라서 창건의 인연담에서 명학동지의 삼생(三生) 유전(流轉)을 대입시키면서 점점 전기성을 갖춘 인연담으로 이행되어 나갔던 것으로 보는 게 무리없는 추론이다.

따라서 창주, 당우, 불구 등에 얽힌 확인담이 아니라 이승에서

징이 '성소만들기'에 치중된다고 파악한 뒤 그 구성단위가 '사찰건립 공간의 점지자 선정-사찰건립 공간의 점지 -창사 -성소의 효험제시'가 순차적으로 이어진다고 했다.
17) 『불교』55집, 1929, 96-98면에 白陽桓民이 여러 뱀업 설화의 하나로 소개하는 영원암연기는 『혼원집』의 그것과 일치하지 않는다. 소개자가 인용 끝에 "此等 傳說은 靈源 梵魚 兩寺 間에 자고로 내려오는 이야기가 되어있다 한다."고 한 것으로 미루어 여기서 택한 이야기는 민간전승담일 터인데, 세부 정보가 문헌설화에 속하는 혼원의 기록보다 치밀해 흥미롭다.

사판승으로 굴다가 명부에 이르러 혹독하게 치죄를 당하는 광경, 그리고 상좌승의 덕을 입어 새 인간으로 환생시키는 일련의 과정하며 제명마저 영원암연기가 아니라 「명학동지전」으로 뒤바뀌게 되었던 것이다. 그렇다고 명학동지의 전 후생담이 전설의 기능을 상실한 것은 아니다.

끝에는 환생한 전생의 스승인 스님과 더불어 수도를 같이 하고 활연대오케 한 장소를 일컬어 영원암이라고 했다는 내력담18)과 함께 영원암 주변의 바위에 대해 "암자 뒤 지방봉 앞에는 십왕봉이 있으며 봉우리 앞에는 판관석이 마치 아뢸 일을 점검하는 모습으로 서 있다.

밑에는 사자석이 있는데 무시무시한 몽둥이로 사람을 치죄하는 형상인데 가끔 형벌을 내리는 소리가 들리기도 한다."19)고 부언하여 이른바 설명적 전설의 본령을 유지하고 있다. 어떻든 영원암연기는 기이한 명부세계의 형상화와 명칭 연기의 내력에 치중함으로써 명학동지의 삼생(三生) 유전이 절로 서사의 핵심으로 자리 잡게 된 경우에 해당된다.

대강 이 설화를 통사적으로 정리한다면, 우선 영원암의 창건유래를 전하는 이야기가 점차 고려시대에 들어와 폭넓게 유동되던 불교적 전기담으로서 전생업보, 명혼여행 모티브가 불교 주제를

---

18) 『混元集』, 「金剛錄」.
 "以靈源薦師之地 故庵號靈源."
19) 상게서, 「金剛錄」.
 "後有地藏峰 前有十王峰 峰前判官石 檢案奏事 下有使者石 手執猛杖 捉人治罪之狀 而有時聞刑罰之聲."

포괄하는 이야기로 변이되어 영원암의 연기로 변한 것이다. 영원암 창건과 시대적 조건에서 점차 삼생유전과 인과(因果) 업보(業報)를 강하게 투영하는 불교적 전기로 변이한 것이라고 본다면, 사찰연기설화가 추구하는 사사적(寺史的) 집착으로부터 세련된 흥미담으로 탈바꿈된 사례로 꼽아도 좋을 것이다.

2) 윤회전생과 오도(悟道)의 방편화

명학동지의 생은 '수행승(이승) ― 대망(大蟒)(축생도) ― 민촌의 외아들'로 전변이 차례로 드러나거니와 각각의 생에 또 다른 배경이 따라붙어 독자의 흥미를 고조시키는데 일조를 하기도 한다.

물론 윤회관에 따른 환생은 불교연기설화에서 아주 흔한 편이고, 이 설화에만 적용된 것은 아니다. 영원암연기에서 명학동지의 이승에서의 삶은 악업 투성이였다. 수행 정업에 전력해도 부족할 스님으로서 "부자로 재물과 보배가 창고에 넘쳐나고 전곡이 썩을 정도(而其師富饒 財寶溢庫 錢穀腐敗)"였던 데다 재물에 지나치게 집착하다가 상좌로부터 더불어 다른 곳에 가 수행할 것을 권유받는 치욕을 겪는다.

하지만 상좌의 권유에도 불구하고 "네가 먼저 가서 수도를 하고 있거라. 그러면 내가 이 재물을 정리하는 대로 널 쫓아가겠다(汝先去修道 卽吾從此治産而去)"며 확답을 피했다.

이후 스승의 갑작스런 죽음은 이에 대한 징계였다. 그런데 명학동지가 숨진 후 애도하기 위해 달려온 영원조사에게 사람들은 "너는 상좌로서 소식 없이 십 년 동안 돌아오지 않다가 이제 돌아온 것을 보니 재물에 그 뜻이 있기 때문"[20]이라면서 영원조사의 행동을 의심한다. 나아가 명학동지의 죽음에 드리운 이면의 까닭을 제대로 알지 못한 채 그들은 조사를 쫓아내려 든다. 기실 사중 간에 스승에게 닥친 죽음의 사정을 제대로 꿰뚫고 이미 황사보(黃蛇報)의 악업에 묶인 스승을 풀어줄 능력은 그 이외에는 없었는데도 말이다.

조사가 스승의 명운을 내다보고 이상적인 국면으로 이끌어 나가는데 애쓰는 등 성숙하게 처신할 수 있었던 것은 치열한 수도 입정에서 비롯되었다 하겠다. 그것은 돌발적이고 예외적인 비범함을 발휘하는 설화적 주인공의 면모와 동떨어진 데가 있다.

그는 선정(禪定)을 통해 다음 생을 투시할 수 있게끔 되었고, 그래서 악업에 떨어진 스승을 그냥 보고만 있을 수가 없었다. 명학동지가 누런 구렁이의 과보를 입게 된 것[21]을 먼저 알아채고 그 업의 의미를 밝히는 일련의 행동은 「목련전」의 목련존자를 마주하는 듯한 착각마저 따른다.

탐심에 대한 경계 중 금사보 설화는 삼국시대에도 산사에서나 민가에서 가장 널리 회자한 이야기가 아니었던가 한다.[22] 지나친

---

20) 상계서, 「金剛錄」.
   "汝爲人上佐 何處奔走而十年不來 今始歸來 其意在財."
21) 白陽桓民, 「業因과 金蛇報」, 『불교』55집, 1929, 94면.

탐욕 때문에 죽어서 금사보, 곧 뱀의 몸으로 환생한다는 충격적 전개에다 염왕, 명부 등 다양한 이계와 이인의 등장은 청자들의 호기심을 증폭시키는 데 결정적 요소로 작용한다.

하지만 다른 측면에서 보자면, 이같은 전기적 요소의 적극적 수용은 불교적 전기소설을 싹틔우데 직간접 영향을 끼쳤을 것이다.

이어 서사의 세련도를 높여주는 요소로 화자의 시점 혹은 이야기전개의 전지적 시각을 꼽을 수 있다고 본다. 주인공이 영원조사인가 명학동지인지 다소 혼동이 따르지만, 등장인물 중 하나인 영원조사가 관찰자이면서도 경우에 따라 담론의 중심에 선 전지자(全知者)로 입장을 바꾸어 사건을 진행시켜 나가는 것이다.

이렇듯 영원조사의 시선을 좇아 명학동지의 삼생적 순환이 일목요연하게 투사되고 삼생(三生)이 병치됨으로써 화자인식이나 서사적 논리성이 상대적으로 희박한 일반 설화와 뚜렷하게 구분되는 것이었다.

가령 영원조사가 뱀으로 몸을 바꾼 명학동지 앞에 목을 내밀며 "애처로운 스님, 사대가 허망하고 빌린 것이니, 가히 애석하게 여

---

22) 우리의 문헌에는 확인이 되지 않고 있으나 신라시대에 재보에 눈이 어두워 파계를 일삼던 도안스님이 죽어 뱀 업을 받았다는 이야기가 국내 뿐 아니라 이국에까지 널리 퍼졌던 것이 확인된다.(『釋門自鏡錄』卷上,「唐新羅國興輪寺僧變作蛇身事」條) 이 밖에도 天柱寺의 讀經薦蛇談과 洛波和尙의 怖蛇發心(金大隱,「蛇와 佛敎에 관한 설화」,『불교』55호, 1929, 83-85면) 등도 뱀 업 설화가 신라시대 민중 사이에 널리 퍼졌음을 확인시켜 준다.

기지 마십시오. 원컨대 자진함으로써 뱀의 허물을 벗어나기 바랍
니다."(哀哀師乎 四大虛仮 非可哀惜 願自盡脫殼蟒)라고 애원한다.
경우에 따라 주인공의 전지적 발언은 환생한 동자승에게로 옮겨
지기도 한다.

 동자승이 영원조사가 내려준 방편대로 지창(紙窓)을 칠 년이나
방호하여 한순간 개오에 이르러 "나는 너의 스승이고 너는 곧 나
의 상좌이다. 경전에서 말하되, 소를 타고 있으면서 또 소를 찾는
다는 말이 있거니와, 밖에 소가 있는 것이 아니오 마음 안에 소가
있느니라."(我卽汝師 汝卽吾佐也 經曰 騎牛更覓牛 非外牛而內必
心牛也)라는 경책은 등장인물을 빌려 주제사상을 드러내고자 하
는 의도가 역력히 드러나 있다.

 이처럼 영원조사의 시점에서 명학동지의 전변하는 삼생과 더
불어 이승 명부(冥府)를 관통하며 악업을 참회하고 선리(禪理)를
강구하고 기연(機緣)을 성숙시켜 나가는 과정 또한 무잡한 담론
의 적층이랄 수는 없다.

 영원암 연기설화는 악업의 사례 가운데 재물을 탐하던 스님에
초점을 두고 이른바 민가에 전하던 금사보 관념을 고스란히 수용
하고 있다.

 세간의 흥미로운 풍설을 축으로 불교적 인간관의 전형을 보여
주려 했을 뿐 생경하고 관념적인 교리를 앞서 제시하지 않는다.
이에 따라 그보다 당대에 널리 유포되었던 금사보 이야기, 곧 재
물을 탐하면 후생에 반드시 누런 구렁이로 태어난다는 믿음을 명

학동지의 생을 통해 투영시켰다.

아울러 기연을 숙성시킨 영원조사, 악업을 지고 있는 명학동지의 삶을 생생하게 대조시켜 불교적 인간의 길을 부지불식간에 깨우치도록 했다. 전생, 업보 등의 모티브가 갖는 흥미적 요소에 머물지 않고 불교적 인간으로 새롭게 환생할 수 있다는 주제의식을 흥미담을 통해 구현시키는데 성공한 것이다.

이점은 유래와 증거의 제시에 급급한 사찰연기에서 벗어나 소설로의 이행을 암시하는 징표로 삼더라도 큰 무리가 따르지 않을 것으로 여긴다.

4. 보덕굴(普德窟) 연기설화의 소설적 징표

1) 심불(尋佛)행각과 역설적 깨달음

불교에서 말하는 계(戒)의 실천이란, 욕망의 자의적 절제 내지 억제에 해당한다. 문제는 인간의 원초적 감정인 애욕의 절제, 혹은 초월이 수월치 않다는 데 있다.

수행자 앞에 미녀가 출현해 파국을 일으키는 현장조차도 따지고 보면 인간적 애욕을 극복할 때만 성도의 길이 열릴 수 있음을 강조하기 위한 작의적 주입이다.

애연담에 의한 통과제의적 위기 부여는 애초의 결심이 무뎌지고 수행 중 애욕에 빠지고 마는 회정(懷正)대사를 주인공으로 삼고 있는 보덕굴 연기에서도 중심적 모티브로 작용하고 있음을 알 수 있다.

사실 보덕굴연기는 보덕과 회정간의 결연담을 축으로 삼는 것 이외, 고구려 고승 보덕대사의 자취를 전하는 역사적 담론으로서의 보덕굴 연기가 따로 있다. 물론 김태준이 소설성과 관련해 주목한 것은 전자임에 틀림없다. 그런데 그가 보살각시가 등장하는 설화를「보덕각시전」으로 명명하고 소설로 착각하는 우는 이미 지적했거니와 그가 구태여 이를 소설로 본 심중을 헤아려 보는 것은 필요하다고 본다.

현재 보덕굴연기를 가장 충실히 갈무리한 자료로는 정조 23년 (1799) 편찬된『범우고(梵宇攷)』소재「보덕굴연혁(普德窟沿革)」과 무풍 4년(1854년) 부림자(芙林子) 보욱(保郁)이 남긴「보덕굴 사적습유록(普德窟事蹟拾遺錄)」이 지목된다.

그외『청학집(靑鶴集)』23)과『오계집(梧溪集)』24) 등에도 보덕 이

---

23)『靑鶴集』,「楡岾寺本末寺誌」, 424면.
"金蟬子曰 卞泟記壽四聞錄者 記吾東方道流之叢 有曰 …… 馬韓時 有神女寶德者 御風而行 抱琴而歌 貌若秋水之芙蓉 是承永郞之道焉 …… 玉寶高者 學琴山人 李純者 習隱高士也 是乃寶德之分派也."

24) 상게서,「梧溪集」, 424-425면.
"到金剛山萬瀑洞 至普德窟下 余問普德仙女 可得見乎 宋處士曰 亦不難 仍說呪數句 彈指向窟下 俄而霧帳四繞 笙竽韻空 一仙女飛遊送言 曰 我乃普德仙女 香燁娘子 俗客胡爲邀我 宋曰 此俗亦慕仙者 余稽首 請敎 仍以九夷歌 高唱仰告曰 靑丘渺在山海間 民不染義農化 有父子 無君臣 依山臨水田舍 自成村村有九 人熙熙日閑暇 山多靈草谷生醴泉

제2부 사찰연기설화의 각론적 접근 317

야기가 소개되어있으나 단편적 기록인데다 그 내용도 앞의 것들과 대단한 층위를 보이고 있어 같은 자리에 놓고 논의하기가 어색하다.

　상호비교가 가능한 「보덕굴습유록」, 「보덕굴연혁」, 『범우고』 소재 보덕굴 연기설화 가운데에서도 『범우고』의 것은 앞의 둘과 조금은 이질적이다. 본래 한 가지 이야기였던 것이 후대로 내려오면서 두 갈래로 전승의 갈래가 바뀌어졌던 것으로 파악해야 할 것 같다.

　또한 「습유록(拾遺錄)」과 「연혁(沿革)」을 비교할 때 서사부위에 있어 양 설화는 대동소이하면서도 「연혁」이 보다 사찰연기의 소임을 자각하고 있는 것으로 나타난다.

　역사와 허구의 간극을 가능한 좁히기 위한 의식이 「연혁」 쪽에 한층 집중되고 있다고 말해도 될 것이다. 「습유록」의 서두에는 보덕대사가 도교의 발흥을 견디지 못하고 방장을 옮기고 원효, 의상에게 「유마경(維摩經)」을 가르친 사실25) 등을 설화로 착색하여 삽입시키고 있다.

　　碧瞳玄髮俱引年 浩劫歸來滄桑變 仙風一縷香燁猶傳 普德笑曰 宜尋苾
　　珠宮然後可學 余漠然自語曰 苾珠宮何在 仍不復見也."
25) "新羅二十七代眞惠女主四年 高句麗臣蓋蘇文 說王傳布道敎故 師以不
　　可屢諫而王不聽 師以神力 飛方丈 而南移于百濟完山州孤大山景福寺"
　　(신라 27대 진평여왕 4년 고구려의 재상 연개소문이 왕에게 도교를
　　전파하도록 설득하자 대사는 이의 불가함을 여러차례 간했으나 듣
　　지 아니하자 대사가 신통한 힘으로 방장을 날려 백제 완산주 고대
　　산 경복사로 옮겼다).

불기 1654년 신라 진평왕 49년 보덕성사가 금강산에 들어갔다가 만폭동에서 백의동녀를 만나 법기보살을 친견코자 했다는 기록이 그것이다.

이 때 동녀는 그 자신이 대자비(大慈悲)임을 밝히고 머물고 있다는 굴까지 인도해 주고는 홀연히 자취를 감추었다[26])는 것인데, 신라 진평왕 49년 정해(627)에 고구려 보덕화상이 처음 보덕굴을 지었다는 역사에 대응되는 설명적 전설로서 부분적으로 역사적 정보를 포함하고 있어 주목된다. 보충할 다른 자료가 없는 상황이고 보면 보덕굴의 창건주는 고구려 승 보덕이고 7세기경 창건되었다는 이 기록은, 적어도 시대적 실상을 엿보게 하는 소중한 자료임에 틀림없다.

그런데 이 창건설화가 윤색과 부언을 동반한 중창설화로 다시 재편되었다는 점은 흥미롭다. 특히 부림자(芙林子)가 기록한 「보덕굴사적습유록」은 고구려 승 보덕의 자취가 거세되고 고려 의종

---

26) 晦明 日昇, 「普德窟沿革」.
　"新羅眞平王四十九年　普德聖師欲禮曇無竭　漸入淮州枳怛山衆香城　路由萬瀑洞上　逢年可二九白衣童女　童女問曰　師將安之　師曰　欲禮法起童女曰　欲禮法起者　何不識先例常住眞身　觀音大慈也　引師而到窟　童女俄而形迹隱沒(진평왕 49년 보덕성사가 담무갈에게 예를 올리고자 회주의 지달산 중향성에 들어갔다가 만폭동 위에서 18세의 白衣童女를 만났다. 동녀가 "대사께서는 장차 어디를 가십니까." 하자 대사가 "법기보살에게 예를 올리고자 합니다"라고 했다. 동녀가 다시 "법기보살에게 예를 올리고자 하는 자가 어찌 상주하고 있는 진신인 관음보살에게 먼저 예 올리는 것을 알지 못하는가"라고 했다. 동녀가 대사를 인도하여 굴에 이르렀는데 순식간에 동녀의 자취가 사라졌다).

때 승려인 회정(懷正)대사로 주인공이 대체되고 자취가 신비체험 위주로 재편되어 전승하였던 것이다.

적극적으로 설화적 편린들이 수습되고 불교적 상상을 너그럽게 수용한 것이 바로 이 「습유록(拾遺錄)」이니, 설화의 소설적 이행의 측면이라는 면에서 주목할 기록이 아닐 수 없다.

1. 회정대사가 대비상(大悲像) 보기를 염원하던 중 몽중에 나타난 백의노파로부터 몰골옹(沒骨翁), 해명방(解明方)을 찾아가라는 충고를 듣는다.
2. 양구 방산에 들어간 회정이 몰골옹을 만나고 다시 그로부터 해명방의 거처를 알게 된다.
3. 스님으로서 딸과 산중에 살고 있는 해명방은 회정을 의심하여 일언지하에 그를 내쫓는다.
4. 수행정진의 정성을 갸륵하게 여긴 해명방이 법요를 들려주고 사위가 되어달라는 부탁을 하게 된다.
5. 회정이 동녀와 28일 동안 동거했으나 해명방의 반대에도 불구하고 그곳을 떠나 고향으로 돌아가려 한다.
6. 몰골옹이 다시 돌아온 회정에게 앞서 부녀가 각각 보현과 관음보살임을 전해듣고 부녀와의 이별을 뒤늦게 후회한다.
7. 해명방 몰골옹 부녀를 더 이상 만나지 못하게 되자 송라암에 머물며 홀로 수행 정진한다.
8. 몽중에 다시 백의노파가 나타나 회정의 전신이 보덕임을 일러주며 만폭동에 그녀가 있다고 일러준다.
9. 세건 중인 보덕을 만났으나 소녀는 사라지고 그가 몸을

숨긴 보덕굴 속에는 단지 불경 몇 권과 향로만 남아 있었다.
10. 회정선사는 굴 곁에 절을 짓고 수행했는데 그 영이함으로 하여 이름을 떨쳤다.

「습유록」에 따르면 보덕굴의 연기는 삼국시대에 이미 형성, 전파되었던 것으로 보인다. 하지만 보덕굴의 역사가 빈약하게나마 전해오다가 고려 의종 10년 병자에 회정선사가 이를 크게 중창하면서 창사담이 약화되고 서사성 높은 중창설화로 전이했음을 유추할 수 있다.

창사연기에서의 초점은 이른바 성지 점지의 삽화에 먼저 집중된다. 영험한 터라면 부처, 보살 혹은 불성이 돈독한 자가 출현해 점지해 준다는 것이 상식선의 전개인데, 사찰의 규모가 커지면서 창사연기는 또 다시 서사성이 강한 중창연기로 재편될 가능성이 커진다.

이에 따를 경우 「습유록」에서 보는 것처럼 보덕 대신 회정으로 주인공이 바뀌고 절터 점지의 영이함, 그리고 진용(眞容) 참견으로 내용의 재편도 가능해지는 것이다. 여하튼 이런 변이는 단조로운 정리의 수준을 넘어 연기설화에 소설성을 급속도로 높이는 계기가 되었다고 여겨진다. 「습유록」과 「연혁」은 사찰 터, 창주, 공사 중의 삽화 등 공사를 에워싼 현실 공간 및 일정에 대한 세부적 기록보다는 진용 참견의 궤적, 풀어 말해 주인공의 구도 행각으로 서사적 핵심이 집약된다.

주인공이 이미 선사로 등장하는 점에서 엿볼 수 있듯, 부처의 진용 보기를 염원하는 심정은 오히려 당연한 일이므로 이야기에서 진용을 확인하기까지에 미로 찾기, 혹은 수수께끼 해결식의 전개는 어느 정도 예견하던 터였다. 회정은 진용(眞容)을 친견하는 대신 '백의 노파(몽중) — 관 짓는 노인(沒骨翁) — 산골동녀 — 완력의 스님(解明方) — 관(官) 짓는 노인 — 백의노파(몽중) — 산골동녀(童女)'와 차례로 조우하게 되는데, 처음부터 진용(眞容)의 거처를 일러주는 목격자들로 이해하고 이들과 의도적으로 접촉한 셈이다.

이야기는 수도자인 회정이 진용 친견을 소원하던 차에 현응한 백의 노파의 말에 따라 방산의 몰골옹과 해명방을 찾는 것으로 시작된다. 하지만 어렵게 찾은 몰골옹, 그리고 그를 통해 만나게 되는 해명방은 그가 그리던 보살의 모습과 너무나 딴판이었다. 아상과 미망에 가리워져 있는 회정으로서는 그렇게 비치는 게 당연했다.

이렇듯 상대를 알아보지 못하고 엉뚱한 곳을 헤매는 그 때, 진실을 일러주는 이가 해명방 딸인 동녀(童女)였고, 그 뒤에 알게 되지만 그녀는 자신의 전생에 다름이 아니었다. 그러나 그런 변신의 전말을 파악하고도 회정은 동녀와의 정에 빠져 보덕에 대한 그리움에 애태운다. 진용에서 보덕으로 대상이 달라진 셈이다. 회정은 다시 몽중의 노파가 일러준 곳으로 가서 자신의 전생 모습인 보덕과 잠시 조우하는데 성공하지만, 찰나에 그칠 뿐 그녀는 굴속으로 몸을 숨기고 만다.

간단없는 심불(尋佛)행각을 순차적으로 보여주었으나 끝내 주인공은 찾고자 했던 그 대상과 조우할 수 없음을 확인하는 단계에 이르러 꿈으로 다시 회귀하고 있는 것도 구성을 의식한 소설적 기술과 상통한다. 첫 번째 꿈은 회정의 원을 풀어줄 단초적 구실을 하지만 주인공에게 진용친견의 길은 멀고도 험하게 비친다. 그러다 주인공으로서 결코 쉽게 풀 수 없는 난제임이 판명될 즈음에 이르러 상황전환의 제시 같은 꿈이 나타나는 데 이것 역시 의도된 수법으로 보아야 될 것이다. 심불이라는 명제에 대해 수수께끼처럼 직답을 피하다 또 다른 현몽 속의 노파가 사건의 자초지종을 밝히도록 한 것은 이른바 수미상관적 장치라 할 것이다. 「보덕굴사적습유록」과 「보덕굴연혁」의 서두와 말미에서 보는 몽은 단순한 흥미유발적 대입이 아니라 서사성 높은 담론을 위한 의도적 삽입이었다는 결론을 얻게 된다.

2) 애욕의 초극과 진아(眞我)로의 복귀

작가의식이 뚜렷하고 시대적 배경이나 인물의 내면의식마저 투영된 것을 소설이라면 보덕굴연기는 소설의 테두리에 넣을 수 없다. 그러나 수도승과 연인과의 결연 및 이들 간의 애욕적 갈등을 소재화 함으로써 적어도 소설에 가까이 다가간 담론임을 부정할 수 없도록 한다. 보덕굴 연기 중에서도 『범우고』 소재 각 편은 이런 특징을 엿보기에 좋은 자료이다.

속전에 보덕은 민가의 여자라고 한다. 어렸을 때 아버지와 더불어 금강산에 들어가 구걸을 하였다. 굴에 이르러 마침내 머물며 그녀는 성근 옷감으로 열 말이 들어갈 정도의 주머니를 만들어 이를 폭포 곁에 걸어놓았다. 그리고 아버지에게 물을 퍼서 이를 채우게 하면서 말하길, "주머니에 물을 가득 채우면 즉, 도에 들어갈 수 있을 것입니다."라고 말했다. 소녀는 마침내 마른 대나무를 잘라 하루에 한 광주리씩을 만들어 쌀 한말과 바꾸어 이를 아버지에게 바쳤다. 이 때 한 스님이 갑자기 사악한 마음이 갑자기 일어나 은밀히 그녀를 좇았는데 소리를 질렀다. 그리고 탁상 위의 탱화를 가리키면서 "불화도 오히려 공경해야 할 것이거늘 생불에 있어서겠는가." 마침내 그 진상을 드러내는데 금빛이 눈을 뜰 수 없게 했다. 스님은 애걸하며 "죽여주십사" 했다. 소녀는 그 아비에게 말하길 "주머니에 물을 채우셨습니까." 아비가 말하길 "주머니가 성근데 물이 어찌 채워지겠는가."했다. 소녀가 말하길 "하나에 마음을 쓰면 공(空)이 모아지고 공(空)이 모아지면 즉 도(道)가 응축되는 것인데 지금 아버지께서 마음 속으로 포대가 필히 채어지지 않는다고 생각하고 억지로 물을 붓고 있는데 공(空)이 어찌 능히 한 곳으로 보이며 도(道)가 어찌 능히 뭉쳐지겠습니까?" 이 때에 아비는 크게 깨우친다. 그리고 다시 물을 부으니 포대에 가득 차 물이 넘쳤다. 아버지는 크게 웃음을 터뜨리며 말하길 "일찍이 전등(傳燈)의 불이 이것임을 알았도다. 밥이 익기 위해서는 시간이 필요함을 알았도다." 했다. 소녀 역시 크게 웃고 이로써 바구니를 중에게 내던지며 말하길 "물이 주머니에 차고 바구니는 창고에 넘치니 공이 이루어져 가득하길 바랍니다. 부처님을 보는 게 무슨 의심이 있겠습니까." 했다. 스님 역시 크게 깨달았다.
후인들은 마침내 세 사람의 상을 새겼는데 지금까지 굴 안에
있다. 왕왕 그곳에 서기가 어린다고 한다.27)

　　민가의 부녀(父女)가 금강산에 구걸하러 들어갔다 했으나 실
은 수도행각을 위한 것이었다. 이미 도를 깨달은 딸은 아비의 성
도를 위한 조력자로서 지성을 다하는데, 베주머니에 열 말의 물
을 채우게 하는가 하면 스스로 엮은 바구니를 쌀과 바꾸어 아비
를 봉양하는데 전념한다. 그러나 갑자기 이승이 출현함으로써 소
녀의 정체가 드러나게 된다. 즉 소녀의 미모를 탐한 한 스님이 끓
어오르는 애련을 주체하지 못하다 그녀를 겁탈하려 든 것인데 순
간적으로 몸을 바꾸는 바람에 그 진면목이 드러내게 된 것이다.
다름 아닌 생불에 대해 씻을 수 없는 죄를 저지른 속승(俗僧)이
죽음으로써 사죄하는 것은 당연한 일일 터이나, 그렇다고 소녀가
이승을 치죄하는 장면이 즉각 대입되지는 않는다. 말할 것도 없
이 그녀는 성불을 유도하기 위해 몸을 바꾼 관음임을 의심할 수

―――――――――――――
27)『梵宇攷』.
"俗傳 普德者 民家女也 幼時與父 行乞入金剛山 至此窟 遂居焉 女以
疎布爲囊 約盛十斗 掛之瀑傍 請其父酌水以注曰 水盛於囊 則可以入道
女遂刈枯竹 日造一畚 易一升米 以供其父 有一僧 忽朋邪念 微挑之 女
乃勵聲 指卓上畵佛之幀曰 畵佛尙可敬 況生佛乎 遂露現眞像 金光奪目
僧哀呼請死 女呼其父曰 囊之水盈乎 父曰 囊疎 水豈盈乎 女曰心一則
功專 功專則道凝 今父心知囊之必不盈而强而注水 功何能專而道何能凝
乎 於是 父大悟 復酌而注之 囊盈而水溢 父乃暴然大笑曰 早知燈是火
飯熟已多時 女亦大笑 以畚擲僧曰 水盈於囊 畚盈於庫 功成願滿 見佛
無怍乎 僧亦大悟 後人遂刻三人像 至今窟中 往往有瑞氣云."

없다.

　그뿐 아니라 관음이면서 동시에 보덕인 그녀는 아비를 제도하고 각성에 도달케 하려는 조력자이자 선지자라고 해도 좋다. 이는 아비에게 "하나에 마음을 쓰면 공이 모아지고 공이 모아지면 즉 도가 응축되는 것이니, 지금 아버지께서 마음속으로 주머니가 필히 채워지지 않는다고 생각하고 억지로 물을 붓고 있는데 공이 어찌 한곳으로 모이며 도가 어찌 능히 뭉쳐지겠습니까?" 하는 말에서 극명히 드러나거니와 이로 말미암아 아비는 대오각성의 경지에 든다. 아울러 이 질책은 자신을 겁탈하려 했던 속승마저 대오케 하는 핵심으로 작용하기도 한다.

　그러나 불교적 주제현시가 민간설화의 온전한 형태를 유지하는 데는 장애가 될 수 있다. 여기서도 서사적 논리성과 무관하게 적용된 몇 가지 장면 중심의 담론이 흥미를 상쇄시키는 한계가 눈에 띈다. 대신 앞서 깨달은 자로서 보덕이 불교적 성찰에 이르지 못한 범인과 속승에게 현응하여 대오각성의 빌미를 제공하고 있다는 점은 주제현시라는 측면에서 주목할 형상화이다. 일반의 설화에서 찾기 어려운 일종의 공안적(公案的) 방편이랄까, 불교적 주제를 우선한다는 시각에서 나온 것이 틀림없다.

　만약 민간에 퍼진 설화라면 이같이 불교 주제적 지향성이 이처럼 두드러지게 표출되기는 힘들었을 것이다. 실제 민중들 사이에 퍼진 설화에서는 음욕에 빠진 이승의 치한적 행태와 소녀의 진면목이 밝혀지는 등 충격적이고 흥미로운 담론 위주로 이야기되고

있어 주목된다.[28]

『범우고(梵宇攷)』 소재 보덕굴연기는 보덕과 그 아비, 보덕과 속승(俗僧)의 관계를 상징하는 몇 장면을 산발적으로 취택하고 있어 서사 논리가 온전히 확보되지 않고 있음이 결함으로 지적된다. 하지만 불교적 주제 특히 선적 깨우침을 함의하는 결말을 예비하고 있음은 일반 설화에서 발견하기 힘든 이 연기설화의 특징이라 하겠다. 이처럼 흥미로운 제재로 이야기를 펼치지만 진중한 주제를 포섭하고자 한 것이 보덕굴 연기의 색다른 점이다. 몸을 바꾸어 나타난 보덕이 성도의 그릇을 실험하는 진용이었음을 확인할 때까지 회정은 상대의 진면목을 알아보기는커녕 애욕의 포로가 되어 엉뚱한 길을 헤맬 뿐이었다.

이는 분명 상징이다. 인간이므로 애욕과 욕망에 침몰할 수밖에 없다는 한계를 그렇게 전제한 뒤, 선지적 존재(관음보살)를 통해 전후 사단을 풀어내는 서술방식은 세련된 서사법이 아닐 수 없다. 즉 노파가 꿈에 현시해 그동안 좇은 것이 바로 과거의 자신임을 깨달음으로써 미망의 꺼풀을 벗고 올바른 수도자의 궤적을 회복하고 있는 것이다. 이처럼 절체절명에서 영험적 존재(부처, 보살)의 교시로 마침내 성도의 길에 들어선다는 것이 보덕굴연기의 큰 줄기이다.

---

28) 최상수, 『한국민간전설집』, 통문관, 1949, 429-434면에 '보덕굴과 관음보살'이란 제목으로 「연혁」과 「습유록」을 종합한 듯한 보덕굴 연기가 올라있는데 성도를 이루고자 청익에 나섰던 회정이 보덕의 미모에 반해 수행은 커녕 그녀를 애타게 그린다는 내용이 담론의 중심을 이루고 있다.

5. 맺음말

  본고는 김태준이 일찍이 고려시기의 소설로 소개한 「붕학동지전」과 「보덕각시전」의 실체 규명 및 소설성 여부를 점검하는 데 초점으로 모았다. 그리하여 먼저 「붕학동지전」에서의 '붕학동지'는 '명학동지'의 오류인데다 「보덕각시전」과 함께 두 이야기는 원래 영원암과 보덕굴의 연기설화에 속한다고 변증하였다. 하지만 김태준의 주장에 몇 가지 오류가 있다고 해도 고려시대를 소설사의 맹아기로 확신하고 그 사례로 이 두 설화를 지목한 것은 통찰력 있는 안목이라고 보았다.

  과연 이 두 연기설화에 내재된 소설성 여부와 관련지어 필자는 「명학동지전」(영원암 연기설화), 「보덕각시전」(보덕굴 연기설화)가 단순히 창주, 공사의 과정 따위를 서술의 핵으로 삼는 연혁적 성격에서 탈피해 형식과 내용 면에서 높은 수준의 서사담론에 도달해 있음을 확인할 수 있었다. 영원암설화를 수록한 『금강록』, 그리고 보덕굴의 내력을 수습하고 있는 『보덕굴습유록』, 『범우고』 등을 대상으로 살필 때 이들은 인간의 원초적 욕망이 빚어내는 갈등과 파탄에 빠진 주인공들을 통해 인간에게 구원과 깨달음의 길은 있는가 등의 가볍지 않은 주제를 내포함으로써 벌써 불교설화 일반과 구별되는 면을 드러낸 것이다. 독자적 흡입력이라는 점에서 전기적 요소들의 적극적 개입도 주목되는 바, 주제사상의 형상화와 함께 독자의 홍미를 촉발하는 요소로 이를 파악했음을 알 수 있었다. 두 사찰연기설화가 한결같이 역사전승에 초점을 두지 않고 전생, 환생, 업보, 성도 등 불교적 화두를 전제한 것이나 인간의 궁극적 길을 제시하기 위한 깨달음을 그 핵심내용으로 삼고 있다는 것에서 단순한 설화가 아닌, 소설성을 농후하게 간직한 소설의 전사적 작품으로 파악하는 게 오히려 자연스럽다고 여기게 되었다. 이와 함께 영원암, 보덕굴 연기설화라는 대상적 한계에도 불구하고 우리는 고려시기가 불교문화가 난숙했던 시대였던 만큼이나 소설전사적 담론에 해당하는 다양한 설화가 널리 전파 유통된 시기였음을 새삼 추단할 수 있었다.

이번 논의는 사찰연기설화가 삼국, 고려시대에서만 전파 수용된 제한된 담론에 머물지 않고 그 다음 시대에도 여전히 유의미한 담론적 원천으로 기능했음을 확인하는 기회가 되기도 했다. 월명암(月明庵) 연기설화가 「부설전(浮雪傳)」으로, 관음사(觀音寺) 홍법사(弘法寺) 연기설화가 「심청전(沈淸傳)」의 출현과 긴밀하게 관련되어 있고, 이광수의 「꿈」에서 보듯 『삼국유사』소재 조신(調信)이야기가 현대 소설 창작의 원동력을 제공한 것 등 사찰연기의 소설적 전이는 적지 않은 것이다. 사찰연기설화가 설령 아득한 시기로 그 발원이 소급된다 해도 불교적 삶의 해석이라는 담론적 유효성은 증발되지 않은 채 우리시대까지 그 문학적 '인연'이 이어지고 있다고 해도 과언이 아니다.

사찰(寺刹) 사적(事蹟)의 설화 수용 양상과 그 의미
― 성소적(聖所的) 형상화를 중심으로 ―

1. 머리말
2. 설화수용과 서사유형
   1) 사실적 기술
   2) 소극적 설화수용
   3) 적극적 설화수용
3. 성현(聖顯)의 핵심과 그 형상화
   1) 공간처리
   2) 창사(創寺) 주체
   3) 이역인연(異域因緣)

1. 머리말

불교가 삼국 이래 장구한 신앙의 역사를 간직해 오면서 이 땅의 각처에는 수없이 많은 사찰이 명멸했던 것으로 밝혀진다. 그곳은 불상을 안치하고 예불을 올리는 장소 이상의 복합적 공간인데, 성직자인 승려들에게는 일상을 영위하는 삶의 공간일 뿐더러 그 자체가 신앙적 대상이기도 했으므로 사찰마다 나름의 역사와 연혁을 기록 전승하려는 의식적 노력 또한 유별났다. 본고에서는 이런 점을 주목하여 사찰사적(寺刹事蹟)[1]의 서사문학적 의미, 그 중에서도 성소화를 위한 서사적 전략에 대해 살펴보고자 한다. 대상이 아직 낯선 감이 없지 않으나, 필자는 사적도 얼마든지 문학적 논의의 대상으로 포섭될 수 있다고 본 터이다. 사적의 기록이 역사의 진위나 정연한 정보의 후대적 전승을 목표로 하고 있음을 모르는 바 아니나 역사기술도 문학과 같은 서사담론의 한 갈래에 속한다는 사실을 새삼 상기할 필요가 있다. 역사란 기술 대상을 인간 및 사건, 상황에 두고 있는 서사물의 하나이므로 사찰의 역사, 연혁의 갈무리를 목표로 삼고 있는 사적 역시 서사물 안에 포괄하는 것에 무리가 없다는 것이다.

사적에서의 기록은, 그러나 일반 역사와 성격이 적지 않은 간격이 있다. 무엇보다 사적은 역사를 넘어 의역사적인 것 조차에도 관용적이고, 이른바 문학적 영역에 가까이 다가가는 것도 개의치

---

[1] 사찰의 역사적 史實을 기록하고 전승하는 문헌을 일컫는 용어는 다양하다. 寺志, 寺乘, 古蹟, 寺刹事蹟 등이 우선 산견되는 용어들이다. 이중에서 사찰의 연혁 혹은 자취의 기록이란 의미로 가장 빈번히 취택되는 말은 事蹟이다. 그러나 이 용어를 사찰의 자취로 한정해 쓸 때 또 다른 혼란이 따르므로 寺刹事蹟이란 용어가 적합치 않나 생각한다. 다만 본고에서는 번잡함을 줄이기 위해 事蹟이란 말로 가름하여 쓰고자 한다.

않는다. 사찰을 성스런 공간으로 삼기 위해 신이하고 영험한 공간으로 부조하려는 의식이 과잉된 나머지 설화적 담론까지도 적극적으로 수용한다는 점은 이처럼 매우 주목되는 것이다. 이런 점에 유의하여 본고는 사적의 서사적 특이성 및 그에 수용된 설화적 면모와 이면적 의미를 밝히려 한다. 이로써 사적이 지닌 의의와 특징이 조금이나마 드러나는 자리가 된다면 다행이겠다.

2. 설화수용과 서사 유형

1) 사실적 기술

사적의 본령을 사찰역사의 정연한 기록에서 찾고 객관적 담론을 지향하는 경우를 이 범주에 넣고자 한다. 이는 춘추필법의 의식에 기초하여 종교로서 불교가 쉽게 인정하는 신비체험, 초월적 공간, 자재한 변신 등의 개입을 경계하며 가능한 현실적 시각으로 전말을 남기기 위해 애쓰는 경우이다. 유자나 불교와 거리를 둔 자료들에서 흔히 이런 특색이 어렵지 않게 발견되는데『동국여지승람(東國輿地勝覽)』불우(佛宇)조 등의 예에서 보듯, 설화적 유래담의 소개임에도 가능한 현실적이고 검증 가능한 서사층위로 한정짓게 된다.

연복사(演福寺) : 도성의 중앙에 있으며 옛날에는 본제사라

했다. 큰 당우(堂宇)를 능인(能仁)이라 하고 그 앞의 문을 신륵(神勒)이라 한다. 오층의 누각이 있는데 세월이 오래되어 이미 허물어졌고 지금 성 안의 부유한 장사꾼들이 재물을 모아 고쳤으니 황금의 벽이 찬연하고 영탁(鈴鐸)소리가 몇 리 밖에서도 들린다.2)

관음굴(觀音窟) : 박연폭포의 상류에 있다. 절 뒤에 집과 같은 암굴이 있고 그 아래에 관음 이석(二石)이 있어 그렇게 부른다. 위로 정자 실상 수정 보리 관불 등의 암자가 있다.3)

운암사(雲巖寺) : 옛날 이름은 광암으로 무선봉 아래에 있는데 곧 공민왕의 현릉을 지키는 재궁(齋宮)이다. 지금은 폐사되었다.4)

강서사(江西寺) : 군의 동쪽 광정 건너편 위에 있다. 일명 견불(見佛)이라 한다. 승려 혜소(慧素)가 여기에 머물렀다. 김부식이 매양 말을 타고 찾았다.5)

열거한 기사들에서 허구나 상상의 개입을 찾기는 어렵다. 유래가 지워진 상황에서 역사를 재구하려 한다면, 허구나 상상적 파편으로서 설화의 쓰임이 요긴하게 받아들여질지 모르나 애초부터 『동국여지승람』에서는 아득한 시기의 유래나 자취를 찾는데 초점이 두어지지 않는다. 따라서 기록자 중심의 견문된 사실만이 단편적으로 나열된 것이다. 물론 허구가 아닌 사실에 부합되는 정

---

2) 『東國輿地勝覽』, 경기조.
3) 『東國輿地勝覽』, 경기조.
4) 『東國輿地勝覽』, 경기조.
5) 『東國輿地勝覽』, 경기조.

제2부 사찰연기설화의 각론적 접근 333

보단위들이다. 이런 기사는 건조무미한 문체에 실려 단편적 사건의 제시, 신상명세적 전언에 그치는 것이어서 서사담론적 대상으로 삼기조차 부적합하다. 무엇보다 사적은 통사적 시각에 바탕하여 위에서 아래로 자잘한 자취까지를 수습하고, 종국에는 사찰공간에 이들이 귀속되도록 해야 한다는 기술의 원칙도 지켜지지 않는다. 위의 경우가 객관적 기술이나 사실에 대한 엄정성을 기초로 한 대표적 사례라고 한다면, 다음 기록은 기원에 대한 근거는 분명치 않으나 기록자에게 포착된 현장적 상황이 비교적 상세히 기록되어 또 다른 역사전승의 구실을 모색하는 예이다.

> 발연사(鉢淵寺)의 창건에 대해서 잊혀진 지가 오래되었다. 그 경위와 사중에 대한 사적은 이미 영잠(瑩岑)이 지은 진표율사(眞表律師)의 비지(碑誌)에 있고 어느 정도까지는 그대로 받아들인다 해도 중간의 흥폐와 전후 사실마저도 개관할 수 없게 되었다. 이것은 어찌 특별히 거사와 승려들만이 개연히 여기는 것이겠는가.……을미년 팔월 절의 승려가 그 쓸쓸함을 이기지 못해 신계사에 몸을 의탁했을 때 서로 힘을 합해 절을 유지하자고 생각했다. 해를 넘겨 정유년 봄에 공전과 요사가 한꺼번에 불에 탔는데 발연사 승려 재계가 이곳에 왔다가……6)

대상이 무어든 흥망성쇠는 거듭될 수밖에 없는 것이라면, 그에 따른 기록 역시 병행되어야 마땅한 일이다. 그런데 창사건(創寺

---

6) 『金剛山楡岾寺本末寺誌』, 264면.

件)은 곡진하게 정리된다고 하더라도 후대 역사는 정연히 기록되기 어렵고, 최악의 경우 흔적 없이 인멸하는 사태도 얼마든지 예상된다. 인멸의 시기가 길어질수록 사사는 본래의 역사를 재구하기가 그만큼 힘들어지는 것이 당연한 일이거니와 이에 대한 관심을 갖고 사사를 재구하려는 이를 만나는 것만 해도 행운이다. 윗글은 삼국시기의 발연사의 연기 가운데 창사시기를 크게 벗어나서 후대에 씌어진 것이다. 찬자는 철저하게 자기 체험하에 직접 보고 느낀 바를 연대순에 따라 발연사의 중간 역사나마 전해주기를 몹시 갈망하고 있다. 연대기적으로 간단명료하게 기술하는 이 같은 수법은 사적 기술에서 가장 흔히 보는 전형적 서사수법의 하나일 것이다.

2) 소극적 설화수용

설화의 소극적 수용이란 역사나 연혁을 잘 갈무리하여 객관적으로 기술해 놓는다는 생각이 다른 시각보다 앞서는 것을 지칭한다. 이 경우 역사적 인식이 굳건하고 사적의 본령을 객관적 사건, 역사기술에 두겠다는 점에서 일반 역사기술이 지향하는 바와 크게 다르지 않다. 그러나 사적에서 그것만 일반 역사기술의 준칙을 그대로 준용할 것인가 의문이 생긴다. 종교적 담론의 하위양식에 속한다는 특성을 헤아린다면 사적에서 객관지향적인 서술은 도리어 스스로 입지를 좁히는 것이고, 따라서 서사적 변화를 모색하는 단계에 이른다. 서사적으로 설화의 차용은 아마도 이런 사례에 해당될 것이다. 다만 설화에 대해 소극적이냐 적극적이냐 정도의 차이는 있겠으나, 불교적 담론의 하나인 사적에서 설화를 외면하는 것은 생각처럼 용이하지 않다. 사적을 보면 다양한 인물과 복합적 갈등양상을 기저에 둔 구조적 담론이 아니라 파편적 설화단위만을 삽입하는 서사형태가 보다 일반적이라 할 것이다. 설화적 혹은 구승에 의거한 전언에 매달릴수록 퇴색되는 것은 진정한 의미의 역사이다. 그 대신 신이성·신성성의 발현에는 훨씬 유리해지는데 그 효과를 어느 정도 수긍하면서 설화와 현실담의 혼효에 적극적이게 된다.

> 문수원(文殊院) : 다시 문수가 어둠에서 응하여 법요를 묻고 답해 주어 원의 이름을 바꾸어 문수라 하고 여기에 건물을 보탰다.7)
> 김생사(金生寺) : 김생이 불도를 닦은 인연으로 김생사(金生寺)라 불렀다.8)
> 덕주사(德周寺) : 덕주부인이 이 절을 지었으므로 덕주사라 불렀다.9)
> 마점사(馬占寺) : 왕자산(王字山)에 있는데 고려 태조가 말을 머물게 했다 하여 이로써 마점(馬占)이란 이름이 붙었다.10)

---

7) 「眞樂公重修淸平山文殊院記」.
8) 『東國輿地勝覽』, 충청도 조.
9) 『東國輿地勝覽』, 충청도 조.

안파사(安波寺) : 지령산(知靈山)에 있는데 고려 때 수로가 험해서 조운선이 여러 번 파괴되어 이 절을 세웠다.11)

선암사(仙巖寺) : 전하는 말에 의하면 옛날 신선이 바둑을 두던 장소였다는데 그 때문에 선암(仙巖)을 절의 이름으로 하였다.12)

청룡사(青龍寺) : 옛날 단월로서 두 여자가 있었는데 천녀(天女) 용녀(龍女)가 그들이다. 두 사람이 스스로를 위해 절을 지었으므로 천룡사(天龍寺)라 하였다.13)

도리사(桃李寺) : 전하는 말로는 아도(阿道)가 신라 서울을 갔다 오다가 산 아래에 이르러 겨울인데도 산허리에 도리(桃李)꽃이 만발한 것을 보고 마침내 이 곳에 절을 짓고 이로써 이름을 삼았다 한다.14)

백엄사(伯巖寺) : 처음에 엄흔(嚴欣)과 백흔(伯欣) 두 사람이 자기 집을 절로 내놓았으므로 이름을 백엄(伯巖)으로 했다 한다.15)

사찰의 소개에서 먼저 유의해 보아야 할 것이 사명인데 이는 사찰의 시원을 헤아리는 징표 구실을 하고 있기 때문이다. 특히 사명의 사단이 설화적으로 얽혀 있는 경우가 흔하다. 물론 두드러지게 강조하는 경우도 있고 아예 생략할 수도 있다. 그러나 연

---

10) 「東國輿地勝覽」, 충청도 조.
11) 『東國輿地勝覽』, 충청도 조.
12) 「曹溪山仙巖寺事蹟」.
13) 『三國遺事』 권3.
14) 「冷山桃李寺阿道和尙事蹟碑」.
15) 『三國遺事』 권3.

기명칭을 주목하는 것부터가 설화적 담론에 의존하고 있다는 것으로 새기더라도 무리가 없다 하겠다. 위에서 보듯 명칭연기들이라기 보다 사적 첫 머리에 통상 붙어 다니는 상투적인 형식에 해당된다. 사적이 아니지만 『동국여지승람』의 불우 조 같은 데서는 상기해야 할 설화를 상당 부분 소개하면서도 사지와 다른 쪽에 초점을 맞추는 일도 허다하다. 특히 이런 경우는 그 담당층이 누구인가에 따라서 담론의 중심축이 달라지게 된다. 즉 유자가 찬자로 나설 때에는 필연적으로 사적의 순수한 목적성에서 일탈하여 일종의 흥미적 삽화, 그것도 긴 전승력을 유지할 만큼의 흥미소가 다분한 것들로만 선별이 된다 . 더군다나 단편적 삽화 위주에서 이른바 풍부한 서사성마저 동시에 견지하기 벅차다는 단점이 노출된다. 이에 반해 이런 단계에서 한 걸음 나아가 비슷한 층위, 가령 단편적 삽화를 여러 개 수습하여 자취로 대체하는 일도 고려할 수 있다. 가령 위의 경우에서는 청룡사(靑龍寺)에 대한 연기가 그에 해당될 터이다. 청룡사사적의 서사적 순차는 이렇다.

1 고위산(高位山)의 지리적 설명. 2 토론(討論)『삼한집(三韓集)』의 풍수진단(逆水 客水의 두 근원이 天災를 제압하지 못하면 靑龍寺가 망함). 3 속전(俗傳)소개(중국사신 樂鵬龜가 절을 파괴하면 곧 나라가 망하리라는 예언을 함). 4 속전(俗傳)소개(옛날 단월이 그 두 딸 天女 龍女를 위해 절을 짓고 天龍寺라 함). 5 최제안(崔齊安)의 천룡사 중창연기. 6 최제안이 남긴 신서(信書)

소개.

　구성비율로 보면 일반의 정보나 문헌에서 발췌한 청룡사 관련기사 3건, 그리고 속전에서 유래한 삽화가 2건 포함되어 있다. 『삼국유사』의 사적이 그렇듯 찬자의 재량권 남발을 가급적 자제하고 문헌적 자료는 물론 설화적 층위에 해당하는 것마저 수용하는데 적극성을 보이고 있다 할 것이다. 따라서 정연한 창사의 기원, 당우나 불사에 대한 자취를 기대하기가 어렵다. 일반적인 사적에 나타나는 연대기적 기술이나 역사적 정리가 유지되지 않는다 해서 이런 기술을 부정적으로 볼 필요는 없다. 여기서 나름의 장점을 찾을 수 있으니, 청룡이란 절은 독특한 단월, 땅의 기운(풍수적 호조건), 그리고 폐사 이후에도 선험적 불자와 유기적 인연을 유지해 유의미한 공간으로 부조가 가능해지는 것이다. 특히 중창을 도모한 최제우는 중생사의 관음보살의 젖을 먹고 컸던 인물, 곧 최은성(崔殷成)을 조부로 모신 인물이었다는 가계를 제시함으로써 한 집안의 흥미진진한 불연이 홍교의 방편으로서 구실도 함께 겸하고 있다.

　사실 위에서 가장 전형적인 형식을 갖추고 있는 것은 선암사 사적일 터이다. 단지 한 사찰을 축으로 과거 이래 현재까지의 역사를 리얼하게 부조해 나가는 것처럼 비쳐지지만 찬자의 관심이 선암사(仙巖寺)의 자취에 시종 모아진다고 하기 어렵다. 첫머리에서는 마치 불교개론을 펼치는 자리가 된 듯, 불교의 핵심 교리, 석가의 위대함, 불교 전파의 역사 등이 조목조목 열거되고 한참 뒤에서야 선암사라는 공간적 배경이 드러나는 식이기 때문에 사적의 본령과는 어울리지 않는 것처럼 보인다. 그러나 이런 낯선 서사형식을 취한 까닭은 이 땅 어느 외진 곳의 작은 암자일지라도 그것은 시공을 초월해 무량세로부터의 인연이 숙성하여 나타난 결과라는 사실을 체득시키기 위한 데 있다. 그러니 왜 선암사 터가 성스런 공간인가 굳이 묻는 것이 도리어 어색하다. 특히 서두의 우회적 서사를 간파하지 못한다 해도 도선이 비보사찰의 하나로 이 절을 점지했다는 점은 성소여부에 대한 의문을 일거에 해소시킨다. 설화에 따르면 중국으로 유학 온 도선(道詵)에게 일행(一行)선사가 "삼한의 재난을 다스릴 량이면 삼천오백 군데에 절과 탑을 세워야 한다."고 했다. 이렇게 시작된 선암사와 고승과의 인연은 다음에는 의천화상으로 승계되는 것으로 기록된다. 한데 의천이 사세를 크게 일으키지만 그로부터 365년 일어난 병란으로 말미암아 절은 회진의 운명에 처한다. 하지만 경준(敬俊), 경잠(敬岑), 문정(文正) 등의 공력에 힘입어 과거세의 도량을 회복하는 순환적 역사를 밝히고 있다. 사찰의 훼(毁)와 성(成)에 대한 반복적 역사에 대해 찬찬하게 조명한 말미에서 찬자는 '기성야훼야(其成也毁也) 기훼야성야(其毁也成也)'라는 인식으로 앞서 굽이친 연혁을 휘갑한다. 그것은 오로지 선암사의 역사에 대한 기록자의 특별한 감회로 좁혀 생각할 필요가 없게 한다. 이는 영고성쇠의 주기가 짧게만 느껴지는 인간사에 있어서도 엄숙한 깨달음으로 얼마든지 큰 울림을 갖는 것으로 이해하는 것이 옳다.

　사적이 통사적 시각을 전제로 하고 역사 역시 그런 서사적 틀

을 관행적으로 따르는 것이기는 하나 사적은 있었던 사실의 재구
나 발굴을 넘어 신이하고 영이한 흔적에 오히려 큰 관심을 갖는
다는 점에서 역사와 일정한 거리가 빚어진다. 이렇게 사적의 서
사적 면모를 캐다보면 설화와 사실의 절충적 모색을 꾀하는 사적
의 서사적 특이성은 불가피한 것으로 수긍하지 않을 수 없게도
된다. 폭넓게 사례를 예시하지 못한 점이 아쉽기는 하지만 연대
기에 따라 순차적으로 사사를 나열하고 수시로 단편적 설화를 편
입하는 방법은 사적은 물론 유자들의 불사기술에서 흔히 차용되
던 서사유형이라고 해야 할 터이다.

3) 적극적 설화수용

절의 역사를 전한다는 목적성에서 함몰되지 않고 서사성 높은
설화를 바탕 삼아 세련된 수준으로 사찰의 내력을 전해주는 것
을 말한다. 역사는 물론 사찰의 내력을 불교교리의 전파 및 흥미
적 대상의 서사화로 승화시켜 사지의 외연을 크게 넓힌 경우가
상상 이상으로 많다는 점에 유의해 볼 필요가 있다. 그런 적절한
예가 바로 『삼국유사』이다. 그 소재 설화 가운데서도 가령 호원
사(虎願寺)연기, 정토사(淨土寺)연기, 석불사(石佛寺)연기 등은
이미 선학들에 의해 소설의 기원으로까지 꼽힌 지 오래되었다.
따라서 본고에서는 그런 중복을 피해 제대로 주목받지 못한 자
료 위주로 논의를 이어갈까 한다. 먼저 지적할 작품으로 『건봉사
본말사지(乾鳳寺本末寺志)』가 있는데 그 서사적 순차는 이렇다.

1. 건봉사주지 발징(發徵)이 만일연회(萬日蓮會)를 만들었고 정신, 양순 등의 스님과 31명이 결사체를 만든다.
2. 29년 간의 정진 끝에 만일을 채우자 대폭우가 쏟아지면서 아미타불, 관음 세지 보살이 반야선(般若船)으로 인도하여 신도들을 상상품(上上品)의 세계로 승천케 한다.
3. 두 번째로 아미타불이 나타나 발징을 포함, 18명을 배에 타도록 했으나 발징만은 승선하기를 포기한다.
4. 세 번째 승선의 기회에서도 발징은 승선을 거부하다가 아미타불의 간곡한 청에 못 이겨 반야선에 오른다.

간단한 요약만으로도 설화는 발징을 서사적 축으로 하여 서방정토라는 극적인 사건에 서사적 초점을 맞추고 있다는 것이 어렵지 않게 간취된다. 이외에도 건봉사 연기설화에는 층위를 달리하여 욱면(郁面)의 이야기를 첨언하고 있다. 앞서 본대로 발징의 발원으로 시작된 만일연회 결사는 많은 사부대중을 서방정토에 인도하게 되었으나 여기에서 탈락된 인물들도 있었다. 그 중의 하나가 욱면이었다. 그는 파계 때문에 만불연회에 참석하고도 서방정토에 이르지 못하게 되었을 뿐만 아니라 죽은 다음 부석사(浮石寺)의 일소로 환생하는 등 악업의 순환고리에서 벗어나지 못했다. 하지만 불사한 공덕이 인정되어 다음 생에서는 비천한 여종으로나마 사람으로 재생한 것이었는데, 곤고한 생활 중에도 미타사를 왕래하며 염불을 올리는 지성은 끝내 그를 미천한 여승에서 절의 천장을 뚫고 승천하는 이적을 낳는다. 하지만 이는 발징 중심담에서 갑자기 욱면으로 이야기적 층위가 바뀌는 것은 물론 『

삼국유사』의 『욱면비념불서승(郁面婢念佛西昇)』 조를 고스란히 이식한 것이어서 우리를 몹시 당황하게 한다.

　미타사(彌陀寺) 혹은 보제사(普提寺)의 연기가 왜 건봉사(乾鳳寺) 연기설화로 전용되었는가. 사찰연기설화가 특정 사찰의 역사적 단위만을 수습 정리하는 문건이라면 이런 일은 용납될 수 없는 것이다. 하지만 사적을 역사적 대상이 아닌, 미학적 대상, 서사문학적 대상으로 바라볼 경우 이 건에 대해 어느 정도의 융통성있는 이해가 가능해진다고 본다. 즉 건봉사연기설화는 신성성을 높이는 일을 급선무로 생각한 나머지 역사적 사실성을 저해하면서까지 욱면의 승천설화를 무단적으로 이끌어 들인 것으로 보는 것이다.

　한편 건봉사 연기설화는 그 신성성을 드높이기 위한 방법에 골몰할 뿐, 당우나 불상 등 사역내(寺域內) 물건의 내력 따위에는 전혀 관심을 기울이지 않는다. 단편적 설화의 파편으로서는 절의 신성, 영험을 담지할 수 없다는 판단이 서자 흥미적 요소가 풍부한 설화의 차용에 눈을 돌렸다고 할 수 있다. 신성한 사찰의 역사이면서 동시에 성스런 공간임을 표징하기 위해서는 역사적 현실적 단위의 담론만 가지고는 부족한 점이 적지 않다. 그런데 그 한계를 극복할 맞춤의 대안으로서 건봉사 연기설화는 흥미롭고도 충격적인 사단을 열성적으로 포괄시키려 한 셈이다. 이는 건봉사 사찰연기가 역사를 중심에 두고 영험성을 최대한 견인할 수 있는 설화적 담론에 시종여일하게 관심을 두는 것을 본다면 극명히 알 수 있다. 따라서 건봉사사적(乾鳳寺事蹟)이야말로 사찰의 성소화(聖所化)라는 담론적 전략을 무엇보다 꿰뚫고 있었던 대표적 담론이라고 해도 과언이 아닌 것이다.

3. 성현(聖顯)의 핵심과 그 형상화

1) 공간처리

사찰의 기원은 사적에서 일차적으로 천명해 주어야 하는 내용임을 두말할 나위 없다. 인간에게 있어 전기문(傳記文)과 마찬가지로 사적에는 먼저 창사의 연원으로서, 누가, 어디에, 어떻게 절을 짓게 되었는지 등 서사적 골자가 숨어있다. 그 중에서도 어느 곳에 절을 짓게 되었는가 하는 공간의 내력은 사찰을 에워싸고 있는 가장 궁금한 사안이 될 수밖에 없다. 사적은 말하자면 이 의문에 대한 해명과 함께 절터의 신성성을 드높여 주어야 할 암묵적 의무감에서 출발한다. 사지를 신성한 곳으로 표징하기 위해서는 필연적으로 앞서 신비롭고 영이함을 인정받은 공간과의 연관된 곳임을 밝혀주는 것이 필요하다. 흔히 경전적 대응을 생각하는 것을 보게 되거니와 사찰의 터가 원래 불국토였다는 점은 사람들에게 재삼 절에 대한 관심은 물론 신이성에 찬탄하도록 만드는 소이가 된다.

금강산은 오직 지절의 형상만 갖춘 곳이 아니다. 그것은 천하의 제일가는 곳으로 마치 경전에서 전하는 것과 같다. 끝없는 시간이 흘러와 보살이 늘 머무는 곳으로 고금의 영적(靈蹟)이 서로 이어져 끊이지 않으니 가히 천하의 정토(淨土)이다.16)

금강산에 대한 찬탄이 지나치다 싶게 강조되고 있는 대목이다. 기실 금강산은 강원도 동해변에 치우친 물리적 한 공간이기에 앞서 경전에서 대표적인 불지처로 신앙되는 공간으로 유명하였다. 이 땅의 금강산을 영산으로 이미 확신하였던 고려의 친불적 유학자인 민지(閔漬)는 경전 속의 금강과 이땅의 금강, 그 둘을 굳이 구별짓고 있지 않은 것으로 보인다. 그 당시까지는 전해오던 문헌과 함께 고로(古老)들의 이야기에서 취한 정보를 바탕으로 유점사의 창사내력을 밝혀 놓은 것이다. 여기서 우리는 민중들의 금강산에 대한 신앙심과 경건의식도 우회적으로 엿볼 수 있다.

금강은 절세(絶世)한 명승지로 불가에서는 상승(上乘) 도량으로 삼고 있고 선가(仙家)에서는 삼청별계(三淸別界)로 삼는 곳이다. 여기에 화엄경에 말하길 "동해 가운데 산이 있는데 금강이라 하며 담무갈 보살이 만이천의 대중을 거느리고 현재 설법하고 있다."고 했다.17)

---

16) 「金剛山楡岾寺本末寺誌」, 326면.
17) 「金剛山楡岾寺本末寺誌」, 493면.

『화엄경(華嚴經)』에서 말하는 금강을 이 땅의 금강산에 그대로 대응시키려는 까닭은 무엇인가. 말할 것도 없이 이는 이 땅에 부속된 범상한 산이 아니라 담무갈 보살이 만이천의 보살을 거느리고 설법하고 있던 과거 어느 시기의 그 산으로 의미를 신장시키려는 것과 무관하지 않다. 이 산이 세상에 둘도 없는 풍광을 간직한 때의 지나간 장엄상을 묘파하는 것으로 그치지 않는다. 오히려 특정 공간에 대한 이 같은 미화와 신성화가 노리는 것이 물리적 시간상의 연대기적 흔적이나 공식적으로 남은 자료의 대입으로 이룰 수 없는 영역, 곧 영이하고 신비한 역사에 대한 조응에 있음은 물을 나위가 없다. 즉 산과 절은 상호간 그 성스러움을 길항적으로 주고받는 것이므로 앞에 산의 신성적 형상을 두고 이를 바탕으로 사찰에까지 그것이 감염되도록 배려하는 전략적 기술이라고 해도 과언이 아니다.

공간의 성스러움을 강조함으로써 사찰의 성소화에 이른다는 목적성에서는 하등 다를 것이 없겠으나 설화 중에는 이 땅을 선험적 불지처로 간주하는 사고를 깔고 있는 것도 적지 아니하다.『운악산현등사사적(雲岳山懸燈寺事蹟)』에는 중흥조인 보조(普照)대사의 말을 빌려 연원을 아래와 같이 밝혔다.

> "신라 법흥왕(法興王) 때 중국에서 천축국 승려인 마라가미(摩羅訶彌)에게 백마를 타고 해동에 경전을 전해 주도록 했다. 왕이 소한주(小漢州)에서 그를 영접했는데 마라가미가 왕의 관을 어루만지자, 아이들이 "옛날 구아산 중의 법흥아

(法興兒)가 이제 장차 한반도 끝의 법흥왕이 되었도다" 찬탄
하였다. 이윽고 석장을 들어 동쪽을 가리키자 석산에서 흰구
름이 생겨났다. 이 때에 마라가미가 그 신을 벗어 백상 양
상아에 걸면서 말하길 "너는 중국으로 돌아가 천자에게 서쪽
고국으로 돌아간다고 말해라."하자, 코끼리가 절을 하고 갔
다. 마라가미는 먼저 백운 석산에 들어갔다. 법흥왕이 대가
람을 짓고 그 산을 일컬어 운악(雲嶽)이라 하고 봉(封)하여
말하길 "운악산에 만결을 내렸으니 동방 불법 사찰의 시초로
다"라고 하였다.18)

법흥(法興)이란 말부터가 불교식 이름이거니와 왕의 전생담에
는 그가 구아산(狗牙山)의 법흥아로서 후생에 불법을 일으키는
당사자로 삼고 있으니, 현생에서 흥법에 진력하는 것이야말로 지
극히 당위적인 삶이 된다. 현등사는 흥법을 빼고는 생각할 수가
없다. 일단 맨 처음의 역사로서, 이 땅 최초의 절이 들어선 자리
임을 변증하는 흥법설화를 삽입하는 것만으로도 현등사의 영험성
은 확보되는 것이다.

경주의 북쪽에 산 하나가 돌출해 있는데 금강산이라고 한다.
산에 절 하나가 있으니 이름이 백률(栢栗)로 오산(鰲山)의
한 줄기와 마주하고 있고 밑으로 내려와 성주의 시내와 마주
하니 관음이 상주하는 곳이다. 대성으로 삼아 존중하는 곳이
니 이제 영험이 없겠는가. 옛날 신라 32대 신문왕 때 나무가

---

18) 「雲嶽懸燈寺事蹟」.

동해로부터 개운포로 들어와 동쪽으로 7일을 흘러갔다. 이 때에 저간에서 당나라 사람 승리(僧理)가 나라에 들어와 이름을 솔거(率居)로 바꾸고 온 힘을 다하여 신령함을 믿게 만드니 그를 따르는 자가 무리지었다. 왕이 솔거에게 조칙을 받들어 알현하기를 명하니 그가 들어와 "매단향목(梅檀香木)이 불토를 따라 들어왔으니 첫 번째 가는 보물입니다……"했다.19)

솔거는 우연히 흘러든 나무토막을 그렇고 그런 단순한 나무토막으로 보지 말라고 했다. 사소한 것으로 치부할 매단향목이 실은 보배임을 감정해주는 자가 누군인가 역시 주목되는데 흥법을 고취할 의무를 안고 신라로 들어온 자의 진단이라는 점에서 신빙성이 높아진다. 더군다나 인간의 의지와 상관없이 나무가 흘러 도달한 그곳을 불연이 숙성한 곳이라 했으니, 관음의 상주처로서 혹은 아득한 과거시기에 이미 숱한 절이 있었던 자리라는 것도 믿을만하다. 서사성을 전제했다고 하기 어렵지만 문면은 설화적 의역사적 사실을 치중하여 나열하고 중심인물과 밀도 높은 사건에 집중함으로써 소설적 친연성을 발현하게 되는 단계에까지 이르렀다.

2) 창사(創寺) 주체

사적은 사찰을 서사의 구심점으로 삼는 담론이므로 불교적 인

---

19)「栢栗寺重修記」.

간이 등장하고 인물들 사이의 고뇌, 갈등, 긴박한 위기 같은 것이 다수를 차지한다고 하더라도 끝내는 사찰의 역사로 귀일되는 구조를 취한다. 이때 인물은 사부대중으로부터 보살, 부처에 이르기까지 다양한 범위로 나타나는 것이다. 자칫 불교적 인간을 중심에 둔 이야기로 착각하는 일까지 일어나는 것이다. 그런데 상세히 살펴보면 성소화를 지향하는 자리를 자각한 인물배치, 예를 들어 보살, 고승 등 성현적 존재들로 등장인물을 설정하는 것을 흔히 발견한다. 대승 출현의 비중을 따지자면 원효(元曉), 의상(義湘), 자장(慈藏), 도선(道詵), 나옹(懶翁) 같은 고승들이 창주(創主) 혹은 창건의 핵심 역할을 하게 된다. 이들은 각각의 시대적 배경에 맞춰 역사적 사실로서 그려지는 경우는 물론, 전혀 엉뚱한 시공간에 등장하여 설화적 담론 일반에서 볼 수 있는 이야기적 흥미와 신비체험적 요소를 한껏 부여해준다. 우선 의상의 사적 내 비중을 헤아려 보자.

『송고승전(宋高僧傳)』에는 그가 당(唐) 유학중의 공식적 자취보다 사적인 면모를 좇아 서사적 행적으로 삼고 있어 이채롭다. 이야기는 등주(登州)의 선묘(善妙)라는 여인이 의상을 사모하면서 갈등이 높아진다. 애욕에 들뜬 여인은 그러나 의상이 냉담하게 대하자 죽어 의상의 수호룡(守護龍)으로 돌변하여 같이 귀국길에 오른다. 이때 의상의 급선무는 부석사(浮石寺) 창건이었으나 사교의 무리가 크게 저항하여 난감한 지경에 빠진다. 하지만 보호룡이 된 선묘가 앞서 간파하고 달려간다. 그녀가 큰 바위로 몸을 바꾸어 일거에 저들을 제압하니, 소원대로 의상은 어려움 없이 그 터에 부석사를 창건할 수가 있었다. 이야기의 중심적 축은 의상이 아닌 보호룡으로 쏠릴 수도 있다. 그런데 자칫 보호룡으로 창사에 결정적으로 기여한 것 같으나 기실, 의상이 창사를 발원했을 뿐만 아니라 룡이 자진해서 지켜주길 염원한 대상도 그였으므로 창사의 핵심은 역시 의상으로 귀착된다. 아울러 낙산사 설화도 의상의 진면목을 널리 알린 것으로 전한다.

> 신라시대 의상(義湘)조사는 금산보개여래(金山寶蓋如來)의 후손이다. 명산을 두루 돌다가 이 산에 이르러 굴속에 들어갔다가 관음을 친견했는데 관음이 수정념주(水晶念珠)를, 아울러 동해용왕이 보주(寶珠)를 각각 의상에게 주었다. 의상이 이를 받자 관음이 "이 산의 가운데 봉우리 정상에 두 풀이 돋아난 데가 있으니 관음전(觀音殿)을 지으라"했다. 과연 중봉의 정상에 쌍죽과 전단 흙이 솟아 있었다. 전단돌로 진신상을 빚고 쌍죽이 용출한 자리에다 관음전을 지었다.[20]

의상을 금산보개여래로 칭할 정도이니 당시 신라 사람들에게 그는 성자로 지목되었음을 헤아리기 어렵지 않다. 때문에 그의 가호(加護)는 창사와 관련하여 요청되는 성현의 발현에 핵심적 요체로 나타나는 것이다. 더구나 이야기는 그가 부처의 중개자이자 대행자로서 세상의 누구도 얻지 못한 불법의 교화를 인증 받

---

20) 「洛山寺事跡」.

는 인물로 형상화 되었는데, 관음보살과 동해용왕이 앞장서 가호(佛寶)를 전함으로써 이는 명명백백하게 입증된다. 이렇게 볼 때, 그가 지은 낙산사가 성스런 전각으로서 불멸의 역사를 지니게 되는 것은 당연한 일이다.

원효는 흥미롭게도 문헌보다 구전설화에서 그 활약상이 돋보이고 이름 없는 작은 절과 암자의 창주로 이야기되는 경우가 많다. 알다시피 그는 일체유심조(一切唯心造)라는 이치를 깨우치고 유학 중 되돌아온 이력이 있었던 만큼 설화 속에서도 이른바 자성의 상징성을 간직한 인물로 그려지는데 척판암(擲板庵) 설화는 전국에 퍼진 광포설화의 하나로 그의 진면목을 특징적으로 드러내주는 내용으로 되어있다. 여기서는 거창(居昌) 우두산(牛頭山) 견암사(見巖寺)사적에 형상화된 원효의 자취를 헤아려 보기로 한다.

> 가만히 승사(僧史)를 살펴보면, 이 절은 신라 원효대사가 거처한 곳이다. 대사는 신라 영평왕 39년에 태어났으니 즉 대업 14년이다. 자라면서 영이하여 스스로 스승을 찾아 공부하니 그 대략의 시종이 널리 알려지고 무성하게 쌓여 당전(唐傳)에도 자세히 실렸다. 선덕왕 대에 이르러 구림부의 단석산 척판대에 들어와 입정관심(入定觀心) 했다. 이 때 중국의 법운사(法雲寺)에 머무는 사승(寺僧)들이 장차 수륙재를 거행하려는 참인데, 범죄를 지은 스님의 치죄로 많은 사람들이 같이 압사당할 지경에 이르렀다. 원효대사가 이에 판자에 이름을 써서 던져 대중을 구한즉, 중원인 천여 명이 그 일로 인하여 찾아와 말하길, "우리들이 원효대사의 덕으로 말미암

아 살아났으므로 곧 귀의하고자 합니다." 이리하여 원효는 서울을 떠나 가야에 들어왔는데 멀리서 이 산을 보니 맑은 기운이 있어 이곳에 머물기로 하고 이로써 입정관심의 도량으로 삼게 된 것이다.21)

3) 이역인연(異域因緣)

성스러움은 다른 한편으로 신비함과 통한다. 신비함은 이미 낯익은 것으로부터 생겨나지 않는다. 따라서 사적은 가능한 낯선 것과의 인연을 강조하게 마련이고 공간적 차원에서는 이 땅의 인연을 굳이 마다하고 중국이나 인도와의 인연을 적극적으로 부각시키는데 골몰한다. 흔히 사적에서의 중국 혹은 인도와의 인연은 성스러움을 보다 부각시키기 위한 서사적 방편과 무관하지 않은 것이다.

> 이 땅에 한 사냥꾼이 나타나 말하길, "이 산은 깊고 어두운데 절이 없습니까." 이에 답해 말하길, "옛 말에 이르기를 비록 아미산(峨嵋山) 아래 장상(將相)을 낳을 터가 있다고 하지만 이곳에는 절이 없다오." 했다 중국황제 사신이 이곳 산에 이르러 풀과 가시를 베어내고 벽돌을 만들고 못을 메워 절을 세우고 홍제관(弘濟館)이라 했으니, 지금의 비전(碑殿)이 그것이다.22)

---

21)「居昌府牛頭山見巖寺事蹟」.
22)「竹州府七賢山七長寺事實記」.

아미산이란 명칭부터가 중국 명산에서 부의한 것이요, 고래로 보현보살이 머물러 신령한 도량으로 알려져 있는 곳이다. 그런 곳에 절이 없음을 알게 된 중국사신은 전각 짓기를 서두르는데, 여기에 혜소(慧炤)국사가 머물면서 사찰이 일신하게 되는 계기를 맞는다. 특히 주목할 것은 중국황제의 사신이 칠장사 건립을 처음 발원한 인물로 등장한다는 점이다.

물론 인도를 친연성있는 공간으로 삽입하고자 하는 서사적 의도도 적지 않게 목격된다.

> 원래 이 보조(普照) 역시 함허(涵虛)의 후신이요, 대개 구암(龜巖)의 실상을 보면 천축국(天竺國)으로부터 들어와 적신산에 머물렀는데 이때 윤회를 하고 무량인과(無量因果)를 수행하여 스스로 여래공덕을 지었다.23)

『가야산해인사고적(伽倻山海印寺古蹟)』에는 창건과 관련하여 양(梁)나라 때 보지공이 임종시 전한 유지에서 창사의 연원을 들려주고 있는데, 보지공(寶誌公)이 생전에 예언한 대로 고려 이승인 순응(順應)과 이정(利貞)이 묘 앞에서 7일7야 입정한 끝에 지공(誌公)에게서 아래와 같은 설법을 듣게 되었다 한다. "너희 나라 우두산(牛頭山) 서쪽에 불법이 크게 일어날 땅이 있으니 너희들은 돌아가 보시 대가람인 해인사를 세우라." 물론 이들은 귀국 후 그 말을 따랐음은 물론이다.

---

23)「竹州府七賢山七長寺事實記」.

달마대사(達摩大師)에다 소림사란 명칭을 간직하고 있는 강원도 소림사는 서역(西域) 승 달마의 인연을 그 창사의 유래로 간직해 오고 있는 절이다. 사적비를 세운 이필형(李必馨)에게 그 절 스님은 명칭유래를 아래와 같이 전했다.

> 서역의 달마조사가 양(梁)으로부터 위(魏)나라에 이르러 소림사에서 면벽구년(面壁九年)을 한 후에 선리를 크게 깨우치고 그를 계승하는 자가 이 화산(花山)에 들어왔다가 그 산에다 붙이기를 달마(達摩)라 하고 절을 소림사(少林寺)라 했으니……24)

불교 전래의 역사를 따지기로 한다면 불교가 전래한 종적으로서 인도나 중국의 공간적 대입은 너무나 당연하다. 그러나 역사적 추적이 아니라도 이역에 대한 서사적 적용은 매우 적극성을 띠게 되는데, 이른바 낯선 공간뿐만 아니라 이국인을 등장시킴으로써 신비성을 더하고 그것은 불교적 영험성을 높이는 보완적 요소로 이해되었던 것이다.

---

24) 「達摩山少林寺事蹟碑」.

설화, 역사, 그 경계 넘나들며 글쓰기
-민지(閔漬) 산문(散文)의 불교설화 수용을 중심으로-

1. 머리말
2. 민지 산문의 범위와 성격
3. 적극적 설화수용과 그 의미
   1) 신이사관의 유자적 승계
   2) 이 땅의 불국토화
   3) 민지의 설화의식
   4) 민지에 대한 후대의 평, 혹은 유자적 설화의식

1. 머리말

 고려시기를 통해 가장 파격적인 글쓰기의 사례를 보여준 사람은 단연코 일연(一然)일 것이다. 그가 찬술한 『삼국유사』는 양식적인 혼동을 불러일으킨다. 역사, 설화, 전(傳)의 성격을 보여주며 한편으로는 소설성마저 지니고 있어 갈래적 착종을 불러일으키거니와 아득한 시공을 넘어 우리시대에서도 여전히 다양한 화두를 던지는 담론으로 지목되고 있기 때문이다. 그런데 고려 말 민지(閔漬)의 글에서 우리는 일연적 글쓰기의 재현을 보게 된다. 일연이 종교적 신이성이나 신이사관을 기저에 두고 역사를 기술한 데는 승려라는 그의 신분이 큰 영향을 미쳤다고 보지만 유자이자 관료로 일생을 보낸 민지의 경우 괴력난신적 내용으로의 경사는 훨씬 이단적인 면이 강하다. 중세 관인들의 문집을 이루는 시문은 대개 유교주의적 사상을 기반으로 한 한시이거나 관료로서의 국사 및 위정 관련 의론문 따위가 주류를 이룬다. 성리학적 엄숙주의가 팽배하기 시작하는 여말선초기에 접어들면서 그 같은 작문 경향은 가속되어 괴력난신에 해당하는 이야기를 글감으로 택하는 일은 매우 희소해졌다. 시대적으로 보더라도 성리학 수입기에 활동한 민지의 처신과 글쓰기는 다분히 이단적이다.

본고에서는 이를 직시, 고려 말의 정치가 혹은 역사가로서의 위상에 대한 연구는 이미 나온 사학계의 성과1)에 미루고 불교 기문(記文)에 속하는 몇 편의 자료를 대상으로 산문 작가로서의 특징을 살피려 한다. 특히 신이사관, 불국토사상, 설화의식 등을 간취 해보는데 비중을 둠으로써 습속에 빠졌다는 동시대적 평을 넘

---

1) 김상현, 「고려후기의 역사인식」, 『한국사학사의 연구』, 을유문화사, 1985.
   민현구, 「민지와 이제현」, 『이병도구순기념논총』, 1987.
   변동명, 「정가신과 민지의 사서편찬활동과 그 경향」, 『역사학보』 130, 1991.
   김상현, 「민지의 본조편년강목」, 『한국사』 권21, 국사편찬위원회, 1994.
   민현구, 「민지」, 『한국사시민강좌』 19집, 1996.

어 문학가로서의 면모를 밝혀보자는 뜻을 두고자 한다.

2. 민지 산문의 범위와 성격

중세기 문인들은 시문에 목표를 두기보다 빛나는 가문의 영광과 자신의 꿈을 이루기 위한 관료로서의 출세를 먼저 도모하는 것이 일반적이었다. 말하자면 문장은 환로에 나가기 위한 방편적 의미를 갖는 것이다. 입신 후에도 왕과 인민을 위해 일하는 공복으로서의 사명감에 따라 글을 쓰되, 감성에 호소하는 글 못지 않게 공식적이고 정치적인 내용의 글이 큰 비중을 차지하게 된 연유도 기실 여기에서 비롯된다 하겠다.

누구보다 파격적인 글을 많이 남긴 민지도 그런 중세적 지식인의 상에서 온전히 벗어난 것은 아니었다. 당대인들은 물론 후배 학자들까지 그를 속습과 편협함에 기울어졌다고 공박했을 때 그것은 주로 불사 관련 글을 못마땅하게 여긴 나머지 나온 평일 터인데, 모든 문장이 불교 일색으로 전개된 것은 아니다. 예컨대, 「헌도당서(獻都堂書)」, 「이적응시소운포당양춘부(李勣應時掃雲布唐陽春賦)」, 「청환태위왕표(請還太尉王表)」, 「우사불립행성서(又謝不立行省書)」에는 유자로서의 책무를 의식한 정치가적 내지 외교관으로서의 당대현안과 관련한 대책적 논의가 중심이 된다. 「헌도당서)」는 충숙왕 10년에 머나먼 토번으로 유배된 충선왕의 귀환을 위해 원 황제에게 올린 글로 「청환태위왕표」와 함께 원의 지배 하에 놓인 신민으로서의 충정이 잘 드러나 있다.

> 엎드려 생각하건대, 저 전왕은 세조의 사위로써 다섯 조정을 역대로 섬긴 것이 모두 40여 년입니다. 그러나 좋은 인연을 널리 맺어 임금의 장수를 비는 것을 자기의 소임으로 삼았는데, 한 번 고집하고 명민하지 못함을 깨닫지 못해 하늘에 죄를 얻어 멀리 서쪽 땅에 귀양간지 오늘까지 4년이오니 어찌 마음 아프지 않겠으며, 저의 나라 인민이 아닌 이상 뉘라서 충성을 다하여 몸을 바치고 임금을 사모하는 정이 없겠습니까.2)

충선왕의 왕자 시절 사부 노릇을 한 민지로서는 토번으로 유배 가서 3년여 동안 유폐생활을 하고 있는 왕에게 죄의식마저 없지 않았을 터. 마냥 앉아서 원황제의 선처만 고대할 수 없다는 판단이 서자 그는 원황제에게 「헌도당서」를 올린 것으로 보인다. 여기서 그는 황제의 뜻을 거스르지 않도록 은유적인 수법을 동원, 호소하고 있음을 보게 되는데, 감성을 자극하여 차마 청을 외면할 수 없도록 하고 있다. 그가 지적한 대로 전체적으로는 연주지정(戀主之情)이 가득한데 원과 고려가 군신의 관계인 것처럼 자신과 충선왕도 뗄 수 없는 군신 간이므로 고려의 신하와 인민을

---

2) 閔漬,「獻都堂書」,『東文選』卷62.
 "伏惟前王以世祖之外甥 歷事五朝 凡三十餘載 但以廣作勝緣 祝延聖算 爲已任 一旦不覺執迷獲淚於天 遠謫西土者 于今四年 豈不痛哉 小邦人民 旣非木石 誰無犬馬戀主之情."

위해 충선왕의 해배(解配)는 필연적 사안이라고 주장하고 있다. 그렇다고 논리만 앞세우고 어조를 높여서 말하는 것은 아니다. 정치역학적 현실을 반영하는 외교문서의 일종이지만 자신의 직분에 충직한 신하로서의 면모를 최대한 표출하려고 애쓴다.

「이적응시소운포강양춘부(李勣應時掃雲布康陽春賦)」는 당나라 때의 충신 이적의 공적을 다시금 반추하며 신하로서 그 전철로 삼자는 의도가 이면에 깔려 있다. 왕만이 보국안민의 중책을 지고 가야하는가. 그럴 수 없다는 것이 글의 골자이다. 그리하여 민지는 이적이란 신하가 한 비범한 행적을 흔들리는 나라와 조정을 반석 위에 올려놓고 태평을 구가하게 한 장본인으로 보고 아낌없이 칭양했다.

옛날 정관(貞觀 : 당 태종의 연호)의 태평을 열 때 문황(文皇 : 당 태종)의 성덕이 있어 천 년 만에 바다가 고요하고 별처럼 흩어졌던 여러 지역을 통일하여 만민을 알뜰히 다스려 공경히 남면하였으나 완한 오랑캐 때문에 환란이 아직도 북녘에 있었네. 영공이 이에 어허 탄식을 발하여 나랏일에 몸을 바쳐 해를 꿸만한 충성을 다하고 구름 같은 용기를 달려 스스로 여기되, 임금님의 조아(爪牙)가 되었다가 난을 평정하고 나라를 튼튼히 못할지면 남의 이목에 누가 힘껏 임금을 섬겼다 하리. 인하여 가로 세로 기책(奇策)을 쓰고 진군,퇴군에 규율이 있어 위엄이 더욱 먼데 떨치고 덕은 멀리 퍼지기를 기하였다. 칼끝은 벼락을 치건만 수많은 군사가 피우는 자욱한 안개요, 천하가 해바라기 기울 듯 일대의 훈훈한 햇

빛이 되었으니 무슨 까닭인가.3)

굳이 당나라 충신인 이적의 경우를 치적의 대상으로 삼고 이를 강조했는가 그 사정은 알 길 없으나, 왕과 나라를 앞서 근심하고 수호해야 할 대상으로 삼고자 하는 충직한 마음을 간파하는 데는 어려움이 없다. 쉽게 생각하자면 민지 자신이 걸어가야 할 길을 이로부터 발견하고 좌우명으로 삼자는 의식이 작용하여 이같은 부(賦)가 지어졌을 것이다.

민지에 대해 폄시의 뜻이 우세한 가운데서도 충절과 청빈의 모습에 대응되는 삽화가 『고려사』에는 두 가지 소개되었는데, 다른 곳에서는 온통 부정적 인간상만이 표출되고 있어 더욱 주목되는 부분이다. 하나는 민지가 왕의 뜻을 이해하고 수행한 신하들과 의논하여 동정을 위해 군함건조사업을 재촉하는 원나라에 대해 소를 올려 이를 중지시킨 일이다.

이때 인후(印侯)와 장순용(張舜龍)이 건의 자체를 말리고 나섰으나 후일에 만약 책임 추궁이 있게되면 자진해 감당하겠다며 소신을 굳히지 않았다. 결국 그의 소에 원나라가 동의함으로써 군

---

3) 閔漬, 「李勣應時掃雲布唐陽春賦」(『東文選』 권2).
"昔者開貞觀之太平 有文皇之盛德 洽臻海晏於千載 奄統星分之列域 雖已致黎蒸之乂 恭以正南 不幸因胡虜之頑 患猶在北 英公於是喟然與歎 罔或不勤 盡忠誠之貫日 馳勇氣之如雲 以謂爲王爪牙 苟未能撥亂定國 在人耳目 其雖曰竭力事君 因以縱橫出奇 進退有律 威益重於遠振 德必期於廣布 劒頭雷擊 實多軍靄靄之氛 海內葵傾 則一代溫溫之煦 何則。"

함건조로 인한 인민의 고초를 덜 수 있었던 것은 물론 사람들에게 굳세고 강직한 면모를 각인시키는 계기가 되었다.4)

두 번째 삽화는 민지의 청빈함을 널리 알린 사건을 전한다. 곧 왕의 하교로 고여주(高汝舟)가 민지의 집을 찾았을 때 궁핍한 탓에 민지는 탁주와 오이로 손을 대접할 수밖에 없을 정도로 재상이면서도 궁핍함에 시달리더라는 것이다. 특이한 경우여서 그 모습이 왕에게 보고 되었고 가상하게 여긴 나머지 왕이 쌀 100석을 하사한 것이다.5) 검박한 이런 삶과 관료로서의 깨끗한 처신 등은 전통적으로 주입된 유가적 가르침의 모범적 실천이라고 할 것이다. 이와 더불어 「헌도당서(獻都堂書)」, 「청환태위서(請還太尉書)」, 「우사불립행성서(又謝不立行省書)」에는 뒷시대 사람들의 가혹한 평과 달리 문인과 재상을 지닌 인물답게 위정자적 입장과 함께 유가적 명분이 서(書)의 기사적 바탕으로 자리 잡고 있는 글이다.

민지를 고려말 빼놓을 수 없는 역사가의 사람으로 꼽게 하는 것은 『본조편년강목(本朝編年綱目)』이라고 할 것이다. 이는 『세대편년절요(世代編年節要)』를 근거로 지었다 하는데, 충렬왕 25년(1229) 국수국사에 임명되고 나서 일찍이 왕명을 받았으나 정작 지어지기까지는 많은 시간을 소요한 것으로 전한다.6) 이외에

---

4) 『고려사』 권107, 「민지전」.
5) 『고려사』 권107 「민지전」.
   "王嘗遣內僚高汝舟令漬製詩 漬饋汝舟白酒靑瓜 汝舟曰漬雖宰相其貧無比 王乃賜米一百碩"

그는 정가신(鄭可臣)이 앞서 편찬한 「천추금경록(千秋金鏡錄)」을 중수하라는 명을 받아 『세대편년절요』를 찬술하기도 한다. 그러나 민지의 충신으로서의 혜량은 일국의 국주라면 마땅히 역사에 대한 통찰력을 갖추고 있어야 한다는 것에서 읽혀진다.

그러나 현실적으로 임금이 사서를 일별한다는 것이 어려운 만큼 왕이 참조하기 쉽게 궁리한 끝에 도표화 하여 작성한 것이 세계도이다. 세계도는 세대수단(世代修短), 정도입호(定都立號), 혼병분렬(混並分裂) 등 시공과 역사적 전변에 따라 황색, 붉은색, 흑색으로 구분했다고 하니, 편람 하는데 매우 용이했을 것이다. 특히 충선왕이 이를 보물처럼 여겼다[7]고 했으니 한편으로 역사가로서 민지에 대한 왕의 신뢰를 짐작케 한다.

이렇듯 정가신의 『천추금경록』을 바탕으로 권부(權溥)와 더불어 증수한 『세대편년절요』 7권, 충선왕의 명으로 착수하여 충숙왕 4년(1317) 완성한 『본조편년강목』 42권과 세계도를 일별한다면 그가 권력의 핵심에서 일신의 안위와 권력에만 골몰한 인물이었다고 평한 것은 지엽적인 것을 들어 그를 폄하한 예라고 해야 할 것이다.[8]

---

6) 김상현,『한국사』 권21, 국사편찬위원회, 1994, 335면.
7) 李齊賢 「閔漬墓誌銘」, 김용선편저,『고려묘지명집성』, 한림대출판부, 459-460면.
"公嘗以爲前世之跡 人主所宜知而浩汗 難以遍閱 製爲一圖上之 凡王覇理亂 世代修短 定都立號 混並分裂 靡所不載 黃朱與黑 或列或圈 若網在鋼 若珠在貫一 世服其神聖系出宣宗 矯累世之謬 太尉王寶重之。"
8) 『高麗史』「민지전」에는 민지가 서경 유수 자리를 놓고 세자와 대립한

도리어 흔들리기 시작하는 한 왕조의 정체성을 불교신앙을 기반으로 한 창업정신을 통해 재인식하고 이로부터 역사적 감화력과 강건한 국가적 원동력을 끌어내야 한다고 믿었다. 위정자로서 당대적 현실과 연관된 글은 앞에서 점검했거니와 일실되어 전하는 않는『묵헌집(默軒集)』에는 사가의 시각을 반영한 계세적 산문들이 상당수 포함되었을 것으로 유추된다.

『고려사』와 이제현의 묘지명에 따르면 민지의 상은 확실히 정치관료, 외교관, 역사가로서 중첩된 상이 나타난다. 하지만 실제 현전하는 문헌자료들만을 근거로 삼을 경우, 정치인으로서의 모습보다 불교신앙에 심취하는데 나아가 속습에 기울어졌던 사람으로 비판되고 있다.

이때 속습이란 신이하고 초월적 기사나 개인의 신앙적 차원의 비합리적 시각을 일컫는 것이고, 현전하는 기문에 의거하면 불교설화에 대한 경사 및 그의 적극적 수용이 가장 핵심적 특징이었음이 밝혀진다.

이 같은 당대인 혹은 후대 문인들에게서 나타난 반응이 현재 전하는 기사문을 놓고 볼 때 그리 빗나간 평은 아니라 하겠다. 현전하는「보개산석대기(寶蓋山石臺記)」,「보각국존정조탑비문(普覺國尊靜照塔碑文)」,「유점사본말사적(楡岾寺本末事蹟)」,「풍악

일화가 소개되고 있는데, 세자는 민지를 권모술수에 능하고 자신의 명예만 높이고자 발분하는 인물로 혹평하고 있다.
"世子諷王令西京留守安悅致仕 欲以從臣代之 潰以悅年未七十爲辭 王乃止 世子怒謂之曰 揚人之惡以釣其名卿有焉。"

산장안사사적기발(楓嶽山長安寺事蹟記跋)」,「고려국대장이안기(高麗國大藏移安記)」 등은 모두 사적기 승비문(僧碑文), 사적발문(事蹟跋文), 불사(佛事) 등 「대장이안기」를 빼고는 모두 설화적 기록으로 일관하고 있어 불교설화에 대한 관심과 신앙적 깊이를 헤아릴 만하다. 재상의 반열에 오르기까지 한 정치가, 역사가이자 외교관인 그가 호사가들의 입에나 오르는 허탄한 이야기의 채기와 함께 거리낌 없이 기문 자료로 올린데 대해 적지 않은 의문이 증폭된다.

먼저 불교에 대한 개인적 믿음이 지나쳤던 때문에 불교설화류에 그토록 집착하지는 않았을까 하는 추측을 해볼 수 있겠는데, 당대 인물과 후배 관료지식인들로부터 속습에 빠진 인물로 거명되는 것조차 개의치 않았다면 그만큼 그는 불교에 큰 애정과 돈독한 불심을 간직한 것으로 파악하는 게 무리가 없을 것이다.

이제까지 훑어본 바, 민지는 유자로서 역사가로서 혹은 불자로서의 처신과 사상적 층위를 가려가면서 다기한 글을 남겨놓은 것으로 밝혀진다.

하지만 고위관료나 사관의 입장에서 쓴 외교문서나 역사서는 문학적 범주를 넘어서는 면이 많은 만큼 논외로 하고 이후의 논의에서는 성리학 대신 불교적 신앙을 두드러지게 표출하고 있는 불사 관련 기문을 바탕으로 그에 반영된 불교설화의 특징 및 민지의 설화의식을 살펴나가는데 초점을 두려고 한다.

3. 적극적 설화수용과 그 의미

1) 신이사관의 유자적 승계

 단정이 너무 앞선지 모르나 민지의 역사서술은 시종 신이사관에 기초한다. 물론 신이사관을 앞세워 일연이 『삼국유사』를 지었다는 점은 보편적 견해로 받아들여지고 있다. 일연은 역사기술이라면 당연히 유가적 세계관과 역사이해의 방식을 추종해야 한다는 관습을 탈피하여 괴력난신적 요소에 해당하는 불교적 신이함과 영험한 현상마저 기사적 대상으로 수용했던 것이다.9)

 사실 기이(記異)편에는 일연 나름의 사관이 피력되고 있으나 불교적 세계의 이해나 종교적 감화력 같은 본질적인 측면에서보다 우리에게도 중국에 못지않은 신성한 역사가 있음을 드러내기 위한 방편으로서 기이담이 채택되고 있다. 이런 시각이라면 영이

---

9) 일연의 사관이 어떠했는지를 이해하는 가장 요긴한 글은 『삼국유사』 기이편의 머리글일 터인데 잠깐 일부분을 보자.
 "대체로 옛적 성인은 예의나 음악을 가지고 나라를 일으켰고 인의를 가지고 백성들을 교육했다. 때문에 괴상한 일이나 용력이나 어지러운 일이나 귀신에 대해서는 하나도 말한 적이 없다. 그러나 제왕이 일어날 때에는 하늘의 명령에 순응하고 예언을 받아서 이루어지기 때문에 반드시 보통 사람과 다른 점이 있게 마련이다. ……그렇다면 삼국의 시조는 모두 신이한 데서 나왔다고 하는 것이 괴이할 것이 없다. 이 기이를 이 책 첫머리에 싣는 원인도 여기에 있는 것이다."

하고 신이하다 하여 외면되었던 각 나라의 건국신화는 당연히 기록해야 마땅한 것이 아닐 수 없다. 하지만 민족적 자존의식이 중요한 지표가 되기는 하나 어쨌든 그런 서사의식으로 흘러가기까지는 그의 신분이 중요한 구실을 했을 것으로 짐작된다. 문헌 대신 구승으로 전하는 신이한 역사는 신비체험을 중시하는 불교 신앙적 측면과 여러 면에서 상통한다. 실로 일연은 역사와 설화의 경계를 일부러 무시하듯이 사기 찬술에 임했다. 뒷날 신이한 불교문화사란 평으로 호의적인 평으로 바뀌기는 했으나 역시 당시로서는 파격이었다. 한데 승려들이 갖고 있는 신이사관에 의거한 글쓰기의 전통이 그에 머물지 않고 이규보(李奎報), 이승휴(李承休) 같은 유학자들에게서도 발견된다는 점은 눈길을 끌기 족하다. 이규보는 처음 동명왕(東明王)의 사적을 대했을 때, 선사인 공자께서는 괴력난신을 말씀하지 않았으니 그 사적은 실로 황탄한 일이라고 외면해 버렸다가 후에 인식이 바뀌어 그것은 幻이 아니고 성(聖)이요, 귀(鬼)가 아니고 신(神)이었다며 신화를 재해석하는 쪽으로 선회한다. 설화가 영웅서사시『동명왕편』으로 탈바꿈 한 것은 이런 신화인식의 변화 때문에 가능했다. 이규보와 마찬가지로 민지도 설화에 대한 인식을 바꾸게 되는 계기가 있었다.

> 그리하여 제가에서 소장하고 있는 것을 모으고 고노(古老)들이 전하는 것과 함께 보고 들은 바에 미쳐 한 축으로 엮어 우선 사람들을 시켜 나로 하여금 필삭하기를 재촉하였다. 내

가 처음 그것을 들은 후에야 전에 옳다고 생각한 것이 잘못
된 것임을 알았고 잘못이라고 여겼던 것이 바른 것임을 알게
되었다.10)

　동명왕의 사적은 민중간의 초동목부까지 스스럼없이 입에 올
리던 구승의 건국신화였으나 이규보에게 그것은 호사담 이상의
의미는 없었다고 고백한다. 하지만 세월이 지나면서 그것이야말
로 민족의 영광스런 역사이자 영웅의 성스런 자취임을 인식하게
되었다는 것이다.11)
　위에서 보듯 민지도 장안사의 유래담을 황당무계한 것으로 치
부했다가 정말 문제였던 것은 편협하게 설화를 보아온 자신이었
다며 전날의 미숙한 안목을 실토하고 있다. 그러나 유자로서 이
렇듯 불교설화에 주목하게 된 까닭은 개인의 자각과 함께 사회
전반적으로 퍼져있는 호불적 분위기의 영향 또한 적지 않다고 여
겨진다. 고려 지식인들의 불자적 삶은 민지를 포함해 여러 사람

---

10) 閔漬,「長安寺事蹟記跋」.
　"因集諸家所載者 及古老相傳者 並目睹耳聞 寫成一軸 先使入囑予以筆
　削 予初覽之 或有與僧所聞 不同者故 不能無疑 及師親訪而見其而聞其
　言然後 乃知予向之所是者爲非 所非者爲是也 於其文 斂袵無敢言."
11) 李奎報,『東國李相國集』.
　"僕嘗聞之 笑曰 先師仲尼不語怪力亂神 此實荒唐奇詭之事 非言曺所
　說……非幻也 乃聖也 非鬼也 乃神也"(내가 일찍이 이를 듣고 웃으며
　말하길, 선사인 공자님이 괴력난신에 대해 말씀하시지 않았으니 이
　것은 실로 황당하고 기궤한 일이어서 무리들이 말을 입에 올리지 않
　았다.……그것은 幻이 아니라 聖이었으며 鬼가 아니라 神이었다).

에게 두루 나타나는 것이 특징이다. 이자현(李資玄), 권부(權溥) 처럼 속세를 아예 벗어나 출가를 단행하기까지 했던 인물로 되어 있다. 그런데 대부분의 호불적 사대부가 신불적 삶 아니면 은인 자중하며 불교에 심취해 살았던데 비해 민지는 공식적 기록에는 불자로서의 행적이 희미한 대신 그의 기문에는 영이한 불교설화 가 적극적으로 갈무리되고 있어 흥미롭다.12)

민지의 법호인 '법희(法喜)'만큼 그와 불교의 관계를 잘 투사시 키는 말은 달리 없다. 사전적으로 이 말은 "불법을 듣고 신앙함으 로써 얻는 무상의 기쁨"을 일컫는다. 스스로 그렇게 자부한 민지 에게 불사와 관련하여 청탁이 쇄도한 것은 당연한 일이 아닐 수 없다. 불교설화를 전격적으로 수용하고 있는 기문으로 한정할 때, 주목할 것은 「유점사본말사적(楡岾寺本末事蹟)」, 「국청사(國淸寺) 금당주불(金堂主佛) 석가여래 사리영이기(舍利靈異記)」, 「보개산 석대기(寶蓋山石臺記)」, 「인각사(麟角寺) 보각국존정조탑비문(普 覺國尊靜照塔碑文)」, 「풍악산장안사사적기발(楓嶽山長安寺事蹟記 跋)」, 「고려국대장이안기(高麗國大藏移安記)」 등이다. 갈래와 내 용이 서로 다르기는 하나 영이한 설화를 적극적으로 수용한 점은 이 글들에 두루 통하는 공통점이다. 이는 호불유자들의 글쓰기와 비교하더라도 거리가 있는데 불교편향적 시선에 대한 주변의 비

---

12) 비교적 민지의 생평을 자세히 기술하고 있다 할 『고려사』 「민지전」 이나 민지의 묘지명에서 불교와 관련한 민지의 기록은 거의 보이지 않는다. 다만 『고려사』에서 민지를 俗習이 깊은 인물이라고 평한 바, 이것이 민지의 불자적 행태를 두고 한 말이었음은 남겨진 그의 글로 미루어 충분히 짐작된다.

판에 개의치 않는데 대해 의문이 크다. 스스로 밝힌 것은 아니지만 선배 역사가로서 신이사관을 앞세웠던 『삼국유사』의 예를 추종한 것은 아닌가 한다. 다시 말해 『삼국유사』를 지탱하는 신이사관을 좇아 나름의 글 쓰기적 태도를 지향했다고 보는 것이다.

기록물이 이외 구승적 자료를 역사기록의 바탕으로 삼는데 대해 와전과 착종의 심화를 걱정하는 것이 사관들의 일반적 특징이라고 하겠다. 그러나 민지는 답사와 증언을 포함한 구비적 자료라 하더라도 역사 증거자료로서 채택하는데 주저하지 않았다.

설사 청탁에 의한 글이기는 하지만 그의 글은 관례적 문장에서 찾기 힘든 여러 요소, 다시 말해 불교에 대한 나름의 존심과 이적 영험에 대한 확신[13])이 강하게 배어있어 자발적 글쓰기라는 느낌마저 없지 않다. 가령 「유점사본말사적」은 의역사적 꾸밈이라고 하기에는 당대 현실과 관련한 시공이 과장되게 펼쳐지며, 「보개산석대기」에서는 문수의 자재한 변신과 창사의 이적이 현실감을 상실하고 있으며, 「사리영응기」에서는 눈앞에 없던 사리가 갑자기 무수하게 출현했다는 이야기 등으로 현실적 안목을 가진 이라면 쉽게 수긍할 수 없는 일들을 채집해 놓았다. 이 같은 서사적 특징이 유독 불교류의 글에만 국한된 것도 아니었다. 가령 『세대편년절요』에 의거하여 찬술했다고 하는 『고려사』의 권1 「고려세계조」에서 보면 고려왕실의 선대 세계가 사뭇 설화적으로 채색되어 있는데 결국 정사의 찬술에 임해서도 설화적 기술을 포기하지 않았던 민지적 글쓰기의 특징을 살필 수 있다.[14])

---

13) 민현구, 민지, 『한국사시민강좌』 19집, 일조각, 1996.

민지가 설화 중심의 기사로 경도된 주된 요인의 하나는 정계원로를 역임했으면서도 속세적 권위의식 대신 부처의 가르침을 경건하게 믿고 따르는 신자로서의 자세를 앞서 견지한 때문으로 본다. 물론 불교 관련 문헌이 아닌 경우 신이사관과 무관하게 불자로서의 체취가 전혀 나지 않으나 불사 관련 기문에서는 습속에 빠진 유자라는 비난에도 불구하고 종교적 신념과 가르침을 당당하게 표출하였다. 동전의 양면처럼 불교적 믿음과 신이사관적 안목은 민지에게 있어 불교설화를 적극적으로 채기·수용하게 한 기사적(記事的) 원동력으로 작용했음을 남은 산문들이 생생하게 증거해 준다.

2) 이 땅의 불국토화

민지가 당대 문한(文翰)을 역임한 사람이면서도 불교적 믿음, 지식을 바탕으로 많은 불사관련 기문을 짓는데 적극성을 보임으로써 고려후기 설화전승과 전파를 짐작하는데 소중한 전거를 마련했다는 점은 앞서 살폈다. 그러나 문헌에 설화가 채기 되기까지는 민지만의 노력이 전부는 아니었다. 이름 있는 유자가 불교관계서를 집필할 때에는 사중 간에서 일차적으로 모은 자료를 찬자에게 제공하는 것이 관례였다. 자료 중에는 고래부터 기록되어 온 문헌적 자료에서부터 검증 불가능한 사실을 수습한 구비자료

---

14) 김상현, 상게서, 335면.

까지 그 층위가 다양했던 것으로 드러난다. 찬자는 이를 바탕으로 기문을 짓게 되는데 여기서 자료의 취사선택, 수용의 비중은 전적으로 찬자의 의도에 좌우되게 마련이다. 물증이 확실하고 합리적 사고에 기초한 사관의 입장을 고수하는 편이라면 신앙적 영험성을 북돋우기 위한 설화 및 奇文들은 도외시 될 가능성이 그만큼 높아질 것이다. 하지만 민지는 문헌적 자료 못지않게 구비전승적 기록들에 대단한 의미를 부여했다. 그의 산문 중 전승설화적 의존도가 가장 높은 것으로 우리는 「유점사본말사적」, 「보개산석대기」, 「국청사사리영이기」를 꼽게 된다. 앞의 두 자료는 전승설화의 채기를 중심한 것이고 나머지 하나는 그가 영이함의 체험자로 증언함으로서 이야기의 신뢰성을 강조하고 있다.

먼저 「유점사사적기」를 우선 주목하기로 하자. 어느 사찰지이든 그 역사를 규명한다는 목표를 내세우고 창사연대를 과장되게 소급하는 일이 다반사인데 유점사사적도 예외가 아니다. 창사시기가 깊을수록 그 신성성을 높이는데 기여한다는 점을 직시하고 있었다. 따라서 많은 사적에서는 창사기록에서부터 이미 시공을 초월한 의역사적 자취, 다시 말해 구비전승적 기술에 크게 의존하는 아득한 시기로 이야기가 소원된다. 이는 「유점사사적기」도 예외가 아니다. 이 사적의 핵심적 내용은 정주처를 찾느라 금강산을 온통 헤 맨 끝에 53불이 머문 연못 옆 느릅나무 터에 절을 세웠다는 것이지만 터 잡기까지의 전철은 상상하기 어려운 과거로 거슬러 올라간다. 역사상 불교 도래시기를 4세기로 잡고 있으나 여기서는 신라 남해왕 2년(AD 2년)이 시간적 배경이다. 고로들의 구전에 따르면 월지국에서 흘러온 석종배가 안창현 포구에 도달한 이래 거의 3백 년이 지나서 공식적으로 불교가 전파된 셈이니 이에 대해 설득력을 얻기는 쉽지 않다. 이같이 시간의 소급의식이 강렬하고 시원을 두텁게 하기위해 시간관념에만 초점을 둘 수는 없다. 여기는 자연스럽게 공간의 확장의식도 강하게 동반된다. 「유점사본말사적」에서 인연의 출발처는 부처가 머물렀던 사위성으로까지 이어진다. 그 땅에는 9억의 집이 있었는데 3억가(家)는 부처의 설법을 듣고 친견하기도 했으며, 3억가는 법을 들었으나 친견은 하지 못했고, 3억가는 부처를 보지도 못하고 법도 듣지를 못한 사람들이었다. 부처님이 멸도하신 후 당연히 설법을 듣지 못하고 부처친견을 못한 3억가의 사람들에게는 그 안타까움이 대단했다. 이를 본 문수가 3억가에게 불상주조를 권하여 대대적으로 불상 조성사업이 이루어지게 된다. 이후 온전한 불상 53개를 골라 큰 종에다 안치한 후 바닷물에 띄우면서 발원하길 "우리의 석가불 53개가 인연이 있는 땅에 가서 머물고 우리 역시 머무는 곳을 따라 설법하여 말세 중생들을 해탈시키겠습니다"라고 했다. 첫 번째 기착지는 월지국으로 이곳의 왕 혁치가 절을 지어 불상을 극진히 봉안했으나 왕의 몽중에서 부처가 머물기를 거부하는 바람에 처음 출발 때처럼 서원을 종 안에 넣고 불상과 더불어 띄우는데 종은 물길 따라 여러 나라를 떠돌다가 금강산 동쪽의 안창현 포구에 이른다. 포구에 도달하자 53불은 스스로 자신들이 머물 곳을 찾아 나선다. 그들이 최종의 안식처를 찾는 동안 금강산 내 경승지와 명소를 빠짐없이 거치는데 앞서 간 53불과 이를 좇는 노춘 일행의 순차적 상황전개는 각처의 명칭연기라는 또 다른 담론적 기능을 하고 있다. 가령 소방, 문수촌, 니유암, 구령, 노춘정, 장령, 환희령, 오탁정, 유점사 등이 왜 그런 이름을 갖게 되었는지 자세히 풀이된 것이다. 하지만 이야기의 핵심이 이들 명소의 연기에 놓여있는 것은 아니다. 노춘 일행이 불상들의 추격을 포기하려 할 즈음 어디선가 울려오는 종소리를 따라가다가 마침내 어느 연못가에 느릅나무를 발견한다. 나무 아래에는 그렇게 찾던 불상들이 안좌해 있었던 것. 그곳은 이상한 향기가 퍼지고 상서로운 구름마저 화려하게 날고 있어 한 눈에 길지임이 드러난다. 훗날 왕의 도움을 받아 유점사가 창건된 후에도 예의 불지처답게 영험이 끊이지 않았고 온 산이 화염에 휩싸이면서도 이 절만은 회진의 화가 미치지 않았다는 영험한 터이다.15)

이런 결과를 역추적하면 마침내 부처의 보살핌으로 근원이 닿고, 53불이 자진하여 택한 불지처는 곧 금강에서 제일가는 불연처로 새겨진다는 것이니 유점사는 그 출발부터 완벽한 영험성을 갖추게 되는 셈이다. 절의 시원을 찾아 현재까지의 맥을 잇는 과정은 마치 수수께끼 풀어가는 식으로 전개되는데 그 이면에는 사지의 성소화라는 서사적 목적이 강하게 자리 잡고 있다. 성소화의 단계는 공간적으로 두 범위로 나누어진다. 하나는 부처가 머

---

15) 閔漬,「金剛山楡岾寺事蹟記」,(『楡岾寺本末寺誌』, 유점사종무소, 1947, 45-49면).

물던 사위성 및 혁치왕이 다스리던 월지국, 그리고 여러 나라를 포함하는 이역의 공간이다. 그리고 다른 하나는 금강산 앞 쪽의 안찬창 포구에 정박한 이래 금강산을 중심으로 한 공간인데, 물론 이야기는 후자적 공간에서 더 구체적으로 박진감 있게 진행되고 있는 셈이니 거시적 시각에서 출발하여 미시적 시각으로 공간적 변화가 포착된다. 유점사사적은 서론에서부터 금강산을 성소로 보고자 하는 시각이 여실히 드러나고 있다.

> 금강산은 그 이름이 다섯이니 하나는 개골, 둘은 풍악, 셋은 열반, 넷은 금강, 다섯은 지달이다. 앞의 셋은 이 땅의 고기(古記)에서 나온 것이고 뒤의 둘은 진본 『화엄경』에서 나온 것이다. 주본 화엄경에 이르되, 바다 가운데 보살이 머무는 곳이 있으니 금강산이라 이름하였다. 보살이 있으므로 법기라 이름 하는데 그 권속들과 더불어 늘 머물면서 연설한다. 진본『화엄경』에 이르기를 바다 가운데 보살이 머무는 곳을 지달이라고 한다.16)

먼저 금강산을 경전적으로 대응시켜 그 의미를 추적하는 것이 인상깊다. 금강산을 경전적 의미로 풀어놓을 때, 민가에 퍼진 금강산 설화보다 신뢰성을 한층 더 함의할 수 있는 것은 당연한 이

---

16) 閔漬,「金剛山楡岾寺事蹟記」.
 "金剛山者 其名有五 一曰皆骨 二曰楓嶽 三曰涅槃,四曰金剛 五曰枳怛 前三 出此方古記 後二 出華嚴秦本 於周本則云 海中 有菩薩住處 名金剛山 有菩薩 名法起 與其眷屬 常住而演說 於晉本則云 海中 有菩薩住處 名枳怛."

치이다. 즉발적 사건을 대응시켜 경전과 부처 활동시대의 시공으로 인연을 확장하는 것은 이 땅의 불국토화에 다름 아니다. 곧 유점사 등 숱한 절을 아우르고 있는 금강산이야말로 상상하기 어려운 아득한 과거시기에 이미 불국토로 점지되었음을 주창한다.17) 구체적 서사방식, 곧 설화적 전개만큼 사중에게 감화력을 발휘할 수 있는 것은 달리 없다는 생각에서부터 이야기는 출발하는 것이다.

사지류가 통상 그런 것처럼 각 사찰의 영험한 역사를 수습 정리한다는 점에서 불가피한 면이 없지 않았겠으나 유점사·장안사가 금강산을 주산으로 삼아 성소로서의 영험을 설화적으로 전개한 것이라면, 「보개산석대기」나 국청사에 대한 기문에는 그 각각에 얽힌 영험적 역사가 부연되어 있다. 민지가 상국으로 있을 때 여산 경복사 장로가 전해주는 말 "그대의 나라에 삼산이 있다. 이 삼산에 머무는 자는 오래도록 삼악도에 떨어지지 아니할 것이다. 그 삼신산이란 보개·풍악·오대를 말한다." 나는 그 말을 믿고 두세 사람의 도반과 더불어 사방으로 명산을 찾아다니다가 이

---

17) 금강산을 고래의 불지로 주목하는 것은 「유점사사적기」에서만이 아니다. 가령 같은 민지의 글 가운데 「楓嶽山長安寺事蹟記跋」에 보면 "금강산은 기묘하고 절승의 형상만 지닌 것이 아니라 천하에서 으뜸가는 곳으로 경에 전하는 것처럼 아득한 시기 이래로 보살이 머무는 장소로 고금의 영험한 자취가 서로 이어져 끊이지 않은즉 가히 세상의 정토이다 (金剛山者 不唯奇絶之狀 甲於天下 如經所傳 曠劫已來 爲菩薩住處 古今靈蹟 相續不絶 則可謂實中淨土也)"라 한 것을 보는데 금강산에 대한 경외의식 내지 산신신앙적 시각마저 없지 않다.

읍고 이산에 들어왔다.……이에 살펴보건대, 보개의 전체가 지장
보살이 항상 머물며 설법하는 곳이다.18)

사적기 찬술에 정해진 서술적 체계가 있었는지 알 수 없으되,
민지의 사적기에는 지영(地靈)에 대한 관심을 유독 강하게 나타
나는 것이 주목된다. 부처의 가르침을 응축할 사찰이 성소적 기
운을 널리 전파하는데 긴요하다는 인식을 갖고 있었기에 가능한
일이다. 「유점사사적기」는 민지의 불국토의식이 가장 잘 드러난
글로서 이후 사적찬술의 전범으로 역할을 하고 있다. 절이란
불·법·승을 포섭하는 공간으로 인식되는 것은 물론 지세를 강
조함으로써 전세부터 불교적 영험성이 깃든 곳임을 부각시킨다.
창사설화에 집중적으로 부연되는 지영적 서술은 불법을 떠나 사
찰 자체에 믿음을 촉발시키는 데도 결정적으로 기여할 수 있다는
믿음에 근거하여 불국토 관념과 더불어 사지의 성소화가 끊임없
이 첨언된 것이다. 여기에는 인도 내지 혹은 경전과의 대응과 그
모방적인 요인도 작용했으나 속신으로 전하던 영산신앙(靈山信
仰)과의 습합 혹은 나말 여초 이래 풍미한 도선의 풍수설19)과 맞

---

18) 閔漬, 「寶蓋山石臺記」, 『楡岾寺本末寺誌』, 1947, 619-621면.
  "昔楓嶽道人長老文曰 世所稱見性得道者也 嘗與門徒曰 我曾在上國時
  廬山京福寺長老謂余曰 汝國有三山者 永不墮三惡道 三山者 寶蓋楓嶽
  五臺是也……由此觀之卽寶蓋之全體 乃地藏眞身常住說法之處也."
19) 민지에 따르면 도선도 일찍이 금강산을 길지로 꼽았다고 한다.
  "그러므로 단지 천축만이 그런 것이 아니다. 중국 여러 나라 역시 우
  리를 가리켜 해중에 있다고 했으니 의심할 것이 없다. 고려 초기에
  도선국사가 신통한 도안으로 땅의 이치를 밝히고 예언한 것 중에 백
  에 하나도 차이가 없었다.(故 非但天竺 爲然耳 中夏諸國 亦指我以爲

물려서 불지처설화가 널리 횡행한 것으로 유추된다. 하지만 민지의 사적기가 다른 글과 변별되는 것은 유교적 서술관념에 집착하지 않고 스스로의 믿음과 의지에 따라 구비전승적 자료로서 설화에 큰 의미를 부여한데 있다고 해야 할 것이다.

3) 민지의 설화의식

고려 시기는 호불유자가 어느 시대보다 많았던 때이기는 하지만 민지는 개인의 신앙적 차원에서 머물지 않았다. 그는 이적과 영험담이야말로 사승(寺乘) 재구의 필요충분적 조건을 갖추고 있다고 판단하여 공식적 문서라 할 기문작성에 임해서도 불교설화를 적극적으로 개입시켜 글을 썼다. 불교를 믿기는 하되, 공개적으로 이를 드러내기를 거부한 일부 사대부들과 비교할 때 이는 분명 특이한 점이다.

어떻게 해서 그가 상상하기 어려울 정도로 설화에 경사되고 기록화 하는 데 열정을 보였을까. 글쓰기의 동기 및 입장에 대해 적시한 글이 전하지 않으므로 알 수 없되, 민지는 어떤 기회에 합리적 사고로 판단하기 어려운 신비체험을 했고 이후 이런 글쓰기 경향으로 선회하지 않았던가 유추해 본다.

개인적 체험과 관련한 판찬술의 경우는 뒤에서 살피기로 하고 앞서 과연 그에게 설화는 어떤 의미를 갖는가를 헤아려 보기로

海中則亦無疑矣 國初 道詵國師 神通道眼 明其地理 言中耆龜而百無一差)"(민지, 상게서, 「유점사사적기」.)

하자. 사실 역사가로 지난 시대를 기록으로 남기는데 궁리가 많았던 그로서 사료적 관심은 범인의 그것과 크게 달랐을 것이다. 그런데 현전하는 산문은 역시 같은 역사가로서 일연의 사료관과 방불하다는 것, 즉 기록 아닌 구승적 자료에도 비상한 가치를 부여한 인물이라는 점이다. 그리하여 제보자를 찾고 가능한 전해오는 구전자료까지 챙겨 역사기술의 자료로서 적극 활용하였다. 이 때 자신의 견해나 추측은 배제하여 설화채록일지라도 술이부작(述而不作)의 원칙만은 고수하였다.[20] 물론 그가 이렇듯이 구비전승물에 의미를 부여하게 된 데는 거개 사료문헌적 사료가 빈곤하고 상대적으로 구전자료가 풍성하다는 현실적 조건도 무시할 수 없는 것이다. 다음의 한 구절을 보자.

> 멀리 천축에서부터 이 산에 이른 영험하고 기이한 자취가 저와 같이 빛나는 즉, 그것이 온 바 유래를 후세에 전하지 않을 수가 없다. 옛 시절부터 병화가 있은 이래 산 중의 오래된 전적은 모두 없어지고 흩어졌으니 애통한 일이 아닌가. 후에 이 이야기를 전해 듣는 자가 또한 미치지 못할 것을 염려하여 이제 널리 남은 문서를 찾고 아울러 고노들 간에 서로 전하는 것을 채기하여 나로 하여금 이를 기록하도록 하였다. 나 또한 전하는 말이 당연하다고 여기지만 공교롭지 못

---

20) 가령 「楡岾寺本末事蹟記」 중에서 설화를 소개하고 민지가 자신의 입장을 피력한 것을 주목할 필요가 있다.
"절의 흥폐에 이른 즉 단지 들은 바대로만 이를 말하려는 것이다 (至於寺之廢興 則但以所聞言之)."

한 글로써 힘써 그 청을 따르지 못했다.21)

영험하고 신이한 역사의 인멸을 무척 아쉽게 여긴 것이 기록의 큰 동기로 나타난다. 그것이 설사 허황된 것이라 해도 진실된 의미를 담고 있을 수 있다면 현재의 시각을 우선하여 불신부터 하는 것은 이치에 맞지 않은 일일 것이다. 따라서 문헌자료 뿐만 아니라 전승에 밝은 고로들의 구전을 기록의 중요한 대상으로 삼는데 전혀 개의치 않는다. 가는 곳마다 신이한 불적의 역사를 전하면서 단순한 전달자로서 소임에 그치고 만다고 다짐하고 있으나 근본에 있어 믿지는 불교설화의 효용성을 꿰뚫고 있는 자이기 때문에 가능한 일이었다. 불교설화의 내용은 한결같이 부처의 대자비와 지혜를 통해 중생을 깨달음으로 인도하기 위한 것인데 단지 망상과 집착 때문에 그 가치를 알지 못한다고 아래와 같이 말한다.

> 옛날 석가씨가 처음 정각을 이루고 널리 일체 중생이 여래의 지혜와 덕상(德相)을 갖추고 있는 것을 보았으나 단지 망상 집착 때문에 증득하지 못하고 있어 인하여 대자비를 일으켜 부처의 지혜로서 깨달음으로 들어가는 것을 보이려 했다.22)

---

21) 閔漬,「金剛山楡岾寺事蹟記」.
 "遠自天竺 來往此山 靈奇之跡 章章如彼則其所來由 不可不傳於後世者也 自往時兵火以來 山中久籍 並皆稍散 可不痛哉 恐後傳聞者 又不女及 今因廣覓遺文 並採古老之相傳者 俾余爲記 余亦然其所言 不以不工爲辭 而勉從其請."
22) 閔漬,「高麗國大藏移安記」(天下同文 前甲集 권 제7).

하지만 안향의 성리학 도입과 더불어 불교 폐단에 대한 논의가 분분한 현실은 민지의 역사서나 기문을 두고 전에 없이 많은 비판과 거부가 따르게 된다. 민지에 이어 문한의 임무를 승계하여 민지에게 호의적일 수밖에 없었던 이제현(李齊賢)조차도 그의 설화적 수용에 대해서는 비판적 인식을 갖고 있었던 것 같다.[23] 『고려사』에는 시종여일하게 민지의 약점이나 부정적 측면을 발췌하고 있거니와 "지초유문조이다속습심술부정 도사내인 차부지성리지학(漬稍有文藻而多俗習心術不正 謟事內人 且不知性理之學)"[24]라고 한 것에 보듯, 성리학적 이해보다 불교적 신앙에 깊이 빠진 처신이 비판의 핵심적 요인이 된다고 할 수 있다.

학자·정치가·역사가로 다양하게 활동한 민지에게 속습과 편협에 사로잡혔다는 말보다 더 치명적인 용어는 없을 것이다. 신흥사대부들에게 민지는 새로운 이념이자 이데올로기인 성리학을 거부하는 수구세력으로 비쳐졌고 그가 영이한 설화로 사실을 호도한다고 여겨졌던 것이다.

그리하여 균형된 시각이 아니라 분명 감정적 진단으로 보이는 '심술부정(心術不正)'이란 평까지도 『고려사』에 올라 있음을 보게 된다.

"昔甘庶氏 初成正覺普觀一切衆生 具有如來智慧德相 但以妄想執著 而不證得因起大悲 欲以佛之知見 開示悟入."
23) 민현구, 「민지와 이제현」, 『두계이병도박사구순기념한국사학논총』 1987, 349면.
24) 『고려사』, 「민지전」.

4) 민지에 대한 후대의 평, 혹은 유자적 설화의식

조선시기로 들어서 주자주의적 풍조의 성행은 불자이자 신이사관에 사로잡혔던 민지를 점차 잊혀가게 만들었다. 이는 공통적으로 문한을 역임한 이규보(李奎報)나 그의 후계자 이제현(李齊賢)이 여전히 고려의 명현으로 숭앙된 것과 크게 대비된다. 간혹 민지에 대한 기사가 주목되기도 했는데 금강산을 유람한 후 기행문을 남기는 풍조가 만연하면서 새삼스럽게 금강산 시와 유점사 사적 따위를 남긴 민지를 주목하지 않을 수 없게 한 것이다. 물론 그 경우에도 그의 설화채기에 대한 무책임을 성토할 뿐이고 근저에 놓여있는 민지의 설화의식에 대해서는 눈을 돌리려 하지 않았던 것을 다음에서 알 수 있다.

> 심하다. 민지의 황당무계함이여. 7대 망언만 있고 한마디도 명교에 보탤 말이 없으니 이 기록은 빼버리는 것이 옳겠다. 더구나 삼국의 초기에는 사람에게 일정한 성이 없고 이름자도 사람의 이름과 같지 않았으니 노춘이란 이름은 아마 후세에 지은 것인듯 하다. 신라 말엽에 학식있는 원효 의상 율사의 무리들이 비로소 이 산의 사적을 과장하고자 하여 추후에 써놓은 일이 어찌 있지 않았겠는가. 그렇지 않으면 어찌 이렇게도 그릇된 점이 많겠는가.(남효온(南孝溫), 「유금강산기(遊金剛山記)」)[25]

선초 남효온은 「유금강산기(遊金剛山記)」에서 위와 같이 「유점사사적기」의 내용을 근거없는 것이라고 몰아붙인다. 그는 배불자라는 인식을 드러내지 않고 왜 유점사 본말사적이 비역사적인지를 7가지 항목으로 나누어 조목조목 추궁해 나가고 있다. 이후의 유자들에도 비판의 수준이야 다르지만 남효온의 반박에 거의 동조하고 있음을 알 수 있다.

> 법회라는 자는 고려 문사 민지이다. 그 절의 본말에 대한 기록은 모두 이와 같이 허탄하니 족히 믿을 수가 없다.(김창협(金昌協), 「동유기(東遊記)」)26)

> 금강산에 얽힌 전설 중에는 황당무계한 말이 많은데 유점사에 관한 전설은 더욱 황당하다. 상고하건대, 남해왕 때에는 영동이 서라벌에서 아주 먼 땅인데 어찌 일찍이 신라에 속했던가. 또 신라에 불법이 있게된 것은 눌지왕 때에 시작되었고 고구려로부터 왔으니 남해왕으로부터 17년 후였다. 만일 한나라 평제 때라고 한다면 이것은 동방에 불교가 있게 된 것이 도리어 한나라보다 앞섰던가. 이 말을 한 자는 너무도 졸렬하다.(이상수(李象秀), 「동행산수기(東行山水記)」)27)

그나마 유점사 설화와 관련하여 조선의 유학자 중 가장 온건하

---

25) 김동주 편역, 『금강산유람기』, 전통문화연구회, 1999, 122면.
26) 김동주, 상게서, 300면.
27) 김동주, 상게서, 373-374면.

게 견해를 취하는 이는 이이가 아닌가 싶은데 유점사 설화에 대한 직접적 검토나 비판 대신 전해들은 설화를 소개하는 데 그치고 있기 때문이다.28)

유불간 경계를 크게 문제 삼지 않았던 고려시기와 달리 조선시대 들어서 성리학으로 무장하고 스스로를 반불자로 자처한 유학자들이 불교설화 등을 허탄하고 망녕된 담론으로 매도한 것은 어쩔수 없는 일이었다. 물론 이런 분위기는 벌써 고려 말에도 번지고 있었다. 그런 분위기 속에서 활동한 민지가 설화채록 내지 이의 기사적 방편으로 활용한 점은 그래서 더욱 돋보인다고 할 것이다.

주로「유점사본말사지」만을 중심하여 살폈지만 그의 개인적 체험이 반영된 설화는『보개산석대기』이다. 이 절의 창건담은 애초 그 절에 머물던 중열이 채록하여 사적으로 전하는 터였다. 이를 읽어본 재상 나공이 의문을 품고 허실을 가려야 한다고 별렀다. 바로 직전 중열이 그에게 문헌이 멸실되어 대신 전설만을 들려주었는데 그는 의아심을 품고 그런 허탄한 말을 어찌 믿을 수

---

28) 김동주, 상게서, 189면.
   "이 절의 기사에 다음과 같은 말이 실려 있다. 천축 사람이 불상 53구를 만들어 바다에 띄웠더니 황룡이 이 불상을 업고 이 산에 도착하였다. 고성 사람이 이 소문을 듣고 불상을 찾다가 길가에 작은 사람 발자국이 있는 것을 보고 곧 산중으로 들어가니 석가모니가 돌에 걸터앉아 그 불상이 있는 곳을 가리켰다. 거기에 유점사를 지어 안치하였는데 후인들이 석가모니가 걸터앉은 돌이라 하여 이를 尼巖이라 하고 그 발자국을 본 곳을 이름하여 憩房이라 하였다(李珥,「楓嶽山詩」)."

있느냐는 투로 따지러 들었던 것. 그 일이 있던 날 밤, 나공의 꿈에 천왕 같은 이가 나타나 전설의 진위를 따지려는데 대해 분개하며 당장 하산할 것을 명한다.29)

　전승담의 유래과정에서 생긴 일화를 장황하게 부연하는 까닭도 나름대로 이유가 있을 것이다. 즉 기괴한 현실 밖의 허탄함으로 몰고 가려는 외도적 시각과 편견이 부당한 것임을 알리기 위함이다. 스스로를 합리적 시각의 소유자라고 자임하지만 그것은 유자들의 논리일 뿐이다. 종교의 영험한 세계는 현실적 안목을 거부한다는 점을 그들은 모른다. 설사 그들이 부정할지 모르나 사려 깊은 불자에게는 하다못해 하나의 절이 세워지기까지에도 영이한 역사가 절로 발현된다고 본다. 민지는 금돼지의 변신담과 결부된 석대의 창건에 대해 "여러 부처와 보살 대자비로서 몸을 삼아 일체의 몸을 드러내어 중생을 도탈시키기 위한 대원의 방편이자 대자비가 스스로 금돼지로 화한 것은 이 순석 같은 사냥꾼을 제도하는데 그치지 않고 사부대중 모두를 향한 깨우침이니 그만큼 진실된 이야기도 없다"30)고 한다.

---

29)「寶蓋山石臺記」.
　"是山幹事沙門中列者 乃文日長老之門人 曾得聞其靈異之事 傳於後世也 又宰相羅公 到此山 欲辨眞僞而問其古蹟 僧曰 古蹟無而但傳說 如是耳 公曰 然則後世 何足信哉 卽於其夜 現見神人 狀若天王者 怒叱曰 汝何人 欲辨眞僞也 此地非汝所可留處 宜速下去 公於是大懼 而其夜步出 下至深源寺宿焉."

30) 閔漬,「寶蓋山石臺記」, 상게서, 619-621면.
　"於戱 諸佛菩薩 以大慈悲爲體 現一切身者 皆爲度脫衆生之大權方便 惟我大聖 爲獵師現猪身 亦如是也."

이로 보면 민지의 설화채기와 이를 활용한 기사는 그 당시 누구에게서도 발견하기 어려운 독특한 의미를 지닌다. 물론 일연이 앞서 기이·영이적 사건의 수습과 기록을 통한 삼국의 역사를 풀어갔지만 그는 승려의 신분이었다는 점에서 그럴만한 개연성을 예단할 수도 있다. 그에 비해 민지는 당대 정계의 영수였던 민지가 그 같은 성향의 글쓰기가 생각만큼 용이치는 않았을 것이다. 당시 사람들은 물론 후세 지식인들의 거듭된 비평을 예상하면서까지 그렇게 했던 까닭은 무엇이었던가. 아마도 여기에는 그 자신의 신이한 체험으로부터 비롯된 것은 아니었을까 싶다. 예컨대 아래와 같은 부분에서 확인된다.

> 내가 대덕 11년 정미 가을 이 산에 들어와 심원사에 이르러 말을 내려 지팡이를 짚고 석대에 오르니 대개 거리가 십리였다. 하룻밤 머물며 공양을 올린 후에 새벽을 넘어 돌아왔다. 이 때 내가 거쳐간 길의 초목 위에는 하나같이 이슬이 없었다. 말 타는 장소에 이르니 비로소 비처럼 이슬이 내렸다. 따르는 시종도 이를 보고 기이하게 여겼다. 이것은 모두 대성의 영현이다.31)

스스로 생각하기에 기이하기 짝이 없는 현상이라 해도 다른

---

31)「寶蓋山石臺記」.
 "余大德十一年丁未秋 入此山 到深源寺 下馬而携杖登石臺 其程盖十里也 一夜留宿而設供然後 凌晨乃還 于時 所經山路草木之上 都無一滴之露 至乘馬之處則始有露如雨 從者見而異之 是皆大聖之靈應也."

이에게는 과장이나 허풍으로 비쳐질 여지가 큼에도 불구하고 사적체험이 갖는 신이성을 과감하게 발설했던 이가 민지이다. 민지의 설화수용은 전승담에다 자신의 신비체험을 부언하는 방법을 취한다. 물론 이것은 불사가 단순히 현상적인 일의 하나가 아님을 전제한 시각에서 나온 것이다. 그러나 부처를 지성으로 믿는 가운데 인간과 천지간의 조화로운 삶을 향한 찬자의 직접 체험이 있었기에 가능했다고 볼 수밖에 없다.「국청사 사리 영응기」는 눈앞에 아무 것도 없었으나 법력으로 형형색색의 사리가 출현하더라는 체험담이 주 내용이다. 이적이 일어난 곳은 저자의 변두리로 시끄러운데다 더러운 기운마저 가득 차 있어 영서(靈瑞)의 출현이란 기대할 수 없었는데, 그곳에서 직접 영이적 현상을 목도한 것이다. 이에 대한 그의 진단은 호사가의 놀람에 머물지 않고 불교적 가르침의 응현이자 교리적 깊이를 알리는 성스런 사건이다. 일찍이 경 가운데에 말한 것을 보면, 법신은 허공 같고 법계는 곧 여래라 하였다. 과연 그 말과 같도다. 만일 법신과 허공이 동체여서 때도 안 끼고 깨끗하지도 않고 간 것도 없도 온 것도 없는 것이 아니면 지금 이 사리가 어디로 좇아 나왔겠는가. 또 색과 공이 두 가지가 없고 깨끗한 것과 더러운 것에 구별이 없는 것을 여기에서 볼 수 있다.[32]

---

32)『東文選』권68,「國淸寺金堂主佛釋迦如來舍利靈異記」.
　　"嘗見經中所說云 法身如虛空 法界則如來 果如所說 若非法身與虛空同體 不垢不淨 無去無來者 今此舍利何從而出乎 此色空無二 淨穢無別 於是可見矣."

민지 이외에도 불교에 심취하여 출세를 단행해 각자로서의 삶을 추구한 이가 없지 않으나 자득한 신비체험을 남기는데 그토록 적극성을 보인 이는 달리 없다. 다른 호불유자들이 온전한 종교적 삶을 위해 산수 간에 몸을 의탁하면서도 불교설화를 적극적으로 수용한 것이 없었던 것은 파격적 행위로 비칠 것을 두려워 한 때문일지 모른다.[33]

비록 이제현이 묘지명을 통해 민지의 사가적 면모와 정치가로서의 활약상을 적시해 놓고 있으나 여타의 인물들의 평에서는 속습에 빠져 편협한 글쓰기에 매달린 대표적 인물로 비하시키고 있다. 정작 그가 찬술한 대표적 역사서인 『세대편년절요』, 『본조편년강목』 등이 설화적 기술로 일관한 것이 아님을 감안한다면, 그 같은 평가는 실상과 다른 왜곡된 평가가 아닐 수 없다.

---

[33] 후세 학자들은 선배 호불유자의 자취에 대해 몹시 못마땅한 시각을 가지고 있었음이 문집에서 산견된다. 생애를 통해 문인으로서 대단한 위업을 쌓았다고 인정되는 최치원, 이규보, 이색, 김시습, 허균 등이 불교와 친연성을 보였다는 이유로 비판의 대상으로 지목되었던 것은 대표적 사례들이다. 민지는 그 중에서도 비판적 정도가 가장 심한 편이라고 할 것이다. 다음의 대목도 그런 사례를 거듭 상기시킨다.
"우리나라 사람들은 무지하여 부처 받들기를 마치 군부처럼 한다. 왕건 태조의 고명한 식견으로도 속습을 벗어나지 못하고 숭상하기를 '우리가 나라를 지니게 된 것은 실로 부처의 힘을 입었기 때문이다.' 하였으니, 이 때에 가사 이런 일이 있었다면 반드시 그일을 과장하고 그에 대한 말을 확대하여 역사에 실었을 터인데 사가는 오히려 기재하지 않았거늘 민지는 무식한 야인의 말을 믿고 기록하였으니 넷째 큰 망언이다."(南孝溫, 「遊金剛山記」), (김동주, 상게서, 121면)

민지를 불교중심적 인물로 한정시킨 나머지 그가 적시한 설화도 한결같이 개인의 신앙적 차원으로만 국한시켜 보는 것은 그의 담론분석에서 바른 안목이라고 하기 어렵다. 그가 설화에 경사된 것은 개인적 신앙으로서 불교의 영향이 매우 크지만 유교주의적 합리주의로 그릴 수 없는 세계가 존재하고 그것을 외면할 수가 없다는 인식을 토대로 하고 있음에 주목할 일이다. 이런 점에 비추어 시대와 신분적 범주에서 예외적 글쓰기가 힘들었던 고려말에 설화를 채기하고 기문에 반영한 것은 불신에 심취된 자의 개인적 성향을 넘어 설화를 역사나 종교의 핵심을 드러내는 소중한 담론이라는 나름의 자각이 있었기에 가능했던 일이라고 보는 것이 옳을 것이다.

조선후기 사찰문헌설화 연구
- 정암사(淨巖寺) 연기설화를 중심으로 -

1. 머리말
2. 정암사 연기설화의 각편
3. 『삼국유사』 소재 정암사 창건설화
4. 자장전과 정암사사적
5. 수마노탑과 문헌설화
6. 정암사 연기설화의 민담적 변이양상
7. 정암사 연기설화의 계통적 흐름

1. 머리말

『삼국유사』의 설화적 가치는 지금까지 삼국의 공간에서 퍼진 전승물들을 그만큼 포괄적이고 상세하게 정리한 자료가 없다는 데서 일차적으로 드러난다.

불교설화의 집대성임에도 불구하고 유사 소재의 많은 설화 중에서 집중적으로 부각되고 있는 것이 사찰연기설화라는 점은 매우 흥미롭다.1) 이런 까닭은 찬자 일연과 연결시켜 보아야 할 터인데, 불교문화사를 염두에 둔 인물답게 불교문화에 대한 해박한 지식에다 철저한 답사와 고증을 통해 창건담은 물론 중건 및 폐사에 대한 내력까지 갈무리할 수 있었던 그의 개인적 역량과 무관치 않을 것이다.

하지만 『삼국유사』에서 증언하고 있는 사찰 중 많은 곳이 우리 시대에는 더 이상의 확인이 어렵게 되었으니 참으로 아쉬운 일이다. 사찰설화가 폐사와 동시에 전승력이 점차 약화되어 가는 것이 일반적 현상이거니와, 정암사(淨巖寺)는 그 점에서 예외가 된다고 해도 좋다. 다시 말해 강원도 정선군 사북면 고한리에 위치한 이 절이 신라시대 자장이 창건한 이래 현전하고 있을 뿐더러 창건 이후 다양한 설화의 진앙지로서 적지 않은 설화가 채록되어 있어 연구적 대상이 되기에 부족함이 없다는 것이다. 이 절의 설화는 고려 13세기 일연의 『삼국유사』 중 자장정률(慈藏定律) 조를 비롯, 여러 곳에 산발적으로 기록된 창건담, 조선후기 한문으

---

1) 『三國遺事』 소재 설화의 분류를 처음 시도한 이는 張德順이 아닌가 한다. 그가 『國文學通論』(신구문화사, 1961)의 부록으로 작성해놓은 「三國遺事所載의 說話分類」에 따르면 크게 신화, 전설, 민간전설, 불교연기설화로 4 大分이 되는 바, 이 중 佛敎緣起說話의 하위분류로 사원연기전설(寺院緣起傳說)의 항목이 잡혀 있고 여기에 18개에 이르는 사찰설화가 예시되고 있다. 그러나 불교연기설화의 다른 항목으로 잡고 있는 고승(高僧), 異僧, 聖徒傳說 등도 보기에 따라서는 사찰연기에 포함시킬 여지가 큰 만큼 『삼국유사』 소재 불교설화에서 사찰연기설화가 차지하는 비중은 다른 설화를 압도한다고 해도 과언이 아닐 것이다.

로 기록된 「강원도태백산정암사사적(江原道太白山淨巖寺事蹟)」 및 「수마노탑중수지(水瑪瑙塔重修誌)」, 그리고 60년대 채록된 구비전승담 등을 통해 퍽 다양하게 전개된 것을 알 수 있다.

이 글에서는 초기 단편적 창사담에서 시작하여 최근 설화에 이르기까지 다양하게 채록된 정암사 설화를 바탕으로 과거와 현재 사이의 담론적 변이양상을 살펴보는 데 우선 초점을 둘 것이다. 전승담에서 핵심요소로서 원형설화, 전승자, 시대적 환경이라는 설화변이의 요소와 결부시켜 구비·문헌 설화를 살펴보고자 하는 바, 사찰연기설화 일반의 담론적 특성은 물론이고 나아가 설화의 하류 형태로서 불교설화의 특질을 캐는 데 일조할 것으로 믿는다.

2. 정암사 연기설화의 각편

정암사 연기설화는 정암사의 창건·중건에 내력을 담고 있다고 하나, 다른 사찰과 마찬가지로 구전 혹은 문헌으로 구별 지어 접근할 때, 담론적 특성이 보다 명확해질 터이다. 구비·문헌 가운데 물론 구비전승이 앞서는 것이 일반적이지만, 반드시 그 선입견으로 대하는 것이 옳지만은 않다고 본다. 정암사의 연기에 있어서도 조선후기의 설화에 이르면 전대의 기록을 바탕으로 한 구비설화임이 분명히 드러나고 있기 때문이다. 한편 구비와 문헌으로의 구분은 설화 담당층이 지니고 있는 각각의 사고, 세계관을 헤아리는데 퍽 유효한 잣대로 활용되기도 한다. 따라서 정암사 설화가 문헌·구비 양면에서 수습되고 있다는 점은 여간 다행스럽지 않다.

　정암사 연기설화도 전파의 첫 단계는 구비전승담 뿐이었을 것이다. 그러나 남겨진 정암사 설화자료에서 보듯, 연기설화는 매체를 기준으로 '구전-기록-구전'의 순차를 지니며 길고 긴 전승의 역사를 이루어 왔다고 생각된다. 물론 몇 가지 문헌기록들에 의한 불완전한 추론인데다 구비전승의 양상마저도 문헌기록을 통해 우회적으로 파악했다는 한계가 있긴 하지만, 구비·문헌설화는 상호간 나름의 서사영역을 길항적으로 확보해 왔다는 점에는 의심의 여지가 없다.

　삼국시대에 발원한 설화가 아직도 전승력을 잃지 않고 있다는 점부터가 놀랍거니와, 설화발생 및 전승의 계기성을 유추하는데 도움이 될 만한 각편 9개를 아래에 소개한 다음 논의를 이어가기로 한다.

1) 도선(道宣) 찬, 『속고승전(續高僧傳)』, 「신라자장전(新羅慈藏傳)」, 7세기.
2) 일연 찬, 『삼국유사』, 자장정률(慈藏定律) 전후소장사리(前後所將舍利) 대산오만진신(臺山五萬眞身) 오대산월정사(五臺山月精寺) 오류중생(五類衆生), 13세기.
3) 취암성우(翠巖性愚) 찬, 『강원도태백산정암사사적(江原道太白山淨巖寺事蹟)』, 1778.

4) 취암성우 찬, 『수마노탑중수사적(水瑪瑙塔重修事蹟)』, 1778.
5) 경운이지(景雲以祉) 찬, 『수마노보탑중수지(水瑪瑙寶塔重修誌)』, 1874.
6) 임석재 채록, 「정암사」, 정암사주지 제보, 1963.
7) 임석재 채록, 「정암사」, 유환성 제보, 1976.
8) 한국정신문화연구원, 영월읍설화 222, 「갈래사 자장법사와 부처 소내력」, 엄기복 제보, 1983.
9) 한국정신문화연구원, 영월읍설화 223, 「은탑 금탑이 물에서 노는 수만호탑」, 엄기복 제보, 1983.

위에 제시된 담론들은 애초에 그 목적성을 달리해 나타났던 것들이다. 1)과 2)는 자장의 일대기를 정연하게 보여준다는 점에서 온전한 설화를 지향했다기보다도 승사(僧史)의 목적을 앞세운 기록의 성격이 강하다. 자연히 설화의 전기적 수용에 남다른 집착을 엿볼 수 있다. 알다시피, 전기(傳記)는 개인의 일생을 서사단위로 삼아 어느 한 군데로 생애를 편중시키는 법 없이 전 시간대를 골고루 보여줌으로써, 읽고 난 후 생의 종합적 재구를 가능케 하는 데 궁극의 목표를 두게 마련이다. 따라서 1과 2가 자장의 일생을 주목하고 있다 해도, 내용적으로는 각각의 시각을 나름으로 반영하고 있다고 본다. 1)은 중국 유학기간에 초점이 맞춰져 사건 상황이 비교적 상세한 반면, 2)에서는 성장, 수행, 그리고 유학 후 전국 곳곳에 절과 탑을 세우는 불사과정을 특히 강조해 놓고 있다. 하지만 승려의 전기라 하더라도 「자장전」에서는 설화를 통한 생애의 부조화라는 전기적 특성이 고스란히 반영됨으로써 설화가 지닌 담론적 특성이 완연하게 드러난다.

이렇다면 1)과 2)에서 사찰연기로서의 목적성은 매우 미미하게 나타날 수밖에 없게 된다. 정암사 창주로서 자장의 전체적인 생에 매달리다 보니 정암사의 내력은 이야기의 핵심으로 수렴되기가 어려웠다. 3)은 대신에 자장 본기(本紀)를 바탕으로 자장의 일생을 종합해 주려는 의도가 좀 더 반영된 경우에 해당한다. 하지만 자장의 생이 자장정률(慈藏定律)조로 국한될 수만은 없을 것이다. 『삼국유사』의 동경흥륜사금당십성(東京興輪寺金堂十聖), 황룡사구층탑(皇龍寺九層塔), 전후소장사리(前後所將舍利), 포천산오비구경덕왕대(布川山五比丘景德王代)조 등에 간헐적으로 여러 일화가 산견되거니와, 이를 통해 어쨌든 대사의 일생을 폭넓게 채집하기 위해 애쓰고 있다는 인상을 지울 수가 없다. 물론 산견된 일화들은 자장정률조처럼 체계적이지도, 통일적이지도 못하다. 사실의 증언이라는 점에서 일생을 보다 온전히 재구한 화소들이라고 말하는 것이 옳을 것이다. 그렇지만 『삼국유사』에서는 정암사를 축으로 사찰연기설화로 인정하기에는 꺼려지는 부분도 없지 않다. 승전류에서 보듯, 다난한 자장의 생애 중 한 시간대에 속하는 그야말로 단편적 서술에서 크게 벗어나지 못하고 있기 때문이다. 4-5군데 언급되는 정암사 창건조차도 그 다음 전승의 원형적 재질로서의 의미이상을 넘어서지 못하고 있다. 그런데 2)와 3) 사이에는 전승의 체계적 조명 전제를 어렵게 하는 크나큰 서사적 거리가 놓여 있어, 추론을 곁들여 3)에서 4)로의 이행을 검토해야 할 것 같다. 4)는 본격적으로 사적을 염두에 둔 기록으로 볼 수 있기 때문이다.

고래로 각 사찰에서는 창사 및 중창 등 사찰의 자취를 기록하는 것을 전통으로 여겨왔으나 조선시대에 들어와서는 내외 사정으로 그 열기가 많이 식었다고 보는 것이 일반적이다. 사찰의 역사를 기록 보전해야 한다는 의식이 새롭게 제기된 것은 16세기 이후 한동안 계속된 전란을 통해 많은 불교문화재가 소실되고 외적에 저항한 승려들의 역할이 인정되면서 부터의 일이 아닌가 추론한 이가 있다. 거기다 숙(肅), 영(英), 정(正) 3대에 이르러 문화의식의 고양과 더불어 불교계에서도 스스로의 전통과 문화를 갈무리해야 한다는 의식이 싹텄고 이런 분위기는 승단에까지 영향을 미친 것으로 파악하기도 한다. 이때 각 사찰에서는 승사의 보전과 사찰의 역사를 정리하기 위한 작업으로서 사지의 간행을 적극 모색하였다고 생각하는 것이다.2)

3)이 찬술된 시기가 대체로 1778년 이전임을 감안한다면『강원도태백산정암사사적(江原道太白山淨巖寺事蹟)』역시 조선후기 일기 시작한 사지간행의 열기와 무관치 않은 작업이었음에 틀림없다. 신라 때 지어져 조선후기까지 당우를 보전하던 정암사로서는 전래 사적을 바탕으로 하되 새로운 역사를 보완할 필요성을 절감했을 터이다.3) 즉 창주로서 자장의 업적을 여전히 비중 있게

---

2) 허흥식,「사지의 간행과 전망」,『고려불교사연구』, 일조각, 1986, 795-796면 참조.

다루는 이외에도 서서히 담론의 축을 정암사에 놓지 않을 수 없게 된 것이다. 설화적 배경으로 보면 『삼국유사』에 올라있는 정암사 관련 여러 각편을 바탕에 두고 구체적으로, 논리적으로 교직하여 서사성을 강화시켰고 말 그대로 사지의 뜻에 부합하도록 애썼다. 그 경우 사찰을 이루는 불상, 당우, 범종, 종각, 탱화, 샘, 나무 등등, 이들에 대한 목록적 제시에 그쳐서는 곤란하고 대상에 대한 새 정보 혹은 흥미로운 화소를 보충해야 한다는 과제를 안게 되었을 터이다.

정암사설화에서 특히 주목되는 바는 수마노탑에 관련된 이야기이다. 18세기 비교적 정연하게 정착된 정암사연기와 별도로「수마노탑 중수지」가 간행될 수 있었던 데는 그때까지 온전히 남아있던 정암사사적 때문이었을 것이라는 생각을 해보게 된다. 3은 중간에 재건된 탑의 내력을 전해주고 있는데 비해, 4에서는 정암사연기를 배경에 두고 수마노탑의 건립내력을 보다 상세히 전해주고 있다. 3, 4는 부분적으로 민중설화의 단편적인 것들을 편입시킨 것으로 보이나, 근본에 있어 공식적 기록으로서의 의무감

---

3) 사지찬술의 의미를 전대의 내용을 그대로 승계하여 후대에 전한다는 점에서 찾을 수도 있겠지만 다른 한편으로는 당대적 사실 기록에 초점을 맞추기도 한다. 大淸 同治 13년(1874) 景雲以祉가 『水瑪瑙塔重修誌』의 말미에 붙여놓은 아래의 기사는 이를 잘 보여준다.
"그 밖의 기이한 영이한 사적은 먼저 분들이 갖추어 기록하였으므로 중복하지 않고 대략 고금의 사적만을 기록하여 후세의 보고 듣는 이로 하여금 등불이 등불을 밝히듯이 무궁하게 전하기를 바란다(其餘多少靈應之迹 已備前人之述 故不敢煩之 而略記 古今所歷 因緣相感 以俟叔世見聞者之燃燈 百千而明無盡也)."

때문에 설화성이 지나치게 증폭되는 것을 제한한 것으로 이해된다. 때문에 5, 6은 바로 직전의 전승인 3, 4를 계승했다기보다는 오히려 이보다 아득한 시기에 정착된 2와 3을 기초로 하여 구비전승된 양상을 증언하는 자료로 보는 것이 옳을 것 같다.

신라 이래 현재까지 전승력을 지닌 설화를 찾기 쉽지 않은 상황에서 정암사 연기설화가 지닌 담론적 의미는 결코 작다고 하기 어려울 터인데, 전승형태도 자못 다단한 데가 있다. 대강은 초기 정암사 전승을 바탕으로 한 『속고승전』이나 『삼국유사』 「자장정률 조」에 정착되었다가 수마노탑의 조성 이후 따로 부연된 이야기가 18세기에 들어 한문으로 기록되고, 이는 다시 구비설화 형성에 영향을 미치는 것으로 계통적 윤곽이 드러난다. 이렇게 본다면 정암사만을 다루다 수마노탑이 축조되면서 따로 탑 건립과 관련한 이야기가 출현했고, 결국 정암사와 수마노탑 중에서 서사 대상을 어디에 둘 것이냐 혼란스러워지기도 했을 것이다. 물론 한편으로는 구비전승의 문헌적 기록화 때문에 설화의 부분적 거세 현상도 초래되었을 터이다. 이는 『수마노탑지』에서 특히 두드러지게 나타난다. 조선후기에 이르러 문헌설화로 정착된 이후에도 정암사 및 수마노탑 설화는 60-70년대까지 전승력을 유지했고, 이를 채록한 것이 6, 7, 8, 9 등의 각 편이다. 본고는 이 같은 몇 가지 각편을 설화전승의 계승이라는 측면에서 담론적 구조, 주제정신이 시대에 따라 여하히 변이되어 나가는가를 따져볼 셈이다.

3. 『삼국유사』 소재 정암사 창건설화

　설화성립의 기본적 전제로서 현상이 먼저이고 다음에 그에 대한 이야기가 퍼지는 법이므로 정암사 설화 역시 창주인 자장의 활동 이후부터 활발하게 퍼져나갔을 것으로 생각된다. 정암사 창사를 증언하는 『속고승전』과 『삼국유사』 소재 자장 관련 기사는 지금껏 남아있는 정암사 기록 중 최고의 것이라고 해야 할 것이다. 특히 유사보다 훨씬 앞서 출현한 『속고승전』은 유사의 『자장정률조』의 기록과 흡사한 데가 많아 일연이 자장의 전기를 쓰는 데 이를 참조한 것이 분명해 보인다. 『속고승전』에서 유의할 것은 이역에서의 찬술임이 믿겨지지 않을 만큼 유학 이전의 사실들, 가령 탄생, 성장, 출가 등 일생을 재구할 만큼의 상세한 정보를 거의 수습하고 있다는 것이다. 그러나 정암사와 관련해서는 특별한 것이 없고 다만 아래에서 보는 것처럼 당에서 귀국한 후 전국 10여 곳에 사탑을 세웠다는 짤막한 기사에 그치고 있어 아쉽다.

　　"그는 또 다른 사탑 10여 곳을 조성하였는데 한 곳을 지을 때마다 온 나라가 함께 숭상하였다. 이에 자장은 곧 만약 내가 지은 절에 영이 있다면 기적이 나타날 것이다. 라고 발원하자 모든 감응이 일어나 발우에 사리가 나타났는데 대중들이 비경하여 보시하니 그 쌓이는 재보가 산더미 같았다."[4]

---

4) 『續高僧傳』, 권24, 唐新羅國大僧統釋慈藏.

위의 기록 중 사탑 10여 곳 중의 하나가 정암사일 가능성은 높지만 확실히 단정하기 어렵다. 일연의 자장에 대한 관심은 어느 인물보다도 깊었음을 알 수 있는데, 가령 동경흥륜사금당십성(東京興輪寺金堂十聖), 황룡사구층탑(皇龍寺九層塔), 전후소장사리(前後所將舍利), 포천산오비구경덕왕대(布川山五比丘景德王代) 등은 자장정률(慈藏定律) 조와 달리 이 땅의 전해지던 자장의 단편적 전승담을 적극적으로 수용한 것들로『속고승전』이나 자장정률에서 놓치고 있던 자장의 전기적 사실을 보완해 주고 있는 것이다.

1. 법사는 정관 17년(643)에 강원도 오대산에 이르러 문수보살의 진신을 보려했으나 3일 동안이나 날이 어둡고 그늘져서 보지 못한 채 돌아갔다가 당시 원녕사에 살면서 비로소 문수보살을 뵈었다고 하였다. 뒤에 칡덩굴이 서려 있는 곳으로 갔으니 지금의 정암사가 그곳이다.(이것도 역시 별전에 실려 있다.)5)

2. 자장법사는 오대산에 처음 이르러 진신을 보려고 산기슭에 모옥을 짓고 살았으나 7일 동안이나 나타나지 않았다. 이 때 묘향산으로 돌아가 정암사를 세웠다.6)

"又別造寺塔十有餘所 每一興建 合國俱崇 藏乃發願曰 若所造有靈 希現異相 便感舍利在諸巾鉢 大衆悲慶 積施如山."
5)『三國遺事』, 권3,「臺山五萬眞身」.
"師以貞觀十七年 來到此山 欲覲眞身 三日晦陰 不果而還 復住元寧寺 乃見文殊云 至葛蟠處 今淨嵒寺是(亦載別傳)."

3. 말년에 와서는 서울을 하직하고 강릉군에 수다사를 세우고 거기서 살았더니 북대에서 본 바와 같은 형상의 이상한 중이 다시 꿈에 나타나서 말했다. 10여일 대송정에서 그대를 만날 것이다. 자장이 놀라 일어나서 일찍 송정에 가서 과연 문수보살이 감응하여 왔다. 법요를 물으니 대답하되, 태백산 갈번지에서 다시 만나자 하고는 자취를 감추고 나타나지 않았다. 자장이 태백산에 가서 찾는데 큰 구렁이가 나무 밑에 서려 있는 것을 보고 시자에게 말했다. "이것이 바로 이른바 갈번지이다." 이에 석남원(지금의 정암사)을 세우고 대성이 오기를 기다렸다.7)

1, 2, 3은 정암사를 짓게 되기까지의 내력을 담고 있는 각편들이다. 일연의 경우 스스로 발굴 정리하여 자장에 관한 포괄적 담론을 지향한 탓에 자칫 무질서하고 중복된 부분도 없지 않다. 그렇다고 해도 세 가지 각 편에 공통적 요소가 없는 게 아니다. 우선 당에서 귀국한 후 문수보살을 친견하고자 태백산에 들어왔다가 정암사를 짓게 되었다는 것이 세 가지 각 편의 핵심을 형성한

---

6) 상게서, 「臺山月精寺 五類聖衆」.
"慈藏法師初至五臺 欲覩眞身 於山麓結而住 七日不見 而到妙梵山 創淨巖寺."
7) 상게서, 권4, 「慈藏定律」.
"暮年謝辭京輦 於江陵郡(本溟州也)創水多寺居焉 復夢以僧 狀北臺所見 來告曰 明日見汝於大松汀 驚悸而起 早行至松汀 果感文殊來格 諮詢法要 乃曰 重期於太白葛蟠地 遂隱不現(松汀至今不生荊棘 亦不樓鷹鸇之類云) 藏往太伯山尋之 見巨蟒蟠結樹下 謂侍者曰 此所謂葛蟠地 乃創石南院(今淨巖寺)以候聖衆."

다. 사찰건립 과정 중 가장 먼저 해야 할 일이 절터를 고르는 일이므로 명당잡기 화소가 흔히 앞에 보이는데, 1, 3에는 미약하나마 이 점이 나타난다. 1에서 칡이 뻗어간 자리가 영험한 터로 검증된 반면, 3에서는 꿈속의 전언과 같이 "큰 구렁이가 서려 있는 나무 밑(망반결수하(蟒蟠結樹下))"이 결국 절터로 점지되었다는 것이다.

하지만 1과 3에서도 사찰연기설화로서의 전형은 잘 드러나지 않고 있다. 누가, 언제, 어디서, 어떻게 왜, 지었는지에 대한 구체성이 결여되어 있는데다 서사성을 운위하기에는 서사량마저 빈약하다. 물론『속고승전』,『삼국유사』의 채록을 지나 그 다음 시기에도 이같은 정도의 서사성에 머물렀다고 보기는 어렵다. 이는 다음에 볼 18세기 채록된 정암사사적과 대비해 볼 때 더욱 잘 드러나는 특징이다.

4. 자장전과 정암사사적

좋은 터의 발견이 창사과정에서 빼놓을 수 없는 요소라면, 마찬가지로 사찰설화의 영험성을 확보하기 위해 창주를 고르되 널리 알려지고 덕망이 높은 고승이 창주(創主)로 등장하는 예는 전형적 구성이라고 할 정도로 흔한 전개이다. 때문에 정암사 전설에서도 자장의 일생은 문헌과 구비의 구별 없이 반드시 적기하는 요소로 받아들여졌던 것이 아닌가 싶다. 하지만 정암사가 역사성을 띠면서 그 사찰 자체의 전설을 필요로 하게 되었고 이 절을 증거하는 보다 구체적 담론을 필요로 하는 단계에 접어든다. 개산(開山)과 더불어 각 양의 사찰연기가 담당층 혹은 시대에 따라 다양하게 전승, 변이 되어왔음을 추론하기는 어려운 일이 아니다. 신라시기의 전설들과 무엇이 어떻게 달라지는지 구체적 거리감을 확인키 위해『삼국유사』의 기록과 비교할 겸,『강원도태백산정암사사적(江原道太白山淨巖寺事蹟)』을 단락화시켜 보면 다음과 같다.

1. 태백산은 영동과 관동 사이에 있는 깊은 산으로 웅장하여 다른 산에 비할 바가 아니다.
2. 태백산 서쪽의 옛 절 정암사는 자장율사가 세운 곳으로 청정하기 이를 데 없는 곳이라 하여 그렇게 이름지었다.
3. 정암사에는 3탑이 유명했는데 자장율사가 모친에게 금, 은 탑을 보여주기 위해 영지(影池)를 만들었다.
4. 세존이 열반에 드실 때에 문수보살에게 자장율사가 중국에 유학 오기를 기다렸다가 그로 하여금 유명한 곳에 탑을 세우라고 말씀하셨다.

사실 정암사전설의 창건내력을 다른 것보다 상세히 전하는 편인『삼국유사』조차도 사적에 값할 서사적 기록은 드문 편으로 조선후기 사적의 간행에 즈음해서는 서사성을 보다 충족시키는 담론이 채택될 가능성이 높아지게 된다. 사적지란 공식적으로 승사를 표방해야하지만, 한편으로는 사찰의 신성화라는 과제를 감당하지 않을 수 없다는 점을 상기할 필요가 있다. 사실의 기록을 전면에 두고서도 적지 않은 사지가 설화적 담론을 부정하지 못하는 것은 이 점과 무관치 않은 것이다.

1은 사지의 서두 기록으로서는 전형적인 것으로 정암사 창사에 따른 명분을 지기(地氣)와 관련지어 전개하고 있다는 점에서 흥미롭다. 잠시 설화적 기사를 유보하고 사찰의 공간적 조건을 현시하는 것으로 서두를 열든가, 사찰의 명칭과 함께 간단한 유래를 적시하는 것이 보통이므로 정암사사적 역시 그런 전례를 따르고 있는 셈이다. 2는 아직은 설화 담론이 끼어들기 전으로 1과 마찬가지로 요약사실을 언급하는 데 머물고 있다. 3은 정암사에서 가장 특이한 유적으로 꼽고 있는 수마노탑과 더불어 금·은탑의 존재에 대해서 그리고 자장이 모친을 위해 영지를 팠다는 등 색다른 화소가 삽입되어 있다.『삼국유사』에서 없었던 내용으로 사중 혹은 민중들에게 비친 자장이란 고승이기 전에 아들로서 어미에게 어떻게든 효도하고픈 한 아들의 처지를 넘어서지 못하고 있는 것으로 이해된다. 완연히 설화적 담론으로 방향을 전환시키려는 의도가 읽혀지는 부분이다.

4의 단계는 설화가 기록으로 정착하면서 후대에 형성된 설화적 정보를 더 보태는 부분이다. 이야기의 흐름상 창건의 계기가 어디서 왔는가를 반복함으로써 서사적 계기성을 훼손시키는 바 없지 않으나, 사찰의 영험성을 강조하고픈 열의가 서사적 논리를 부차적인 것으로 만들어 놓았다. 즉 석가모니가 열반에 들기 직전 문수보살에게 마지막 유언으로 장차 중국에 유학 올 해동의 자장을 거론하며 그를 통해 해동의 유명한 산에 탑을 세우도록 교시했고, 그렇게 건립된 것 중의 하나가 정암사 수마노탑이었다. 사찰연기설화는 거듭 강조하지만 불교적 영험력을 확보한다는 의미에서 고승인 자장과의 결연을 넘어 석가모니와의 인연담까지 개입시켜 영험성을 대단한 정도로 높여나가고 있는 것이다.

사실 이 정도로 불연성을 강하게 드러내는 이야기도 드물 것이다. 『삼국유사』에서 자장정률, 오대산월정사 오류성중(五類聖衆), 대산오만진신(臺山五萬眞身)조에서는 단지 정암사 창건만을 단편적으로 확인시키는 것과 비교할 때, 정암사 중심의 설화는 일단 전승이 미미해지거니와 부처의 유지에 따라 수마노탑이 건립되었다는 강력한 불연성이 탑의 역사를 한층 신비스럽게 부조해 주고 있다.

사적지는 무엇보다 『삼국유사』 자장정률의 기록을 거의 그대로 등재했다 할 정도로 대동소이하다. 다만 화소의 선별, 서사적 핵심으로 보아 사적기의 적합성에 기여하는 쪽의 수용이라고 말할 수 있겠다. 그런데 서두에서 사적기로서의 전기적 논리성과 인과성을 중시한 변형태가 있어 아울러 주목된다. 즉 자장의 죽음과 관련된 자장정률 조의 마지막 부분이 특히 그러하다.

> 문인이 나가서 거사를 꾸짖어 쫓으니 거사가 다시 말했다. "돌아가리라. 돌아가리 아상을 지닌 자가 어찌 나를 볼 수 있겠느냐." 말을 마치자 삼태기를 거꾸로 들고 터니 강아지가

변해서 사자 보좌가 되고 그 위에 올라앉아서 빛을 내고는
가버렸다. 자장이 듣고 그제야 위의를 갖추고 빛을 찾아 재
빨리 남쪽 고개로 올라갔으나 이미 아득해서 따라가지 못하
고 드디어 몸을 던져 죽으니 화장하여 유골을 석혈 속에 모
셨다.8)

놀랍게도 승단(僧團)에서 큰 인물로 자리매김 된 자장이 아상
을 떨치지 못했음은 물론 관음친견의 뜻을 이루지 못하고 불의의
사고로 숨졌다는 점을 폭로하고 있다. 일단 구비전승의 것을 그
대로 따랐는지는 모르나 고승적 형상 대신 끝내 해탈에 실패했음
을 비극적 사건을 통해 형상화 함으로써 고일한 자취를 힘써 수
습하던 공식적 기록들과는 큰 거리감이 있는게 사실이다. 하지만
자장의 죽음에 관련된 충격적 사건에도 불구하고 자장에 대한 후
대인들의 정서적 반응이 고승적 형상으로 되돌아가고 있다는 생
각을 하게 한다.

"(자장은)몸을 가리고 가면서 사자에게 말하기를 내 몸을 이
방 안에 그대로 두어라. 유월(六月) 후에 돌아오리라. 어떤
외도가 와서 불사르고자 하거든 응하지 말고 기다려라 하였
다. 한 달을 지나서 한 중이 와서 그것을 들고 크게 나무라
면서 그 몸을 불살랐다. 얼마 후 공중에서 말하기를 몸이 의

---

8) 상게서, 권4, 「慈藏定律」.
   "門人出詰 逐之居士曰 歸歟 歸歟 有我相者 焉得見我 乃倒簣拂之 狗
   變爲師子寶座 陞坐放光而去 藏聞之 方具威儀 尋光而趣登南嶺 已杳然
   不及 遂殞身而卒 茶毘安骨於石穴中."

지할 곳이 없으니 어찌하리오. 나의 유골을 암혈에 간직하여
두고 와서 참견하는 이로 하여금 손으로 만지면 다 같이 왕
생하리라 하였다."9)

　설화가 현실의 굴절일 수 있다는 측면에서 자장의 말년에 불미
스런 사건이 발생했을 개연성마저 부정할 수 없게끔 하는 극적인
기록이다. 진위여부를 떠나 설화채록자들에게 이점은 적지 않은
부담으로 작용했을 가능성도 배제하기 어렵다. 다시 말해 고승답
지 않게 불의의 사고로 숨진 자장을 이후 세대들은 어떻게 수용
할 것인가, 색다른 의문거리로 부상했으리라고 본다. 역사 인물일
수록 담론은 그에 대한 호불의 평을 달게 마련이라면 자장도 긍
정 아니면 부정적 형상 중 어느 하나로 기울어지지 않을 수 없는
국면을 맞게 되는 바, 대체로 후대설화는 성스러운 상을 회복시
키는 쪽으로 판가름 난 것 같다.『정암사사적』에서 부처친견에
발분하던 그가 바로 앞에 나타난 문수보살을 간파하지 못하고 절
벽에서 굴러 허망하게 죽었다는 것까지는 전승의 반복이라고 해
도 계시적 유언을 상세하게 추가함으로써 자장은 위대한 고승의
면모로 다시 돌아갈 수가 있었다. 다시 말해 자장은 우선 임종시
에 정확한 예측으로 육신을 남기고 가지만 3개월 뒤에 다시 돌아
올 것을 천명한다. 둘째 외도가 와서 불사르려 해도 응하지 말라

---

9)『江原道旌善郡太白山淨巖寺事蹟』.
　"舍身而去日 我身在室中 三月則還來矣 應有外道來 欲燒之 不從留待
未過一月 有僧大責燒之 三月後空請曰 無身可托已矣 奈何 吾之遺骨藏
置巖穴 俾後參見手摩者 同願往生."

고 유언했다시피 그의 죽음 뒤에 실제 그 일이 발생하게 된다. 다만 제자들이 이를 제대로 지키지 못했을 따름이다. 그가 천성(天聲)을 통해 바위 사이에 유골을 봉안해 친견하러 온 자가 만지기만 하더라도 정토에 왕생한다는 점을 주지시킨 대로, 유언은 고승적 영험성을 재인식케 하는 징표가 되고, 실제 입증됨으로써 전에 흠모하던 고승으로서의 상을 회복할 여지가 생기게 되었다.

사적기에서는 자장의 유골을 수습해 안치한 곳으로 정암사 조사전 남쪽 바위를 구체적으로 적시해놓았다. 게다가 자장의 유해를 안치한 두어 곳이 있었는데, 그 하나가 정암사 조사전에서 오백보를 내려간 길가에 자장이 만들어놓은 점석(占石)이라 했으며, 이곳에 지나는 이가 돌을 던져서 붙으면 좋은 징조요, 그렇지 아니하면 불길하다는 점까지 상세히 일러놓고 있다. 다른 한 곳은 위 장소에서 서쪽으로 십리를 가면 나타나는 육송정에는 율사가 심은 나무가 있다고 되어있다. 단편적 삽화를 통일성 없이 무잡하게 개재시키다가 사지에서 그것이 달라지는 것은 맨 마지막에 이르러서이다.『삼국유사』에서의 기록과 큰 변별성을 갖는 부분은 칡을 통한 길지의 발견 대목이다. 자장이 태백산에 들어와 탑 세울 터를 열심히 찾았으나 종잡지 못하고 있을 때에 세 줄기 칡덩굴이 뻗어 나온 곳을 좇아 탑을 세우게 되었다는 내용이다.

『삼국유사』의 자장 전기(傳記)가 이야기의 큰 축을 형성하면서도 사적에 오면 그 앞뒤로 사찰연기의 정체성과 담론적 논리를 위해 단편적 화소들을 적지 않게 보완하고 있음을 알 수 있었거니와, 이로써 창주의 전기적 설화에서 사지적(寺誌的) 설화로의 변이가 점차 심화되기에 이르는 것이다.

5. 수마노탑과 문헌설화

수마노탑에 대해서는 정암사 연기설화에서 전혀 언급이 없었던 부분이다. 그럴 수밖에 없었던 것은 수마노탑이 양식상 고려대에 건립된 것으로 보이며, 탑 설화 역시 정암사의 창건설화에 비해 훨씬 후에 등장한 때문이다. 그 점에서 『속고승전』이나 『삼국유사』에 올라있는 아래와 같은 기사도 신중하게 읽지 않으면 안된다.

> (그는) 또한 별도로 십여 곳에 사탑을 세웠는데 하나를 건립할 때마다 나라 사람들이 합심해 숭앙하였다. 이에 자장은 "만약 내가 건립한 절에 영험이 있다면 기적이 나타날 지어다"라고 발원하자 문득 감응이 일어나[10]

> 대체로 자장이 세운 절과 탑이 10여 곳인데 세울 때마다 반드시 이상스러운 상서가 있었기 때문에 그를 받드는 선남들이 거리를 메울 만큼 많아서 며칠이 안돼서 완성되었다.[11]

---

10) 『續高僧傳』, 권24, 「唐新羅國大僧統釋慈藏」.
11) 『三國遺事』, 권4, 「慈藏定律」.
  "凡藏之締構寺塔 十有餘所 每一興造必有異祥 故浦塞供塡市 不日而成."

위에 언급된 10여 곳에 절과 탑은 수마노탑과는 상관없는 것으로 보아 마땅하다. 그러나 정암사 연기설화가 어느 때부턴가 전승력이 약화되면서 수마노탑의 전설이 오히려 널리 입에 오르는 시기를 맞은 것 같다. 정암사와 수마노탑의 이야기적 경계가 확실한 것은 물론 아니다. 오히려 유전하던 정암사 설화가 탑의 명성을 확보하는데 이바지하는 면이 없지 않았으므로, 절과 탑에 각각의 설화를 독립시켜 전승시킬 까닭이 없었을 것이다. 수마노탑의 명성과 영험함을 전하는 파생담은 '터 잡기 공사 진척 영험의 현시절의 쇠퇴 중건' 등의 단계를 거치며 전개되거나 이 중 한 두 화소에 비중을 두어 이야기가 퍼져나갔을 것이다. 수마노탑은 아니지만 자장이 당에서 귀국한 직후 착수한 다른 불사에 부연된 설화를 훑어보면 이런 계기적 구도는 훨씬 명확하게 드러난다. 자장이 그토록 여러 사찰의 건립에 주도적으로 참여할 수 있었던 것은 귀국시 당 황제로부터 받은 갖가지 불보의 인수자였다는 사실과 관련되어 있기도 하다. 설화 역시 이를 입증한다. "자장이 오대산에서 받아 가져온 사리 1백 알을 황룡사 탑 기둥 속과 통도사 계단과 또 대화사 탑에 나누어 모셨으니 이것은 못에 있는 용의 청에 따른 것이다"[12]라는 기록 등이 거듭해서 등장하는 것이다.

상기한 것처럼 자장은 당에서 유학을 마치고 들어온 후 전국

---

12) 상게서, 권3, 「皇龍寺 九層塔」.
 "慈藏以五臺所授舍利百粒 安分安於柱中 立通度寺戒壇 及大和寺塔 以副池龍之請."

곳곳에 여러 사탑을 건립하는데 주도적인 역할을 담당한 것으로 되어있다. 그에게 사탑(寺塔) 건립을 간곡하게 청한 인물은 다름 아닌 용이었다. 우선 중국 체류시 대화지 가에서 만난 신인의 청이 있었고, 그 후에 만난 용왕은 "황룡사의 호법룡은 바로 나의 큰아들이요, 범왕(梵王)의 명령을 받아 그 절에 와서 보존하고 있으니 본국에 돌아가거든 절 안에 구층탑을 세우라."[13]고 건축의 규모까지 구체적으로 제시하였다. 수마노탑의 건립기는 양식상 고려시기의 것으로 보는 것이 일반적이다.[14] 수마노탑 건립 후에는 필시 정암사지에 대한 이야기가 활발하게 따랐을 터인데 사지에도 자장에 의한 탑건립과 함께 그에 대한 영험담이 자연스럽게 끼어들었을 터이다. 특히 『삼국유사』에 단편적 기사를 윤색, 보완하여 보다 통일된 서사물로 갖추어 나가는 단계에서 우선 탑 건립을 석가모니의 유훈에 두고 있는 것이 주목을 끈다. 후에 자장이 당나라에 유학 올 것을 예견하고 문수보살을 시켜 자장이 영험있는 신라의 명산에 탑을 세우도록 매개하고 있는 것이다. 아울러 유지를 받들어 북대(北臺) 운제사(雲際寺)에서 만난 범승(梵僧)은 당유학을 끝내고 돌아가는 자장에게 난해한 게송을 풀어주는가 하면 여러 불구(佛具)도 함께 전해주면서 "삼재가 이르지 못하는 곳에 이들을 나누어 봉안함으로써 나라를 복되게 하고

---

13) 상게서, 「皇龍寺九層塔」.
 "皇龍寺護法龍 是吾長子 受梵王之命 來護是寺 歸本國 成九層塔於寺中."
14) 강원도, 『강원도사찰지』, 140면.

세상을 도우라. 그리고 태백산 갈반지에서 다시 만나자."15)고 약속한다.

여기까지는 『삼국유사』의 전개와 흡사하다 해도, 수마노탑의 건립 과정에 대한 설명적 설화는 후대 파생된 것으로 본다. 다시 말해 정관 17년 자장의 귀국을 맞아 많은 불보(佛寶)를 신라에 보낸다는 풍문이 돌자 당승(唐僧)들이 이를 방해하고 나섰다. 하는 수 없이 자장은 계획을 바꾸어 은밀히 서해길로 돌아오지 않을 수 없게 된다. 유학승이 서해를 통해 당나라를 출입하는 것은 비교적 현실을 반영하지만 설화에서는 이 때의 용궁초청 사건을 적극적으로 편입시켜 흥미와 함께 자장의 법력을 간접적으로 증거해 준다. 즉, 이 때를 서해 용왕은 오히려 절호의 기회로 삼아 불사리 정골에 공양하고 자장에게 지단 목압침을 바쳤다. 익히 고승의 법력을 깨닫고 있던 수계의 용왕으로서는 이미 법력을 고일한 경지까지 높이고 고향으로 돌아가는 귀국승을 맞아들여 정중한 접대와 함께 설법을 청하며 불심이 용궁에 미만하길 기원했다고 볼 수 있다.16) 그런데 자장이 서해로 귀국 중 용궁의 초대를 받는 일은 그만의 독특한 체험이라고 하기 어려운 것이다. 이는 유학 후 한결 성숙해진 법기를 입증하는 사건인 동시에 이계(異界)조차도 부처의 가르침을 퍽이나 갈구하고 있음을 상징적으로

---

15) 『江原道旌善郡太白山淨巖寺事蹟』.
    "竝是世尊愼物可愼護之 師遷煥本國 三災不到名勝處――分藏 福國祐世再見鄕於太白三葛盤處."
16) 김승호, 「구법여행과 그 부대설화의 일 고찰」, 『한국승전문학의 연구』, 민족사, 1992 참조.

보여주는 일종의 전형화된 모티브였다. 여하튼 고승이 잠시 머물다가 떠나는 장소답지 않게 용궁은 자장에게 극진한 정성을 아끼지 않는다. 그 중의 하나가 정암사에 수마노탑을 짓도록 해준 일이다. 용왕은 무수한 수마노 조각을 싣고 울진포에 정박한 후 신력으로 근처 산에 수마노를 감추어 놓고 불탑건립의 자재로 쓰도록 배려하기도 한다.17)

사찰건립에 왜 용왕이 그토록 호의를 베푸는 지에 대해서는 「황룡사 구층탑」 조를 훑어보면 이해가 쉬워질 지 모르겠다. 중국 대화지에서 만난 용왕은 자장에게 목압침을 주면서 신라의 국태민안을 위해 황룡사를 세울 수 있도록 모든 것을 아끼지 않겠다는 약속을 한다. 그런데 원래 사적기에서 본 바와 같이, 석존의 사리를 정암사 수마노탑에 봉안하고 이를 지키기 위해 적멸보궁의 건립을 청한 것이니, 수마노탑에 대한 설화적 전개는 퍽 자연스러운 편이다. 자장정률 등 자장의 전기가 상대적으로 정연한 생애기록에 경사되었다면, 후대에는 탑 조성에 주목함으로써 또 다른 설화가 파생된 경우라고 할 것이다. 절과 탑 등 사찰을 이루는 부속물에 고승설화가 부연되는 것도 따지고 보면, 이런 맥락에서 보아야 의미가 제대로 파악되리라고 생각한다.

삼국시대의 유물과 그 설화, 고려시대 축조된 수마노탑과 그 부연설화는 서로 혼합되어 흘러오다가 수마노탑 중심의 파생담으로 나타났다면, 좀 상세히 과정을 유추해 볼 필요가 있다.『정

---

17)『江原道旌善郡太白山淨巖寺事蹟』.
 "龍王 卽以瑪瑙無數片 載船到蔚珍浦 以龍王神力 將于此山."

암사사적』에는 이에 걸맞게 수마노탑의 건립이란 본디 석가의 유지에서 시작되었다는 범상치 않은 영험력으로 불연을 강조하고 있다. 부처의 유지로 탑 건립의 당위성을 확보한 이후에 또 하나 탑 건립을 실천행으로 보여주는 것이 귀국시 서해 용왕과의 조우였음을 밝혔다. 특히 용왕의 큰 아들이 황룡사 수호룡이라고 밝힌 데서 알 수 있듯, 용궁은 신라를 불지(佛地)로 인식하고 그 땅의 홍법을 위해 모든 지원을 아끼지 않았던 것이다. 불승을 존승하는 당대적 분위기에다 난만한 당의 불교문화를 적극적으로 수입하던 시기의 정황과 함께 서해용왕과의 조우 및 그를 통한 고승의 이계 홍교의 원이 그렇게 설화에 굴절된 것으로 보인다. 조선후기에 이르기까지 신라에서 발원한 설화는 전승을 멈추지 않았다. 하지만 사탑에 대한 공식적 역사를 정립해야 한다는 자각도 싹텄음이 틀림없다.18) 수마노탑 사적의 찬술에 대한 동의는 물론 내용적으로도 영지(影池), 자장의 효 등에 대한 새로운 모티브를 개입시켜 전시대의 이야기와 달라진 모습을 보여주기도 한다.

---

18) 『水瑪瑙塔重修誌』.
"我東方數千里名山勝地 有塔廟焉 有寺刹言 必皆有誌 誌者 誌其創修之緣 事功之實也 今太白山淨巖寺之有是誌也 亦以浩劫之相尋 曆數之無常 而水瑪寶塔 轉次修造之一端也(우리 東方 수천리의 명산 勝地에 塔廟가 있고 사찰이 있는데 반드시 다 기록이 있으니 그 創修의 인연과 事功의 사실을 기록함이다. 이제 太白山 淨巖寺에 이 寺誌가 있는 것은 또한 오랜 연대의 변천이 무상한데 수마보탑의 조성 중수의 일단을 기록함이다)."

제2부 사찰연기설화의 각론적 접근 413

그러나 『수마노탑사적기』는 『정암사사적』에 올라있는 사탑설화를 간략하게 인용하는 정도에 그칠 뿐 설화적 담론으로서의 확장의지는 미약하다. 그에 비해 『정암사지』에는 서사성이 강한 수마노탑 설화가 개입되고 있다. 대체로 불교설화의 운반자를 사중으로 볼 수 있으나 정암사지의 탑 설화는 민중적 세계관에 의거한 전개였음을 강하게 암시하는 셈이다. 그것은 굳이 불교적 교리나 부처의 영험을 강조하지 않더라도 민중적 삶에서 느끼고 깨달은 바의 설화적 전개에 가까운 것이다. 불교적 사고라면 속세에서의 혈연은 가능한 접어놓아야 옳을 것이다. 하지만 여기서는 이미 고승이 된 자장이 훌륭한 탑을 어떻게든 속세에 있는 어머니에게 보여드리고 싶은 자식으로서의 갸륵한 심정을 절실하게 포착하고 있다. 곧, 수마노탑, 금, 은탑을 건립하고 난 후 모친께 보여드리려 했으나, 뜻대로 되지 않자 영지에 세 탑의 그림자를 비치게 하여 모친의 원을 풀어드렸다고 했다.[19] 불교적 방편이 아니라도 민중적 삶의 지혜나 가르침이 민담에 엇섞여 또 다른 각 편으로 나타날 수 있다면, 여기서는 민중설화가 사찰연기설화에 영향을 더 크게 미친 것으로 여길 만하다. 수마노탑 이외 금, 은탑에 따라 붙은 이야기도 같은 관점에서 살펴볼 수 있겠다.

---

[19] 『江原道太白山淨巖寺事蹟』, 250면.
"慈藏律師께서 친히 영지를 동구에 파두고 그 어머니로 하여금 그 못에 비추는 세 탑의 그림자를 구경하게 했다고 한다. 못 위에 삼지암이 있는데 옛적 못자리가 완연하였다. 이 어찌 다른 산과 같다고 하겠는가(慈藏親鑿影池於洞口 使其母翫三塔 故池上有三池菴 池堰完存 然則 豈可與他山同一語哉)."

그 가운데 삼보탑(三寶塔)이 있으니 1은 금탑(金塔)이오. 2는 은탑(銀塔)이오 3은 마노탑(瑪瑙塔)이다. 마노탑은 지금까지 보존되는 것이나 금, 은 이탑(二塔)은 나타나지 않으니 산신령이 몰래 감춘 것인가. 복이 없는 자라 보기 어려운가. 산에 들어가 약을 캐는 자가 혹 본다고 하는데 두 번 찾을 수 없다고 하니 과연 신기한 것이로다.20)

무엇 때문에 금, 은탑이 숨어버렸는지, 그리고 누구는 볼 수 있고 누구는 그렇지 못한지, 찬자는 의아스럽게 여기고 있다. 현실적으로는 원래부터 금,은탑이 존재하지 않았으니 볼 수 없었던 것이 아닌가 하는 점부터 따질 일이지만, 그것은 설화적 발상이라 할 수 없다.

설사 금, 은탑이 없었다 하더라도 그것이 이야기되고 있는 한, 나름의 담론적 근거를 마련해야 하는 것이 설화전승의 원리에 부합된다. 위 찬자는 막연한 의문으로 그친데 비해, 이보다 훨씬 후대에 등장한 구비전승들에서는 까닭을 다음과 같이 풀이하고 있다.

자장대사는 태백산에 수마노탑을 세운 것이 아니고 금탑과 은탑도 세웠다고 한다. 그런데 이 금탑과 은탑은 불교를 독실히 믿는 사람의 눈에나 보이지 물욕이 있고 불교를 독실하

---

20) 상게서, 265면
"於中有三寶塔 一金二銀三瑪瑙 瑪瑙于今守護者 金銀隱而不現無 乃山靈之秘藏歟 薄福者難見歟 入山採藥者或見 而再不訪 可謂靈奇也."

게 믿지 않은 사람의 눈에는 보이지 않는다고 한다.(정선군 도연동면 고한리 정암사 김주지, 1963)"[21]

"금대봉에는 금탑이 있고 은대봉에는 은탑이 있다고 하넌데 물욕이 있는 사람은 이런 탑들은 못본다고 합니다. 물욕이 없고 도심만 가진 사람이 볼수 있다는데, 옛날 우복당이란 사람이 노승과 다락에서 노는데 저기 저것이 금탑이 아니냐 그러니까. 그 노승이 당신은 욕심이 없는 고로 금탑이 보인다고 하고서는 노승이 백학이 돼서 하늘로 날아갔다는 그런 이야기가 전해 내려옵니다."(정선군 정선읍 봉양리 유환성, 1976)[22]

현전하는 수마노탑을 두고 사람에 따라 이를 보고 못보고 하는 등의 내용을 붙일 필요가 없을지라도 금, 은탑의 해명을 위해서는 어떤 식으로든 설명적 담론이 요청되었을지 모른다. 누구나 볼 수 없고, 청정심을 가진 이에게만 현시된다는 점은 깨끗한 마음을 갖고 살라는 깨우침을 되새기게 하는 데는 더없이 유효하다. 더군다나 불교설화인 바에야 더욱 적절한 모티브이다. 심마니 중에도 금, 은탑을 본 이가 아주 드물었다는 것은 우리가 아직 가보지 못했을 뿐, 분명 어딘 가에는 금은탑이 존재한다는 점을 상기시켜 준다.

이미 사적기에서 본 바이지만, 자장이 세속에 있는 어머니를

---

21) 임석재편, 『한국구전설화』 강원도편, 평민사, 1989, 110면.
22) 임석재편, 상게서, 112면.

잊지 못했을 뿐더러 아름다운 탑을 어떻게든 보여드리고 싶은 나머지 영지를 파 소원을 성취시켰다는 파생담까지 포괄한다면, 정암사 역사를 증언하고자 한 사중(寺中)의 이야기가 점차 민중들의 바람과 가르침을 전하는 민담을 적극 수용하는 쪽으로 바뀌었던 것으로 본다.

정암사 사적이 정착되고 난 다음 위에서 언급한 바대로,『수마노탑중수사적』(1778)과『수마노탑중수지』(1874)가 뒤늦게 찬술되었다. 이들은 전시대에 풍성하게 전승되던 탑설화와 달리 공식적 입장에서 연대기적으로 탑의 창수(創修)역사를 객관적으로 남긴다는 데 뜻을 둠으로써,『정암사 사적』이 보여준 설화성이나 서사성을 충족하지 못하는 한계를 노정하고 있다.

하지만 단편적이나마『삼국유사』이래 수마노탑의 전설에 어떤 유형이 있었으며, 그것이 어떤 경로로 이어져 내려왔는지를 헤아리는 데 있어서는 주목할 대상이다. 다시 말해『삼국유사』이후『정암사사적』과 근래 채록된 정암사 연기설화, 혹은 수마노탑 설화 사이의 막연한 시공의 폭을 좁혀줄 뿐더러 상호 비교적 접점을 확보해 준다는 점에서『수마노탑중수사적』및『수마노탑중수지』의 서사적 의미가 적지 않은 것이다.

6. 정암사 연기설화의 민담적 변이양상

『삼국유사』,『정암사사적』,『수마노탑지』등 3 종류의 문헌설화는 신라 이래 정암사연기의 변이담으로써, 일종의 전승사를 헤아리는데 퍽 유효한 대상들이다. 하지만 전승적 파생이 이것으로 끝나지는 않는다.

특히 이야기의 대상이 되었던 정암사와 수마노탑이 현전하고 있으므로 윤색과 굴절을 거듭하면서 현재를 포함해 미래에도 계속 이어질 것으로 여겨진다. 구비와 문헌을 아우르는 전승양상에서 『정암사사적기』는 일면 『삼국유사』의 내용을 승계하는 선에서 더 나아가 사중간 관심과 호기심을 환기하는 구비전승의 재질로 기능하는 단계를 맞게 되는 것 같다.

이는 임석재의 『한국민간설화』 중에 수록된 각 편을 사적기와 비교할 때 눈에 띄게 민담적 요소가 강화되고 있음을 반증으로 삼을 수 있다. 구비설화 중 각 편 하나[23]의 줄거리를 제시해 본다.

1. 정암사와 수마노탑은 자장이 건립한 것으로 처음에 절 터를 찾지 못하다가 칡덩굴이 뻗어나간 곳을 따라가 지금의 정암사 터에 자리를 잡았다. 그래서 갈래사(葛來寺)라고도 부른다.
2. 탑의 재료가 되는 수마노는 서해용왕이 울진포에다 부려다 놓았고 이를 불력으로 정암사로 옮겨 탑을 쌓았다.
3. 수마노탑 이외에도 자장은 금·은탑을 세웠으나 어머니가 이를 볼 수가 없어 절 앞에 못을 파서 물에 비친 그림

---

23) 임석재편, 상게서, 109-111면.

자를 보여드렸다.
4. 금탑과 은탑은 태백산 어딘가 있지만 누구도 장소를 모르는데 혹 심마니 가운데 이를 본 사람일지라도 다음에 가면 탑이 없다고 한다.
5. 자장이 갈옷 차림에 강아지를 들고 삼태기를 쓴 걸인을 내쫓았으나 알고 보니 문수보살이었다. 뒤늦게 자장이 그를 쫓아 달려갔으나 영영 볼 수가 없었다.

『삼국유사』가 자장의 전기적 사실에 퍽이나 주목하여 아상(我相)을 버리지 못하고, 그래서 각자(覺者)가 되지 못했다는 충격적 결말을 전하고 있기는 하나 기본적으로는 고승으로서의 자장이 남긴 자취를 여일하게 추적하고 있다 할 것이다.

사중들에 의해 다른 갈래로 전파된 정암사 전설, 그리고 수마노탑에 이르기까지 『삼국유사』 소재 설화는 여전히 의미심장한 재질로 수용되는 것은 분명하다. 그러나 3과 같이 자식으로서의 모친에 대한 효를 강조하는 대목에서 본다면, 전기 중심의 『삼국유사』의 기록과 여러 면에서 대조가 된다.

각 편에 따라서는 창주로서 자장의 자취가 보다 퇴색될 가능성까지 배제할 수가 없다. 위 각 편은 정암사 주지로부터 채록한 것으로 앞서 남아있던 『정암사사적』의 내용을 그대로 반복하는데 그치고 있다 해도 과언이 아니다.

그러나 역시 앞의 문헌설화들이 전기라든가, 사적기로서의 서사지향과 구별되는 구비문학만의 특징적 요소들이 나타난다. 우선 정암사와 수마노탑의 건립시기, 선후관계, 창건주의 문제 등에 걸쳐 구체적 경계가 여기서는 무의미하거나 무시된 채 펼쳐진다는 것이다. 다만 전각과 탑의 건립에 있어 자장의 개입이 끈덕지게 따라붙는 것을 보면 이름 높은 고승의 개입이 사찰의 신성성을 높이는데 도움되는 요소로 이해했다고 하겠다. 결국 '『삼국유사』-『강원도태백산정암사사적』-『수마노탑중수지』' 로의 승계는 구비에서 문헌으로의 정착, 그리고 문헌에서 다시 구비로의 발화가 거듭해서 이어져 나갔음을 증거해 주는 것이다.

정암사 탑과 관련지어 흥미로운 내용은 수마노탑 말고도 금탑과 은탑이 있다는 전제이다. 『삼국유사』에 없던 이 정보는 사적기에 맨 처음 올랐다가 다시 구비전승에서 수용된다. 그러나 후대 등장하는 구비의 각 편들은 문헌이나 구비의 구분이 없을 뿐더러 자장의 전기나 절과 탑의 내력, 어느 하나에 초점을 맞춰 전개되지 않는다는 특징을 갖는다. 구비에서는 『삼국유사』의 것과 사적기의 내용은 물론, 통일성과 논리성을 초래한다는 점에 개의치 않고 단편적 삽화일지라도 거리낌 없이 수용해 나갔다. 정암사설화 가운데 정선군에서 채록된 또 다른 각편[24]도 위 설화와 담론적 범위에서는 크게 다를 바가 없다.

    1. 꿈에서 만난 한 스승이 자장에게 대송정에서 만나자고 하여 가보니 갈분지에서 다시 만나자고 한 뒤 사라졌다.
    2. 구렁이가 또아리를 틀고 있던 갈분지에 탑을 세우는데 자

---

24) 임석재편, 상게서, 111-112면.

꾸 쓰러져 기도를 한 결과 칡 세 가닥이 지금의 정암사
자리, 적멸보궁 자리, 수마노탑 자리로 뻗어나기에 각각
그 자리에 절과 탑을 세웠다.
3. 서원장단이란 나무는 바람에도 쓰러지는 법이 없는데 자
장대사의 지팡이라고 하는가 하면 사명당이 짚었던 지팡
이라고도 한다.
4. 늙은 거사가 자장 앞에 나타났으나 아상에 사로 잡혀 그
가 문수보살인 줄을 몰랐다가 뒤늦게 쫓았으나 끝내 보지
못했다.
5. 금, 은탑은 욕심 있는 이는 볼 수 없는 것으로, 우복당이
노승과 함께 놀다가 금탑을 보았다. 노승은 그를 칭찬한
뒤 백학이 되어 하늘로 날아갔다.

각 편 2는 『삼국유사』에서 일부 소개되고 있으나 창건담에 한
정되던 것과 달리 탑 건립담으로 핵심이 바뀌고 있는 경우이다.
신성한 불사일수록 공사 중 장애가 끼어들게 마련임은 『삼국유사』
의 여러 곳에서 확인되는 바,25) 수마노탑도 세울 때마다 자꾸 쓰

---

25) 예로 彌勒寺 靈塔寺 皇龍寺九層塔 生義寺 등의 창사과정을 엿보기로
하자. 미륵사의 경우, 왕비가 무왕으로부터 사찰건립의 허락을 받았
으나 막상 미륵삼존상이 출현한 못을 메울 방도가 없어 애를 태우고
있는 중이었는데 知命法師와 평소 교류하던 신이 하룻 밤 사이에 이
를 메워 주었다. 皇龍寺 구층탑 건립의 경우는, 석공 阿非知가 고국
인 백제의 멸망의 꿈을 꾼 뒤 작업의욕을 상실하고 있던 중에 갑자
기 나타난 늙은 스님과 한 장사가 기둥을 세워주고 사라진다. 金大城
이 지은 石佛寺 창건 중에 일어난 사건도 같은 類이다. 석불사에 안
치할 석불을 조성하다가 실수로 거석을 세 동강내고 만 대성이 상심
하고 있을 때 홀연 천신이 나타나 전과 같이 만들어 놓고 자취를 감

러지는 불운이 닥쳤는데 자장 앞에 신이한 현상으로 해결책이 제시되어 바란 대로 불사를 매듭짓는다.

좀 더 자세히 말하면 수마노탑을 세울 터를 알지 못해 애태우던 자장이 간절한 기도를 올렸고, 하룻밤 사이에 칡이 네 가닥으로 그의 앞에 나타났다는 것이다. 당연히 상서로운 계시로 여겨, 칡이 뻗어난 자리에 절과 탑을 세운 것이 지금의 정암사 적멸보궁 수마노탑이라는 것이다. 이는 명칭연기를 해명하는 것이기도 하다. 일테면 '갈래'란 "칡갈(葛)자, 올래(來), 그래 갈래 치길 하룻밤에 그렇게 올라갔다."[26] 는 제보자의 말은 근방 사람들 누구나가 오래전부터 들어왔던 내력이다. 정암사 대신 근방사람들에게 귀에 익은 '갈래절'은 이처럼 터잡기 과정에서의 절과 칡을 제재로 한 민간어원적 성격을 지니고 있는 것이다. 적멸보궁과 관련된 흥미있는 전설이 단편적이나마 널리 퍼졌음을 미루어 알 수 있게 하는 대목이다. 불골(佛骨)을 모셨기에 따로 불상을 모시지 않았을 뿐인데 민중들은 나름으로 궁리해 까닭을 덧붙여 나가는 것도 흥미롭다. 즉 부처 없이 적멸보궁 형태로 남아있는 것을 두고서도 부처를 부처소에 넣었기에 불상 없는 절이 되었다고 말하는가 하면,[27] 또 다른 민족신앙으로서 바위 사이 모셔진 자장의

춘다. 이로써 본다면, 창사과정의 장애 제시 및 이에 대한 조력자의 출현 및 위기극복은 불교설화에서 전형적 모티브로 수용되고 있음을 알 수 있다.(졸고, 「성소만들기와 설화의 구조」, 『한국승전문학의 연구』, 민족사, 1992, 236-237면 참조.)
26) 한국정신문화연구원, 『한국구비문학대계』 2-8, 784면.
27) 한국정신문화연구원, 상게서, 784-785면.

두골에 대해서는 예부터 '거기 가서 그 두골을 만지고 나오면 아들을 낳는다.'는 속신까지 퍼져 있었음을 확인하게 된다.28)

전승이 거듭되면서 민중에게는 수마노란 말조차도 다르게 해석되곤 했는데,『구비문학대계』에서의 '은탑, 금탑이 노는 수마노탑'이 그 한 예가 된다. 수마노가 무엇인가에 대해서는 "수만호라 하는데, 아마 늪을 만자일거야 그게 무슨 호자인지 내가 잘 몰라."29)라고 하면서도 수만노가 바다에서 나온 돌을 가지고 만든 탑이란 정도의 이해는 가지고 있다. 하지만 각편에는 역사적 인물로서 창건주인 자장이 잊혀지고 그저 어떤 중이 나이 많은 모친을 위해 못을 파고 그곳에 비친 금, 은 수마노탑을 통해 대신 볼 수 있도록 했다고 전한다. 칡, 영지(影池)와 더불어 설화 담당층에게 정암사는 함백산보다 높은 곳에 위치하고 부처 없는 사찰로서 강하게 인지되고 있음도 확인할 수가 있다.30)

"그 절에 가며는 그 절도 아주 큰절 갈래절이 큰 절인데 부처가 없어. 지금도. (조사자: 왜요?) 부처없는 데는 거 뺵에 없어요. 절치고 부처 없는데 있겠어. 거는 부처가 없어. 그런데 부처만 갖다 놓으면 그만 없어져. 부처는 없어지고 부처소(沼)란 데 또 있어, 거기서. (조사자: 부처소?) 부처소. 그 전 그 처음 절터 잡은 거기서 조금 올라가서 그 개울가에 소가 이런기 있었어. 지금은 다 맥히고 이랬으나, 소가 있었는데 부처만 절에 갖다놓으면 거 갖다 넣고, (조사자: 누가 그렇게 거 갖다 넣아요.) 그래 누가 그랬는지 그거는 사람이 그래지 않았지. 안하고 부처만 갖다 놓으면 거 갖다 부처를 집어넣고."
28) 한국정신문화연구원, 상게서 2-8, 786면.
29) 한국정신문화연구원, 상게서 2-8, 786면.
30) 한국정신문화연구원, 상게서 2-8, 786-787면.
"그런데 거기기 힘함백산인지 산이름이 함백산인데 태백산과 이기

임석재 채록 각 편에는 두 개의 새로운 화소가 추가되어 있는데, 우선 서원장단에 대한 유래 및 해설과 우복당과 그 승에게 현시된 금탑이야기가 그것이다. 창주인 자장이나 사명대사가 짚었던 지팡이가 아직도 남아 있다는 것도 채록담에 끼어있다. 후자에서는 금탑의 출현여부와 탐심의 유무를 대응시켜서 탑이란 단순히 구경거리가 아니라 부처의 가르침을 전하는 상징체로서 이해하고 있음을 보여주고 있다.

구비설화에서는 터 잡기에서 유래한 갈래라는 명칭연기와 함께 석혈에 봉안된 자장의 유골에 대한 후인들의 신앙적 영험성을 전하고 있다. 이 때문에 창주로서 자장의 역사적 자취보다는 정암사에 결부된 흥미소의 하나로 자장의 기능이 탈바꿈한 경우로 보아도 무방하다. 『구비문학대계』 소재 각편 2는 다시 수마노탑이 중심을 차지한다. 원래 구비 1에서 자장의 모친이 금, 은탑을 있도록 하기 위해 못을 팠다고 증언하고 있으나 여기서는 어느 중과 그 모친으로 사실에 대한 검증이 흐려지면서 민담적 속성을 띠게 되었다. 이외 근래 채록된 설화에 오면 물 위에 금, 은, 수마노탑이 노닐었다는 전언에 대한 회의적 시각이 나타나 설화수용에 있어 변화된 시대상을 보여주기도 한다.[31]

마주서 있는데 칠 미터가 태백산보다 높다는 산이 산이 묘하지요. 산능선이 거기 인제 갈래산, 갈래산인데 그 정암사라고. 근데 그 절이 없어. 참, 부처가 없어.(조사자: 그 갈래사라고도 했었어요.?) 갈래절이라고 이러지.(조사자: 갈래절이라고?) 갈래절이라고 하는데, 이 절 이름은 정암사고".

31) 한국정신문화연구원, 상게서 2-8, 787-788면.

임석재 채록분이나 『구비문학대계』 각편들을 통해 우리는 역사적 사실은 퇴색되고 시간이 흐를수록 흥미 중심의 이야기로 전승양상이 달라져 가고 있음을 확인하게 된다. 정암사 및 수마노탑에 부연된 구비전승은 문헌전승을 그대로 답습하려는 수용의 측면이 있는가 하면 변이 내지는 또 다른 체험과 해석을 동원해 이를 부정하는 단계로까지 나가고 있음을 보는 것이다. 특히 부처소, 서원장단, 그리고 자장의 두골(頭骨)에 대한 신앙 등은 전승영역에서 크게 확장 내지 변이된 내용들이라고 할 수 있겠다. 이는 전승담에 대한 불완전한 기억 못지 않게 후대인들의 당대적 관심과 흥미를 반영하는 쪽으로 이야기가 변이되어 갔음을 시사해 준다 하겠다.

7. 정암사 연기설화의 계통적 흐름

정암사 연기설화는 7세기 『속고승전』의 간접적인 언급, 그리고 『삼국유사』에 4군데의 단편적 기사를 포함하여 근래까지 전승이 멈추지 않은 것으로 확인된 흔치 않은 경우였다. 『삼국유사』는 무엇보다 자장의 생애를 수습한다는 의도와 목적성을 두고 초기 신라불교를 정비하는 등, 그의 활약상에 주목함으로써

"이제 들여다 보면 은탑, 금탑,수만호 탑이 그 물속에서 논다는 기라. (조사자: 거기서 논데요, 어유) 그래 그걸 보고 그 노인이 귀경하며 이래 했다는데 수만호탑이 지금 이래 뵈키는데 은탑 금탑은 있긴 있다고 전설은 들었으나 뵈키질 않어."

이후 정암사 연기의 후대전승에 결정적 단초를 제공한 것으로 밝혀졌다. 『속고승전』에서 구체적으로 언급하지 않았던 정암사 창건 유래, 즉 갈반지나 칡덩굴을 터 점지 등의 흥미적 화소는 구비, 문헌설화 모두에 빠짐없이 수용되는 것으로 확인된 것이다.

『삼국유사』「자장정률 조」에 자장의 생애와 부언되어 단편적으로 산견되는 정암사연기는 유구한 전승적 공간을 넘어 1778년 『강원도태백산정암사사적(江原道太白山淨巖寺事蹟)』으로 정리된다. 이 기록 역시 『삼국유사』내용이 기저를 이루나 '성소 만들기'라는 의지가 뚜렷하고, 특히 수마노탑을 빼놓을 수 없는 담론적 대상으로 삼고 있어 주목된다. 게다가 석가 열반시, 정암사 창건을 유지로 남겼다는 점을 제시한 것도 사지의 영험력을 높이는 결정적 구실을 하는 것으로 보인다. 고려시기 축조된 수마노탑은 사적기에서 단편적 설화를 풍성하게 소개하고 있고 이것은 취암성우(翠巖性愚)가 1778년 찬술한 『수마노탑중수사적(水瑪瑙塔重修事蹟)』, 그리고 1874년 경운이지(景雲以祉)가 찬술한 『수마노탑중수지(水瑪瑙塔重修誌)』를 통해 보다 상세하고도 객관적으로 기록된다.

하지만 위에서 살펴본 것처럼 5편의 문헌 설화는 모두 채록자가 승려의 신분인데다 홍교에 유난히 관심을 집중하고 있어 순수한 의미에서의 민중적 설화와는 적지 않은 거리를 남기고 있었다. 문헌설화가 그러하듯, 초기 문헌자료의 철저한 승계에다 이를 실증적으로 수용하려는 태도는 사적지와 탑중수지의 특징적 사실이다. 물론 민중 간에 떠돌고 있는 설화를 역으로 수용한 흔적도 적지가 않은 것으로 보인다. 정암사 설화에 자장의 전기적 요소가 필요 이상으로 삽입된다든가, 죽음 직전의 부정적 형상에서 사후에는 신성한 상으로 이미지화 되고 있음도 같은 측면에서 볼 일이다. 아울러 수마노탑 전설의 강화에도 불구하고 사실적 기사만 단편적으로 나열하고 있는 수마노탑의 중수담에서는 설화를 부분적으로만 삽입하고 있을 뿐, 객관성을 강조하면서 사실적 기록에 집착하고 있다.

 60, 70년대 채록된 설화가 수마노탑 중심으로 치우쳤으나, 부연 설화의 대부분은 정암사 사적기를 축으로 한 변이형에 해당한다고 해도 과언이 아니다. 다시 말해 창주로서 자장의 법력과 신통력, 수마노탑 건립에 관련된 영이성, 그리고 사람들의 탑 숭배 등을 전해주고 있으나 후대 구비전승에서는 문헌에서 추구하던 역사 전승의 의무감에서 벗어나 설화 담당층인 민중의 보편적 관심을 충족시키는 데 기여하는 화소로 적극 수용하였다. 그것은 불교 사찰 고승에 대한 구체적 증언으로부터 민중적 흥미에 편승한 민담으로의 이행을 뜻한다 하겠다. 따라서 구비전승물 4편은 대체로 『삼국유사』와 정암사 사적을 바탕으로 적당히 뭉뚱그린 것이지만, 민중설화로서의 특징 또한 적극적으로 수용함으로써 자장전기의 연대기적 나열에서 정암사 혹은 수마노탑을 중심으로 전개된다는 특징을 갖게 되었다.

 여기서 우리는 여전히 자장을 설화의 주체로 인정하고 있는 것까지도 사탑의 영험성 혹은 유구성을 위한 의력사적(擬歷史的) 사실로 받아들인 결과임을 직시할 필요가 있을 것이다. 이에 따라 정암사, 수마노탑에 대해서 신성함이라는 효과가 발현될 수 있었음은 물론이다.

아울러 구비전승이 문헌전승에 비해 훨씬 강화된 민담적 지닌 점을 속성을 거론하지 않을 수 없다. 민중에게 거창한 역사 사실의 상기도 중요하지만, 그들은 자신들의 관심과 세계관을 드러내기 적합한 각편을 창작, 혹은 수습하여 설화적 변형을 적극적으로 모색해 나간 것이라 하겠다.

가령 임석재 채록분이나 『구비대계』에서 서해용왕의 도움으로 수마노탑이 건립될 수 있었고 자장이 보통 사람에게는 보이지 않은 금, 은탑을 어머니에게 보여드릴 셈으로 못을 팠다는 등의 삽입은 그 점에서 주목되는 것이다.

요컨대, 정암사 연기설화는 삼국시대 이래 최근까지 담당자, 기록매체, 서사의식에 있어 적어도 세 가지 층위를 유지하면서 전승되어 왔다고 할 수 있을 터이다. 지금 남아있는 문헌으로만 한정할 때, 처음 제시한 9가지의 설화들은 이런 층위적 잣대를 내세우면 시기별 유형화가 어느 정도 쉽게 드러날 수 있다고 본다. 다시 말해 초기 불교에 이해가 깊은 승려로서 도선(道宣)이나 일연(一然)이 단지 정암사 설화를 파편적으로만 거론한 단계, 이를 바탕으로 삼아 정암사 사적과 수마노탑 중수 역사를 기록한 조선 후기의 문헌설화로의 정착 단계, 마지막으로 정암사, 수마노탑의 구분 없이 사탑에 얽힌 흥미 화소를 폭넓게 수용하면서 더불어 조선후기 이후 민중들의 관심과 흥미영역을 확대, 편입하는 민중설화 단계로 그 담론적 계통성이 밝혀진다는 것이다.

갑사(甲寺) 연기설화에 나타난 의미와 특징

1. 사찰연기설화의 일반적 특성
2. 중창연기와 공우탑(功牛塔)
3. 영규(靈圭) 대사와 불교적 영웅
4. 당산제(堂山祭) 유래와 승속(僧俗) 합일

1. 사찰연기설화의 일반적 특성

 갑사는 백제 구미신왕 원년(420) 고구려 아도화상(阿道和尙)이 창건한 절로 계룡산에서 으뜸가는 고찰이며, 또한 그만큼 사찰연기설화의 다양한 출현을 예단케 해준다. 이 절에 초점을 맞추기 앞서 여기서는 사찰연기설화의 일반적 특징을 살핀 후에 갑사설화로 논의를 좁혀 나가려 한다.
 사찰연기설화가 강한 전승력과 채록의 풍성함에도 불구하고 만족할 연구가 이루어졌다고 동의하기는 어려운 형편이다. 아니 온전한 개념조차 정립되어 있지 않다는 생각마저 들 정도로 연구할 것이 산적한 상태라는 말이 옳을 것이다. '사찰연기설화'의 용어에 준하여 "창건, 중건(重建), 폐사(廢寺)에 이르기까지 흥망성쇠에 대한 이야기"정도라면 일단 테두리는 잡힌다고 할 것이다. 하지만 법당, 불상, 범종, 탑, 우물, 고목 등 유물에 관한 것일지라도 결국 집이나 물건은 서사적 매개에 불과할 뿐 진정 설화가 포섭하고자 하는 것은 불교적 신앙과 깨달음을 축으로 한 사람들의 삶과 역사에 대한 담론일 터이다. 사찰연기설화가 지닌 특성과 의미를 깨우쳐 준 것은 아무래도 『삼국유사』가 아닌가 싶다. 『삼국유사』의 글쓰기에 대해서는 아직도 해석이 불충분한 채로 남은 것투성이지만, 서두에서는 사찰과 무관하게 보이는 것일지라도 종결부위에서는 사찰 창건담으로 돌변하는 등 사찰연기설화에 관한 한 누구도 일연(一然)의 관심과 애정을 넘어설 수는 없다고 본다. 그야말로 사찰연기의 수습에 생을 걸다시피 한 분이라고 해도 과언이 아니다. 『삼국유사』 소재 설화가 삼국시기의 것이라고 하나 설화적 적층성이 상당부분이 거세된 채 채록자 일연의 서사적 개별성에 따라 원형담이 변화되었을 가능성을 배제할 수 없다. 『삼국유사』 소재 설화에서 서사적 전개는

① 절터의 점지(이인(異人)의 출현, 인지태에 의한 절터의 영험적 제시) ② 창건 중의 장애와 극복(이인 출현과 재원 제공, 이물에 의한 노동력의 확보) ③절의 영험성 현시1)

---

1) 김승호, 「성소만들기와 설화의 구조」, 『한국승전문학의 연구』, 민족

등의 순차적 흐름으로 나타나는 것이 가장 흔하며 간혹 세 모티브 중 어느 한 가지에 치중하기도 한다. 어쨌든 사찰창건담의 이같은 진행은 이른바 일연식 글쓰기의 특색으로 꼽을 만하다. ① 이 빈번하게, 그리고 필요 이상으로 강조되는 것은 사찰풍수(寺刹風水)에 대한 전통적 관심 혹은 좋은 터의 사찰건립이야말로 흥법(興法)의 전제에 다름 아니라는 의식의 반영일 것이다. ②는 사찰건립이 초래하는 경제적·사회적 장애 요소와 그 극복과정을 보여주는 것으로 결국은 부처님의 가호(加護)로 사찰이 지어졌다는 행복한 결말로 이어진다. 굳이 사찰건립에 따르는 금전적 비용을 계산할 수는 없다 해도 심산계곡에 거찰(巨刹)건립이란 얼마나 지난할지 유추할 만하거니와 공사 중 봉착할 장애와 위기극복의 과정은 굴곡 있는 서사로서의 훌륭한 소재가 아닐 수 없다.

사찰건립 이후의 이야기는 주로 그 절의 영험성을 여하히 현시해 나가느냐에 쏠리게 마련이다. 가령 산중에 불이 났으나 전각과 법당만은 갑자기 내린 소나기로 회신(灰燼)을 면했다거나 혹은 창사 후 하늘에서 경내로 꽃비가 내렸다는 등의 이야기는 사찰이 지닌 영험성을 보여주기 위한 사례의 적극적 수습이다. 『삼국유사』의 사찰설화 창건담이 위에 제시한대로 일연의 서사수법을 적잖이 드러내는 것은 사실이지만 다른 사찰연기설화와 비교해서 판이한 차이가 있다고 말하기는 어렵다. 오히려 유사점이 훨씬 더 많을 것이다. 그것은 불교적 인간에 대한 이야기이면서

사, 1992, 229면.

동시에 설화미학이 앞서 그 근저를 지배하기 때문이다.
 설화가 누구에게서 발원했느냐는 어느 것보다 사찰연기설화를 유형화하는데 한 기준으로 삼아도 될 법하다. 설화가 적층성(積層性)이 두드러지고 보편적 구조에 따른 발화라고는 하지만 사찰연기는 사중(寺衆)계열, 민중(民衆)계열로 경계지어 볼 수 있겠다. 이 경우 전자는 불교사상 및 교리에 깊이 주목하는 반면 후자는 서사적 흥미에 더 비중을 둠으로써 상호 서사적 거리감이 나타난다. 또한 전자가 삼생(三生) 및 윤회 등의 불교적 교의를 강조하는데 반해 후자는 고승의 신이담, 유혹 퇴치담, 터 점지담 등에 특히 관심이 많았던 것도 차이점으로 지적된다.
 짧게나마 사찰연기설화를 일별한 것은 갑사(甲寺)설화가 지닌 사찰연기설화로서의 보편적 특징과 함께 이 설화의 변별성을 드러내는데 도움이 된다고 믿었기 때문이다. 필자가 접한 갑사의 대표적 설화는 유물을 포함해 갑사와 인연 맺었던 스님, 사하촌(寺下村) 등에 대한 사중과 민중의 역사증언이자 해석이라고 해도 과언이 아닐 것이다. 물론 개중에는 불교설화의 전형으로 보이는 것도 있었고 오로지 갑사만이 지닌 내밀한 역사를 굴절시켜 전해주는 것도 있었다.
 갑사의 설화는 숱하게 전승해 온 연기설화에 비하면 분명 빙산의 일각에 해당된다. 하지만 공우탑(功牛塔), 영규대사, 당산제(堂山祭) 설화는 서사성, 흥미, 역사증언으로서의 기능을 두루 포괄함으로써 갑사설화의 대강을 살피는 데는 부족함이 없다고 여기는 터이다. 이 글에서는 주로 제시한 세 삽화를 중심으로 갑사

연기설화의 의미와 성격을 살펴보고자 하거니와 논의의 부실함은 필자의 채록에 대한 불성실 및 설화분석에 대한 요령부득에서 기인했다고 보면 될 것이다.

2. 중창연기와 공우탑(功牛塔)

갑사 터의 계시는 서기(瑞氣)와 방광(放光)에 의해 이루어졌다. 다시 말해 아도(阿道)화상이 선산(善山) 도리사(桃李寺)를 짓고 계룡의 늘티 근처를 지나다 산으로부터 방광과 함께 서기가 뻗치자 이를 따라 갔는데, 지금의 신흥암 뒤 천진보탑이었다 한다. 이를 영험으로 여겨 그곳에 머물며 넓은 터를 찾아 지은 것이 바로 거찰 갑사가 지어지게 된 내력이 된 것이다. 그러나 개산(開山)의 내력이라는 의의는 있으나 설화로서의 구체성이나 흥미성을 기대한 이들에게는 실망이 클 듯하다. 이에 비해 도리어 경내 유적과 관련된 공우탑(功牛塔) 설화는 서사성이 한결 앞서고 속에 담긴 뜻도 불교적 교의와 그대로 이어진다 하겠다. 설화의 대강[2]을 보기로 한다.

1) 정유재란 중 갑사(甲寺)는 왜구들에 의해 불에 타버렸고 스님들도 흩어져 폐사의 위기에 처한다.
2) 인호 경순 성안 병윤 스님 등이 갑사(甲寺)중창을 목표

---

[2] 제보자 이봉선, 공주시 계룡면 중장리 28의 11.

로 7년 동안의 시주를 모아 대웅전 건립을 시작한다.
3) 공사중 재원이 고갈되어 고심하던 차에 인호스님에게 황소가 현몽하여 자기가 집을 지어 주겠노라 다짐하고 사라진다.
4) 몽중의 약속과 같이 어떤 황소가 서까래, 기둥, 기와 등은 물론 스님이 청하는 물건은 무엇이든 구해준다.
5) 황소가 백두산 근처에서 향나무를 베어 운반하고는 너무 지쳐 죽자 대웅전이 완성된 후 스님들이 그를 기려 탑을 세워준다.

사찰건립에서는 창주(創主)의 발원이나 터 잡기의 문제가 해결되더라도 훌륭한 목수는 물론, 기둥, 벽돌, 돌, 기와 등의 건축자재, 험한 일을 감당할 노동력 등 갖가지를 주도면밀하게 챙기지 않으면 낭패를 각오해야 했다. 한데 공사중의 난관은 설화가 유독 주목하는 부분이다. 설화는 평탄한 전개보다 도리어 이같은 위기부분에 주목하고 이를 어떻게 극복해 절짓기에 이르는가를 알리는데 힘을 쏟는다. 사찰연기설화에서 중창(重創)이야기가 큰 비중을 차지하는 것은 이렇듯 이유가 있는 것이다. 특히 임란 후 각처의 절들이 소진되거나 훼손된 채 재건의 날을 고대하고 있었으나 단월(檀越) 및 민중들 역시 연명하기 어려운 처지에서 시주에 동참하기란 쉽지 않은 것이 실상(實相)이었다. 전란 등 난관 속에서 지어지거나 중창된 절들에서 특히 이인이나 조력자 출현의 설화가 흔한데 이런 유의 창건, 중창담은 어느 것보다 서사성 및 신이함이 두드러지게 나타낸다.

갑사의 경우 임진왜란 중에는 피해를 겪지 않았으나 정유재란 (丁酉再亂)을 맞아 건물이 소진되는 등 엄청난 위기를 맞는다. 이때 인호(印浩)스님을 비롯한 승속(僧俗)간 발원으로 사찰건립의 재원마련에 나섰으니 7년이 지나서야 중창공사에 들어갈 수 있었다. 하지만 중도에서 공비(工費)가 바닥나는 바람에 인호스님은 절망감에 휩싸이고 만다. 이럴 즈음 스님에게 황소 한 마리가 현몽하여 이후 필요한 모든 것을 조달해 주겠노라 약조한다. 이는 곧 현실로 나타났으니 소는 기둥감, 기와 등은 물론이요, 마루를 깔 때 향나무를 서너 줄에 한 개씩 끼워 놓아야 한다는 조언 또한 아끼지 않았다. 그 후 백도산 근처로 향나무를 구하러 간 소는 지나치게 힘을 쏟은 나머지 향나무를 운반해 놓은 것을 마지막으로 대웅전의 완성을 보지 못하고 숨을 거둔다. 훗날 스님들이 그 소의 은공을 잊지 못해 세운 것이 도 지정 유형문화재 제55호인 공우탑(功牛塔)이라는 것이다.

공우탑은 3층 석탑으로 현재 대적전(大寂殿) 건너 다리 끝에 위치하고 있고 인호, 경운, 성안, 병윤스님 등 중창시 건립에 관여한 스님들의 인연을 거론하고 있어 의역사적(擬歷史的) 특징을 적절히 갖춘 설화에 해당된다. 거기다 "와탑기립 인도우합 삼층을이럴거갑(臥塔起立 人道偶合 三層乙巳厥居甲)" 명문(銘文)과 함께 탑 중간에 공우탑을 굳이 새겨 넣음으로써 공허한 전언에 대비한 흔적도 남다르게 나타나 있다 하겠다. 사실 소의 헌신적 희생을 통해 건찰(建刹)을 전하는 이런 유의 설화는 비교적 흔한

편이다. 다른 동물이 아니라 왜 소를 등장시켰는가에 대한 답은 확실치 않다. 공우탑에서 보는 것처럼 소가 구도(求道)의 동행자라는 인상으로 굳어 있는 데다 험한 산중의 역사에서 소의 도움 없이는 일할 수 없었던 현실적 과거를 감안하면 조금 이해될 법도 하다. 예로 우리는 청량사(淸凉寺), 향천사(香泉寺) 창사연기를 아울러 상기할 만하다.3)

3. 영규(靈圭) 대사와 불교적 영웅

임진왜란이 선초 이래 정착된 억불숭유적 사회 분위기를 반전시켜 놓은 것은 역사적 아이러니였다. 나라의 방비를 태만히 하다 왜군에게 졸지에 강토를 유린당하고 군사들은 패퇴해 허둥댈 때 의병(義兵) 및 승병(僧兵)의 기대 이상의 활약상은 불교계나 승려를 괄목상대하지 않을 수 없는 상황으로 바뀌게 했다. 그중에서도 승장이었던 사명(泗溟)대사, 영규(靈圭)대사 등은 이반한 민심에 편승하여 민중영웅이자 무사적(武士的) 영웅으로서 여러 설화의 복판에 서게 되었다. 물론 전란 자체가 설화의 호발적 조건이 되어주기도 하지만 위정에 대한 책임을 다하지 못한 상층계급에 비할 때 억압과 모멸감에 시달리던 승려들이 그에 개의치 않고 충민(忠民)의 도리를 다함으로써 존숭의 대상으로 부각될 수 있었던 것이다.

---

3) 김승호, 『절따라 전설따라』, 대원정사, 1999, 101-106면.

제 2 부 사찰연기설화의 각론적 접근 437

영규대사가 계룡면 월암리 늘티에서 태어난 것을 감안하면 공주지역을 중심으로 그의 설화가 널리 전승되었을 것이란 추측은 아주 자연스럽다 할 것이다. 그러나 필자는 문헌에 오른 그의 설화가 생각보다 영성한 것을 알았다.4) 때문에 최근 답사차 이곳에 들렀다가 갑사 입구에서 상업에 종사하는 백영길(白英吉)씨(58)로부터 영규대사의 설화를 채록할 수 있었던 것은 행운이었다. 줄거리를 간추리면 아래와 같다.

1) 여섯 살 때 영규대사가 집안사람의 만류에도 불구하고 밤중에 밖으로 변을 보러 나갔다.
2) 변을 보던 중 호랑이가 달려들어 잡아먹으려 하자 한 손으로 때려 잡아 죽인다.
3) 아기장사가 태어난 탓에 멸문(滅門)의 두려움을 느낀 나머지 집안에서 그를 갑사(甲寺)로 출가시킨다.
4) 대사가 부목으로 있을 때 산에 올라 수십 명 몫의 나무를 하니 갑사에서는 땔감 걱정이 없어진다.
5) 대사가 나무할 때마다 항상 낫 한 개, 도끼 한 자루 씩을 잃어버리곤 했는데 실은 임란 중 무기를 만들 셈으로 일부러 숨긴 것이었다.
6) 임진왜란 중 승장(僧將)인 영규대사가 갑사 당간지주 27칸 꼭대기에 올라가자 이를 본 오백 승려들이 군말 없이 뒤

---

4) 한국정신문화연구원에서 간행한 『한국구비문학대계』 공주 편에 靈圭大師의 설화가 한 편도 올라있지 않은 것은 이해하기 어렵다. 아마도 그의 고향인 계룡면이 설화 채록 대상에서 빠진 것이 결정적인 이유가 되지 않았는가 싶다.

를 따라 전장에 나서게 되었다.
  7) 조헌(趙憲) 장군이 영규(靈圭)대사에게 도움을 청하러 왔고 둘은 갑사(甲寺) 입구 당신목 아래에서 금산벌 전투의 계략을 짰다.

 위에서 보면 초반 부분은 '아기장수설화'의 한 각 편으로 보아도 무방하다. 이제까지 철없는 아이로만 알았고 그래서 호환(虎患)을 환기시키며 야밤의 바깥출입을 막았으나 아이는 어떻게 사내가 집안에서 변을 보느냐며 바깥에 나서길 굽히지 않았다. 호랑이에게 잡혀먹기로 작정하지 않는 한 그럴 수 없는 일이지만 부모는 말리지 못했다. 한참을 기다려도 아이가 오지 않자 호랑이한테 물려간 것으로 알고 공포감에 떨고 있는데 아이가 죽은 호랑이를 끌고 태연히 들어왔다. 그리곤 그것이 무거워 늦었노라 했다. 이로써 아기 장수의 탄생이 입증된 셈이었으나 집안사람들에게 돌아온 것이라고는 기쁨 아닌 멸문지가(滅門之家)의 공포뿐이었다. 집안에서는 집안과 아이를 위해 근처 갑사(甲寺)로 아이를 출가시킨다. 부목으로 있던 시절 거기서도 그의 용력은 곧 드러난다. 수행을 업으로 삼는 스님이 과인한 힘을 지녔다고 해서 장점이 되느냐에는 의문이 따르지만 땔감이 궁하던 때 그가 한번 산에 오르면 갑사 전체가 땔감 걱정에서 벗어날 수 있었다니 그 보살행(菩薩行)은 결코 작은 것이라 할 수 없겠다. 이는 훗날 임란중의 활약과 연계할 때 승장으로서의 활약상을 암시하는 복선적 기능까지 전제한 대목으로 보인다.

대사가 단순히 과인한 힘의 소유자에만 그치는 게 아님은 5)의 삽화를 통해 알게된다. 여기서는 그의 선견지명과 혜안이 잘 나타나 있으되 누구도 임란을 헤아리지 못하고 있는 상황에서 그만이 홀로 닥쳐올 국난을 헤아리고 아주 구체적으로 준비했던 바, 늘 잃어버린 것으로 핑계를 댄 낫과 도끼가 실은 무기를 만들 요량으로 비축되었던 셈이다. 6), 7)에서는 승장으로서의 영규대사가 지닌 모습을 잘 드러내면서 동시에 이야기의 배경이 그가 주석한 갑사로 되어있어 흥미를 더해준다. 이른바 무사적(武士的) 영웅의 모습에 초점이 두어지기까지의 배경으로 갑사 경내가 구체적 장소로 등장하는 점을 간과할 수 없다 하겠다. 구국의 기치를 내걸었으나 산문의 견해가 일치하기를 바라기는 사실상 힘든 상황에 봉착한다. 더구나 그것은 승려로서의 본분을 다하느냐 위기의 나라를 위해 전선에 나서느냐 스님들 앞에는 둘 중의 하나를 선택해야만 하는 곤혹스런 일이 아닐 수 없었던 것이다. 하지만 영규대사는 후자를 택했고 승려들의 결집을 기대하기 어렵게 되자, 갑사 27칸 철 당간지주 꼭대기에 올라서는 신묘함을 펼쳐보인다. 이를 목도한 오백 승려들이 곧 분분한 논의를 거두고 일로 대사의 뒤를 따랐고 이로써 승장(僧將)의 면모를 만방에 과시하게 된다.

한편 7)에서 보듯 사찰 입구의 괴목은 영규대사와 조헌의 합심된 마음을 성스럽게 확인해 주는 장소로 등장한다. 이로 보아 그전부터 대중간(大衆間)에 괴목을 지성으로 대하는 전통이 뿌리 깊게 자리 잡았음을 추측할 만 하다. 민간신앙의 중심축으로서 당산목은 영규대사와 조헌으로 대표되는 승(僧)과 속(俗)의 합심된 임전(臨戰)결의는 물론 끝까지 싸워 왜병을 물리치고 이 땅을 지켜내겠다는 민중과 사중의 출천(出天)한 사기를 지켜보는 성스런 증인으로까지 상징화되고 있다.

이로써 보건데 계룡산은 영규대사를 낳은 셈이고, 갑사는 영규대사에게 승려이자 장수가 될 수 있도록 키워준 영험한 공간으로 의미화 되고 있음을 알겠다. 하지만 말을 바꾸어도 그리 어색하지는 않을 듯싶다. 즉 영규대사가 등장함으로써 계룡산과 갑사 역시 불교적 영험력을 한층 더 누리는 행운을 얻었다고 보는 것이다. 승려의 길을 현실참여가 아니라 정적 속에서의 성불(成佛)에 있음을 고수하는 한 영규대사는 돌출된 승려의 행적으로 비쳐질 가능성마저 있었다. 하지만 그것은 승려의 길을 극히 왜곡시킨 나머지의 진단일 따름이다. 영규대사는 전장터도 나라와 대중을 위한 수행의 터이며 보살행을 실현할 수 있는 공간임을 확신시키기라도 하듯 죽을 각오로 왜군과 대적하다가 장렬히 전사했던 것이다.

위난의 시대를 맞아 갑사를 잠시 뒤로 하고 구국을 화두로 삼아 혼신을 다 바친 대사의 행적은 어떤 용맹정진보다 숭고한 이타적 보살행으로 길이 반추될 것이고 갑사는 그의 체취를 간직한 역사적 공간으로 새삼 재인식 될 것이다. 가령 갑사의 헛간이 땔감으로 가득할 때 우리는 영규대사의 땀보시를 다시금 떠올려 보고, 아득한 높이의 철당간지주 아래에 서면 전장에 나서는 것도 역시 수행의 하나라고 열변하는 영규대사의 음성을 듣는 듯하며, 고사(枯死)했으나 큰 몸통에다 깊게 뿌리 내린 채 서있는 괴목 곁에서는 조헌과 영규대사의 작전회의를 연상할 수 있을 것이다. 다만 우리의 심불적 깊이가 전제되어야 하겠지만.

　요컨대 역사인물의 전설은 특성상 인물과 서사적 공간 혹은 유물들이 각각의 성스러움과 신비함을 길항적으로 나누어가며 그 내재된 의미를 더욱 극대화 시키고 있다 하겠는데 갑사를 중심으로 활약한 영규대상의 경우가 그러하다.

4. 당산제(堂山祭) 유래와 승속(僧俗) 합일

　갑사(甲寺) 입구의 괴목정에 올리는 당산제는 전국적으로 유명세를 타며 매년 음력 삼월 초사흗날 갑사 스님과 사하(寺下) 촌민(村民)들이 합심하여 올리는 행사였다. 당산제를 지내기 며칠 전부터 괴목은 물론 주위까지 금줄을 드리워 신성한 지역임을 표하고 부정한 것의 접근을 금했다. 그리고 이때부터 마을 사람 중에서 뽑힌 유사 두 사람은 목욕재개하고 각각 경비추렴으로 쌀을 모으고 시장 보는 등 행사준비에 들어갔다. 전통적으로 동민(洞民) 및 갑사스님이 합심해 당산제를 올렸으나 59년쯤부터는 동민들만의 행사로 바뀌었다니 그 까닭이 궁금한데 제보자들은 특별한 사단을 밝히지 못하고 개인적으로 추측을 내놓을 뿐이었다. 괴목에 당신제를 지내게 된 유래는 각 편(篇)에 따라 내용이 조금씩 어긋나기는 하지만 서사적 큰 줄기에서는 거의 대소동이하다고 보았다. 여기서는 비교적 이른 시기에 채록된 『충남의 전설』에 수록된 이야기5)를 소개하기로 한다.

1. 갑사 대웅전 뜰 안 장명등(長明燈)이 어느 때부턴가 한밤중에 꺼지곤 했다.
2. 스님들이 망을 보다가 팔척장신이 나타나 등잔의 기름을

---

5) 본문의 줄거리 요약은 한상수 편, 『충남의 전설』, 한일출판사, 1979, 48-49면을 바탕으로 삼은 것이다. 한편 1999년 10월 23일 하오 갑사 입구 팔경식당의 주인 白英吉씨(58)는 필자와 사재동 교수님을 포함, 일행 5명이 있는 자리에서 유년기에 직접 겪은 일이라며 아래와 같은 이야기를 들려주었다. 채록한대로 소개한다.
"괴목 옆에 살았던 나는 그 어느 해 단오 날 부도 옆 참나무에서 그네를 타던 여자아이들을 골려줄 궁리를 하다가 마침 기름을 내기 위해 쌓아놓은 머루덤불에 죽어있는 뱀을 보고는 이를 끌어다 괴목 앞에 늘어놓고 나무 뒤에 숨어 여자아이들이 내려오기를 고대했다. 그런데 갑자기 배가 뒤틀리고 복통이 일어나기 시작했다. 간신히 집으로 돌아와 마루에 올라서다가 그만 혼절하고 말았다. 내내 지켜보던 할아버지는 내가 깨어나자 '위하는 나무에 그런 짓을 한 때문이니 절대 그러지 말라'고 심하게 꾸짖었다. 이후는 괴목에 영험한 힘이 있다고 믿었고 목신을 불경스럽게 대하는 사람이 있으면 나서서 말리곤 했다."
이를 통해 우리는 堂山神이 옛 사람들은 물론 지금 사람들에게도 대단히 영험스러운 존재로 수용되고 있음을 새삼 확인할 수 있다. 제보자처럼 전래설화가 아닌 개인적 체험에 기인하여 영험함을 믿게 되었다는 증언이 주는 또 다른 의미가 있다면 우리시대에는 설화발생이 거의 불가능하다는 단정적 예단을 하고 있으나 이는 너무 성급하다는 점을 깨우쳐 준다는 것이다.

훔쳐가는 것을 적발한다.
3. 기름도둑은 갑사 입구의 괴목으로 사람들이 등걸에 담뱃불을 끄곤해서 이를 씻기 위해 기름이 필요하다고 했다.
4. 괴목은 역병(疫病) 든 여인을 치유해 준 은혜로 그녀가 내준 전답으로 자신을 모셔달라고 마을사람들에게 청한다.
5. 사람들이 괴목의 청대로 해주자 이후 장명등(長明燈)이 꺼지지 않았고 매년 정월 초사흘 날 당산제를 지냈다.

위 이야기는 괴목의 신격화(神格化) 과정이라 할 수 있다. 정확히 괴목의 나이가 추정되지는 않더라도 대개 수령을 1500여년으로 가늠하는 형편이니 갑사 창건과 식수연대가 거의 비슷하거나 오히려 절 이전부터 그 자리에 있지 않았던가 추측된다. 다른 한편으로는 괴목이 촌민들의 관심 밖으로 멀어지는데 반해 甲寺는 홍법의 기운이 막 뻗어나가던 분위기를 암시해주는 것으로 여겨지기도 한다. 이럴 경우 불교수입 직후에 일어난 일은 아닐 것이다. 만약 불교와 토속종교간 갈등이 있었다면 그것은 오히려 불교가 점차 세를 확장하면서부터 생겨난 일로 보여진다.

역사적으로 보아 불교가 다른 종교에 대립된 경우는 그리 흔하지 않다. 사찰쪽에서는 전래의 토속신앙에 대해 맞서기보다 경내에 칠성각(七星閣)을 짓는 등 불교적 아량으로 민중간의 신앙을 섭화(攝化)해 주는데 인색하지 않았던 것이 큰 이유였을 것이다. 하지만 경우에 따라 예상치 못한 마찰은 언제나 일어날 수 있겠다. 가령 위 설화만 하더라도 갑사가 홍법도량(興法道場)으로 세가 커지면서 토속신(土俗神)을 따르는 측에서 이에 대해 불만을 갖기 시작한 것을 상징한 것은 아닌지 모르겠다. 즉 필자에게는 괴목은 여기서 부처에게 권위를 상실하고 위기감에 처해있는 토속신에 다름 아니라는 생각이다. 괴목은 한때 촌민의 신앙대상으로 권위를 누리다가 이제는 넉넉한 기름과 환한 불빛으로 밤을 밝히는 갑사(甲寺)를 무기력하게 바라보아야 하는 처지에 빠졌던 것은 아닐까. 정말 그랬다면 당산목으로서는 위기의 상황이 아닐 수 없겠는데 이를 반전시킬 방법의 모색이 불가피했을 터이다.

이런 식의 추론이 인정된다면 괴목의 경내 기름 훔치기는 경외감은커녕 함부로 담뱃불을 끌 정도로 추락해버린 권위를 되찾기 위해 주도면밀하게 고려한 끝의 절도라고 할 수 있을 듯하다. 이는 무엇보다 4)에서 잘 드러난다. 그는 어떤 여인에게 우선 병을 옮긴다. 그런 다음 동네사람들을 통해 자신에게 기도를 올리도록 하게하고서 여인의 병을 치유해준다. 괴목의 영험을 실감한 여인이 괴목을 위해 전답을 내주자 마을 사람들은 이를 재원으로 매년 제를 올려줄 것을 괴목에게 약조한다. 괴목의 계획대로 성사된 것이다. 이후부터 갑사 장명등이 꺼지는 일이 사라졌음은 물론이다.

괴목의 신격화 과정은 처음부터 스스로가 동리사람들을 뒤에서 조종하여 얻어낸 점에서 퍽 흥미롭다. 어쨌든 치유를 비롯해서 당신의 영험이 확인되자 그 권위는 곧 믿음으로 이어졌다. 누구나 그를 목신으로 대해 접할 수 없었고 당산신(堂山神)을 불경하게 대하면 좋지 않은 일이 닥치고 지성으로 섬기면 아이를 갖고 동리가 화평함을 얻는다는 등의 발복(發福) 대상으로 확실히 자리매김 한 것이다.

갑사 사하촌(寺下村)의 당신제는 집과 마을의 평안을 비는데 그 목적을 두고 있다는 점에서 다른 곳의 행사와 다를 게 없으나 당산신앙에 대한 사찰의 전폭적인 지원이 따랐다는 점에서 특히 주목된다. 특히 옛 당신제 행사에 참여했던 분들의 증언에 따르면 이곳의 당신제에 깃든 정신과 의미가 얼마나 큰 울림으로 다가오는지 실감하게 된다.

당산제 날은 정월 초사흗날이지만 12월 13-16일에 걸쳐 이미 기도 기간을 갖는다. 행사 준비과정 중 우선 할 일은 이를 주관할 유사(有司) 두 사람을 뽑는 것이다. 유사가 정해지면 한 사람은 집집마다 돌며 경비로 쌀을 추렴하고 한 사람은 시장 보는 일을 한다. 물론 괴목과 그 주변에 금줄을 드리워 부정한 사람의 접근을 금하도록 했다. 당신제 당일에는 제상을 절에 가서 진설한 뒤 이를 연(輦)에 싣고 내려오는데, 그때 스님의 염불과 목탁이 따른다. 당신에게 제사를 올린 뒤에는 유사 집으로 옮겨가 차린 음식을 나누어 먹는 것으로 일단 행사는 끝난다. 그리고 동민과 스님들은 풍악패를 앞세운 채 갑사로 다시 올라가 그곳에서 승속간 두 패로 나뉘어 윷놀이를 즐기는데 결과에 따라 그 해 농사의 풍흉을 점치는 구실도 했다한다.

중장리(中壯里)의 당산제는 당산과 갑사를 왕래하면서 이루어진다는 점에서 여느 당산제에서 볼 수 없는 공간적 연희성이 퍽 강조되었던 듯싶다. 당산제가 목신에 대한 믿음을 확인하는 자리가 된 것만은 사실이지만 그 이상의 의미확장을 가능케 해 준 것이다. 평소에는 사하촌과 갑사(甲寺) 사이만큼의 거리감이 있었는지 모르나 당산제 날만은 서로의 공간적 구분이 흐려지고 승속간 혼연일체가 된 대동축제로 바뀔 수 있었다. 그 서로간의 어울림 속에서 이들은 지난 일 년동안 일어났을지도 모르는 사하촌과 사찰간의 불화나 이해다툼 따위를 다 씻고 융화된 마음으로 또 한 해를 시작하는 데 당산제가 지향한 진정한 뜻이 있다고 보면 너무 확대한 것일까.

하지만 제보자들에 의하면 59년쯤부터 당산제는 사찰의 관여함이 없이 동민들만이 준비, 참여하는 행사로 위축되었다고 한다. 이면에 어떤 사단이 개재했었는지는 모르나 전통적 당신제를 증언해 주는 분들이 생존한 동안 승속 합심의 전통적 당산제로 복원되었으면 하는 바람을 지울 수 없다. 전통의 당산제로 복원되고 적절한 기획이 따른다면 이 행사는 중장리(中壯里)와 갑사만의 지역축제에 그치지 않고 전국적 퍼포먼스로 성장할 가능성마저 충분하다고 필자는 생각하는 것이다.

참 고 문 헌

1. 기본자료

『三國遺事』
『釋門自鏡錄』
『高麗史』
『高麗史節要』
『龍飛御天歌』
『世宗實錄地理誌』
『新增東國輿地勝覽』
『混元集』
『普德窟沿革』
『浮雪傳』
『宋高僧傳』
『弘贊法華傳』
『補閑集』
『法華靈驗傳』
『王郎返魂傳』
『稗官雜記』
『朝鮮王朝實錄』
『伽藍考』
『梵宇攷』
朝鮮總督府,『朝鮮寺刹史料』上 下, 1912.

李能和,『朝鮮佛敎通史』, 慶熙出版社, 1968.

權相老編,『韓國寺刹全書』, 동국대출판부, 1979.

韓龍雲編,『乾鳳寺本末事蹟』, 건봉사종무소, 1928.

姜裕文編,『慶北五本山古今紀要』, 1937.

金坦月編,『楡岾寺本末寺誌』, 유점사종무소, 1942.

安震湖編,『傳燈寺本末寺誌』, 1932.

『金山寺誌』, 아세아문화사, 1982.

『大屯寺誌』, 아세아문화사, 1980.

『大乘寺事蹟』, 아세아문화사, 1982.

『萬德寺志』, 아세아문화사, 1977.

『奉先寺本末寺誌』, 아세아문화사, 1978.

『直指寺志』, 아세아문화사, 1980.

『通度寺志』, 아세아문화사, 1979.

『華嚴寺誌』, 아세아문화사, 1997.

『雲門寺誌』, 아세아문화사, 1983.

『佛國寺誌』外, 아세아문화사, 1983.

『曹溪山松廣寺史庫』, 아세아문화사, 1977.

崔常壽,『韓國民間傳說集』, 通文館, 1984.

京畿道,『畿內寺院誌』, 1988.

全羅南道,『全南의 寺刹』1, 1990.

忠淸北道,『寺誌』, 1982.

翰林大國文科編,『江原口碑文學全集』, 翰林大出版部, 1989.

江原道,『江原道鄕校書院寺刹誌』, 1992.
韓國佛敎宗團協議會編,『北韓의 寺刹 硏究』, 1993.
『韓國佛敎撰述文獻目錄』, 東國大出版部, 1976.
『韓國佛敎全書』 8, 東國大出版部 11권, 1987.
徐大錫編,『朝鮮朝文獻說話輯要』, 집문당, 1991.
齊藤忠編,『高麗寺院史料集成』, 大正大出版部(일본), 1993.
李智冠,『伽倻山海印寺誌』, 伽山文庫, 1992.
釋天恩編,『大芚寺志』, 1997.
韓國精神文化硏究院,『韓國口碑文學大系』. 1-2, 1-8, 2-2, 2-4, 2-5, 2-7, 2-8, 3-1, 3-3, 3-4, 4-2, 4-3, 4-4, 4-5, 4-6, 5-5, 6-3, 6-10, 8-4, 8-5, 8-11.
한국불교어문학회편,『佛敎語文硏究』권 1-8.
한국불교문화학회편,『불교문화연구』권 1-3.

2. 논저

강중탁,「도선설화의 연구」,『임동권박사 송수기념논문집』, 1986.
권상로,『조선문학사』, 1949.
권정희,『풍수설화연구』, 이대교육대학원 석사논문, 1987.
김건곤 편역,『이야기, 소설, 노벨』, 예문서원, 2001.
김두진,「나말여초 동리산문의 성립과 그 사상-풍수지리설에 대한 재검토」,(『동방학지』 57, 1988).

김석배, 「보비풍수전설과 이야기집단의 의식구조」, 『문학과 언어』 5집, 1984.
김승호, 「불교적 영웅고」, 『한국문학연구』 제12집, 1988.
김승호, 「聖所만들기와 설화의 구조」, 『『삼국유사』의 현장적 연구』, 신라문화선양회, 1990.
김승호, 『한국승전문학의 연구』, 민족사, 1992.
김승호, 「사찰연기설화의 소설적 조명」, 『고소설연구』13집, 2002.
김영만, 「金現感虎說話에 나타난 불교사상고」, 『국어국문학』 제 18,19집 부산대학교 국어국문학과, 1982.
김영태, 『삼국시대 불교신앙연구』, 불광출판사, 1990.
김영태, 「미륵사창건연기설화고」, 『마한 백제문화』 창간호, 원광대학교 마한 백제문화연구소, 1975.
김용덕, 「청평사연기설화고」, 『한양어문학』 6, 1988.
김의숙, 「국문학에 나타난 불교 윤회사상 시비고」, 『한국불교학』 제6집, 한국불교학회, 1981.
김태준 김승호편, 『우리역사인물전승』, 집문당, 1994.
김태준, 『조선소설사』, 학예사, 1939.
김태흡, 『부설거사』, 불교시보사, 1932, 6면.
김현룡, 『한중소설설화비교연구』, 일지사, 1976, 258면.
김현룡, 『한국고설화론』, 새문사, 1984.
김화경, 『한국설화의 연구』, 영남대출판부, 1987.
남궁순, 「풍수사상의 문학적 고찰」, 충남대 교육대학원 석사논문, 1981.

불교신문사편, 『한국불교인물사상사』,민족사, 1990.
사재동 편, 「왕랑반혼전의 실상」, 『불교계 국문소설의 연구』,중앙문화사, 1994.
사재동 편, 『한국사사문학사의 연구』 권1-5, 중앙문화사, 1995.
사재동, 『한국서사문학사의 연구』, 중앙문화사, 1995.
서경수, 「도선-불교와 풍수지리의 가교」(『고려조선의 고승11인』, 신구문화사, 1976).
서윤길, 「도선과 그의 보비사상」,(『한국불교학』 1, 1975).
서윤길, 「도선국사」,(『한국불교사상사』, 민족사, 1990).
소인호, 『고소설사의 전개와 서사문학』, 아세아문화사, 2001.
손정희, 「풍수설화의 연구」, 부산대박사논문, 1992.
손진태, 『한국민족설화의 연구』, 을유문화사, 1981.
신종원, 「청평사 상사뱀 전설의 역사성과 설화성」, 『강원불교사연구』, 소화, 1996.
윌리스마틴, 김문현 옮김, 『소설이론의 역사』, 현대소설사, 1991.
이검국, 최환, 『신라수이전 편교와 역주』, 영남대출판부, 1998.
이병도, 『고려시대의 연구』,1948.
이상보, 김영배 외, 『불교문학연구입문』(운문 언어편),동화출판사, 1991.
이수봉, 「백제문화권역상예풍습과 풍수설화연구」, 백제문화개발연구원, 1986.
이수자, 「祗林寺 연기설화의 설화적 성격과 의의」, 『한국서사문학사의 연구』, 사재동박사화갑기념논총간행회, 중앙문화사, 1995.
이영자, 「『삼국유사』에 나타난 사찰연기설화연구」, 숭전대학교 대학원 석사학위논문, 1982.
이용범, 「풍수지리설」,(『한국사』6, 고려귀족사회의 문화, 1975).
이윤석, 「조신설화의 문헌학적 가치에 관한 소고」, 『한국전통문화연구』 제4집, 효성여대부설 한국전통문화연구소, 1988.
이은상, 「吾魚說話의 유형」, 『노산문학선』, 탐구신서, 1964.
이종찬, 『한국불가시문학사론』, 불광출판사, 1993.
이형기, 이종찬 외, 『불교문학이란 무엇인가』, 동화출판사, 1991.
인권환, 「불교설화발생고」, 『고대국문학』 제6호, 고려대, 1962.
인권환, 「불교설화의 토착화와 한국적 변용」, 『문화비평』3, 아산학회, 1969
임철호, 「신라창사연기설화고」, 『세림』4호, 1976.
장장식, 『한국의 풍수설화연구』, 경희대박사논문,1992.
조동일, 『한국설화와 민중의식』, 정음사, 1985.
진성규, 이인철, 『신라의 불교사원』, 백산자료원, 2002.
진영미, 「황룡사구층탑 창건설화의 구조와 의미」, 『벽사 이우성선생정년퇴직기념 국어국문학논총 동간행위원회』, 1990.
차용주, 「조신 설화의 비교 연구」, 『문화인류학』 제2호, 한국문화인류학회, 1969.
차용주, 「金現感虎의 비교연구」, 『청주여사대논문집』 7집, 1978. 「

조선설화연구』.

최병헌, 「도선의 생애와 나말여초의 풍수지리설」,(『한국사연구』 11, 1975).

최병헌, 「고려건국과 풍수지리설」,(『한국사론』18, 국사편찬위원회, 1988).

최영주, 『신한국풍수』, 집문당, 1982.

최진원, 「사찰연기설화와 선풍」, 『진단학보』42집, 1977.

최창조, 『한국의 풍수사상』, 민음사, 1984.

한국불교문화원, 『韓國의 寺刹』 권1-17, 一志社, 1978.

한찬석, 『합천해인사지』, 창인사, 1949, 17면.

허흥식, 『고려불교사연구』, 일조각, 1986, 751면.

홍기삼, 「한국불교문학론」, 『불교와 제 과학』, 동국대출판부, 1987.

홍석창, 「미륵사지의 연기설화고」, 『마한 백제문화』 창간호, 원광대, 1975.

홍순석, 「한국 불사연기설화 연구」, 단국대 석사논문, 1980.

홍윤식, 『한국의 가람』, 민족사, 1997.

황패강, 『신라불교설화연구』, 일지사, 1975, 383면.

田英鎭, 「삼국유사」소재 연기설화의 연구, 단대 박사논문, 1990.

前野直彬, 김양수 외 옮김, 『중국소설사의 이해』, 학고방, 1998.

색 인

한글색인

(ㄱ)

가람(伽藍) 9
가야산(伽倻山) 133
가야산기(伽倻山記) 266
가야산용왕당기우록(伽倻山龍王堂奇遇錄) 126
가야산해인사고적(伽倻山海印寺古蹟) 351
가야산해인사대장경인출문(伽倻山海印寺大藏經印出文) 266
각성(覺醒) 13
각조(覺照) 158
간기(刊記) 42
갈래사(葛來寺) 416
감로사 196, 197
강서사(江西寺) 331
강원도사찰지 408
강원도태백산정암사사적(江原道太白山淨巖寺事蹟) 389, 393, 400, 424
강중탁 149
개골산(皆骨山) 73
개국사(開國寺) 61
개원사(開元寺) 77
개태사(開泰寺) 71
객관적(客觀的) 보고(報告) 43
거빈(巨貧) 73, 141
건봉사 연기설화 247
건봉사(乾鳳寺) 166, 341

건봉사급건봉사본말사적 233
건봉사본말사지 서 233
건봉사본말사지(乾鳳寺本末寺志) 340
건봉사사적(乾鳳寺事蹟) 342
건봉사연기 248
견암사(見巖寺) 349
경운이지(景雲以祉) 424
경일남 252
경잠(敬岑) 338
경전소재설화 11
경전적(經典的) 공간 18
경준(敬俊) 338
고기(古記) 143
고려국대장이안기(高麗國大藏移安記) 363, 367
고려사 378
고려사원사료집성(高麗寺院史料集成) 38
고승(高僧) 13, 120
고승숭배 사상(高僧崇拜思想) 148, 167
고적(古蹟) 300, 307, 309
공우탑(功牛塔) 431
관음(觀音) 61
관음굴(觀音窟) 331
관음보살(觀音菩薩) 164
관음사(觀音寺) 166, 250

색 인　459

관음사사적　254
교광(皎光)　73
구룡사(龜龍寺)　182
구무원(仇無寃)　253
구비전승담　24
구술자(口述者)　198
구암사(龜巖寺)　77
국간대장경(國刊大藏經)　270
국청사(國淸寺)　77, 367, 374
국청사 금당주불 석가여래 사리영이기(國淸寺金堂主佛釋迦如來舍利靈異記)　366
국청사사리영이기(國淸寺舍利靈異記)　369
국청사영이기(國淸寺靈異記)　142
궁원집(窮元集)　263
권근(權近)　39, 112
권부(權溥)　361, 367
권상로　285, 305
권정희　149
권종이부(權宗異部)　103
권화응현(勸化應現)　16
귀비사　198
규봉사(圭峰寺)　154
균여전(均如傳)　135
금강산(金剛山)　161
금강산보덕굴연혁(金剛山普德窟沿革)　302
금강산유점사본말사지　302
금계사　197
금광사(金光寺)　184
금룡사(金龍寺)　182
금산보개(金山寶蓋)　171

금산보개여래(金山寶蓋如來)　128, 348
금산사(金山寺)　182
금선대(金仙臺)　123
금오신화　292
금정산(金井山)　128
기(記)　22
기능태(機能態)　92
기문(記文)　16
기연설기(機緣說起)　10
기원　44
기원(起源)　45
기원(起源) 찾기　114
기원(起源)의 역사　114
기이편(記異篇)　46
기출암(起出庵)　85
김대성(金大城)　59
김동주　381, 382, 386
김립지(金立之)　131
김부식(金富軾)　39, 117, 136, 1398 145
김부철(金富轍)　131
김상현　354, 359, 368
김생(金生)　69
김생사(金生寺)　334
김석주(金錫冑)　131
김수온(金守溫)　39, 112, 131
김술종(金述宗)　69
김승호(金承鎬)　12, 252, 272, 285, 299, 308, 409, 429, 435
김영태(金煐泰)　12, 252, 299
김용덕(金容德)　12
김용선　360

김유신(金庾信) 68, 69, 70
김이양(金履陽) 131
김종철 272
김중렬 272
김창협(金昌協) 381
김척명(金陟明) 133
김태준(金台俊) 252, 285, 297, 298
김현감호(金現感虎) 234, 262, 263

(ㄴ)

나려(羅麗)시기 24
나말여초(羅末麗初) 263, 264, 271, 282
나옹(懶翁) 168, 172, 347
낙산사(洛山寺) 51, 54, 60, 348
낙산이대성관음정취조신(洛山二大聖觀音正趣調信) 234
남행월일기(南行月日記) 141
남효온(南孝溫) 380, 386
낭지(朗智) 160
내원암(內院庵) 50
노정기(路程記) 51, 237
노춘(盧春) 99, 143, 237

(ㄷ)

다면체적(多面體的) 성격 19
단석사(斷石寺) 68
단속사 196
단월(檀越) 88
달마대사(達摩大師) 352
당산제(堂山祭) 431

당전(唐傳) 349
대성암(大聖庵) 109
대성효이세부모(大城孝二世父母) 신문왕대(神文王代) 234
대승복사비명(大崇福寺碑銘) 134
대승사고기(大乘寺古記) 172
대승사이적(大乘寺異蹟) 123
대운조사(大雲祖師) 101
대원사 197
대장경(大藏經) 66
대장경 후발(大藏經後跋) 242
대장후발(大藏後跋) 269, 271
대참사(大懺寺) 84, 85, 98, 182
대흥사(大興寺) 77
덕용(德龍) 96
덕주사(德周寺) 334
데이비드 메이슨 177
도리사(桃李寺) 237, 335, 432
도선(道宣) 426
도선(道詵) 90, 91, 149, 152, 168, 172, 174, 347
도선비기(道詵秘記) 157
동계(東溪) 125, 127, 129
동국여지승람(東國輿地勝覽) 122
동명왕편(東明王篇) 139
동유기(東遊記) 381
동축사(東竺寺) 166
동행산수기(東行山水記) 381
도솔사(兜率寺) 162
도솔산(兜率山) 83, 161
도솔산대참사고사(兜率山大懺寺故事) 98
두운대사(杜雲大師) 100

등명사(燈明寺) 196, 202, 212
등운암(登雲庵) 254

(ㄹ)

라스무센 48
라이무센 52

(ㅁ)

마니사(摩尼寺) 77
마접사(馬占寺) 334
만일연회(萬日蓮會) 340
망일암(望日庵) 77
망해사(望海寺) 57
명(銘) 22
명랑(明朗) 184
명랑산(明朗山) 150
명부(冥府) 66
명부(冥府)모티브 290
명부(冥府)신앙 275
명부계 280
명월사 197
명칭연기담(名稱緣起談) 51, 143
명학동지(明學同知) 285, 287, 304
명학동지전(明學同知傳) 273, 285
모티핌 213
목련전(目連傳) 273
몰골옹(沒骨翁) 320
무명승(無名僧) 71
무사적(武士的) 영웅 435, 438
무외(無畏) 152
무위사(無爲寺) 154

무학(無學) 168, 174
묵헌집(默軒集) 361
문수보살(文殊菩薩) 165
문수원(文殊院) 236, 334
문신(文信) 106
문정(文正) 338
문헌설화 187, 190
미륵사(彌勒寺) 21
미타사(彌陀寺) 77, 341
미혈(米穴) 110
미황사(美黃寺) 166
민담 44
민중 44
민중(民衆) 431
민중설화 18
민지(閔漬) 39, 84, 139, 142, 145, 146, 343
민현구 80, 354, 367, 378

(ㅂ)

박인량(朴寅亮) 133
박전지(朴全之) 131
박희병 272
반유반불(半儒半佛) 147
발연사(鉢淵寺) 332
발징 246, 340
발징(發徵) 340
방광처(放光處) 87
백계산옥룡사증시도선국사비명병서(白溪山玉龍寺贈諡道詵國師碑銘竝書) 155
백련사(白蓮寺) 88, 172

백엄사(伯嚴寺) 335
백영길(白英吉) 436
백운산흥룡사사적(白雲山興龍寺事蹟) 90
범어사(梵魚寺) 50, 126, 127, 130
범어사창건사적(梵魚寺創建事蹟) 126
범우고(梵宇攷) 249, 302, 303, 316, 322
범일국사(梵日國師) 100
범천(梵天) 128
법공전(法空傳) 263, 274
법운사(法雲寺) 350
법운전(法雲傳) 263, 274
법화사 196
법화영험전(法華靈驗傳) 273
변동명 354
변산호승괴담 285
보각국존정조탑비문(普覺國尊靜照塔碑文) 362, 367
보개산석대기(寶蓋山石臺記) 143, 144, 362, 367, 375, 383, 384
보개산석종기(寶蓋山石鐘記) 142
보덕(普德) 249, 304
보덕각시 250
보덕각시전 285, 297, 300, 303
보덕각씨전(普德閣氏傳) 299, 302
보덕굴(普德窟) 302
보덕굴사적습유록(普德窟事蹟拾遺錄) 303, 316, 318, 322
보덕굴습유록(普德窟拾遺錄) 303, 317, 327
보덕굴연기 250, 304, 316, 326

보덕굴연혁(普德窟沿革) 303, 316
보림사 196
보민사(保民寺) 77
보안 250
보안사 196
보제사(普提寺) 341
보조(普照)대사 344
보조(普照)국사 82, 91, 107, 153
본조편년강목(本朝編年綱目) 142, 359
본지수적(本地垂迹) 142, 160
본지수적사상(本地垂迹思想) 148
봉림사 197
봉정사 196
부석사(浮石寺) 51, 182
부설전(浮雪傳) 251, 252, 260, 297, 304
북갑(北岬) 92
불교문학 14, 15
불교설화 9, 10
불교전기소설 264, 290
불국토(佛國土) 185
불보살(佛菩薩) 75, 120, 177
불사건(佛事件) 42
불연적(佛緣的) 인간 112
불연처(佛緣處) 54, 160
불영사(佛影寺) 182
붕학동지(朋學同知) 304
붕학동지전 297
붕학동지전(朋學同知傳) 299
브레몽 213
비명(碑銘) 16
비보사찰(裨補寺刹) 90, 151

색 인 463

비허전(毘虛傳) 263, 274
빈대 절터 196, 198
빈대절터 192, 195, 204

(ㅅ)

사간장경(寺刊藏經) 269, 270
사기(史記) 121
사륙병려(四六騈麗) 135
사명대사(泗溟大師) 435
사산비명(四山碑銘) 134
사승(寺乘) 116, 147, 229
사원 11
사자비(使者碑) 85
사재동 299
사적(事蹟) 37, 39, 41, 121, 155
사적비(事蹟碑) 23
사중(寺衆) 190
사중(寺衆)계열 431
사지(寺址) 178
사지(寺址) 점정(占定) 95
사지(寺址) 찾기 49
사지(寺誌) 21, 37, 41, 121
사찰 11, 38
사찰기문(寺刹記文) 37, 39
사찰문헌 22, 23, 229, 260
사찰사적(寺刹事蹟) 329
사찰설화 10
사찰연기설화 9, 10, 12, 14, 15, 17, 19, 41, 45
사찰연기설화(寺刹緣起說話) 186
사찰의 일생 187
사찰재정(寺刹財政) 201

사찰풍수(寺刹風水) 430
사찰혁파 199
사찰혁파(寺刹革罷) 220
사하촌(寺下村) 88, 431, 444
산신(山神) 81
산신(山神)신앙 176
산신각(山神閣) 179
산신령(山神靈) 68, 177
산악숭배(山岳崇拜) 사상 176
산악숭배사상(山岳崇拜思想) 148
삼교습합(三敎習合) 126
삼국사(三國史) 123
삼국유사(三國遺事) 13, 21, 46, 49, 52, 62, 63, 93, 94, 102, 116, 122, 123, 160, 177 187, 396
삼막사(三幕寺) 51, 174
삼목귀(三目鬼) 66
삼본화엄본(三本華嚴本) 269
삼생관(三生觀) 280
삼암사(三巖寺) 152
상징적(象徵的) 일화(逸話) 43
생의사(生義寺) 89
서병재 300, 302
서봉사지 197
서사문법(敍事文法) 63
서사장치 227
서수생 270
서수생(徐首生) 270
석굴암(石窟庵) 59
석대(石臺) 144
석대기(石臺記) 146
석불사(石佛寺) 59, 339
선관(仙官) 110

선룡(善龍) 56
선묘(善妙) 347
선암사(仙巖寺) 236, 335, 337
선원사(禪院寺) 154
선율(善律) 287
설공찬전(薛公瓚傳) 273, 291
설화(說話) 16
성공(性空) 255
성국사 196
성소(聖所) 85
성소담(聖所談) 52, 60
성소설화 113
성소의 효험 94
성소화(聖所化) 342
성주(省珠) 173
성헌(成軒) 269
성현(聖顯) 93
성현담 48
성현적(聖顯的) 화소(話素) 48
세대편년절요(世代編年節要) 142, 359
세마사(洗馬寺) 77
세전(世傳) 122
세조(世祖) 112, 200
소(疏) 22
소리(蘇利) 263
소리사(蘇利寺) 133
소설(小說) 16
소설담론 229, 260
소승(小乘) 103
소원의식(溯源意識) 43
소정방(蘇定方) 68
소천(少千) 136

속고승전 396
속리산(俗離山) 사적(事蹟) 153
속설(俗說) 124
속습(俗習) 146
솔거(率居) 69, 346
솔도파(窣覩婆) 111
송고승전(宋高僧傳) 347
수마노탑 394, 406
수마노탑중수지(水瑪瑙塔重修誌) 389
수마노탑중수사적(水瑪瑙塔重修事蹟) 422
수마노탑중수지(水瑪瑙塔重修誌) 422
수원사(水源寺) 177
수이전(殊異傳) 133, 134, 262, 263, 271, 274
수종사(水鐘寺) 85
순석(順碩) 143
순응(順應) 271, 351
승가람마(僧伽藍摩) 9
승려(僧侶) 망신담(亡身談) 189
승비(僧碑) 23
승사(僧史) 349
승전(僧傳) 16, 23
신격(神格) 178, 179
신격화(神格化) 442
신단수(神檀樹) 110
신라가야산해인사결계장기(新羅伽倻山海印寺結界藏記) 134
신라국선사할육시주사(新羅國禪師割肉施主事) 284
신라수이전 305

색　인　465

신라수이전(新羅殊異傳)　133
신라수창군호국성팔각등루기(新羅壽昌郡護國城八角登樓記)　134
신라순경생함지옥사(新羅順璟生陷地獄事)　284
신목(神木)　55
신성담론　40
신성성(神聖性)　118
신시(神市)　110
신암사　198
신유한(申維翰)　131
신이관(神異觀)　42, 117
신이사관　363
신증동국여지승람(新增東國輿地勝覽)　37
신화　44
심원사(深源寺)　101
심지(心地)　178
심청전　251, 254, 256, 258, 260
심학규　256
쌍계사(雙溪寺)　98, 182
쌍림열반(雙林涅槃)　55

(ㅇ)

아도전(阿道傳)　263, 274
아도화상(阿道和尙)　61
아비지(阿非知)　59
악룡(惡龍)　56
안축(安軸)　131
안파사(安波寺)　335
안흥사(安興寺)　89

암재사(攬齋使)　85, 99
앵록사　197
억불숭유책(抑佛崇儒策)　190
업(業)사상　275
엘리아데　48, 52
역사　44
연기(緣起)　10, 14
연기문(緣起文)　42
연복사(演福寺)　330
연역적(演繹的)　45
연파문인퇴암술(蓮波門人退菴述)　266
염불처(念佛處)　92
영규(靈圭) 대사　431, 435, 438,
영산신앙(靈山信仰)　375
영원(靈源)조사　285, 301
영잠(瑩岑)　332
영정사(靈井寺)　126, 130
영취사기(靈鷲寺記)　161
영취산(靈鷲山)　82, 161
영통화상(靈通和尙)　92
영험(靈驗)　13
영혈사　197
오계집(梧溪集)　249, 303
오대산(五臺山)　161
옥룡사(玉龍寺)　155, 198
옥산사　196
옹고집전　292, 293
옹산대사(聾山大師)　179
완월사(翫月寺)　154
왕건(王建)　80, 90, 152
왕랑반혼전(王郎返魂傳)　263, 273, 286, 297

왕륜사(王輪寺) 73, 140
왕륜사장육금상령험수습기(王輪寺丈六金像靈驗收拾記) 139
용공사(龍貢寺) 107
용궁(龍宮) 101, 184
용당(龍堂) 186
용문사(龍門寺) 71, 74, 100
용봉사(龍鳳寺) 88
용수사(龍壽寺) 71
용신사상(龍神思想) 148
용신설화 181
용암사(龍巖寺) 71, 152, 155
용왕(龍王) 101
용추(龍秋) 97, 101
우사불립행성서(又謝不立行省書) 355
우의(寓意) 43
우주나무 52
욱면(郁面) 287, 340
욱면염불서승(郁面念佛西昇) 234
운수사 198
운악산현등사사적(雲岳山懸燈寺事蹟) 344
운암사(雲巖寺) 331
운점사(雲岾寺) 172
원각사(圓覺寺) 112
원광법사전(圓光法師傳) 263, 274
원등암(遠燈庵) 92
원량(元良) 256
원찰(願刹) 65
원통암(圓通庵) 91
원형섭 207
원효(元曉) 51, 141, 168, 172, 173,

347
월명(月明) 254
월명암 252
월생산(月生山) 68
위기(危機) 화소 60
월리스 마틴 228
유교적 사관(史觀) 43
유금강산기(遊金剛山記) 380, 381
유기적 생명체(有機的生命體) 117
유마경(維摩經) 317
유마사 250
유방선(柳方善) 131
유백유(柳伯儒) 131
유전(流轉) 309
유점사 52
유점사(楡岾寺) 51, 99, 146, 182
유점사(楡岾寺) 사적(事蹟) 84
유점사본말사적 370, 371
유점사본말사적(楡岾寺本末事蹟) 362, 367, 368
유점사본말사지(楡岾寺本末寺誌) 142
유점사사적기(楡岾寺事蹟記) 142
유학사 197
유형담(類型談) 198
윤리적(倫理的)인 의의(意義) 213
윤필(潤筆) 173
응현(應現) 54
응현담(應現談) 145
의력사적(擬歷史的) 사실 426
의상(義湘) 51, 103, 127, 168, 174, 347
의상조사(義湘祖師) 110

색 인 467

의운(義雲) 98
의운조사(義雲祖師) 83, 84
의천(義天) 136
의판성적(依板成籍) 271
이가원 272
이거인(李居仁) 240, 270, 275
이거인전(李居仁傳) 239
이곡(李穀) 39, 131, 139, 162
이규보(李奎報) 39, 139, 140, 145, 146, 364
이기고 지기 244
이기백 80
이덕무(李德懋) 266
이만부(李萬敷) 123
이상수(李象秀) 381
이색(李穡) 39, 131, 139, 158
이수자(李秀子) 12
이숭인(李崇仁) 139
이승(異僧) 120
이승휴(李承休) 131, 364
이윤석(李胤錫) 12
이은상(李殷相) 12
이인오 149
이자현(李資玄) 367
이적응시소운포강양춘부(李勣應時掃雲布康陽春賦) 357
이적응시소운포당양춘부(李勣應時掃雲布唐陽春賦) 355
이정(利貞) 271, 351
이제현(李齊賢) 39, 131, 139
이준곤 149
이지관 269
이지명(李知命) 131

이필형(李必馨) 352
이헌홍 272
이혜동진(二惠同塵) 조(條) 122
이혼교구(異婚交媾) 모티브 290
이휘진(李彙晉) 131
인각사 보각국존 정조탑비문(麟角寺普覺國尊靜照塔碑文) 366
인물중심적 記事 227
인지태(認知態) 55, 87, 93
인호(印浩) 434
일연(一然) 39, 116, 120, 426
일연식(一然式) 글쓰기 93
일행(一行)선사 338
임상원(任相元) 131
임석재 205, 221, 391, 414
임철호(林哲鎬) 12
임춘(林椿) 131
임형택 272
입체적(立體的) 성격(性格) 57

(ㅈ)

자장(慈藏) 168, 172, 347
자장법사 397
자재암(自在庵) 51
자추사(恣楸寺) 60
작갑(鵲岬) 183
작갑사(鵲岬寺) 184
장경사(長慶寺) 77
장안사사적기발(長安寺事蹟記跋) 142
장장식 149
장천사 197

적곡사지 197
적층성(積層性) 431
전기(傳記) 16
전영진(田英鎭) 12
절 11
점정(占定) 178
정가신(鄭可臣) 362
정병삼 55
정보적 단위 281
정신태자(淨神太子) 164
정암사(淨巖寺) 389, 416
정암사 사적기 416
정약용(丁若鏞) 131
정취(正趣) 61
정토(淨土) 275
정토사(淨土寺) 21, 119, 230
제석천(帝釋天) 59
조선금석총람(朝鮮金石總覽) 38
조선사찰사료(朝鮮寺刹史料) 37, 265
조선소설사 297, 298
조신(調信) 263
조신전(調信傳) 238, 262
조제암(鳥啼庵) 92
조헌(趙憲) 437, 438
종결 44
종말(終末) 45
주저(周佇) 131
죽림정사(竹林精舍) 55
중건(重建) 23, 118
중건기(重建記) 46
중원(衆園) 9
중장리(中壯里) 444

중창(重創) 23, 62
지공(指空) 168, 174
지괴(志怪) 61
지속 44
지속(持續) 45
지식(知識) 183
지엄(智儼) 170
지장대사(地藏大師) 155
지장보살(地藏菩薩) 164
지제사사적(支提寺事蹟) 109
지제산(支提山) 161
지준모 272
지증대사(智證大師) 97, 98
진여원(眞如院) 164
진자(眞慈) 177
진표율사(眞表律師) 332
징치자(懲治者) 199

(ㅊ)

참회담(懺悔談) 57
창사(創寺) 118
창사연기설화(創寺緣起說話) 46, 47, 105, 188
창주(創主) 50, 69, 174, 308
채수(蔡壽) 290
채충순(蔡忠順) 131
채팽윤(蔡彭胤) 131
척판암(擲板庵) 51, 349
천경사 67
천관사(天冠寺) 92, 108, 161
천동(天童) 110
천방사(千房寺) 68

색 인 469

천왕사(天王寺) 77
천추금경록(千秋金鏡錄) 360
천축산(天竺山) 97
청량사(淸凉寺) 435
청룡사(靑龍寺) 335
청연사 196
청학집(靑鶴集) 249, 303
청환태위왕표(請還太尉王表) 355
최남선(崔南善) 11
최내옥 149
최유청(崔惟淸) 155, 156
최은성(崔殷成) 337
최진원 12
최치원(崔致遠) 39, 69, 131, 133, 134
최치원전(崔致遠傳) 262, 271
최해(崔瀣) 39, 131, 139
취암(翠巖) 성우(性愚) 424
층위화(層位化) 46
치악당(雉岳堂) 179

(ㅌ)

태조어제발문(太祖御製跋文) 268
택지개산(擇地開山) 80
통도사(通度寺) 92

(ㅍ)

판관적(判官的) 기능(機能) 211
팔부중(八部衆) 54
편년철사(編年掇事) 145
폐사(廢寺) 62, 118

폐사(廢寺) 유형담(類型談) 192
폐사담(廢寺談) 118
폐사연기 18
폐사연기설화 40, 188, 193, 203
표훈(表訓) 126
풍계(楓溪) 126
풍계대사(楓溪大師) 266
풍수관념(風水觀念) 52
풍수도참(風水圖讖) 151
풍수모티브 155
풍수사상(風水思想) 148
풍수설화(風水說話) 154
풍수음양설 80
풍수지리설 80
풍악산장안사사적기발(楓嶽山長安寺事蹟記跋) 363, 367
프레몽 213

(ㅎ)

하보문사(下普門寺) 179
한국금석문추보(韓國金石文追補) 38
한국금석유문(韓國金石遺文) 38
한국금석전문(韓國金石全文) 38
한국불교찬술목록(韓國佛敎撰述目錄) 38
한국사찰전서(韓國寺刹全書) 38
한산자(漢山子) 158
한상수 441
한용운 233
한찬석 243
합리주의(合理主義) 117

합천해인사지 243
해명방(解明方) 320
해안(海眼) 126
해인사(海印寺) 51, 92
해인사고적(海印寺古籍) 265
해인사묘길상탑기(海印寺妙吉祥塔記) 134
해인사사간루판목록(海印寺寺刊鏤板目錄) 266
해인사사적비(海印寺寺籍碑) 267
해인사선안주원벽기(海印寺善安住院壁記) 134
해인사실화적(海印寺失火籍) 267
해인사유진팔만대장경개간인유(海印寺留鎭八萬大藏經開刊因由) 264
해인사유진팔만대장경개판인유(海印寺留鎭八萬大藏經開板因由) 270
해인사유진팔만대장경인유(海印寺留鎭八萬大藏經因由) 66
행장(行狀) 16
향천사(香泉寺) 435
허흥식 393
헌도당서(獻都堂書) 355
혁련정(赫連挺) 135
현각(玄恪) 89
현길언 149
현등사(懸燈寺) 60, 91, 92, 106, 107
현생(現生) 75
현실계 280
형식미학(形式美學) 24

혜공(惠恭) 61
혜관(惠觀) 137
혜소(慧炤) 351
혜음사(惠陰寺) 137
혜음사신창기(惠陰寺新創記) 136
혜철대사(惠哲大師) 155
호불군주(好佛君主) 200
호불유자(好佛儒者) 41, 114, 147, 190
호불자(好佛者) 71
호원(虎願) 263
호원사(虎願寺) 21, 119
혼사장애(婚事障碍) 120
혼원(混元) 300
혼원집(混元集) 234, 300
홍랑 250
홍량호(洪良浩) 132
홍법사(弘法寺) 231, 255, 327
홍석창(洪石彰) 12
홍순석(洪順錫) 12
홍장(洪莊) 255
화엄신중(華嚴神衆) 127, 128
화엄십찰(華嚴十刹) 169, 171
화엄종(華嚴宗) 104
화장사(華藏寺) 172
황룡사(皇龍寺) 57, 59, 121
황발노독(黃髮老禿) 129
황패강 252, 300
회정(懷正) 304
회정(懷正)대사 318
효명태자(孝明太子) 164
후원조사(後院祖師) 309
훈요십조(訓要十條) 70, 80

색　인　471

홍국사(興國寺)　82, 154
홍룡사(興龍寺)　71, 91, 92, 121
홍륜사(興輪寺)　58, 60, 177
희화(戱化)　43

홍륜사승변작사신사(興輪寺僧變作蛇身事)　284
홍용사(興龍寺)　91

한자색인

(ㄱ)

伽倻山蘇利庵重創記　133
伽倻山海印寺古蹟　67, 231, 239, 265
感恩寺中記　38
岬寺　169
江都志　78
江陵郡靑鶴寺事蹟　306
江原道旌善郡太白山淨巖寺事蹟　410
江原道太白山淨巖寺事蹟　390
康熙板 因由　267
居昌府牛頭山見巖寺事蹟　350
乾鳳寺事蹟　231
景雲以祉　391, 394
桂陰浩然　236
古記　124
高麗國江陵府艶陽禪寺重興記　106
高麗史　146, 152, 200
高麗寺院史料集成　77, 229
國淸寺靈異記　142
國享寺觀音世音菩薩造成記　179
堀佛寺　53

掘佛寺　87
堀山寺　53
權近　175
權相老　21
錦藍東變　113
畿內寺院誌　231, 259
起源　44
吉祥寺　53
金大城　419
金大隱　235
金富軾　78
金富轍　236
金守溫　111, 126
金述宗　69
金承鎬　119
金烇泰　56
金和經　213
金剛錄　310
金剛山楡岾寺本末事蹟　84
金剛山楡岾寺本末寺誌　343
金剛山楡岾寺事蹟記　372, 373
金剛山長安寺碑銘垃書　163

金光寺　185
金光寺本記　39
金山寶蓋　171

(ㄴ)

洛山寺　53
洛山寺事跡　348
南行月日記　141
南孝溫　386
冷山桃李寺阿道和尙事蹟碑　237
念佛庵　86
念佛處　87
聾山大師傳　179

(ㄷ)

達摩山少林寺事蹟碑　352
堂山祭　440
唐新羅國大僧統釋慈藏　396
唐新羅國義湘傳　103
大嶺志　68
大明朝鮮國大圓覺寺碑銘立序　111
大聖庵遺蹟記　110
大乘寺記　172
大乘寺事蹟記　157
大元高麗國廣州神福禪寺重修記　72
大懺寺　84
大懺寺法堂記　108
道詵　149
道宣　390
道詵國師實錄　151

兜率山大懺寺故事　83, 99
東京雜記　68
東溪　231
東國輿地勝覽　68, 71, 77, 92, 122, 154, 173, 331
東國李相國集　365
東明王事蹟　139
東文選　26, 33, 156, 357, 359, 385
東泉寺　185
東竺寺　53
同治板　因由　267

(ㅁ)

萬德山白蓮寺圓妙國師碑銘　89
萬魚寺　53
望海寺　53
母神寺　169
彌勒寺　53, 419
美理寺　169
閔漬　84, 144, 231
閔漬墓誌銘　360
密陽載藥山靈井寺古蹟　129

(ㅂ)

朴全之　152, 155
白溪山玉龍寺諡號先覺國師碑銘　156
白蓮寺　86, 157
白陽桓民　309, 312
白雲山興龍寺事跡　90
白月山南寺　53

白月山兩聖成道記 39
栢栗寺重修記 346
梵魚寺 169
梵魚寺事蹟 231
梵宇攷 96, 249, 303
寶蓋山石臺記 144, 374, 382, 383
寶鏡寺事蹟記 231
普光寺 169
普德閣氏傳 296
普德窟 연기설화 296
普願寺 169
報恩郡俗離山事蹟 153
寶天庵 53
補閑集 286
本地垂迹 163
奉先弘慶寺記 79
鳳巖寺事蹟略錄 21
鳳巖寺事蹟略要 97
奉恩本末志 173
芙林子 保郁 303
浮石寺 169
浮雪傳 231, 252
北長寺事蹟 201
佛敎緣起傳說 13
佛國寺寺中記 39
佛無寺 53
朋學同知 300
朋學同知傳 296
毘摩羅寺 169

(ㅅ)

四佳集 133

四佛山潤筆庵記 42
寺院緣起傳說 13, 388
事蹟 230
寺衆 42
寺址占定 81, 149
寺刹記文 42
寺刹事蹟 230
三角山華溪寺重修緣起文 113
三國遺事 89, 122, 388, 397, 406
三聖山三幕寺事蹟 173
生義寺 419
徐居正 133
栖鳳寺事蹟 125
石臺庵事蹟記 231
釋門自鏡錄 235, 284
石佛寺 419
釋宗軒 89
雪嶽山懸燈寺事蹟 91
聖德山觀音寺事蹟 231
聖所效驗 104
成任 176
成俔 200
聖顯방식 49
續高僧傳 390, 396, 406
俗說 124
宋高僧傳 103
宋時烈 153
松花房 53
水瑪瑙寶塔重修誌 391
水瑪瑙塔重修事蹟 391
水瑪瑙塔重修誌 411
水鐘寺重修記 86
順天府靈鷲山興國寺事蹟 82, 153,

154
崇儒抑佛策 199
辛鍾遠 12
深源寺事蹟 101
雙溪寺記略 96

(ㅇ)
阿非知 419
演福寺塔重創記 175
靈圭大師 435
永明寺碑 80
靈鳳山龍巖寺重創記 155
靈源庵 296
靈源庵事蹟 231
靈隱寺定慧樓記 176
靈鷲寺 53
靈鷲寺記 38
靈塔寺 53, 419
暎虛 231, 252
暎虛集 231, 252
梧溪集 249
玉泉寺 169
甕月寺成造記 155
王輪寺丈六金像靈驗收拾記 73
王輪寺丈六像靈驗收拾記 140
龍貢寺事蹟 106
龍門寺記 65
龍門寺重修記 74
龍鳳寺心腹寺事蹟記 89
龍城舊誌 154
龍壽寺記 71
龍巖寺記 152

慵齋叢話 200
龍珠寺本末寺誌 75
龍華寺 86
雲達山金龍寺事蹟序 123
雲嶽懸燈寺事蹟 106
遠燈庵 86
原初的 全體性 45
月精寺 53
月精寺所傳古記 39
遊金剛山記 380, 381
柳伯儒 97
遊山記 220
楡岾寺本末寺誌 249, 374
依板成籍 231
李穀 72, 106
李奎報 73, 140, 141
李陸 220
李萬敷 123
李穡 42, 72, 76, 78
李承休 131
李膺挺 68
李珥 382
李齊賢 360
李知命 100
印經跋文 268
任皆宰 196
林雨相 108

(ㅈ)
姿羅寺 53
慈悲嶺羅漢堂記 78
刺楸寺 53

색 인 475

鵲岬寺 53, 185
張德順 13, 388
長安寺事蹟記跋 365
再聖化 50
淨岩寺 53
淨巖寺 연기설화 387
丁若鏞 126
鄭泰好 231
淨土寺 53
齊藤忠 229
曹溪山仙巖寺事蹟 236
朝鮮金石總覽 71, 74
朝鮮寺刹史料 91, 151
鳥啼庵 87
趙熙龍 179
竹團 106
竹州府七賢山七長寺事實記 351
中觀 126
重修龍門寺記 71, 100
重創緣起說話 44
知命法師 419
智庵 179
砥平縣彌智山竹杖庵重營記 76, 158
眞樂公重修淸平山文殊院記 236, 334
眞如庵 53
眞宗寺記 72

(ㅊ)

贊寧 103
創寺緣起說話 44
蔡藤忠 77

處容戲 200
天冠寺 86
千房寺重修記 68
泉寺記 38
天乘寺 53
天柱寺 235, 312
天竺山佛影寺蹟 97
淸潭寺 169
淸隱知守 22, 97
崔詵 71
崔應天 125
崔滋 89, 286
崔瀣 131
築造장애 93
翠巖 性愚 390
置樓 53
七賢山 七長寺事實記 233
七賢山七長寺事實記 175

(ㅌ)

通度寺 86

(ㅍ)

浿上人李檀庵 110
廢寺緣起說話 44, 186
風水觀念 157
風水說話 149
楓嶽山詩 382
楓嶽山長安寺事蹟記跋 373
筆苑雜記 274

(ㅎ)

鶴樹寺　87
韓國口碑文學大系　196
韓國佛教撰述目錄　229
咸球喜　86
含月山祇林寺事蹟　231
海龍王寺　53, 86
海印寺　169
海印寺古籍　261
海印寺留鎭八萬大藏經開刊因由
　　67, 239, 283
許興植　125
懸燈寺　86
懸燈庵　87
惠陰寺新創記　78, 137
好佛儒者　44
壺山外史　179

浩月尊師　99
混元　231
混元集　310
弘法寺說話　231
弘孝寺　53
和順佛宇條　154
華嚴寺　169
和月子 圓一　233
和月子圓　175
皇龍寺　53
皇龍寺九層塔　419
皇龍寺記　39
誨寬　237
晦明　303
興龍寺　86
興味素　227, 243

기타색인

18나한(羅漢)　85
53불(佛)　51, 99

LK 뒤프레　45

한국사찰연기설화의 연구

2005년 12월 5일 초판 1쇄 인쇄
2005년 12월 10일 초판 1쇄 발행

지은이 : 김 승 호
발행인 : 홍 기 삼

동국대학교출판부

100-715 서울특별시 중구 필동 3가 26
Tel : (02)2260-3483~4/ Fax : (02)2268-7851
Home page : http://home.dgu.ac.kr/~book
E-mail : book@dongguk.edu
출판등록 : 제2-163(1973.6.28.)

제작 : 보명사(02-2274-4545)

ISBN 89-7801-155-1 94810 값 14,000원